KB074993

임원경제지
권26-27

만학지 晩學志 2

林園經濟志

임원경제지
권26-27

만학지 晚學志 2

과실·나무·풀열매 농사 백과사전

권4·나무류[木類]
권5·기타 초목류[雜植]

풍석 서유구 지음 추담 서우보 교정
임원경제연구소 차영익, 정명현, 김용미 옮김

풍석문화재단

이 책은 ㈜DYB교육 송오현 대표와 ㈜우리문화 백경기 대표 외
수많은 개인의 기부 및 문화체육관광부의 지원으로 완역 출판되었습니다.

임원경제지 만학지2

지은이 풍석 서유구
교 정 추담 서우보
옮기고 쓴 이 **임원경제연구소** [차영익, 정명현, 김용미]
교감·교열 : 최시남, 이두순, 이동인, 박종우, 김태완, 조영렬, 이태원
감수 : 정재민(국립수목원 정원식물자원과)
조헌철(부산대학교 겸임교수)(권5 차 부분)
펴낸 곳 **풍석문화재단**
펴낸 이 : 신정수
진행 : 박시현, 박소해
전화 : 02)6959-9921 E-mail : pungseok@naver.com
일러스트 임원경제연구소
편집디자인 아트퍼블리케이션 디자인 고흐
인 쇄 상지사피앤비
펴낸 날 초판 1쇄 2023년 4월 3일
ISBN 979-11-89801-61-8

* 표지그림 : 산수화초(국립중앙박물관 소장)
* 사진 사용을 허락해주신 국립중앙박물관, 국립민속박물관, 서울대 규장각한국학연구원, 고려대 한적실, 국립수목원 정원식물자원과 정재민 박사님, 국립원예특작과학원 서정남 박사님, 풀꽃누리 천연염색 박영진 대표님, 네이버 블로그 수락산 스마일 운영자 선생님, 네이버 블로그 호언팜 운영자 선생님, 주홍걸 명사 공작실, 조주연 선생님, 우리문화 백경기 대표님, 조헌철 교수님, 김용숙 선생님, 김용술 선생님, 전성원 선생님, 김용자 선생님, 네이버 카페 쾌활 정경원 선생님, 중학생 정경지 님 여러분께 감사드립니다.

차례

만학지 권제5 晩學志 卷第五 임원십육지 27 林園十六志二十七

기타 초목류 雜植

일러두기

- 이 책은 풍석 서유구의 《임원경제지》를 표점, 교감, 번역, 주석, 도해한 것이다.
- 저본은 정사(正寫) 상태, 내용의 완성도, 전질의 구성 등을 고려하여 고려대학교 도서관 소장본으로 했다.
- 현재 남아 있는 이본 가운데 오사카 나카노시마부립도서관본, 서울대학교 규장각한국학연구원본을 교감하고, 교감 사항은 각주로 처리했으며, 각각 오사카본, 규장각본으로 약칭했다.
- 교감은 본교(本校) 및 대교(對校)와 타교(他校)를 중심으로 하고, 필요에 따라서는 이교(理校)를 반영했으며 교감 사항은 각주로 밝혔다.
- 번역주석의 번호는 일반 숫자(9)로, 교감주석의 번호는 네모 숫자(⑨)로 구별했다.
- 원문에 네모 칸이 쳐진 注와 서유구의 의견을 나타내는 案, 又案 등은 원문의 표기와 유사하게 네모를 둘러 표기했다.
- 원문의 주석은 【 】로 표기했고, 주석 안의 주석은 [ ]로 표기했다.
- 서명과 편명은 원문에는 모두 《 》로 표시했고, 번역문에는 각각 《 》 및 〈 〉로 표시했다.
- 표표점 부호는 마침표(.), 쉼표(,), 물음표(?), 느낌표(!), 쌍점(:), 쌍반점(;), 인용부호(" ", ' '), 가운데점(·), 모점(、), 괄호(( )), 서명 부호(《 》)를 사용했고 인명, 지명 등 고유명사에는 밑줄을 그었다.
- 字, 號, 諡號 등으로 표기된 인명은 성명으로 바꿔서 옮겼다.

4

만학지 권제4

晩學志卷第四

임원십육지 26

林園十六志二十六

1. 나무류[木類]

쥐똥밀깍지벌레의 백랍(白蠟)은 순전히 초를 만드는 데 사용된다. 다른 초보다 10배나 낫다. 다른 기름에 섞어 사용하면 백랍을 1/100만 넣어도 그 초는 또한 촛농이 슬러 내리지 않아서 용도가 매우 넓다. 그러므로 광나무를 많이 심어도 해될 게 없다.《농정전서》

- I -

나무류

木類

1. 소나무[松, 송]
2. 측백나무[柏, 백]
3. 향나무[檜, 회]
4. 분비나무[杉, 삼]
5. 노간주나무[栝, 괄]
6. 느릅나무[楡, 유]
7. 버드나무[柳, 유] **부록** 키버들[箕柳, 기류]·갯버들[水楊, 수양]
8. 사시나무[白楊, 백양]
9. 회화나무[槐, 괴]
10. 오동나무[桐, 동]
11. 옻나무[漆, 칠]
12. 참죽나무[椿, 춘] 가죽나무[樗, 저]
13. 자작나무[樺, 화]
14. 닥나무[楮, 저]
15. 가래나무[楸, 추] 개오동나무[梓, 재]
16. 붉나무[膚木, 부목]
17. 회양목[黃楊木, 황양목]
18. 물푸레나무[梣, 침]
19. 광나무[女貞, 여정]
20. 오구나무[烏臼, 오구]
21. 사(楂)나무
22. 멀구슬나무[楝, 연]
23. 조각자나무[皁莢, 조협]
24. 오가피나무[五加, 오가]
25. 구기자나무[枸杞, 구기]

1. 소나무[松, 송][1]

松

1) 이름과 품종

名品

【왕안석(王安石)[2] 자설(字說)[3][4] 소나무와 측백나무는 모든 나무 중에서 가장 뛰어나다. 소나무는 작위(爵位)[5]로 비유하면 공(公)과 같고, 측백나무는 백(伯)과 같다. 그러므로 소나무는 글자가 공(公)을 따르고 측백나무는 백(白)을 따른다.

【王氏 字說 松柏爲百木之長, 松猶公也, 柏猶伯也, 故松從公, 柏從白.

본초강목(本草綱目)[6] 소나무잎은 침이 2개인 것, 3개인 것, 5개인 것으로 구별된다. 침이 3개인 것은 '괄자송(栝子松)'이고 5개인 것은 '송자송(松子松)'이다.

本草綱目 松葉有二針、三針、五針之別. 三針者爲"栝子松", 五針者爲"松子

---

1 소나무[松, 송]: 소나뭇과에 속한 상록 침엽 교목. 껍질은 검붉은 비늘모양이고, 잎은 침엽이며 두 갈래가 한데 나서 2년 만에 떨어진다. 나무는 건축재, 침목, 도구재 등 다양한 용도로 쓰이고 송진은 약용, 공업용으로 쓴다.

2 왕안석(王安石): 1021~1086. 중국 송나라의 문장가이자 정치가. 균수법(均輸法)과 청묘법(青苗法) 등 신법(新法)을 주장하여 당시 사회 제도를 개혁하려고 노력했지만, 반대 세력의 저항으로 실패했다. 당송팔대가(唐宋八大家) 가운데 한 사람이다. 대표 저서로는《만언서(萬言書)》가 있다.

3 자설(字說): 중국 송나라의 문장가 왕안석이 만년에 한자의 연원과 제자(製字) 원리 등에 대해 저술한 책.

4 출전 확인 안 됨;《本草綱目》卷34〈木部〉"松", 1917쪽.

5 작위(爵位): 다섯 등급의 작(爵)에 속하는 제후나 귀족의 벼슬. 공(公), 후(侯), 백(伯), 자(子), 남(男)을 이른다.

6 《本草綱目》, 위와 같은 곳.

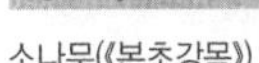
소나무(《본초강목》)

소나무(《본초도경》)

소나무(《왜한삼재도회》)

소나무(《식물명실도고》)

요해(遼海)[7]와 운남(雲南)[8]에서 나는 것은 씨가 파두[9]만 하게 크고 먹을 수 있으며 '해송자(海松子, 잣)'라고 한다】

松". 惟遼海及雲南者, 子大如巴豆, 可食, 謂之"海松子"】

7 요해(遼海) : 중국 요하(遼河) 동쪽 연해 지역.

8 운남(雲南) : 중국 남서부에 있는 성.

9 파두 : 대극과(大戟科)에 속하는 파두나무의 씨를 말린 약재. 옴·악창·변비에 쓰임.

2) 심는 시기

時候

정월 우수(雨水, 양력 2월 18·19일경) 절기에 소나무와 측백나무를 심는다. 또 정월 초하루에서 그믐까지 소나무와 측백나무를 옮겨 심을 수 있다. 《사시찬요(四時纂要)[10]》[11]

正月雨水植松柏, 又正月朔曁晦, 可移松柏. 《四時纂要》

소나무를 심을 때는 춘사[春社, 입춘 뒤 다섯 번째 무일(戊日)] 전에 흙째로 옮겨 심고 북준다. 그러면 백 그루를 심어도 백 그루가 다 산다. 이때에 옮겨 심지 않으면 결코 살아날 리가 없다. 《박문록(博聞錄)[12]》[13]

栽松, 春社前, 帶土栽培, 百株百活. 舍此時, 決無生理也. 《博聞錄》

소나무(포천시 군내면 구읍리에서 촬영)

단풍 든 솔잎

소나무묘목

---

10 사시찬요(四時纂要):중국 당나라 시인 한악(韓鄂, ?~?)이 996년에 편찬한 농서. 《예기(禮記)》 〈월령(月令)〉의 체제를 따라 매달 해야 할 농사일 등을, 《제민요술》 등의 문헌을 인용하여 정리했다.

11 출전 확인 안 됨; 《農桑輯要》 卷6 〈竹木〉 "松【杉·柏·檜附】"(《農桑輯要校注》, 222쪽).

12 박문록(博聞錄):중국 송나라 말기의 학자 진원정(陳元靚, ?~?)이 편찬한 10권의 백과사전류 저서. 그의 저서로, 당시 민간생활을 잘 살펴볼 수 있는 《사림광기(事林廣記)》와 세시풍속을 다룬 《세시광기(歲時廣記)》 등이 있다.

13 출전 확인 안 됨; 《農桑輯要》 卷6 〈竹木〉 "松【杉·柏·檜附】"(《農桑輯要校注》, 222~223쪽); 《農政全書》 卷38 〈種植〉 "木部" '松·杉·柏·檜'(《農政全書校注》, 1048쪽).

소나무수꽃

솔방울(이상 임원경제연구소, 파주시 파주읍 연풍리 명학산에서 촬영)

춘분 후에는 소나무를 심어서는 안 되고 추분 후에야 심어야 한다. 이는 소나무만 그러한 것이 아니다. 《박문록》[14]

春分後勿種松，秋分後方宜種，不獨松爲然. 同上

14 출전 확인 안 됨;《農政全書》卷38〈種植〉"木部"'松·杉·柏·檜'(《農政全書校注》, 1049쪽).

3) 심기와 가꾸기

種藝

10월 후부터 동지 이전에 소나무열매(솔방울)가 충분히 익었으나 떨어지지 않았을 때 꼭지째로 따서 대그릇 속에다 거둔다. 이를 바람이 통하는 길에 걸어 둔다. 만약 아직 익지 않은 열매를 따면 심어도 나지 않는다. 열매가 지나치게 익으면 씨앗이 바람을 따라 날아가 버린다.

十月以後冬至以前, 松實結熟而未落, 折取并蔕, 收之竹器中, 懸之風道. 未熟則不生. 過熟則隨風飛去.

초봄에 솔방울 속의 씨앗을 취한다. 큰 쇠망치로 띠풀[15]이 무성한 땅에 몇 촌 들어가도록 구멍을 만든다. 그 속에 소나무씨 몇 알을 둔다. 봄비를 얻으면 절로 난다. 열매를 채취하고부터 심을 때까지 모두 손을 타지 않도록 해야 좋다. 《동파잡기(東坡雜記)[16]》[17]

至春初, 敲取其實, 以大鐵鎚入荒茅地中數寸, 置數粒其中. 得春雨自生. 自採實至種, 皆以不犯手氣爲佳. 《東坡雜記》

소나무 심는 법: 대체로 대나무 심는 법과 같다. 뿌리만 튼튼하게 내리게 하고 흔들지 않으면 자연스럽게 살아난다. 《박문록》[18]

種松法: 大概與竹同, 只要根實, 不令搖動, 自然活. 《博聞錄》

소나무와 측백나무 심는 법: 8~9월 중에 충분히 익은 솔방울【측백나무씨도 이와 같다】을 골라 솔방울의 비늘 조각[臺][19]을 제거하고 씨앗을 거두어 보관한다. 다음해 봄 춘분에 단물[甛水]에 씨를

種松柏法: 八九月中, 擇成熟松子【柏子同】, 去臺收頓. 至來春春分時, 甛水浸子十日. 治畦下水, 上糞

15 띠풀: 벼과의 다년생 초본. '띠'로 불리며, 어린 이삭은 삐삐 또는 삘기라 하며 식용. 다 자란 잎은 말린 후 엮어서 우장(우의)과 발, 빗자루를 만든다.

16 동파잡기(東坡雜記): 중국 북송의 문인 소식(蘇軾,1036~1101)의 시문집.

17 출전 확인 안 됨; 《廣群芳譜》卷59 〈果譜〉 "松子", 1417쪽.

18 《農政全書》, 위와 같은 곳.

19 비늘 조각[臺]: 소나무나 측백나무류의 열매가 겹겹이 층을 이루고, 아래는 크고 위는 작은 모양이 흙으로 대(臺)를 쌓을 때와 비슷해서 이런 명칭이 생겼다. 《農桑輯要校注》, 253쪽 주 11번 참조.

10일 동안 담근다. 휴전(畦田)을 만들어 물을 대고, 거기에 똥거름을 주어 씨를 뿌려 심는 법은 채소 심는 법과 같다.

漫[1]散子於畦內, 如種菜法.

혹은 한 줄에 점점이 심고서 그 위에 두 손가락 정도의 두께로 흙을 덮어 준 후 휴전 위에 낮은 시렁을 걸쳐 주어 해를 가리기도 한다. 가물면 자주 물을 주어 휴전이 늘 젖어 있게 해야 한다. 가을 후에 시렁을 제거하면 높이 0.4~0.5척 정도 자라 있다.

或單排點種, 上覆土, 厚二指許, 畦上搭矮棚蔽日. 旱則頻澆, 常須濕潤. 至秋後, 去棚, 長高四五寸.

10월 중에 수숫대[薥稭][20]로 만든 울타리를 쳐서 북풍을 막는다. 휴전 안에 맥류의 겨를 이리저리 뿌려 나무를 덮어 준다. 이때는 나무 끝에서 0.2~0.3척 두께가 되도록 하고서 멈춘다【남쪽 지방에서는 살짝만 덮어야 한다】.

十月中, 夾薥稭籬以禦北風. 畦內亂撒[2]麥糠覆樹, 令梢[3]上厚二三寸止【南方宜微蓋】.

곡우(穀雨, 양력 4월 20·21일경) 전후 무렵에 손으로 맥류의 겨를 긁어내고 물을 준다. 다음해 겨울에 나무를 봉하여 덮어 줄 때도 이와 같이 한다. 2년 후 3월 중에 흙째로 옮겨 심는다. 이에 앞서 구덩이를 파고 똥과 흙을 배합하여 구덩이 안에 넣는다. 이를 물로 타서 묽은 진흙처럼 이긴 다음 소나무를 구덩이 안에 심는다.

至穀雨前後, 手爬去麥糠, 澆之. 次冬, 封蓋亦如此. 二年之後三月中, 帶土移栽, 先掘區, 用糞土相合內區中, 水調成稀泥, 植栽于內.

구덩이가 차도록 흙을 북돋워 주고 물을 주어 튼실하게 다진다【이때 공이로 다지지 않고 발로 밟는

擁土, 令區滿, 下水, 塌實【無用杵築, 脚踏】. 次日有[4]

---

20 수숫대[薥稭]: 산동 지역에서는 수숫대를 "촉개(薥稭)"라 한다. 최덕경 역주, 《농상집요역주》, 495쪽 주 23번 참조.

[1] 漫: 오사카본에는 처음에 쓴 글자를 지우고 "漫"으로 수정한 흔적이 있다.

[2] 撒: 오사카본에는 처음에 쓴 글자를 지우고 "撒"로 수정한 흔적이 있다.

[3] 梢: 《농정전서》에는 "稍".

[4] 有: 오사카본에는 "有" 앞에 "看"자를 지운 흔적이 있다.

다】. 다음날 갈라진 부분이 있으면 발로 밟아 합친다. 늘 물을 주어 습하게 한다.

裂縫處, 以脚躡合.[5] 常澆令濕.

10월에 나무가 굽거나[袪][21] 아래로 고개를 숙이면 흙으로 북주어 바르게 세우고 나무를 드러나지 않게 한다. 봄에 흙을 제거한다. 다음해에는 굳이 흙을 덮을 필요가 없다.

至十月, 袪倒, 以土覆藏, 毋使露樹. 至春, 去土. 次年不須覆.

큰 나무를 옮겨 심는 경우 3월 중에 옮긴다. 이때 뿌리의 흙을 넓게 남긴다【예를 들어 높이 10척의 나무는 사방 3척의 흙을 남기고, 멀리 옮기는 경우는 2.5척을 남긴다. 15척의 나무는 사방 3척이나 3.5척의 흙을 남긴다】. 새끼줄로 뿌리의 흙을 둘러 묶는다.

栽大樹者, 于三月中移, 廣留根土【謂如一丈[6]樹, 留土方三尺, 地遠移者二尺五寸. 一丈五尺樹, 留土三尺或三尺五寸】. 用草繩纏束根土.

큰 나무는 아래 부분부터 2~3층의 가지를 제거한다. 나무에 남북의 방향을 기록한다. 그런 다음 구덩이를 파놓은 곳까지 운반하여 이전의 법과 같이 옮겨 심는다. 원 사농사 《농상집요(農桑輯要)》[22]

樹大者, 從下剸去枝三二層. 樹記南北. 運至區所, 栽如前法. 元司農司《農桑輯要》

일반적으로 소나무가 우산 모양으로 퍼지며 자라도록 하는 일은 그다지 어렵지 않다. 심을 때 소나무의 큰 뿌리를 제거하고 사방의 수염뿌리를 남기면 우산모양으로 퍼지며 자라도록 하지 않는 경우가 없

凡欲松偃蓋, 極不難. 栽時, 去松中大根, 惟留四傍鬚根, 則無不偃蓋. 《墨客揮犀》

---

21 굽거나[袪]: 거(袪)는 굽는다[屈]는 의미이다.

22 《農桑輯要》 卷6 〈竹木〉 "松【杉·柏·檜附】"(《農桑輯要校注》, 223쪽); 《農政全書》 卷38 〈種植〉 "木部" '松·杉·柏·檜'(《農政全書校注》, 1048~1049쪽).

[5] 脚躡合: 오사카본에는 "細土擽之"를 "脚躡合"으로 수정한 흔적이 있다.

[6] 丈: 《농상집요》에는 "大".

다.《묵객휘서(墨客揮犀)[23]》[24]

큰 소나무 옮겨 심는 법: 2월 초순이나 중순에 나침반으로 나무의 남북 방향을 표시하고, 뿌리 주변의 흙을 깎아 크고 작은 뿌리를 상하지 않게 한다. 이에 앞서 구덩이를 넓고 깊게 판다. 여기에 보리 10두(斗) 정도를 깔고 나무의 남북 방향을 맞게 한 다음 깔아 놓은 보리 위에 뿌리를 놓는다. 이때 뿌리가 뻗은 상태와 굽은 상태를 모두 예전과 같게 해준다. 또 원래의 흙을 많이 가져다가 새 흙과 섞이지 않게 한다.

移大松法: 二月初旬或中旬, 以指南針表樹之南北, 斲土, 勿傷大小根. 先掘坑深寬, 鋪大麥十許斗, 照向背, 安根於鋪麥之上, 令根橫豎、伸縮皆如故. 又多取元土, 毋雜以新壤.

흙을 처음 다질 때는 두텁게 넣되, 단단하게 다지지는 않는다. 이는 뿌리를 상하게 할까 염려해서이다. 두 번 세 번 이상 다질 때는, 흙을 얇게 넣고 단단하게 다지되, 예전에 묻힌 정도까지 차면 그친다. 이는 소나무의 드러난 뿌리가 묻히면 반드시 죽기 때문이다.

初築則厚其土而勿堅築, 恐傷根也. 再築、三築以往, 薄其土而堅築之, 令土至於舊限而止. 松之露根, 埋則必死故也.

다지기가 끝나면 사방에 큰 기둥을 박고 소나무를 노끈으로 튼튼하게 묶어 준다. 그러면 큰 바람도 움직일 수 없다. 새벽과 저녁으로 물을 주면 한 아름되는 큰 나무라도 살아날 수 있다.《어우야담(於于野談)[25]》[26]

築訖, 四方植大柱, 用索牢絟, 大風不能搖撼. 曉昏灌水, 雖盈圍大木, 可活.《於于野談》

23 묵객휘서(墨客揮犀): 중국 북송(北宋)의 팽승(彭乘, ?~?)이 당시의 여러 가지 이야기를 모은 필기류 저술.

24 《墨客揮犀》卷5(《文淵閣四庫全書》1037, 693쪽).

25 어우야담(於于野談): 조선 중기에 유몽인(柳夢寅, 1559~1623)이 편찬한 설화집.

26 《於于野譚 원문》, 209쪽.

소나무 심는 법: 소나무씨를 물에 담갔다가 물 위에 뜬 씨는 제거한다. 그런 다음 맑은 물에 하루 낮 하루 밤 동안 담근다. 여기에 고운 황토를 섞어서 심는다. 가령 소나무씨 1승(升)을 심을 경우 황토 10여 두(斗)를 사용한다.

種松法: 取松子水浸, 去浮者, 仍用淸水浸之一日一夜, 拌黃細土種之. 假如種松子一升, 用黃土十餘斗.

흙은 체로 쳐서 굵은 모래를 제거한 다음 얇게 펼쳐 햇볕에 말린다. 흙 표면이 희게 되면 흙을 여러 사람이 손으로 비벼 매우 곱게 만든다. 그러면 흙의 기름기가 비로소 걸러진다.

篩去麤砂, 薄布曬乾, 待白背, 衆手搓揉, 令極細, 膩始漉.

소나무씨를 물기가 있는 채로 황토 속에 넣어 수 없이 많이 굴려 섞으면 흙과 섞여 뭉쳐진 크기가 개암[榛子][27]만 해진다. 이를 짚둥구미 안에 넣어 둔다. 이때 둥구미를 눌러 다져서는 안 된다. 여기에 다시

松子帶濕, 投黃土中, 翻轉百回, 則其拌土厚者大, 可如榛子. 收入藁篅中, 勿按實, 復以水漬藁穰, 厚覆

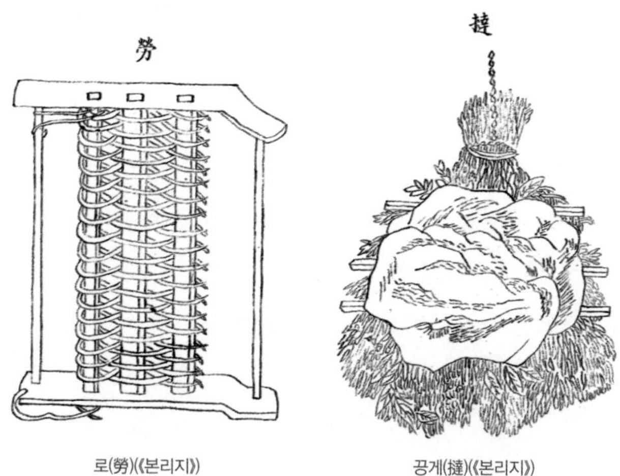

로(勞)(《본리지》) 끙게(撻)(《본리지》)

27 개암[榛子]: 개암나무의 열매. 모양은 도토리 비슷하며 껍데기는 노르스름하고 속살은 젖빛이며 맛은 밤 맛과 비슷하나 더 고소하다.

소나무암꽃

솔방울(이상 네이버 블로그 수락산 스마일)

물에 적신 짚을 두텁게 덮는다. 당일의 날씨를 보아서 날씨가 추우면 방에 두고 따뜻하면 처마 아래의 계단에 둔다.

之. 看當日天氣, 寒置房室中, 暄置軒階上.

그런 뒤 빠르게는 4~5일, 늦어도 10일 정도면 각각 새싹이 난다. 그제야 심는다. 심을 때는 씨앗 한 움큼을 이리저리 뿌리면 된다. 이때 괭이나 삽으로 땅을 팔 필요가 없다. 또 굳이 로(勞)[28]질을 하거나 끙게[磋][29]질을 하여 흙으로 씨앗을 덮어 줄 필요가 없다. 심은 해에 1척 정도 자라고, 8~9년이면 서까래에 쓸 재목으로 자랄 수 있다. 《행포지(杏蒲志)》[30]

近則四五日, 遠則十許日, 箇箇句萌, 乃種之, 只可手掬漫撒, 不須钁鍤劚地, 又不須勞磋覆土. 當年可長一尺, 八九年可長椽材. 《杏蒲志》

---

28 로(勞): 흙을 긁어 덮어 주는 연장. 《임원경제지 본리지》 권10 〈그림으로 보는 농사연장〉(상) "갈이 연장과 삶이 연장" '로'(정명현·김정기 역주, 《임원경제지 본리지》 3, 소와당, 2009, 146~147쪽)를 참조 바람.

29 끙게[磋]: 씨를 뿌리고 나서 그 위에 흙을 덮는 데 쓰는 농기구. 《임원경제지 본리지》 권10 〈그림으로 보는 농사연장〉(상) "파종 연장과 김매기 연장" '끙게'(정명현·김정기 역주, 위와 같은 책, 172~173쪽)를 참조 바람.

30 《杏蒲志》 卷3 〈種松〉(《農書》36, 193~194쪽).

4) 보호하기

護養

소나무의 본성은 지극히 단단하고 질기지만 처음 났을 때는 지극히 무르고 약하여 해와 소나 양을 많이 두려워한다. 그러므로 띠 풀이 무성한 땅에서 띠풀 그늘로 해를 가려야 한다. 주변에 아무 것도 자라지 않은 맨땅일 경우에는 보리 수십 알을 섞어 심어야 한다. 보리그늘에 의지해야 살아나기 때문이다.

松性至堅悍，然始生至脆弱，多畏日與牛羊，故須荒茅地，以茅陰障日. 若白地，當雜大麥數十粒種之. 賴麥陰乃活.

가시나무로 보호하고 날마다 사람이 다니면서 살피게 해야 한다. 그러면 3~5년이 지나야 제대로 자란다. 5년 후라야 소나무 아래 부분의 가지를 깨끗이 쳐서 높게 자라게 한다. 7년 후라야 잘고 배게 자란 가지들을 쳐서 줄기가 통통해지게 한다. 키우는 법이 대략 이와 같다. 《동파잡기》[31]

須護以棘，日使人行視，三五年乃成. 五年之後，乃可洗其下枝使高，七年之後，乃可去其細密者使大. 大略如此.《東坡雜記》

대왕송(임원경제연구소, 전주수목원에서 촬영)

31 출전 확인 안 됨;《廣群芳譜》, 위와 같은 곳.

5) 거두기

收採

소나무에 기름 먹이는 법: 청송(靑松, 푸른 소나무)을 도끼로 베어 넘어뜨리고 가지를 제거한다. 그런 뒤 뿌리 위에 큰 구멍을 파서 여기에 생 동유(桐油)[32] 몇 근을 넣는다. 동유가 다 스며들면 소나무가 견고하면서 오래가고 나무에 좀이 생기지 않는다. 다른 나무 기름 먹이는 법도 이와 같다. 《제민요술(齊民要術)》[33]

油松法：將靑松斫倒，去枝．于根上鑿取大孔，入生桐油數斤．待其滲入，則堅久不蛀．他木同．《齊民要術》

소나무 베기: 오경(五更, 오전 3~5시)이 시작될 때에 소나무껍질을 벗겨 주면 목재에 흰개미가 생기지 않

斫松木：須五更初，便削去皮，則無白蟻．血忌日尤

소나무1

소나무2

32 동유(桐油) : 유동(油桐)의 씨에서 짜낸 기름. 점성이 높고 건조가 빠르며 도장한 막이 강하고 탄력이 있어 옛날부터 장판지 및 우산지의 도장유, 등유, 해충 퇴치, 설사제 등으로 많이 사용되었다. '유동'은 《임원경제지 만학지》 권4 〈나무류〉 "오동나무"에도 나오고, 풍석 서유구 지음, 임원경제연구소 옮김, 《임원경제지 섬용지》 1, 풍석문화재단, 2016, 165~166쪽의 화단의 난간목에 색을 내는 용도 등으로, 동유의 여러 쓰임이 나온다.

33 출전 확인 안 됨; 《農政全書》 卷38 〈種植〉 "木部" '松·杉·柏·檜'(《農政全書校注》, 1049쪽). 《제민요술》에 이 내용이 나오지 않는다. 《제민요술》을 저술한 시기인 남북조 시대에는 목재 건조에 사용하는 기름으로 동유를 쓰지 않고 들기름을 썼다. 《農政全書校注》, 1076쪽 주25번 참조.

소나무3

솔잎(이상 임원경제연구소, 한밭수목원에서 촬영)

는다. 혈기일(血忌日)[34]에 해 주면 더욱 좋다. 《박문록》[35]

好. 《博聞錄》

6) 종자 거두기

收種

솔방울은 바다 주변의 산에서 나는 것을 취해야 한다. 그러면 벌레 먹는 것을 피할 수 있다. 송방울이 익었으나 아직 떨어지지 않았을 때, 가지째로 벤다. 이를 햇볕에 말려 거두어들인다. 다음해 춘분에 심는다. 《증보산림경제(增補山林經濟)》[36]

松子須取海山松子, 可免蟲食. 其子已成未落之時, 連枝斫下, 曝乾打收, 明年春分時種之. 《增補山林經濟》

34 혈기일(血忌日) : 음양오행 이론에서 월말에 피를 흘리거나 내게 하면 병이 생긴다고 하는 날.

35 출전 확인 안 됨; 《農桑輯要》 卷6 〈竹木〉 "松【杉·柏·檜附】"(《農桑輯要校注》, 223쪽).

36 《增補山林經濟》 卷3 〈種樹〉 "松"(《農書》3, 196쪽).

7) 쓰임새

산사람들은 노송의 뿌리를 베어 송진을 취한다. 이를 태워 기름이나 초를 대신하니, 또한 가난한 집의 이익이 된다. 《사류전서(事類全書)》[37]

功用

山人斫老松根，取松脂，燃之以代油燭，亦貧家之利. 《事類全書》

37 출전 확인 안 됨;《王禎農書》卷9〈百穀譜〉"竹木"'松', 150쪽;《農政全書》卷38〈種植〉"木部"'松·杉·柏·檜'(《農政全書校注》, 1048쪽).

2. 측백나무[柏, 백][1]

柏

1) 이름과 품종

名品

일명 측백(側柏)이다.[2]

一名"側柏".

【육서정온(六書精蘊)[3][4] 모든 나무는 모두 해를 향한다. 그러나 측백나무만 유독 서쪽을 향한다. 대개

【六書精蘊[1] 萬木皆向陽, 而柏獨西指. 蓋陰木而有

백(柏)(《육서정온》)

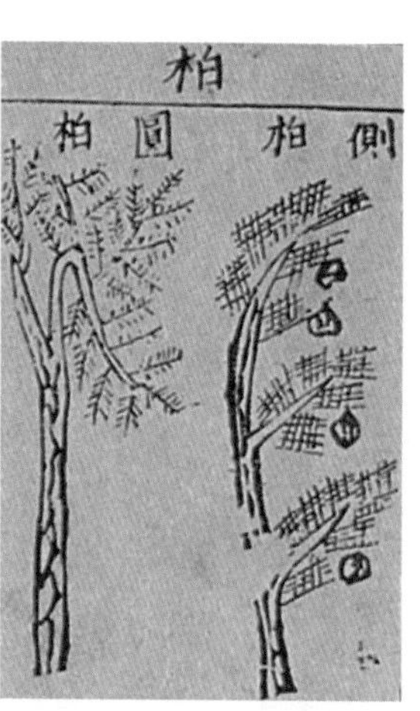

측백나무(《본초강목》)

측백나무(《본초도경》)

측백나무(《왜한삼재도회》)

1 측백나무[柏, 백]: 측백나뭇과에 속한 상록 교목. 자웅동주(雌雄同柱)로 4월에 꽃이 피고, 열매는 둥근 달걀꼴로 9~10월에 익는다. 수형(樹形)이 아름답기 때문에 흔히 정원수로 사용하며 촌락이나 묘지 부근의 울타리용으로 심기도 한다. 잎과 열매는 약재로 쓴다.

2 일명 측백(側柏)이다: 《本草綱目》 卷34 〈木部〉 "柏", 1913쪽에 보인다.

3 육서정온(六書精蘊): 중국 명(明)나라 관리·학자 위교(魏校, 1483~1543)가 지은 책. 6권. 소전(小篆)을 중심으로 고문(古文)의 오류를 수정했다.

4 《六書精蘊》 卷6 〈草木〉 "柏"(북경대도서관본, 권6, 33쪽); 《本草綱目》, 위와 같은 곳.

[1] 蘊: 저본에는 "組".

측백나무(《식물명실도고》)

서양측백나무

측백나무열매(이상 임원경제연구소, 파주시 파주읍 연풍리에서 촬영)

측백나무는 음목(陰木)이면서 곧은 덕이 있는 것이므로 글자가 백(白, 흰색)자를 따른다. 흰색은 서쪽 방향을 상징한다.

貞德者, 故字從白. 白者西方也.

본초강목[5] 측백나무에는 여러 종류가 있다. 하지만 약으로 쓸 때는 잎이 납작하면서 옆으로[側] 나는 나무만을 취하기 때문에 '측백(側柏)'이라고 한다】

本草綱目 柏有數種, 入藥惟取葉扁而側生者, 故曰"側柏"】

5 《本草綱目》, 위와 같은 곳.

2) 심기와 가꾸기

種藝

측백나무 심기: 9월 중에 측백나무씨가 익었을 때 거둔다. 다음해 2~3월이 되면 물로 일어 가라앉은 씨를 습지에 두었다가 2~3일에 1번씩 물로 일어준다. 싹이 나면 잘 삶겨진 땅을 파서 휴전을 만든다. 여기에 물을 충분히 준 다음 씨를 고르게 흩뿌리고, 고운 흙을 0.05척 덮고 다시 물을 충분히 준다.

2~3일에 1번 물을 주어서 너무 습하게 해서도 안 되고 너무 건조하게 해서도 안 된다. 싹이 나면 주위에 낮은 울타리를 세워 보호한다. 이는 두꺼비에게 먹힐까 염려해서이다. 늘 물과 똥거름을 준다. 몇 척까지 자라면 나누어 옮겨 심는다. 《농정전서(農政全書)》[6]

種柏: 九月中柏子熟時採. 俟來年二三月間, 用水淘取沈者, 着濕地, 二三日淘一次. 候芽出, 將劚熟地調成畦, 水飲足, 以子勻撒其中, 覆細土半寸, 再以水壓下. 二三日澆一次, 勿太濕, 勿大乾. 旣生, 四圍豎矮籬護之, 恐爲蝦蟆所食. 常澆水糞. 俟長高數尺, 分栽.《農政全書》

가을에 작은 가지 2~3척을 자른 다음 꽂아 심어 살릴 수도 있다. 《농정전서》[7]

秋時剪小枝二三尺, 亦可插活. 同上

측백나무씨는 심으면 쉽게 살아난다. 《화한삼재도회(和漢三才圖會)》[8]

柏子種, 易生. 《和漢三才圖會》

5~6월 장마 때 가을보리를 구덩이에 펼쳐서 심는다. 100이면 100 다 산다. 《산림경제보(山林經濟補)》[9]

五六月長霖時, 鋪秋麥於坎中而種之, 百種百活. 《山林經濟補》

---

6 《農政全書》 卷38 〈種植〉 "木部" '松·杉·柏·檜'(《農政全書校注》, 1050쪽).

7 《農政全書》, 위와 같은 곳.

8 《和漢三才圖會》 卷82 〈木部〉 "香木類" '柏'(《倭漢三才圖會》10, 92~93쪽).

9 출전 확인 안 됨; 《山林經濟》 卷2 〈種樹〉 "種側柏"(《農書》2, 180쪽).

3) 물주기와 거름주기

澆壅

본성이 햇볕을 좋아한다. 1년 내내 햇볕을 쬐고 똥거름물을 3~4차례 주면 푸르고 무성해진다. 《군방보(群芳譜)》[10]

性喜曬. 一年中用曬過, 糞水澆三四次, 則青翠蓊鬱. 《群芳譜》

4) 거두기

收採

측백나무씨가 익었을 때 바로 따면 쉽게 얻는다. 따는 시기를 놓치면 떨어져 버리고 또 벌레가 생기기 쉽다. 《군방보》[11]

子熟時, 頓採之, 易得. 過時則零落, 又易生蟲. 《群芳譜》

측백나무

측백나무울타리(이상 서정남)

측백나무열매

3갈래로 갈라지는 측백나무열매(이상 네이버 블로그 수락산 스마일)

---

10 《二如亭群芳譜》〈利部〉"木譜" '柏'(《四庫全書存目叢書補編》80, 632쪽).

11 《二如亭群芳譜》, 위와 같은 곳.

3. 향나무[檜, 회][1] 檜

1) 이름과 품종 名品

【본초강목[2] 측백나무잎에 소나무몸체인 나무를 '회(檜)'라고 한다. 잎이 뾰족하고 단단하여 '괄(栝)'이라고도 한다. 요즘 사람들은 '원백(圓柏)'이라고 불러 측백(側柏)과 구별한다.

【本草綱目 柏葉松身曰"檜". 其葉尖硬, 亦謂之"栝". 今人呼爲"圓柏"以別側柏.

화한삼재도회[3] 이시진이 "회(檜)의 잎이 뾰족하고 단단하여 괄(栝)이라고도 한다."고 했다. 아마도 향나무와 괄나무(노간주나무)가 같은 나무라고 잘못 안 듯하다. 향나무의 잎은 뾰족하거나 단단하지 않다. 측백나무잎과 비슷하나 그보다 살찌고 두꺼우며 새끼줄모양의 무늬가 있다. 측백나무는 가지가 곧고 향나무는 가지가 굽었다.

和漢三才圖會 李時珍云: "檜葉尖硬, 亦謂之栝."蓋誤認檜與栝爲一也. 檜葉不尖硬, 似柏葉而肥厚有繩文. 柏直枝, 檜曲枝.

나무를 서로 문지르면 불이 생기기 때문에 '화목(火木)'이라고 한다. 열매가 줄줄이 달리는 모습이 분

其樹相摩, 則有出火, 故名"火木". 其實纍纍, 似杉實,

1 향나무[檜, 회]: 측백나뭇과에 속한 상록 교목. 처음에 나온 가지는 녹색이지만 3년 정도 지나면 갈색으로 변하였다가 7~8년 후에 비늘 모양의 껍질이 생긴다. 암수한그루이고 4월경에 꽃이 피었다가 다음해 가을에야 열매가 익으며, 재목은 조각이나 가구의 재료 또는 향을 피우는 데에 쓰인다. 우리나라, 중국, 일본 등지에 분포한다.

2 《本草綱目》, 위와 같은 곳.

3 《和漢三才圖會》 卷82 〈木部〉 "香木類" '檜'(《倭漢三才圖會》10, 94~95쪽); 《和漢三才圖會》 卷82 〈木部〉 "香木類" '栝'(《倭漢三才圖會》10, 96쪽).

비나무열매와 비슷하나 가시가 없다. 또 열매가 없는 향나무는 재질이 희고 조밀하며, 나뭇결이 없고 아름다우며, 습기를 잘 견디기 때문에 가옥의 기둥·상자·그릇을 만들기에 적합하다. 여기에 가장 좋은 재목이다.

無刺. 又有無實者, 其材白而濃密, 無樏而美, 能堪水濕, 宜爲屋柱箱器, 最良材也.

높이 자란 괄나무는 20척 남짓이다. 나무껍질은 분비나무나 향나무와 비슷하지만 이들과 달라 재목으로는 쓸 수가 없다. 잎은 측백나무와 비슷하지만 그보다 뾰족하고 단단하다. 분비나무와 약간 비슷하며 매우 무성하다. 가지가 갈라진 부분[枝椏]은 숨겨져서 드러나지 않는다. 잎과 몸통은 모두 굽었다. 정원에 심으면 녹색 잎은 사랑스럽다. 열매를 맺지 않는다.

栝高者二丈餘, 樹皮似杉及檜, 而材不堪用. 葉似柏而尖硬, 微似杉, 甚茂盛. 其枝椏隱不見, 葉與身皆曲. 植之庭園, 綠葉可愛, 不結實.

금화경독기[4] 우리나라 사람들이 말하는 향나무는 곧 중국의 '종(樅, 전나무)'[5]이다. 회(會)는 '굽다[曲]'는 뜻이다. 향나무에 굴곡진 곳이 많기 때문에 글자가 목(木)과 회(會)를 따른다.

金華耕讀記 東人所謂"檜", 卽中華之"樅"也. 會者, 曲也. 檜多盤曲, 故從木從會.

《노학암필기(老學庵筆記)》[6]에서 "바닷가의 향나무는 가지가 구불구불하고 단단하면서 가늘다. 육지의 향나무는 칼로 새긴 듯이 굽으면서 자란다."[7]라고 했다.

《老學庵筆記》云: "海檜夭矯堅瘦, 土檜刻削盤屈而成."

4 《金華耕讀記》卷7〈樅檜〉, 4쪽.

5 종(樅, 전나무): 전나무과의 상록 침엽교목. 《海東農書》에는 종(樅)을 노송(원문은 '노숑')이라 했다. 서유구는 종(樅)을 전나무, 괄(栝)을 노송이라고 고증했다.

6 노학암필기(老學庵筆記): 중국 남송의 시인 육유(陸游, 1125~1209)가 만년에 고향인 절강성(浙江省) 소흥시(紹興市) 경호(鏡湖) 인근에 머물면서 본인의 경험을 토대로 기록한 수필집.

7 바닷가의……자란다: 《老學庵筆記》卷1(《叢書集成初編》2766, 3쪽).

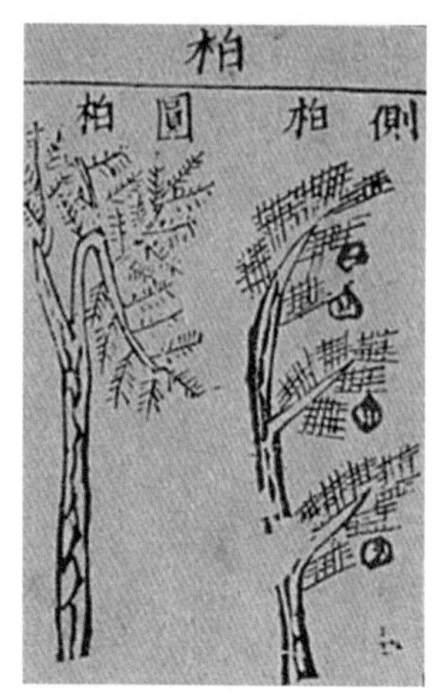

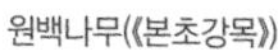

원백나무(《본초강목》)

향나무(《왜한삼재도회》)

노간주나무(《왜한삼재도회》) 종나무(《왜한삼재도회》)

《화한삼재도회》에서는 "측백나무는 가지가 곧고 향나무는 가지가 굽었다. 향나무의 열매가 줄줄이 달리는 모습이 분비나무열매와 비슷하나 가시가 없다."[8]라고 했다. 그러나 요즘 우리나라 사람들이 말하는 향나무는 모두 높이 솟았고 꼿꼿하여 큰 것은 높이가 수십 길[仞][9]이나 된다. 그러므로 중국 사람들이 말하는 향나무와는 완전히 다르다.

《和漢三才圖會》云: "柏直枝, 檜曲枝, 檜實纍纍似杉而無刺." 今東人所謂"檜", 皆高聳挺直, 大者數十仞, 與華人所謂"檜", 全不相類.

《화한삼재도회》에서 "종(樅)나무의 껍질에는 가로로 난 결이 있어 측백나무·향나무와는 같지 않다. 잎은 비자나무[榧]와 매우 비슷하다. 열매는 솔방울과 비슷하나 그보다 가늘고 길다. 열매 속에 들어 있는 씨도 소나무씨와 비슷하다. 재목은 궤(櫃)나 상자로

《和漢三才圖會》云: "樅樹皮有橫理, 與柏、檜不同. 其葉頗似榧. 其實似松毬而細長. 其中子亦如松子. 其材用爲櫃箱. 性不耐水

---

8 측백나무는……없다:《和漢三才圖會》 卷82 〈木部〉 "香木類" '檜'(《倭漢三才圖會》10, 94쪽). 위의 기사에 나오는 말이다.

9 길[仞]:길이 단위. 7척 또는 8척.

쓴다. 본성이 습기를 견디지 못하기 때문에 기둥을 만들기에는 적당하지 않다."[10]라고 했다.

濕, 故不宜爲柱."

이로 볼 때 종(樅)나무가 우리나라 사람들이 말하는 '향나무'라는 사실은 의심할 바가 없다. 그러나 중국에서 말하는 '향나무'가 우리나라에서는 무슨 나무에 해당하는지 모르겠다】

樅之爲東人所謂"檜"無疑, 而中國所謂"檜"在吾東未知其居何也】

10 종(樅)나무의……않다:《和漢三才圖會》, 위와 같은 곳.

향나무

향나무잎(임원경제연구소, 보성군 보성읍 봉산리 보성녹차밭에서 촬영)

2) 심기와 가꾸기

種藝

향나무는 심기가 소나무 심는 법과 같다. 가지를 꽂아 심는 경우 2~3월에 향나무의 연한 싹이 날 때, 먼저 황토흙을 잘 삶아서 휴전을 만든다. 이어서 휴전에 물을 1번 준다. 물이 스며들면 다시 물을 준다. 휴전의 흙이 진흙이 되면 향나무의 아래 부분에서 작은손가락굵기의 가지를 자른다. 길이는 1.5척 정도로 한다. 가지의 아래 부분을 말귀모양으로 깎는다.

檜, 種如松法. 揷枝者, 二三月檜芽蘖動時, 先熟劚黃土地成畦, 下水飮畦一遍. 滲定, 再下水, 候成泥, 將斫下細如小指檜枝, 長一尺五寸許, 下削成馬耳狀.

먼저 지팡이를 진흙에 찔러 구멍을 만든다. 구멍 속에 향나무가지를 꽂되, 깊이 0.5~0.7척 이상이 되게 한다. 옮겨 심을 때는 조밀하게 심고 늘 촉촉하게 물을 주어야 한다. 휴전 위에는 낮은 시렁을 걸쳐 해를 가린다. 겨울이 되면 보온덮개로 바꾸어 주었다가 다음해 2~3월에 제거한다. 나무가 높이 자라면 소나무나 측백나무 옮겨 심는 법과 같이 옮겨 심는다. 원 사농사 《농상집요》[11]

先以杖刺泥成孔, 揷檜枝於孔中, 深五七寸以上. 栽宜稠密, 常澆令潤澤. 上搭矮棚蔽日, 至冬, 換作暖廕, 次年二三月去之. 候樹高, 移栽如松柏法. 元司農司《農桑輯要》

11 《農桑輯要》卷6 〈竹木〉 "松【杉·柏·檜附】"(《農桑輯要校注》, 223~224쪽).

4. 분비나무[杉, 삼][1]

杉

1) 이름과 품종

名品

일명 '점(煔)', '사목(沙木)', '경(檠)'이다.[2]

一名"煔", 一名"沙木", 一名"檠".

【도경본초(圖經本草)[3] 분비나무는 소나무와 비슷하나 그와 달리 곧게 위로 자란다. 잎은 가지에 붙어 바늘처럼 난다.

【圖經本草 杉類松而徑直, 葉附枝生若刺針.[1]

본초강목[4] 분비나무잎은 가시처럼 약간 납작하다. 열매는 단풍나무열매와 비슷하다. 적삼(赤杉)과 백삼(白杉) 2가지 종류가 있다. 적삼은 실(實)하고 기름기가 많은 반면, 백삼은 허(虛)하고 말라 있다. 꿩과 같이 얼룩덜룩한 무늬[斑紋]가 있는 분비나무는 '야계반(野鷄斑)'이라고 한다.

本草綱目 杉葉微扁如刺, 結實如楓實. 有赤、白二種, 赤杉實而多油, 白杉虛而乾燥. 有斑紋如雉者, 謂之"野鷄斑".

---

1 분비나무[杉, 삼]: 소나뭇과에 속한 상록 침엽수. 고산 지대에서 자라며 높이 25미터 정도이며 잎은 선형(線形)으로 어린 가지에서는 끝이 갈라지고 뒷면이 백색이다. 암수한그루로 수꽃이삭은 원통모양이고, 암꽃이삭은 긴 원통모양으로 자줏빛이 돌며 포는 끝이 약간 보일 정도이다. 열매는 구과(毬果)를 맺으며 녹갈색이고 뾰족한 돌기가 있다. 종자는 삼각형이고, 날개가 있다. 나무껍질은 우리나라 북부 지방에서 지붕을 이는 데 쓰고 재목은 건축, 가구, 펄프 재료로 쓴다. 깊은 산의 등성이나 고원 지대에 나는데 우리나라, 만주, 동부 시베리아 등지에 분포한다.

2 일명……'경(檠)'이다:《本草綱目》卷34〈木部〉"杉", 1923쪽에 보인다.

3 《圖經本草》卷12〈木部〉下品 "杉材"(《本草圖經》, 399쪽).

4 《本草綱目》, 위와 같은 곳.

[1] 針: 저본에는 "鈄". 《圖經本草·木部·杉材》에 근거하여 수정.

해동농서(海東農書)[5] 함경도에서 난다. 큰 나무가 많아 관을 만드는 목재로 만들 수 있다. 등에 종기가 조금 났을 때 분비나무 수지를 발라 주면 뛰어난 효과가 있다. 잎을 따서 차를 만들면 맛은 쓰지만 또한 음식을 잘 소화시킬 수 있다. 남쪽 지역에서 나는 분비나무는 그다지 크게 자라지 않는다.

海東農書 産於關北. 多大樹, 可爲柩材. 背疽微發, 塗其脂, 有奇效, 採葉作茶, 味苦亦能消穀.[2] 其産南地者不甚長大.

민간에서 '노가자(老柯子, 노간주나무)'[6]라고 하는 나무는 곧 분비나무 종류이다. 여기에는 또 적목(赤木, 주목)[7]·자단(紫檀)[8]이라는 2종류가 있다. 이는 곧 적삼의 종류이다. 적목으로는 각종 기물을 만들 수가

俗號"老柯子"者, 乃杉類也, 又有赤木、紫檀二種, 卽赤杉之類. 赤木可作器物. 其稱"紫檀"者, 有臭入藥. 又

분비나무(《본초강목》)

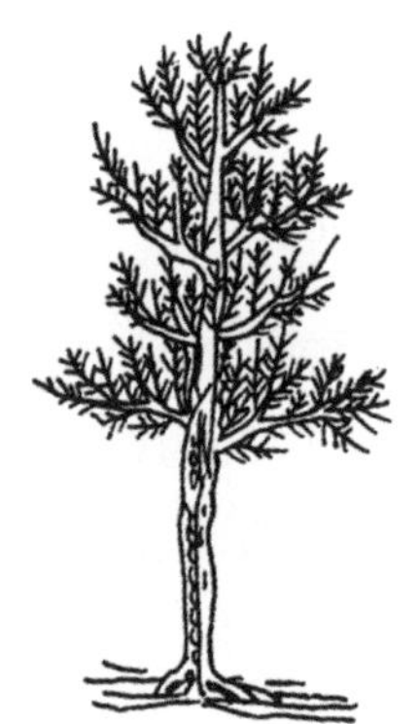
분비나무(《본초도경》)

분비나무(《왜한삼재도회》)

분비나무(《식물명실도고》)

5 《海東農書》 卷4 〈木類〉 "杉"(《農書》10, 288쪽). 《해동농서》에는 이 기사를 《증보산림경제》에서 인용했다고 적었다. 하지만 현전본 《증보산림경제》에는 이 내용이 확인되지 않는다.

6 노가자(老柯子, 노간주나무): 측백나뭇과에 속한 상록 교목. 잎은 좁은 선형(線形)으로 세 개가 돌려나며 끝은 뾰족하다. 5월에 녹갈색 꽃이 잎겨드랑이에 핀다. 열매는 검은 자줏빛으로 쓴맛이 나는데, 이것을 말린 것을 두송실(杜松實)이라 하여 신경통 따위의 약재로 쓴다.

7 적목(赤木, 주목): 주목과에 속한 낙엽 교목. 높이는 대략 20미터이며, 가지가 수평으로 퍼지거나 밑으로 처진다. 자웅이주로서 꽃은 4월에 피고, 열매는 9-10월에 붉게 익는다.

8 자단(紫檀): 콩과의 상록 활엽 교목. Pterocarpus 속(屬)의 수종들. 높이는 10미터 이상이며 잎은 어긋나고 겹잎으로 원형 또는 넓은 타원형이다. 나무껍질이 자줏빛이고 여름철에 누런 꽃이 총상(總狀) 화서로 핀다. 재목은 건축, 가구 따위의 재료로 쓴다. 중국의 남부, 대만, 동남아시아 등 열대지방에 분포한다.

[2] 穀: 《海東農書·木類·杉》에는 "縠".

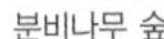

분비나무 숲

분비나무잎

분비나무열매(이상 정재민, 강원도 태백시 황지동 함백산에서 촬영)

있다. '자단'이라고 일컫는 종류는 냄새가 있고 약재로 사용한다. 또 향의 용도로 사를 수가 있으므로 단향목(檀香木, 향나무의 총칭)의 명칭에도 섞일 수 있다】

可爇，故渾於旃檀之名[3]】

---

[3] 名 : 저본에는 "心". 오사카본·《海東農書·木類·杉》에 근거하여 수정.

2) 심는 시기

時候

소나무·분비나무·측백나무·향나무를 옮겨 심을 경우 동지나 한 해가 다할 때, 흙째로 옮겨 심지 않는다 하더라도 뿌리는 또한 살아난다. 정월에 옮겨 심으면 9/10가 살고, 2월에 옮겨 심으면 7/10이 살며, 청명 후에 옮겨 심으면 반이 산다. 동정육씨(洞庭陸氏)[9]의 설(說)[10]

移松、杉、柏、檜, 冬至及年盡, 雖不帶土, 根亦活. 正月, 九分活; 二月, 七分活; 淸明後, 半活. 洞庭陸氏說

소나무·분비나무·측백나무·향나무는 모두 3월에 씨를 심는다. 그리고 다음해 3월에 나누어 심는다. 《편민도찬(便民圖纂)》[11]

松、杉、柏、檜俱三月下種. 次年三月分栽. 《便民圖纂》

분비나무줄기

분비나무

9 동정육씨(洞庭陸氏): 미상.

10 출전 확인 안 됨; 《農政全書》 卷38 〈種植〉 "木部" '松·杉·柏·檜'(《農政全書校注》, 1050~1051쪽).

11 《便民圖纂》 卷5 〈樹藝類〉上 "種諸果花木" '松·杉·檜·柏', 56쪽; 《農政全書》 卷38 〈種植〉 "木部" '松·杉·柏·檜'(《農政全書校注》, 1051쪽).

2월에는 씨를 심을 수 있다. 3월에는 꺾꽂이법으로 심을 수 있다. 4월에는 옮겨 심을 수 있다. 《화한삼재도회》[12]

二月可下種，三月可揷枝，四月可移植.《和漢三才圖會》

12 《和漢三才圖會》卷82〈木部〉"香木類" '杉'(《倭漢三才圖會》10, 108쪽).

3) 심기와 가꾸기

種藝

분비나무 꺾꽂이 하기: 경칩(驚蟄, 양력 3월 5·6일경) 전후의 5일 사이에 새 가지를 벤다. 구덩이를 파서 가지를 넣은 다음 진흙을 넣고 꾹꾹 다진다. 날씨를 살폈다가 흐리면 꺾꽂이를 한다. 비를 만나면 모두가 살아난다. 비가 없을 경우 흐린 정도에 따라 살아나는 비율이 다르다. 《박문록》[13]

插杉:[4] 用驚蟄前後五日, 斬新枝, 劚阬, 入枝, 下泥杵緊. 相視天陰卽插. 遇雨, 十分生; 無雨, 卽有分數. 《博聞錄》

분비나무 꺾꽂이 하는 법: 강남의 선주(宣州)[14]·흡주(歙州)[15]·지주(池州)[16]·요주(饒州)[17] 등의 지방은 산이 넓고 흙이 기름지다. 먼저 땅을 간 후 참깨를 첫 해에 심는다. 다음해 1~2월 땅기운이 성할 때 분비나무 어린 싹의 끝부분을 1.2~1.3척 자른다. 먼저 말뚝으로 흙을 찍어 구멍을 내고 싹의 반을 꽂은 다음 단단하게 다진다.

插杉法: 江南宣、歙、池、饒等處, 山廣土肥. 先將地耕過, 種芝麻一年. 來歲正、二月氣盛之時, 截嫩苗頭一尺二三寸. 先用橛舂穴, 插下一半, 築實.

4~5척 간격으로 줄을 지어 심는다. 배게 심으면 길게 자라고, 듬성듬성 심으면 굵게 자란다. 심은 곳에 다른 나무가 섞이지 않도록 해야 한다. 매년 김매 준다. 3~4척 높이에 이르면 굳이 김매 줄 필요가 없다. 《농정전서》[18]

離四五尺成行, 密則長, 稀則大, 勿雜他木. 每年耘耡. 至高三四尺, 則不必鋤. 《農政全書》

---

13 출전 확인 안 됨; 《農桑輯要》 卷6 〈竹木〉 "松【杉·柏·檜附】"(《農桑輯要校注》, 223~224쪽); 《王禎農書》 卷10 〈百穀譜〉 "竹木" '松【杉·柏·檜附】', 150쪽.

14 선주(宣州): 중국 안휘성(安徽省) 선성시(宣城市) 일대.

15 흡주(歙州): 중국 안휘성 황산시(黃山市) 일대.

16 지주(池州): 중국 안휘성 지주시(池州市) 일대.

17 요주(饒州): 중국 강서성(江西省) 요주현(饒州縣) 일대.

18 《農政全書》 卷38 〈種植〉 "木部" '松·杉·柏·檜'(《農政全書校注》, 1050쪽).

[4] 杉: 오사카본에는 "杉"자 뒤에 "枝"자를 지운 흔적이 있다.

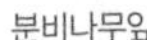

분비나무잎

분비나무열매

4) 쓰임새

功用

나무가 흙속에 들어가도 썩지 않기 때문에 관을 만드는 데 더욱 좋다. 게다가 흰개미가 생기지 않는다. 태워 숯을 만들면 화약(火藥)의 성능을 가장 잘 발휘할 수 있다. 요즘의 남쪽 지방 사람들은 배나 가옥을 만들 때 많이 사용한다. 《농정전서》[19]

其木入土不腐, 作棺尤佳, 不生白蟻. 燒灰, 最能發火藥. 今南方人造舟屋, 多用之.《農政全書》

가장 좋은 재목이다. 오래된 분비나무로 만든 판자는 구름이나 물결 무늬가 있다. 물통을 만든다. 물에 잘 견디기 때문에 술을 담는다. 그러면 술맛이 좋으면서 오래되어도 술이 상하지 않는다. 가장 크게 자란 분비나무는 배의 돛을 만드는 데 쓴다. 《화한삼재도회》[20]

最爲材之良. 老杉板有雲水之標. 爲水桶, 能耐水盛酒. 酒味美而久不敗, 最長大者用爲船檣.《和漢三才圖會》

19 《農政全書》, 위와 같은 곳.

20 《和漢三才圖會》, 위와 같은 곳.

5. 노간주나무[栝, 괄][1]

栝

1) 이름과 품종

【금화경독기(金華耕讀記)[2] 공안국(孔安國)[3]이 《서경(書經)》 〈우공(禹貢)〉편에 괄(栝)과 측백나무에 대해 주를 달면서 "측백나무잎에 소나무몸체인 나무를 괄(栝)이라 한다."[4]라 했다. 이시진(李時珍)은 "괄의 잎은 뾰족하고 단단하다."[5]라고 했다.

《화한삼재도회》에서는 "높이 자란 노간주나무는 20척 남짓이다. 나무껍질은 분비나무나 향나무와 비슷하지만 이들과 달라 재목으로는 쓸 수가 없다. 잎은 측백나무와 비슷하지만 그보다 뾰족하고 단단하다. 분비나무와 약간 비슷하며 매우 무성하다. 가지가 갈라진 부분[枝椏]은 숨겨져서 드러나지 않는다. 잎과 몸통은 모두 굽었다. 민간에서는 '백삼

名品

【金華耕讀記 孔氏註《禹貢》栝、柏曰: "柏葉松身." 李時珍云"栝葉尖硬".

《和漢三才圖會》云: "栝高者二丈餘, 樹皮似杉及檜, 而材不堪用. 葉似柏而尖硬, 微似杉, 甚茂盛. 其枝椏隱不見, 葉與身皆曲. 俗呼'柏杉'."

1 노송나무[栝, 괄]: 측백나뭇과에 속한 상록 교목. 침엽수이며 높이는 8미터 정도이고, 잎은 좁은 선형(線形)으로 세 개가 돌려나며 끝은 뾰족하다. 5월에 녹갈색 꽃이 잎겨드랑이에 핀다. 줄기와 가지는 부러지지 않고 유연하여, 소코뚜레 등 농기구를 만드는데 적합하다. 열매는 검은 자줏빛으로 쓴맛이 나는데, 이것을 말린 것을 두송실(杜松實)이라 하여 신경통 따위의 약재로 쓰인다. 우리나라, 중국, 일본 등지에 분포한다.

2 《金華耕讀記》, 위와 같은 곳.

3 공안국(孔安國): ?~?. 중국 전한(前漢) 무제(武帝) 때의 학자. 《상서(尙書)》 고문학(古文學)의 시조로서 공자의 11대손이다. 공자의 옛 집을 헐었을 때 나온 과두문자(蝌蚪文字)로 된 《고문상서(古文尙書)》, 《예기(禮記)》, 《논어(論語)》, 《효경(孝經)》을 금문(今文)과 대조·고증·해독하여 주석을 붙였다.

4 측백나무잎에……한다: 《尙書正義》 卷6 〈禹貢〉(《十三經注疏整理本》 2, 179쪽).

5 괄의……단단하다: 《本草綱目》 卷34 〈木部〉 "柏", 1913쪽.

(柏杉)'이라고 부른다."[6]라고 했다.

또 "발백삼(跋柏杉)이라는 종류는 그 잎이 노간주나무와 비슷하지만 그와 달리 줄기가 덩굴처럼 뻗어 나와[跋行] 이리저리 수십 척을 뻗어 나간다. 정원의 섬돌 사이에 심으면 휘어서 용모양이나 호랑이모양의 배나 수레의 모양을 만든다."[7]라 했다. 이 여러 가지 설을 종합해 보면 노간주나무는 곧 우리나라에서 칭하는 '노송(老松)'임을 의심할 바 없다.

又云: "一種跋柏杉, 其木葉似栝, 而如蔓跋行橫延數丈. 植之庭砌, 撓爲龍虎船車之形." 合此數說而觀之, 栝卽我東所稱"老松"無疑.

어떤 사람은 노송은 《이아(爾雅)》에 나오는 "소나무잎에 측백나무몸통"[8]의 종(樅)이라고 한다. 그러나 지금 민간에서 말하는 '노송'은 잎이 분비나무와 비슷하여 소나무와 전혀 같지 않다.

或謂老松卽《爾雅》"松葉柏身"之樅. 然今俗所謂"老松", 葉似杉, 全不類松.

또 《문선(文選)》[9] 주(注)를 살펴보면, 노련자(魯連子)[10]의 말을 인용하여 "동방에는 송종(松樅)이라는 나무가 있어, 높이가 천 길[仞]이나 되고 가지가 없다."[11]라고 했다. 대개 종(樅, 전나무)을 종이라 하는 이유는 나무가 곧고 높이 솟아 있기 때문이다. 그러나 지금 노송은 그렇지 않으니, 종(樅)이 아님이 분명하다】

又按《文選》註, 引魯連子云"東方有松樅, 高千仞而無枝." 蓋樅之爲樅, 以其竦直高聳. 今老松不然, 其非樅, 明矣】

6 높이……부른다:《和漢三才圖會》卷82 〈木部〉"香木類" '栝'(《倭漢三才圖會》10, 96쪽).

7 발백삼(跋柏杉)이라는……만든다:《和漢三才圖會》, 위와 같은 곳.

8 소나무잎에……측백나무몸통:《爾雅注疏》卷9 〈釋木〉第14 "樅"(《十三經注疏整理本》24, 311쪽)

9 문선(文選):중국 양대(梁代)의 소명태자(昭明太子) 소통(蕭統, 501~531)이 진·한 이후 제(齊)·양(梁)대의 대표적 시·서(序)·부 등을 편찬한 시문집. 30권.

10 노련자(魯連子):B.C.305?~B.C.245?. 중국 전국(戰國)시대 말기 제(齊)나라 사람인 노중련(魯仲連)의 존칭. 노련(魯連)·노중련자(魯仲連子)라고도 부른다. 그는 청렴하고 변론을 잘해서 항상 쌍방의 문제에 대한 정곡을 찔러 화해를 성공시켰다. 저서로 《노중련자(魯仲連子)》14편(篇)이 있다.

11 동방에는……없다:《文選》卷34 〈七上〉"七發八首"(《文淵閣四庫全書》1330, 795쪽).

노간주나무(《왜한삼재도회》)

노간주나무 어린잎

노간주나무(이상 임원경제연구소, 파주시 파주읍 연풍리에서 촬영)

2) 심기와 가꾸기

種藝

정원 안에 심어 지지대를 만들어 주어야 한다. 민간에서는 '취병(翠屏, 꽃나무가지병풍)'이라고 한다. 나머지 나뭇가지의 끝을 얽어 호리병박의 모양이나 우산의 모양이나 학이 나는 모양을 만들어 준다. 가지가 매우 부드러우면서도 질기기 때문에 이들을 얽어서 묶으면 더욱 무성하다. 또한 노간주나무의 본성이 그러하기 때문이다. 《해동농서》[12]

宜種庭院之內作棚, 俗號"翠屏". 綰其餘梢爲壺蘆、傘蓋、翔鶴之形. 枝甚柔韌, 綰結則益茂, 亦其性然也.《海東農書》

발백삼은 꺾꽂이를 해도 난다. 《화한삼재도회》[13]

跋柏杉, 揷枝亦生.《和漢三才圖會》

12 《海東農書》卷4 〈木類〉"樅"(《農書》10, 289쪽).

13 《和漢三才圖會》卷82 〈木部〉"香木類" '栝'(《倭漢三才圖會》10, 96쪽).

6. 느릅나무[楡, 유][1]

楡

1) 이름과 품종

名品

자유(刺楡, 가시느릅나무)[2]는 일명 '구(樞)', '절(荎)'이다. 협유(莢楡)는 일명 '영유(零楡)'이다. 백유(白楡, 느릅

刺楡, 一名"樞"[1], 一名"荎"; 莢楡, 一名"零楡"; 白楡, 一

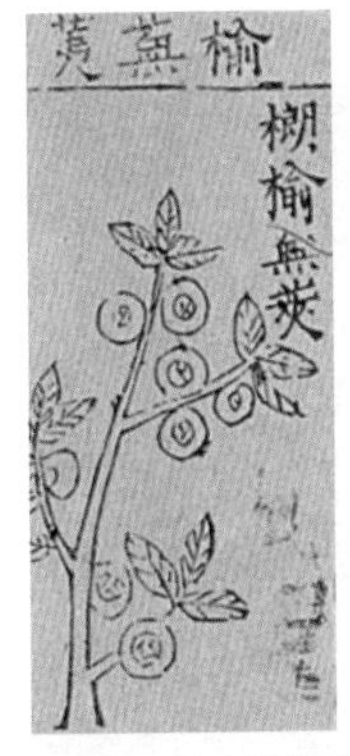
꼬투리가 없는 낭유(榔楡)(《본초강목》)

느릅나무(《본초도경》)

느릅나무(《왜한삼재도회》)

느릅나무(《식물명실도고》)

1 느릅나무[楡, 유]: 느릅나뭇과에 속한 낙엽 활엽 교목. 높이는 20미터 정도. 녹자색의 꽃이 3월에 피고 날개 모양의 열매가 5~6월에 익는다. 잎은 길쭉하면서도 둥글며 톱니가 나 있고, 식용으로 쓰인다. 나무는 건축재나 땔감 등으로 쓰이고, 그 껍질은 주로 약용된다.

2 자유(刺楡, 시무나무): 느릅나뭇과의 낙엽 교목. 높이는 20미터 정도. 잎은 어긋나고 톱니가 있다. 5월에 노란 꽃이 잎과 함께 핀다. 열매는 한쪽에만 날개가 있는 시과(翅果)이다. 울타리용이나 조림용으로 가꾸고 목재는 가구재나 땔감으로 쓰며, 어린잎과 나무껍질은 식용이고 잎은 사료용이다.

[1] 樞: 저본에는 "樞莖". 《爾雅·釋木·樞》에 근거하여 수정.

느릅나무

느릅나무잎(이상 정재민)

처진느릅나무(임원경제연구소, 포천 국립수목원에서 촬영)

나무)[3]는 일명 '분(枌)'이다.[4] 名"枌".

---

3 백유(白楡, 느릅나무): 백분(白枌). 오늘날 통상 '느릅나무'라고 부르는 나무이다. 중국 동북과 섬서 등지에서는 '유수(楡樹)'라 하고 하남과 하북에서는 '가유(家楡)'라고 한다. 북방에서는 열매의 깍지와 가루 등을 쪄서 먹는다. 푸른 깍지는 삶아서 햇볕에 말려 술을 담근다. 열매는 기름을 짜고 장도 만들 수 있다. 최덕경 역주, 《제민요술역주》Ⅱ, 379쪽 주154 참조.

4 자유(刺楡, 가시느릅나무)는……'분(枌)'이다: 《爾雅注疏》卷9 〈釋木〉 第14 "樞"(《十三經注疏整理本》24, 300쪽), 《爾雅注疏》卷9 〈釋木〉 第14 "楡"(《十三經注疏整理本》24, 308쪽)에 보인다.

【본초강목】[5] 느릅나무에는 협유(莢楡, 비술나무로 추정)·자유(刺楡)·낭유(榔楡)[6] 등의 종류가 있다. 협유·백유는 대유(大楡, 큰느릅나무)라고 칭한다. 백유는 곧 분(枌)이다】

【本草綱目】 楡有莢楡、刺楡、榔楡等種. 莢楡、白楡稱大楡, 白楡卽枌也】

---

5 《本草綱目》卷35〈木部〉"楡", 2040쪽.

6 낭유(榔楡): 느릅나무과의 참느릅나무(Ulmus parvifolia). 작은 깍지날개열매로서 늦가을에 익는다. 낭유(朗楡), 낭유(槊楡)라고도 쓴다.

2) 알맞은 토양

土宜

느릅나무의 본성은 땅을 부채로 덮은 듯이 덮으므로 그 그늘 아래에는 오곡을 심지 않는다【주 나무의 높이와 전체 너비에 따라 동쪽·서쪽·북쪽 세 방향에서 부채가 퍼지듯 자라는 규모가 각각의 나무와 같다】. 씨를 심을 때는 정원의 북쪽 두둑이 적당하다. 《제민요술》[7]

楡性扇地, 其陰下五穀不植【注 隨其高下、廣狹, 東、西、北三方所扇, 各與樹等】. 種者宜于園地北畔. 《齊民要術》

또 다른 법: 밭두둑에 심으면 참새를 불러들여 곡식을 손상시키게 된다. 잡목이 우거진 숲에서 자라지 않으면 대부분 굽거나 똑바르지 않다. 그러므로 이는 땅의 한 곳을 분할하여 거기에 집중적으로 심는 것만 못하다. 거름기가 없이 척박하여 오곡 농사에 적당하지 않은 땅은 느릅나무와 백유(白楡)[8]에 적당하다. 재배하는 땅이 시장에 가까워야 한다【주 땔나무·열매·잎을 팔 때 품을 줄일 수 있기 때문이다】. 《제민요술》[9]

又法: 其于地畔種者, 致雀損穀. 旣非叢林, 率多曲戾. 不如割地一方種之. 其白土薄地不宜五穀者, 惟宜楡及白楡, 地須近市【注 賣柴、莢、葉, 省功也】. 同上

7 《齊民要術》卷5 〈種楡·白楊〉第46(《齊民要術校釋》, 338쪽); 《農政全書》卷38 〈種植〉"木部" '楡'(《農政全書校注》, 1045쪽).

8 느릅나무와 백유(白楡): 본 항목의 느릅나무[楡]는 백유(白楡)이다. 그러므로 '느릅나무와 백유(白楡)'라고 말하는 것은 중복 오류이다. 또 아래에서 '협유(梜楡)·자유(刺楡)·범유(凡楡)'의 '三種色'을 말하는 설명과도 맞지 않는다. 황록삼(黃麓森)이라는 학자는 '백양(白楊)'의 오류라고 한다. 《農政全書》 권38에서 《齊民要術》을 인용하여 '백양(白楊)'이라고 했으니, 황록삼의 설이 맞는 듯하다. 《齊民要術校釋》, 342쪽 주① 참조.

9 《齊民要術》卷5 〈種楡·白楊〉第46(《齊民要術校釋》, 341쪽); 《農政全書》卷38 〈種植〉"木部" '楡'(《農政全書校注》, 1046쪽).

3) 심기와 가꾸기

가을에 밭을 갈아 잘 삶는다. 봄에 느릅나무꼬투리(열매)가 떨어졌을 때 거두었다가 이리저리 흩어 뿌린다. 그런 다음 쟁기로 잘게 갈고서 로(勞)질을 하여 평평하게 해 준다. 느릅나무가 나면 풀과 함께 자라게 한다. 다음해 정월 초에 땅에 바짝 붙여 느릅나무를 베어 준다. 풀로 그 위를 덮고 불을 질러 태운다【주 태운 뒤에는 뿌리 하나에 반드시 10여 개의 줄기가 모두 난다. 여기에서 강한 한 줄기만 남기고 나머지는 모두 잘라낸다】.

한 해에 8~9척까지 자란다【주 풀로 태워 주지 않으면 더디게 자란다】. 그 다음해 정월이나 2월에 옮겨 심는다【주 처음 났을 때 바로 옮겨 심으면 나무가 잘 굽어진다. 그러므로 잡목이 우거진 수풀에서 자란지 3년이 되어서야 옮겨 심을 수 있다】.

처음 난 지 3년 동안에는 잎을 딸 필요가 없다. 특히 꼭대기 부분의 잎을 따지 않도록 더욱 조심해야 한다【주 꼭대기 부분의 잎을 따면 뿌리와 줄기가 잘 자라지 않는다. 그러므로 꼭대기의 잎을 따 버렸을 경우 다시 법에 따라 태워야 한다. 그러면 이전과 마찬가지로 무성해진다】.

곁가지를 쳐 줄 필요가 없다【주 곁가지를 치면 본줄기가 길면서 가늘게 되고, 또 자른 상처가 많다. 자르지 않으면 본줄기가 짧더라도 굵고 병이 없다. 속담에 "곁가지 쳐 주지 않으면 10년 지나 바퀴 만든다."라고 했다. 이는 줄기가 쉽게 굵어진다는 말이다. 반드시 가지를 쳐야 한다면 가지의 0.2척은 남

種藝

秋耕令熟, 至春榆莢落時, 收取, 漫散, 犁細畤, 勞之. 榆生, 共草俱長. 明年正月初, 附地芟殺, 以草覆上, 放火燒之【注 一根上必十餘條俱生, 止留一根强者, 餘悉掐去之】.

一歲之中, 長八九尺矣【注 不燒則長遲也】. 後年正月、二月移栽之【注 初生卽移者, 喜曲, 故須叢林長之三年, 乃可移種】.

初生三年, 不用採葉, 尤忌捋心【注 捋心則科茹不長, 更須依法燒之, 則依前茂矣】.

不用剶沐【注 剶者, 長而細, 又多瘢痕. 不剶雖短, 麤而無病. 諺曰: "不剶不沐, 十年成轂." 言易麤也. 必欲剶者, 宜留二寸】.

겨야 한다】.

느릅나무를 구덩이에 심을 경우 먼저 지붕에 이었던 묵은 이엉을 구덩이에 펼쳐 둔다. 여기에 느릅나무꼬투리를 흩어 뿌리고 흙으로 덮는다. 태우는 작업은 또한 법대로 한다.

于塹阬中種者, 以陳屋草布塹中, 散楡莢於草上, 以土覆之, 燒亦如法.

【주 묵은 이엉은 빨리 썩기 때문에 기름지기가 똥거름보다 낫다. 묵은 이엉이 없는 경우 똥으로 거름을 주어도 좋다. 거름을 주지 않으면 나무가 살아난다 하더라도 작고 가늘다. 옮겨 심었다면 태우는 작업은 또한 법대로 한다】《제민요술》[10]

【注 陳草速朽, 肥良勝糞. 無陳草者, 用糞糞之, 亦佳. 不糞, 雖生而瘦. 既栽移者, 燒亦如法也】《齊民要術》

느릅나무 심는 또 다른 법: 협유(梜楡)·자유(刺楡)·범유(凡楡)[11] 3종은 구별하여 심고 섞이지 않도록 해야 한다【주 협유는 꼬투리와 잎의 맛이 쓰다. 범유는 꼬투리의 맛이 달다. 단 꼬투리는 봄에 삶아 판다. 이 때문에 구별해서 심어야 한다】.

又種楡法: 梜楡、刺楡、[2] 凡楡三種色, 別種之, 勿令和雜【注 莢楡, 莢、葉味苦. 凡楡, 莢味甘. 甘者, 春時將煮賣, 是以須別也】.

땅을 가는 작업과 꼬투리를 거두는 작업은 앞의 법과 똑같다. 먼저 땅을 갈아 두둑을 만든 다음에 느릅나무꼬투리를 흩어 뿌린다[12]【주 두둑을 만들어 심으면 나무 살피기가 좋아 이를 관리하기도 쉽

耕地收莢, 一如前法. 先耕地作壟, 然後散楡莢【注 壟者看好, 料理又易. 五寸一莢, 稀穊得中】.

---

10 《齊民要術》 卷5 〈種楡·白楊〉 第46(《齊民要術校釋》, 338~339쪽); 《農政全書》 卷38 〈種植〉 "木部" '楡'(《農政全書校注》, 1045~1046쪽).

11 범유(凡楡): 일반적인 느릅나무 즉 백유(白楡)를 말한다. 집집마다 모두 이 나무가 있어서 중국 북쪽 지방에서는 '가유(家楡)'라 하고 통칭 '유수(楡樹)'라 한다. 《齊民要術校釋》, 343쪽 주【一】 참조.

12 먼저……뿌린다: 위에서는 느릅나무 심는 법으로 먼저 느릅나무꼬투리를 흩어 뿌리고 땅을 갈았는데, 여기서는 먼저 땅을 갈아 두둑을 만든 다음 느릅나무꼬투리를 뿌린다. 일반적인 곡물의 파종은 후자를 택한다. 같은 항목에 서로 다른 2가지 방법을 제시한 설명은 가사협의 착오인 듯하다. 최덕경 역주, 《제민요술역주》 Ⅱ, 386쪽 주177번 참조.

[2] 又種楡法梜楡刺楡(8자): 오사카본에는 이 자를 이곳에 보충하라는 두주가 있다.

다. 0.5척마다 꼬투리 하나를 심으면 밀도가 적당하다】.

다 흩어 뿌렸으면 로(勞)질을 해 준다. 느릅나무가 나면 풀과 함께 자라게 해야지 굳이 풀을 관리할 필요가 없다. 다음해 정월에 땅에 바짝 붙여 느릅나무를 베어 준 다음 불을 놓아 태운다. 또한 마음대로 자라도록 두되, 가까이 닿지[棠][13]【주 당(棠)은 두(杜)와 강(康)의 반절이다】 않게 해야 한다.

散訖, 勞之. 楡生, 共草俱長, 未須料理. 明年正月, 附地芟殺, 放火燒之. 亦任生長, 勿使棠【注 杜康反】近.

또 다음해 정월이 되면 상태가 나쁜 묘목을 베어 낸다. 한 그루에 7~8개의 줄기가 나면 모두 베어 버리되, 굵고 곧아서 좋은 줄기 하나만 남긴다. 《제민요술》[14]

又至明年正月, 劚去惡者, 其一株上有七八根生者, 悉皆斫去, 惟留一根麤直好者. 同上

13 닿지[棠]: '당(棠)'은 '탱(撑)'의 뜻이다. 《齊民要術校釋》, 342~343쪽 주③번 참조.

14 《齊民要術》 卷5 〈種楡·白楊〉 第46(《齊民要術校釋》, 341쪽); 《農政全書》 卷38 〈種植〉 "木部" '楡'(《農政全書校注》, 1045쪽).

4) 거두기

收採

2월에 느릅나무꼬투리가 맺히면 청색일 때 거두고 말려서 지축(旨蓄, 맛있는 저장음식)으로 삼는다【주 지(旨)는 맛있다는 뜻이다. 축(蓄)은 쌓아 둔다는 뜻이다. 청색 꼬투리를 거두어들여 조금 찐 다음 햇볕에 말린다. 겨울이 되어 이것으로 술을 빚으면 술이 부드럽고 향기로워 노인들을 봉양하기에 적당하다. 《시경》에 "내게 맛있는 저장음식 있어 이것으로 또한 겨울에 대비한다."[15]라고 했다】.

二月楡莢成, 及靑收, 乾以爲旨蓄【注 旨, 美也. 蓄, 積也. 收靑莢, 小蒸, 曝之. 至冬, 以釀酒, 滑香, 宜養老. 《詩》云: "我有旨蓄, 亦以御冬"】.

색이 희게 변하여 떨어지려 할 때 무두(醔瑜)를 만들 수 있다【주 '醔'는 음이 무(牟)이다. '瑜'는 음이 두(頭)이다. 느릅나무꼬투리로 만든 장이다】. 그해 절기의 빠르고 늦음에 따라 무두 만들 때를 놓치지 말아야 한다. 《사민월령(四民月令)》[16]

色變白將落, 可作醔瑜【注 醔, 音牟. 瑜, 音頭. 楡醬】. 隨節早晏, 勿失其時. 《四民月令》

5) 제조

製造

느릅나무잎을 햇볕에 말린 다음 찧고 체질하여 가루 낸다. 이를 소금물로 고르게 간을 하여 한낮에 쬐어 말린다. 날씨가 추울 때 불에 볶아서 채소에 버무려 먹으면 매우면서도 맛있다. 《무본신서(務本新書)》[17]

楡葉曝乾, 擣羅爲末, 鹽水調勻, 日中炙曝. 天寒, 于火上熬過, 拌菜食之, 味頗辛美. 《務本新書》

15 내게……대비한다: 《毛詩正義》 卷2 〈邶風〉 "谷風"(《十三經注疏整理本》 4, 180쪽).
16 출전 확인 안 됨; 《農桑輯要》 卷6 〈竹木〉 "楡"(《農桑輯要校注》, 225쪽).
17 출전 확인 안 됨; 《農桑輯要》, 위와 같은 곳.

6) 쓰임새

느릅나무를 심고서 3년이면 꼬투리와 잎을 팔 수 있다. 5년 후에는 서까래를 만들 수 있다. 협유(莢楡)가 아닌 느릅나무[18]는 베어서 팔 수가 있다【주 1그루의 값은 10문(文)이다】. 협유는 둥글게 깎아서 팽이[獨樂]나 잔을 만들 수 있다【주 1개의 값은 3문이다】.

10년 후에는 큰 국그릇[魁]·주발·병·뚜껑 있는 그릇[榼]·제기[器皿] 등을 만들 수 있어서 쓰이지 않는 데가 없다【주 주발 1개는 7문이다. 큰 국그릇 1개는 20문이다. 병·뚜껑 있는 그릇·제기는 각각 100문이다】.

15년 후에는 수레바퀴통이나 포도주통을 만들기에 적당하다【주 포도주통 1개는 값이 300문이다. 수레바퀴 1개는 값이 견(絹)[19] 3필이다】.

해마다 간벌하거나[料簡] 가지 쳐 주는 작업은 땔나무의 양에 따라서 사람을 고용한다. 땔나무 10다발에 1명을 고용한다. 그러면 일거리가 없는 사람들이 다투어 와서 일한다.

功用

種楡，三年可將莢、葉賣之．五年之後，便堪作椽．不莢者，卽可斫賣【注 一根十文】．莢者鏇作獨樂及盞【注 一箇三文】．

十年之後，魁、椀、瓶、榼、器皿，無所不任【注 一椀七文，一魁二十文，瓶、榼、器皿一百文】．

十五年後，中爲車轂及蒲桃瓫【注 瓫一[3]口，値三[4]百．車轂一具，値絹三疋】．

其歲歲料[5]簡剝治之功，指柴雇人，十束雇一人，無業之人，爭來就作．

---

18 협유(莢楡)가……느릅나무 : 협유(梜楡)·자유(刺楡)·범유(凡楡) 중에서 자유(刺楡)와 범유(凡楡)를 가리킨다.

19 견(絹) : 민무늬로 짠 견직물.

[3] 一 : 저본에는 "二".《齊民要術·種楡、白楊》에 근거하여 수정.

[4] 三 : 저본에는 "二".《齊民要術·種楡、白楊》에 근거하여 수정.

[5] 料 : 저본에는 "科".《齊民要術·種楡、白楊》에 근거하여 수정.

땔나무를 판 이익은 이루 다 헤아릴 수가 없다【주 해마다 10,000다발을 산출한다고 할 때, 1다발에 3문이면 30관(貫)[20]이다. 꼬투리와 잎을 팔아 얻는 이익은 여기에 포함되지 않았다】. 게다가 여러 기물을 만들어 팔면 그 이익이 10배나 된다【주 땔나무를 판 이익보다 10배가 많으므로 1년 수입은 300,000문이다】.

賣柴之利, 已自無貲【注 歲出萬束, 一束三文, 則三十貫, 莢、葉在外也】. 況諸器物, 其利十倍【注 於柴十倍, 歲收三十萬】.

느릅나무

20 관(貫) : 화폐의 단위. 1관은 1,000문과 같다.

느릅나무잎

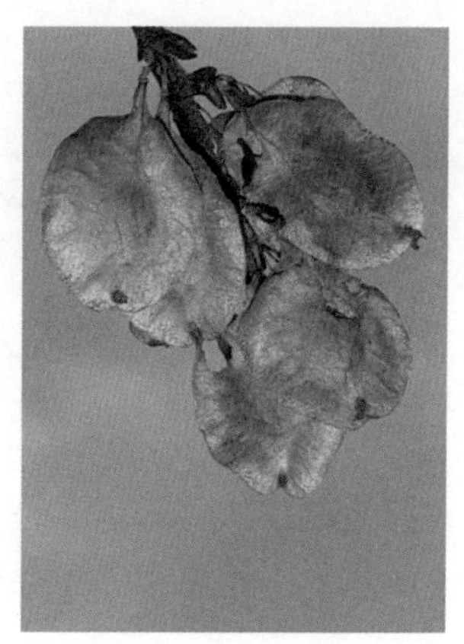
느릅나무열매(네이버 블로그 수락산 스마일)

땔나무를 도끼로 베어 낸 후에도 가지가 다시 나기 때문에 고생스럽게 다시 심을 필요가 없다. 이것이 이른바 "한 번 고생으로 영원히 편안하다."라는 것이다. 1경(頃) 넓이에 심을 수 있으면 1년 수입이 견(絹) 1000필이나 된다.

斫後復生, 不勞更種, 所謂"一勞永逸". 能種一頃, 歲收千疋.

오직 1명이 지키고 지시하고 처리해도 소밭갈이와 종자, 그리고 품삯으로 들어가는 비용이 없다. 또 홍수나 가뭄, 바람이나 벌레의 피해를 염려할 필요가 없다. 그러므로 곡식 농사에 비교하면 수고로움과 편안함이 만 배나 차이 난다.

惟須一人守護, 指揮處分, 既無牛耕、種子、人功之費, 不慮水旱、風蟲之災, 比之穀田, 勞逸萬倍.

아이들이 태어났을 때, 각각에게 20그루의 느릅나무 묘목을 주면 시집장가 갈 때가 되어 나무는 모두 수레바퀴를 만들 재목이 된다. 나무 1그루에 수레바퀴 3개를 만들 수 있고, 바퀴 1개는 견(絹) 3필과 맞먹는다. 그러므로 20그루는 견(絹) 180필이 된다. 이 정도면 혼례를 치를 때 폐백예물로 쓸 수 있어서

男女初生, 各與小樹二十株, 比至嫁娶, 悉任車轂. 一樹三具, 一具值絹三疋, 成絹一百八十疋, 聘財資遣, 麤得充事.《齊民要術》

그런대로 혼사에 충당할 수 있다. 《제민요술》[21]

자유(刺榆)의 목재는 매우 견고하고 질겨서 우마차의 재목을 만들 수 있다. 협유(梜榆)는 수레바퀴와 기물을 만들 수 있다. 산느릅나무[山榆, 산유]는 무이(蕪荑)[22]를 만들 수 있다. 일반적으로 심어서 재배할 경우 자유와 협유 2종류를 심어야 한다. 나머지 느릅나무는 연약하여 대개 좋은 재목이 아니다.

刺榆木甚牢韌, 可以爲犢車材. 梜榆可以爲車轂及器物. 山榆可以爲蕪荑. 凡種者, 宜種刺、梜兩鍾, 其餘軟弱, 例非佳材也.

느릅나무뿌리의 껍질(유근피)은 가루를 만들어 먹[香劑]에 섞어 쓸 수도 있다. 어린잎은 데쳐서 물에 담갔다가 깨끗이 일어 나물로 먹을 수 있다. 유전(榆錢, 열매)은 국을 끓일 수 있고, 또 쪄서 떡을 만들 수도 있다. 느릅나무껍질을 물기를 더해 찧으면 풀과 같은 접착력이 있기 때문에 와기나 돌을 붙이는 데 지극히 효과가 있다. 변하(汴河)[23]와 낙수(洛水)[24] 지방에서는 돌로 디딜방아의 공이[碓嘴]를 만들 때 이것으로 붙인다. 《농정전서》[25]

榆根皮作麪, 可和香劑. 嫩葉煠浸淘淨可食. 榆錢可羹, 又可蒸糕餌. 榆皮濕擣如糊, 粘瓦石極有力. 汴、洛以石爲碓嘴, 用此膠之. 《農政全書》

21 《齊民要術》卷5 〈種榆·白楊〉第46(《齊民要術校釋》, 341~342쪽); 《農政全書》卷38 〈種植〉"木部" '榆'(《農政全書校注》, 1046쪽).

22 무이(蕪荑): 본래 느릅나무를 가리킨다. 잎과 껍질은 약으로 쓰고 속씨[仁]는 장을 담글 수 있다. 여기서는 약재나 장을 담는 재료를 가리킨다.

23 변하(汴河): 중국 수(隋)나라의 양제(煬帝)가 만든 운하(運河). 황하(黃河)와 회수(淮水)를 연결시켰다.

24 낙수(洛水): 중국 섬서성(陝西省)과 하남성을 흐르는 강.

25 《農政全書》卷38 〈種植〉"木部" '榆'(《農政全書校注》, 1045·1047쪽).

7. 버드나무[柳, 유][1] 부록 키버들[箕柳, 기류]·갯버들[水楊, 수양]

柳 附 箕柳①、水楊

1) 이름과 품종

【본초강목[2] 양(楊, 포플러로 추정)의 가지는 단단하면서 위로 올라가기[揚起] 때문에 '양(楊)'이라고 한다. 버드나무(柳)의 가지는 약하고 아래로 드리우면서 물이 흐르듯[流] 하기 때문에 '류(柳)'라고 한다. 같은 사물에 다른 종(種)이며, 그 류(類)는 하나가 아니다.

포류(蒲柳)는 갯버들(수양)이다. 가지는 굳세어 화살대를 만들 수 있다. 기류(杞柳, 키버들)는 물가에서 난다. 나뭇결은 조금 적색이다. 수레바퀴를 만들 수 있다. 가는 가지로 고리짝[箱篋]을 만든다. 정류(檉柳)는 일명 '수사류(垂絲柳)'이다. 줄기는 작고 가지는 약하다. 꺾꽂이 하면 쉽게 난다. 적색 가지와 자잘한 잎은 실과 같아서 부드럽고 아름답다】

名品

【本草綱目 楊枝硬而揚起, 故謂之"楊". 柳枝弱而垂流, 故謂之"柳". 一物二種也, 其類不一.

蒲柳, 水楊也, 枝勁可爲箭笴. 杞柳生水旁, 木理微赤, 可爲車轂, 取其細條, 作箱篋. 檉柳, 一名"垂絲柳", 小幹弱枝, 插之易生. 赤枝細葉, 如絲婀娜②】

---

1 버드나무[柳, 유]: 버드나뭇과에 속한 갈잎큰키나무. 높이는 20미터 정도이며, 가늘고 축축 늘어진 가지가 있다. 봄에 개울가나 들에서 암자색 꽃이 피며, 목재로도 쓰인다.

2 《本草綱目》 卷35 〈木部〉 "柳", 2031쪽; 《本草綱目》 卷35 〈木部〉 "水楊", 2036쪽.; 《本草綱目》 卷35 〈木部〉 "柳", 2032쪽.; 《本草綱目》 卷35 〈木部〉 "檉柳", 2035쪽.

① 箕柳: 오사카본에는 "箕柳" 뒤에 "杞柳"를 지운 흔적이 있다.

② 娜: 저본에는 "𡝩". 《本草綱目·木部·檉柳》에 근거하여 수정.

버드나무(《본초강목》)

버드나무(《본초도경》)

버드나무(《왜한삼재도회》)

정류(《본초강목》)

정류(《왜한삼재도회》)

기류(《왜한삼재도회》)

2) 알맞은 토양

저지대 농지로, 물이 고이는 곳이어서 오곡을 가꿀 수 없는 경우 버드나무를 심을 수 있다. 《제민요술》[3]

土宜

下田停水之處, 不得藝五穀者, 可以柳種. 《齊民要術》

3 《齊民要術》 卷5 〈種槐·柳·楸·梓·梧·柞〉 第50(《齊民要術校釋》, 352쪽); 《農政全書》 卷38 〈種植〉 "木部" '楊柳'(《農政全書校注》, 1057쪽).

버드나무(《식물명실도고》)

정류(《식물명실도고》)

버드나무

버드나무잎(이상 파주시 파주읍 파주리에서 촬영)

버드나무꽃(이상 임원경제연구소, 파주시 월롱면 덕은리에서 촬영)

모든 나무 중에서 버드나무만이 옮겨 심기 쉽고 꺾꽂이 하기 쉽다. 다만 습한 땅이 적당하여 이곳에서 자라면 더욱 무성하다. 《군방보》[4]

百木惟柳易栽易插, 但宜水濕之地, 尤盛. 《群芳譜》

4 《二如亭群芳譜》〈利部〉"木譜" '柳'(《四庫全書存目叢書補編》80, 654쪽).

3) 심는 시기

時候

섣달 24일에 버드나무나 키버들을 심으면 벌레가 생기지 않는다. 《종수서》

臘月二十四日, 種楊柳, 不生蟲. 《種樹書》

정월과 2월에 모두 옮겨 심을 수 있다. 속담에 "버드나무 꽂아 심을 때 봄이 알게 해서는 안 된다."고 한다. 입춘 전이 적당하다는 뜻이다. 《군방보》[5]

正二月皆可栽. 諺云"揷柳莫教春知", 謂宜立春前也. 《群芳譜》

5 《二如亭群芳譜》, 위와 같은 곳.

4) 심기와 가꾸기

種藝

버드나무 심기: 정월과 2월에 굵기는 팔뚝만 하고 길이 1.5척인, 약한 버드나무가지를 취한다. 아래쪽 끝 0.2~0.3척을 태운 다음 묻어서 완전히 덮이게 한다. 늘 물을 풍족히 준다. 그러면 반드시 여러 가지가 모두 난다. 이중에서 무성한 줄기 하나만 남긴다【주 나머지는 모두 잘라낸다】.

種柳: 正月、二月中, 取弱柳枝, 大如臂, 長一尺半, 燒下頭二三寸, 埋之令沒. 常足水以澆之. 必數條俱生, 留一根茂者【注 餘皆掐去】.

따로 막대를 하나씩 세워 지지대로 삼는다. 1척마다 긴 노끈을 기둥들에 연결하여 가지를 묶는다[6]【주 묶어 주지 않으면 줄기가 반드시 바람에 꺾여 스스로 설 수가 없다】.

別豎一柱以爲依主, 以繩攔之[3]【注 若不攔, 必爲風所摧, 不能自立】.

1년이면 높이 10척 남짓 자란다. 옆에 가지와 잎이 나면 잘라내서 곧게 올라가도록 한다. 올라가는 높이는 사람의 키를 넘도록 충분히 올라가게 한 다음 한가운데 난 줄기를 잘라내면 사방으로 퍼지며 아래로 드리워지기 때문에 아름다워 사랑스럽다【주 한가운데 난 줄기를 잘라내지 않으면 가지는 사방으로 퍼지며 드리워지지 않고, 기울어지거나 굽어지기 때문에 가지가 나도 좋지 않다】.

一年中, 卽高一丈餘. 其旁生枝葉, 卽掐去, 令直聳上. 高下任人, 取足, 便[4]掐去正心, 卽四散下垂, 婀娜可愛【注 若不掐心, 則枝不四散, 或斜或曲, 生亦不佳】.

6~7월에 봄에 난 어린 가지를 심으면 배로 빨리 자란다【주 어린 가지는 잎이 청색이어서 기운이 장성하기 때문에 자라는 속도가 빠르다】. 《제민요술》[7]

六七月中取春生少枝種, 則長倍疾【注 少枝葉靑氣壯, 故長疾也】. 《齊民要術》[5]

---

6 1척마다……묶는다 : 원문의 "以繩攔之"를 옮긴 것이다. 《齊民要術》에는 이 부분이 "每一尺, 以繩柱攔之"로 되어 있어서 이를 반영해서 옮겼다.

7 《齊民要術》 卷5 〈種槐·柳·楸·梓·梧·柞〉 第50(《齊民要術校釋》, 351~352쪽); 《農政全書》, 위와 같은 곳.

[3] 以繩攔之 : 《齊民要術·種槐·柳·楸·梓·梧·柞》·《農政全書·種植·木部》에는 "每一尺以長繩柱攔之".

[4] 便 : 《齊民要術·種槐·柳·楸·梓·梧·柞》에는 "取".

[5] 齊民要術 : 오사카본에는 이 4자를 보충하라는 두주가 있다.

양류(楊柳): 저지대 농지로, 물이 고이는 곳에 8~9월 물이 다 빠져서 습도가 적당해졌을 때, 급히 밭을 갈고 쇠발써레[鑷]로 흙덩이를 잘게 써레질한다. 이듬해 4월이 되면 또 덩어리진 흙이 없도록 충분히 삶아 고랑[塲][8]과 두둑을 만든다. 1묘에 두둑과 고랑 3개를 만들되, 두둑 1개는 쟁기를 정방향과 역방향으로 각각 1번씩 갔다 오면서 만든다. 고랑의 너비는 파를 심을 때 만든 두둑의 너비와 꼭 같게 한다.

楊柳, 下田停水之處,⑥ 八月、九月水盡, 燥濕得所時, 急耕則鑷榛之. 至明年四月, 又耕熟, 勿令有塊, 卽作塲壟, 一畝三壟, 一壟之中, 逆順各一到, 塲中寬狹, 正似葱壟.

5월초부터 7월말까지 비가 올 때마다 이때를 틈타 길이 1척 이상 된, 봄에 난 어린 가지를 두둑에 꺾꽂이 한다. 이때 2척 간격으로 한 그루씩 꽂는다. 그러면 며칠이 지나서 난다.

從五月初盡七月末, 每天雨時, 卽觸雨折取春生少枝, 長一尺已上者, 插著壟中, 二尺一根. 數日卽生.

어린 가지는 빨리 자라서 3년이면 서까래의 재목의 크기가 된다. 다른 나무와 비교해보면 이 나무 재질이 조금 무르지만 또한 용도에 맞게 충분히 쓰일 수가 있다. 해마다 30묘에다 심어 3년이면 90묘에다 심는다. 그러면 해마다 30묘에 심은 나무를 팔

少枝長疾, 三歲成椽. 比於餘木, 雖微脆, 亦足堪事.⑦ 歲種三十畝, 三年種九十畝, 歲賣三十畝【注 終歲無窮】.《齊民要術》

---

8 고랑[塲]: 현재의 '상(墒)'과 같으며, 쟁기로 만든 고랑을 가리킨다. '농(壟)'은 파종하거나 꺾꽂이하는 낮은 두둑을 말한다. 정방향과 역방향으로 각각 1번씩 갔다 오면서 쟁기질을 하는 이유는 두둑과 고랑을 깊고 넓게 만들기 위함이다.《齊民要術校釋》, 345쪽 주【三】번 참조.

⑥ 楊柳下田停水之處: 오사카본에는 이 8자를 보충하라는 편집지시가 있다.

⑦ 오사카본에는 이 곳에 "一畝二千六百六十根, 三十畝六萬四千八百根. 根直八錢, 合收錢五十一萬八千四百文. 百樹得柴一載, 合柴六百四十八載, 直錢一百文, 柴合收錢六萬四千八百文. 都合收錢五十八萬三千二百文."의 78자를 적었다가 지운 흔적이 있다. "1묘에 2,660그루씩 심으면 30묘에 64,800그루이다. 그루당 목재 가격이 8전이면 수입의 합이 518,400문이다. 100그루에서 땔나무 1수레를 얻으면 땔나무 합이 648수레이고 1수레당 땔나무의 가격이 100문이면 땔나무 전체 가격으로 64,800문을 얻는다. 그러므로 총수입 583,200문을 얻는다."는 내용이다. 그런데 1묘당 2,660그루면 30묘에는 64,800그루가 아니라 79,800그루가 된다. 따라서 목재 가격의 합은 638,400문이 되고, 목재와 땔나무 가격의 합은 703,200문이 된다. 원문의 "一畝二千六百六十根"에서 "六百"은 "一百"을 잘못 옮겨 적었기 때문에 이런 오류가 보인다.

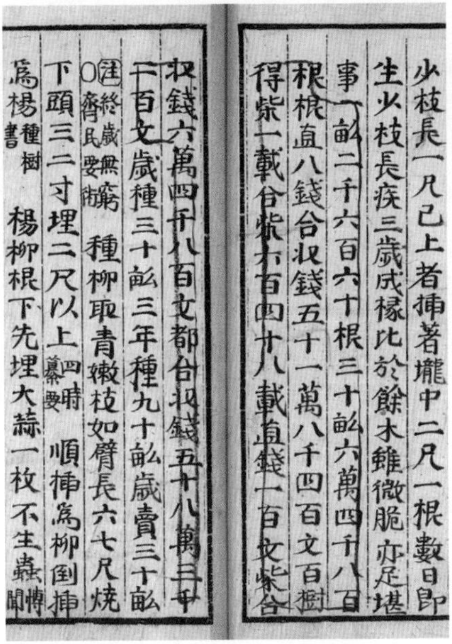

78자를 적었다가 지운 흔적(오사카본, 임원경제연구소)

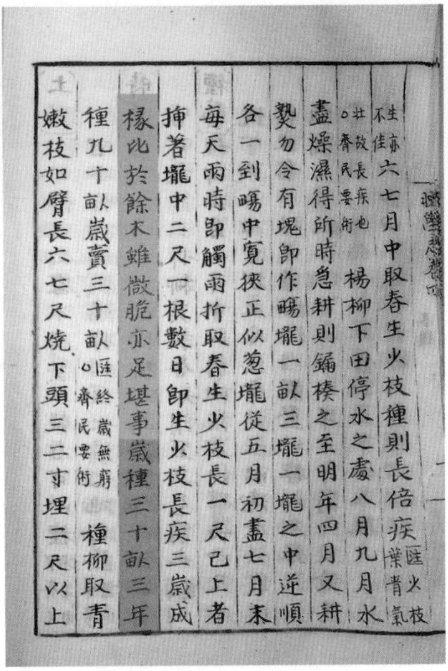

78자가 삭제된 저본(고려대 도서관 한적실)

수 있다【주 평생토록 끝없이 팔 수 있다】. 《제민요술》[9]

9 《齊民要術》卷5〈種槐·柳·楸·梓·梧·柞〉第50(《齊民要術校釋》, 352쪽);《農政全書》, 위와 같은 곳.

버드나무 심기: 팔뚝크기에 길이 6~7척이 되는, 청색의 어린 가지를 취한다. 그 아래 끝부분을 0.2~0.3척 태운 다음 아래의 2척 이상을 묻어 심는다. 《사시찬요》[10]

種柳: 取青嫩枝如臂, 長六七尺, 燒下頭三二寸, 埋二尺以上. 《四時纂要》

바르게 꺾꽂이 하여 심으면 버드나무[柳]가 되고 거꾸로 꺾꽂이 하여 심으면 양(楊)이 된다. 《종수서》[11]

順插爲柳, 倒插爲楊. 《種樹書》

버드나무[楊柳]뿌리 아래 미리 마늘 1쪽을 묻으면 벌레가 생기지 않는다. 《박문록》[12]

楊柳根下, 先埋大蒜一枚, 不生蟲. 《博聞錄》

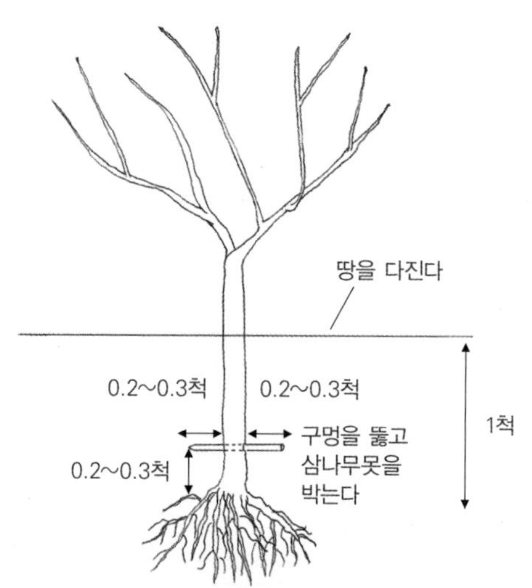

자모충과 도둑을 막도록 버드나무 심는 법

10 《사시찬요역주》 권1 〈정월〉 "농경과 생활" '수양버들 심기', 104~105쪽(한악 저, 최덕경(崔德卿) 역주, 세창출판사, 2017); 《農桑輯要》 卷6 〈竹木〉 "柳"(《農桑輯要校注》, 228쪽).

11 《種樹書》 〈木〉(《叢書集成初編》1469, 2쪽).

12 출전 확인 안 됨; 《農桑輯要》, 위와 같은 곳; 《農政全書》 卷38 〈種植〉 "木部" '白楊'(《農政全書校注》, 1059쪽).

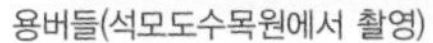
용버들(석모도수목원에서 촬영)

왕버들(전주수목원에서 촬영)

수양버들

키버들(이상 임원경제연구소, 한밭수목원에서 촬영)

다른 법: 버드나무를 심을 때 뿌리에서 0.2~0.3척 정도 가까운 곳에 구멍 하나를 뚫는다. 이어서 분비나무로 만든 못을 줄기에 박되, 못의 양끝이 각

一法：柳栽，近根三二寸許，鑽一竅，用杉木釘拴之，出其兩頭各三二寸，埋

각 0.2~0.3척 나오게 한다. 그런 다음 버드나무를 깊이 1척 남짓 묻고 절구공이로 땅을 다진다. 그러면 오래도록 자모충이 생기지 않는다. 게다가 도둑이 버드나무를 뽑아서 훔쳐가는 일도 막을 수 있다. 《군방보》[13]

深尺餘, 杵實. 永不生刺毛蟲, 且防偷拔之患. 《群芳譜》

먼저 구덩이 속에 마늘 1쪽과 감초 0.1척을 놓아 두면 오래도록 벌레가 생기지 않는다. 늘 물을 주면 반드시 가지 몇 개가 함께 생긴다. 그중 좋은 가지 3~4개를 남기고 가지의 끝을 잘라내면 반드시 무성해진다. 나머지는 모두 잘라낸다. 《군방보》[14]

先於坑中, 置蒜一瓣、甘草一寸, 永不生蟲. 常以水澆, 必數條俱發. 留好者三四株, 削去梢枝, 必茂, 其餘皆削去. 同上

5) 쓰임새

功用

버드나무 1,000그루를 심으면 땔나무로는 충분하다. 10년 후에 한 나무의 가지를 치면 땔나무 1수레를 얻는다. 한 해에 200그루의 가지를 치면 5년에 1번 돌게 된다. 《도주공술(陶朱公術)[15]》[16]

種柳千樹則足柴. 十年以後髡一樹, 得一載, 歲髡二百樹, 五年一週. 《陶朱公術》

---

13 《二如亭群芳譜》, 위와 같은 곳.

14 《二如亭群芳譜》, 위와 같은 곳.

15 도주공술(陶朱公術) : 중국 춘추 시대 월(越)나라 관리 범려(范蠡)가 쓴 것으로 추정되는 《증보도주공서(增補陶朱公書)》의 이칭인 듯하다. 범려는 화식(貨殖)에 뛰어났기에 상왕(商王)으로 불렸다. 중국 명(明)나라 말기의 문인 진계유(陳繼儒, 1558~1639)가 지은 유서인 《중정증보도주공치부기서(重訂增補陶朱公致富奇書)》에 그 내용의 일부가 보인다.

16 출전 확인 안 됨; 《齊民要術》 卷5 〈種槐·柳·楸·梓·梧·柞〉 第50(《齊民要術校釋》, 352쪽); 《農桑輯要》, 위와 같은 곳; 《農政全書》 卷38 〈種植〉 "木部" '楊柳'(《農政全書校注》, 1057~1058쪽).

6) 키버들 재배법

種箕柳法

산골짜기의 물가나 저지대의 농지 중 오곡농사를 지을 수 없는 곳은, 물이 다 말랐을 때 여러 번 갈아 충분히 삶는다. 봄에 얼었던 땅이 풀리면 산비탈과 강가 웅덩이 옆에서 키버들을 베어다가 0.3척 길이로 자른다. 이를 흩어 뿌리고 바로 로(耮)질을 하여 덮어 준다. 로질이 끝나면 물을 끌어다 고이게 한다. 가을이 되면 고리나 키를 만드는 데 사용한다【주 산버드나무[山柳]는 적색이고 무르며, 강버드나무[河柳]는 백색이고 질기다】. 《제민요술》[17]

山澗河旁及下田不得五穀之處, 水盡乾時, 熟耕數遍. 至春凍釋, 于山陂河坎之旁, 刈取箕柳, 三寸截之, 漫散, 卽⑧耮. 耮訖, 引水停之. 至秋, 任爲簸箕【注 山柳赤而脆, 河柳白而韌】. 《齊民要術》

키버들 재배법: 2월에 먼저 밭에 똥거름을 준다. 두레로 물을 퍼 올린 다음 밭을 갈아 평평하게 한다. 버드나무잔가지[柳鬚]를 0.3척 정도로 자른 다음 사람마다 한 움큼씩 쥐고 밭의 너비에 맞게 협력하여, 하루에 일제히 심는다. 그리고 걸쭉한 똥을 자주 준다. 풀이 있으면 작은 칼로 도려내고, 밭을 마르지 않게 한다.

種杞柳法:⑨ 二月間, 先將田用糞壅灌, 戽水耕平. 以柳鬚斷作三寸許, 每人一握, 隨田廣狹併力, 一日齊種, 頻以濃糞澆之. 有草, 卽用小刀剜出, 田勿令乾.

8월에 베어다가 버드나무껍질을 깎아 낸 다음 햇볕에 말려서 그릇을 만든다. 뿌리 옆의 상한 잎을 깨끗하게 쓸어내면 좀이 쏠지 않는다. 12월이 되면 여러 겹으로 자란 작은 가지들을 다시 찍어 없앤다.

八月斫起, 刮去柳皮, 曬乾爲器. 根旁敗葉掃淨, 則不蛀. 至臘月間, 將重長小條復斫去, 長者亦可爲器. 舊

---

17 《齊民要術》, 위와 같은 곳; 《農政全書》 卷38 〈種植〉 "木部" '楊柳'(《農政全書校注》, 1058쪽).

⑧ 卽: 저본에는 "旣". 《齊民要術·種槐·柳·楸·梓·梧·柞》에 근거하여 수정.

⑨ 種杞柳法: 오사카본에는 이 4자를 별도의 표제어로 세웠다가 본문의 소제목으로 수정한 흔적이 있다.

이중 긴 가지는 또한 그릇을 만들 수 있다. 오래된 뿌리는 늘 남겨 둔다. 《편민도찬》[18]

根常留. 《便民圖纂》

18 출전 확인 안 됨; 《農政全書》 卷38 〈種植〉 "木部" '楊柳'(《農政全書校注》, 1058쪽).

7) 갯버들 재배법

種水楊法

먼저 나무말뚝으로 구멍을 내고서 그제야 갯버들을 여기에 들여야 한다. 그래야 나무껍질을 손상시키지 않아서 쉽게 자란다. 《종수서》[19]

須先用木樁釘穴, 方入楊, 庶不損皮, 易長.《種樹書》

갯버들수꽃1

갯버들수꽃2

갯버들수꽃3

갯버들암꽃(이상 네이버 블로그 수락산 스마일)

19 출전 확인 안 됨;《農政全書》卷38〈種植〉"木部"'白楊'(《農政全書校注》, 1059쪽).

8. 사시나무[白楊, 백양][1]

白楊

1) 이름과 품종

名品

일명 '독요(獨搖)'이다.[2]

一名"獨搖".

【본초연의(本草衍義)[3] 몸체가 버드나무[楊]와 비슷하나 그보다 조금 백색이다. 그러므로 '백양(白楊)'이라고 한다.

【本草衍義 身似楊而微白, 故名"白楊".

본초강목[4] 잎이 바람에 홀로 흔들리기[獨搖] 때문에 '독요(獨搖)'라고 한다. 나무는 키가 높고 몸체가 크다. 잎은 배나무잎과 같이 둥글지만 그보다 살지고 크며 뾰족한 끝이 있다. 잎의 앞은 청색이면서 빛이 나지만 뒷면은 매우 희고 톱니가 있다. 이양(移楊)[5]과 같은 류(類)이면서 다른 종(種)이다】

本草綱目 其葉因風獨搖, 故名"獨搖". 其木高大. 葉圓似梨而肥大有尖, 面青而光, 背甚白, 有鋸齒. 與移楊一類二種也】

1 사시나무[白楊, 백양]: 버드나뭇과에 속한 낙엽 활엽 교목. 원형 또는 난형(卵形)의 잎이 어긋나고 가장자리에는 얕은 톱니가 있으며 잎자루는 편평하다. 긴잎사시나무·털사시나무 등이 있다. 목질은 상자·성냥개비·제지용·조각용·화약 원료 등으로 쓰인다.

2 일명 '독요(獨搖)'이다:《本草綱目》卷35〈木部〉"白楊", 2037쪽에 보인다.

3 《本草衍義》卷15〈白楊〉, 95쪽.

4 《本草綱目》, 위와 같은 곳.

5 이양(移楊): 사시나무의 일종. 백양과 비슷하지만 잎이 둥글고 꽃받침이 약해서 작은 바람에도 크게 흔들린다.

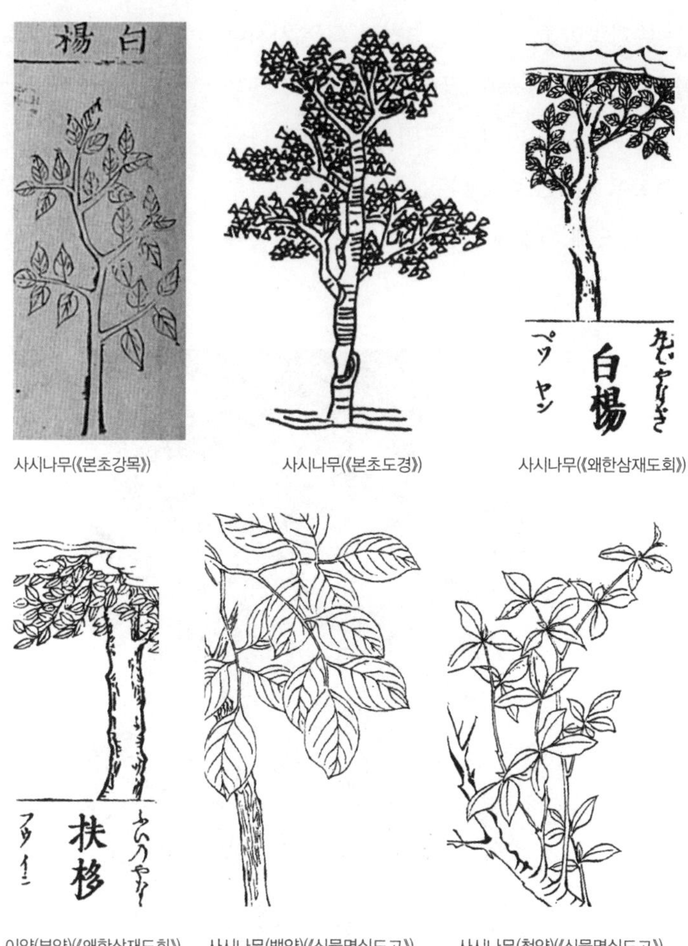

사시나무(《본초강목》) 사시나무(《본초도경》) 사시나무(《왜한삼재도회》)

이양(부양)(《왜한삼재도회》) 사시나무(백양)(《식물명실도고》) 사시나무(청양)(《식물명실도고》)

2) 심기와 가꾸기

사시나무 심기: 가을에 땅을 갈아 잘 삶는다. 정월이나 2월에 쟁기로 두둑을 만든다. 두둑 1개는 쟁기를 정방향과 역방향으로 각각 1번씩 갔다 오면서 만든다. 고랑[塲]의 너비는 파를 심을 때 만든 두둑의 너비와 꼭 같게 한다. 다 만들면 또 삽으로 두둑의 바닥을 파서 작은 구덩이[塹] 하나를 만든다.

種藝

種白楊: 秋耕令熟, 至正月、二月中, 以犁作壟, 一壟之中, 以犁順逆各一到, 塲中寬狹, 正似作葱壟. 作訖, 又以鍬掘底, 一坈作小塹.

굵기는 손가락만 하고 길이는 3척이 되는 사시나무가지를 벤다. 이를 두둑에 굽혀서 놓아 두고 흙을 덮어 눌러 준다. 이때 가지 양끝이 흙 밖으로 나와서 곧게 위쪽을 향하도록 한다. 2척 거리마다 1그루씩 심는다. 다음해 정월에 나쁜 가지를 없앤다. 《제민요술》[6]

斫取白楊枝，大如指長三尺者，屈着壟中，以土壓上，令兩頭出土，向上直豎，二尺一株. 明年正月剝去惡枝.[1]《齊民要術》

사시나무(임원경제연구소, 석모도수목원에서 촬영)

6 《齊民要術》 卷5 〈種楡·白楊〉 第46(《齊民要術校釋》, 344쪽); 《農政全書》, 위와 같은 곳.

[1] 오사카본에는 이 내용 다음에 "一畝三壟一壟七百二十株一根兩株一畝四千三百二十株三年中爲蠶樀【注 都格反 蠶椽】五年任爲屋椽十年堪爲棟梁以蠶樀爲率一根五錢一畝歲收二萬一千六百文【注 柴又作梁掃住在外】歲種三十畝三年九十畝一年賣三十畝得錢六十四萬八千文周而復始永世無窮比之農夫勞逸萬倍去山遠者實宜多種千根以上所求必備"가 적혀 있다. 그리고 그 위에 "'一畝三壟'부터 '所求必備'까지 '功用' 항목의 《제민요술(齊民要術)》 아래에 옮겨 적고 '同上'이라고 주를 달아야 한다(一畝三壟止所求必備, 移書于功用類《齊民要術》下, 而注以同上)."라는 두주가 있다.

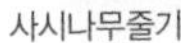
사시나무줄기

사시나무잎(정재민)

사시나무는 큰 나무를 베어 내면 땅속에 있는 뿌리에서 작은 가지를 두루 낸다. 가지가 자라서 밤톨이나 호두만큼의 굵기가 되면 봄에 옮겨 심고 부지런히 물을 준다.

白楊伐去大木，根在地中者遍發小條，候長至栗子核桃麤，春月移栽，勤澆之.

봄에 청양(青楊)[7]을 옮겨 심는 경우 나무를 옮겨 심으려 할 때, 심을 땅의 도랑 깊이는 1.5~1.6척, 너비는 1척이 되게 판다. 길이는 임의대로 한다.

栽青楊于春月，將欲栽樹，地挑溝深一尺五六寸，寬一尺，長短任意.

먼저 물을 흠뻑 준다. 다음날 대추나 밤의 굵기만 한 청양가지를 날카로운 칼로 베어 2척 길이로 자른다. 이를 도랑 안에 배게 줄지어 심되, 도랑 밖으로는 0.2~0.3척 나오게 한다. 이어서 흙을 덮어 주되, 평지와 같이 튼튼하게 다진다. 며칠 후에야 비로소 물을 줄 수 있다. 싹이 자라기를 기다려 늘 물을 주면 효과가 빼어나다.

先以水飮透. 次日將青楊枝如棗栗麤者，利刀砍下，仍截作二尺長，段密排溝內，露出溝外二三寸，加土，與平築實. 數日後方可澆水. 候芽長，常澆爲妙.

5~6척으로 자라면 배게 난 가지를 가려 솎아 준다. 이는 땔나무를 만들 수 있고 또 쉽게 자라게 하

長至五六尺，擇其密者刪之，旣可作柴，又使易長.

---

7 청양(青楊) : 버드나무과의 낙엽 교목. 높이 30미터에 달한다. 어릴 때는 껍질이 회록색이다가 오래되면 회백색이 된다. 잎자루는 원주형이고 털이 없다. 3~5월에 개화하고 5~7월에 열매를 맺는다.

기 때문이다. 10묘에 심으면 해마다 땔나무가 부족할까 걱정할 필요가 없다.

種十畝, 歲不慮乏柴.

직경 0.4~0.5척으로 자라면 가옥 짓는 재목의 용도로 쓸 수 있다. 바르게 난 나무를 남겼다가 자라면 큰 용도로 쓸 수 있다. 매년 봄에 덥수룩한 가지를 손질하여 땔나무로 쓸 수가 있다. 그러면 나무의 몸체는 날로 더욱 높고 커진다. 《군방보》[8]

及長至徑四五寸, 便可取作屋材用. 留端正者, 長爲大用. 每年春月, 仍可修其冗枝作柴, 而樹身日益高大. 《群芳譜》

8 《二如亭群芳譜》〈利部〉"木譜"'楊'(《四庫全書存目叢書補編》80, 661쪽).

3) 쓰임새

사시나무는 본성이 매우 굳세고 곧아서 가옥의 재목으로 사용할 만하다. 꺾으면 꺾여지지 끝내 구부릴[曲撓] 수 없다【주 뇨(撓)는 노(奴)와 효(孝)의 반절이다. 느릅나무의 본성은 오래되면 굽어지지 않는 것이 없다. 사시나무와 비교하면 그 차이가 많다. 또 천성이 대부분 굽어서 곧은 가지가 적다. 자라는 속도 또한 더뎌서 여러 해가 지나서야 다 자란다. 일반적으로 가옥의 재목으로는 소나무나 측백나무가 가장 좋고, 사시나무가 그 다음이며, 느릅나무가 가장 좋지 않다】.《제민요술》[9]

功用

白楊, 性甚勁直, 堪爲屋材. 折則折矣, 終不曲撓【注 奴孝反. 楡性久無不曲, 比之白楊, 不如遠矣. 且天性多曲, 條[2]直者少, 長又遲緩, 積年方得. 凡屋材, 松柏爲上, 白楊次之, 楡爲下也】.《齊民要術》

1묘에 3개의 두둑을 만들고, 한 두둑에 720그루를 심는다. 1뿌리에 2줄기가 난다. 그러므로 1묘에 4,320그루가 된다.[10]

一畝三壟, 一壟七百二十株, 一根兩株[3], 一畝四千三百二十株.

나무가 3년이면 잠적(蠶槌)을 만들기에 적합하다【주 적(槌)은 도(都)와 격(格)의 반절이다. 잠적은 잠연(蠶椽, 누에발받침가로대)[11]이다】. 5년이면 가옥의 서까

三年, 中爲蠶槌【注 都格反, 蠶椽】; 五年, 任爲屋椽. 十年, 堪爲棟梁.

---

9 《齊民要術》 卷5 〈種楡、白楊〉 第46(《齊民要術校釋》, 343~344쪽);《農政全書》 卷38 〈種植〉 "木部" '白楊'(《農政全書校注》, 1059쪽).

10 그러므로……된다: 여기에서 말한 그루 수를 산출하는 계산식은 다음과 같다. 가사협(賈思勰) 당시의 1묘는 너비 1보=6척, 길이 240보=1,440척이다. 그러므로 너비 2척인 두둑 3개를 만들어 2척 간격으로 1그루씩 심는다. 두둑 1개에 심는 나무의 수는 1,440척÷2척=720그루이다. 두둑 3개에는 720×3=2,160그루를 심게 된다. 그리고 1뿌리에 2줄기가 나므로 2,160×2=4,320그루가 된다. 《齊民要術校釋》, 345쪽 주【五】번 참조.

11 잠연(蠶椽, 누에발받침가로대): 누에시렁에 설치하여 누에발을 받치는 막대. 《임원경제지 전공지》 권4 〈그림으로 보는 누에치기와 뽕나무 재배【부록 삼과 모시 재배】〉 "잠연(蠶椽, 누에발받침가로대)"(풍석 서유구 지음, 임원경제연구소 옮김, 《임원경제지 전공지》2, 풍석문화재단, 2022, 208~209쪽)에 자세히 보인다.

[2] 條: 저본에는 "修". 《齊民要術·種楡、白楊》에 근거하여 수정.

[3] 一根兩株: 《齊民要術·種楡、白楊》·《農政全書·種植·木部》에는 "一株兩根".

래를 만드는 데 사용한다. 10년이면 마룻대와 들보를 만들 수 있다.

잠적을 기준으로 하면 뿌리마다 5전(錢)을 받는다. 그러므로 1묘에다 재배한 나무에서 1년 동안 벌어들이는 수입은 21,600문(전)이다[12]【주 땔나무를 판 수입과 들보 등의 재목을 판 수입은 제외되어, 그 이익의 밖에 있다[13]】.

以蠶櫥爲率, 一根五錢, 一畝歲收二萬一千六百文【注 柴又作梁撝住在外[4]】.

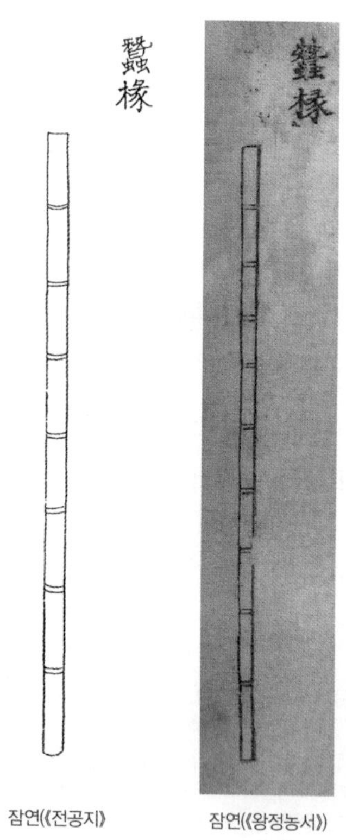

잠연(《전공지》) 잠연(《왕정농서》)

12 잠적을……21,600문(전)이다 : 1묘에 4,320그루를 재배하므로 4,320×5전=21,600문(전)이다.

13 땔나무를……있다 : 1년 수입이 21,600문(전)이라는 말은 나무를 모두 베어 잠적으로 팔았을 경우의 단순 계산이다. 일부만 잠적으로 팔고 다른 나무는 더 키워서 들보 등의 재목으로 팔면 또 다른 계산이 가능하다는 뜻이다. 최덕경 역주, 《제민요술역주》Ⅱ, 394쪽 주201번 참조.

[4] 柴又作梁撝住在外 : 《齊民要術·種楡、白楊》에는 "柴及棟梁椽柱在外".

해마다 30묘를 심는다고 할 때 3년이면 90묘가 된다. 1년에 30묘에 재배한 나무를 팔면 648,000문을 번다.[14] 이렇게 한 바퀴 돌고 나면 다시 시작되니, 다함이 없다. 농부의 이익에 비교하면 수고로움과 편안함이 만 배의 차이가 난다. 산에서 먼 곳인 경우 사시나무를 실로 많이 심어야 한다. 1,000뿌리 이상 심으면 필요한 목재가 반드시 갖추어질 것이다. 《제민요술》[15]

歲種三十畝, 三年九十畝. 一年賣三十畝, 得錢六十四萬八千文. 周而復始, 永世無窮. 比之農夫, 勞逸萬倍. 去山遠者, 實宜多種. 千根以上, 所求必備. 同上

14 648,000문을 번다: 21,600문×30묘=648,000문.

15 《齊民要術》 卷5 〈種楡·白楊〉 第46(《齊民要術校釋》, 344쪽); 《農政全書》 卷38 〈種植〉 "木部" '白楊'(《農政全書校注》, 1058~1059쪽).

9. 회화나무[槐, 괴][1]

槐

1) 이름과 품종

名品

일명 '회(櫰)'이다.[2]

一名"櫰".

【도경본초[3] 《이아》를 살펴 보니, 회화나무에는 다음과 같은 몇 종류가 있다. "잎이 크고 흑색인 것은 '회괴(櫰槐)'라 한다. 잎이 낮에는 닫혔다가 밤에 열리는 것은 '수궁괴(守宮槐)'라 한다."[4] 잎이 잘고 청록색인 것만 '괴(槐)'라 한다.

【圖經本草 按《爾雅》, 槐有數種: "葉大而黑者, 名'櫰槐', 晝合夜開者, 名'守宮槐'." 葉細而青綠者, 但謂之"槐".

농정전서[5] 회화나무에는 청·황·백·흑의 여러 색깔이 있다. 그중 흑색 회화나무는 '저시괴(猪屎槐)'라 한다. 그 재목은 사용할 수가 없다. 줄기가 지극히 높고 두꺼운 품종이 있는데, 재목이 견실하면서 무거워 기물을 만들 수 있다.

農政全書 槐有青、黃、白、黑數色. 黑者爲"猪屎槐", 材不堪用. 有極高大者, 材實重, 可作器物.

1 회화나무[槐, 괴]: 콩과에 속한 낙엽 활엽 교목. 높이는 25미터 정도이다. 가지가 퍼져 자라고 속껍질은 노랗고 특유한 냄새가 난다. 8월에 나비 모양의 황백색 꽃이 가지 끝에 빽빽이 달리며, 10월에 염주모양의 열매가 익는다. 목재는 가구재로 쓰며, 꽃과 열매는 약용한다.

2 일명 '회(櫰)'이다: 《本草綱目》 卷35 〈木部〉 "槐", 2005쪽에 보인다.

3 《圖經本草》 卷10 〈木部〉 上品 "槐實"(《本草圖經》, 353쪽); 《本草綱目》, 위와 같은 곳.

4 잎이……한다: 《爾雅注疏》 卷9 〈釋木〉 第14 "櫰"(《十三經注疏整理本》 24, 306쪽).

5 《農政全書》 卷38 〈種植〉 "木部" '槐'(《農政全書校注》, 1056쪽).

화한삼재도회[6] 회화나무에는 암나무와 수나무가 있다. 수나무의 경우 꽃은 피나 씨가 없다. 재목은 견고하며 바탕은 구름무늬[檼文]이므로 그릇이나 찬합을 만들 수 있다】

和漢三才圖會 槐有雌雄. 雄者開花無子, 其材堅, 質[1]檼文, 可作器盒】

회화나무(《본초도경》)

회화나무(《왜한삼재도회》)

회화나무(《식물명실도고》)

가지 끝에 황백색 꽃이 빽빽이 핀 회화나무(산청군 단성면 남사리에서 촬영)

느티나무(수령 500년 보호수). 괴(槐)를 우리나라에서는 보통 느티나무로 알고 있다(이상 임원경제연구소, 남양주시 진접읍 부곡리 봉선사에서 촬영)

6 《和漢三才圖會》卷83〈木部〉"喬木類"'槐'(《倭漢三才圖會》10, 182쪽).

[1] 質:《和漢三才圖會·木部·喬木類》에는 "實".

2) 알맞은 토양

인가의 정원과 문 앞 좁은 길에 옮겨 심어야 한다. 손질하여 잘라 주고 둥글게 다듬어 주면 몇 년 되지 않아서 덮개같이 무성하게 자란다. 우거진 녹음(綠陰)이 사랑스럽고 정원 가득히 맑은 향기가 난다. 《고금의통대전(古今醫統大全)[7]》[8]

土宜

人家庭院門徑宜栽之. 脩剪圓齋, 不數年, 長盛如蓋, 綠陰可愛, 滿院清芬也. 《古今醫統》

---

7 고금의통대전(古今醫統大全): 명나라 의약학자 서춘보(徐春甫, 1520~1596)가 1556년에 완성한 의서. 총 100권이다. 서춘보는 금원사대가의 한 사람인 동원(東垣) 이고(李杲, 1180~1251)의 학설을 존중했고, 내과·부인과·소아과 등에 능통하여 많은 사람을 치료했다.

8 출전 확인 안 됨;《和漢三才圖會》, 위와 같은 곳.

3) 심기와 가꾸기

種藝

회화나무의 열매가 익었을 때, 많이 거두어들여 쪼개어 취한다. 이를 자주 햇볕에 말려 벌레가 생기지 않게 한다. 5월 하지 10여 일 전에 물에 담근다【주 삼씨를 담그는 법과 같다】. 6~7일이 지나면 싹이 생긴다. 비를 좋아하므로 비가 내려 삼을 심을 때, 회화나무씨를 삼씨와 섞어서 흩어 심는다. 그러면 그 해에 곧 삼과 같이 반듯하고 가지런하게 자란다.

槐子熟時, 多收, 擘取, 數曝, 勿令蟲生. 五月夏至前十餘日, 以水浸之【注 如浸麻子法】, 六七日當芽生. 好雨, 種麻時, 和麻子撒之. 當年之中卽如[2]麻齊.

삼이 익으면 베어버리고 회화나무만 남긴다. 회화나무가 가늘고 길게 자라 스스로 설 수 없으면, 각 뿌리 옆에 따로 나무를 박아 세우고 줄로 묶어 고정시킨다【주 겨울 날씨는 바람과 비가 많으므로, 줄로 묶어 고정시킬 때 묘목줄기를 띠풀로 감싸야 한다. 그렇게 하지 않으면 묘목의 껍질을 상하게 하여 자국이 남는다】.

麻熟刈去, 獨留槐. 槐既細長, 不能自立, 根別豎木, 以繩攔之【注 冬天多風雨, 繩攔宜以茅裹, 不則傷皮, 成瘢痕也】.

다음해에 땅을 파서 잘 삶은 다음 다시 회화나무 아래에 삼을 심는다【주 삼이 회화나무 옆을 둘러싸서 나무가 반듯하고 길게 자라도록 하기 위해서이다】. 심은 지 3년째 1월에 옮겨 심으면 모든 나무가 한결같이 위를 향해 곧게 자란다【주 이것이 《순자(荀子)》의 이른바 "쑥이 삼밭에서 나면 붙잡아 주지 않아도 저절로 곧게 서서 자란다."[9]라는 뜻이다】.

明年斸地令熟, 還于槐下種麻【注 脅槐令長】. 三年正月, 移而植之, 亭亭條直, 千百若一【注 所謂"蓬生麻中, 不扶自立"】.

만약 편의대로 묘목을 가져다 심으면 더디게 자

若隨宜取栽, 匪直長遲,

9 쑥이……자란다:《荀子》卷1 〈勸學〉(《諸子集成》2, 3쪽).

[2] 如:《齊民要術·種槐·柳·楸·梓·梧·柞》·《農政全書·種植·木部》에는 "與".

삼밭

랄 뿐만 아니라, 나무 또한 굽어서 좋지 않다【주 텃밭에 땅을 분할하여 일정 구역에 심어야 한다】. 《제민요술》[10]

樹亦曲惡【注 宜于園中劃地種之】.《齊民要術》

10 《齊民要術》卷5〈種槐·柳·楸·梓·梧·柞〉第50(《齊民要術校釋》, 350쪽);《農政全書》卷38〈種植〉"木部"'槐'(《農政全書校注》, 1056쪽).

수궁괴(守宮槐)는 봄에 뿌리 옆으로부터 작은 뿌리를 나누어 옮겨 심는다. 《군방보》[11]

守宮槐, 春月從根側分小本, 移種. 《群芳譜》

회화나무는 가지를 꽂으면 나서 쉽게 자란다. 《화한삼재도회》[12]

槐, 插枝, 能生易長. 《和漢三才圖會》[3]

회화나무

회화나무꽃

회화나무열매

11 《二如亭群芳譜》〈利部〉"木譜" '槐'(《四庫全書存目叢書補編》80, 651쪽).

12 《和漢三才圖會》, 위와 같은 곳.

[3] 오사카본에는 이 내용 뒤에 "護養" 표제어와 그 아래의 "冬月芽裹否則傷皮成瘢【山林經濟補】"라는 내용을 지운 흔적이 있다.

4) 치료하기

醫治

청색 벌레[靑蟲]가 잎을 거의 다 먹었을 때 나무 아래를 크게 두드리면 벌레가 다 떨어져 죽는다. 《산림경제보》[13]

靑蟲食葉殆盡, 樹下大擂鼓, 則蟲盡落死. 《山林經濟補》

5) 쓰임새

功用

회화나무의 꽃으로는 황색으로 물을 들일 수 있다. 회화나무잎의 어린싹은 데쳐서 쓴맛을 제거하면 먹을 수 있다. 이를 햇볕에 말리면 차 대신 마실 수가 있다. 《농정전서》[14]

槐花可染黃. 槐葉嫩芽, 煠熟去苦味, 可食. 曬乾, 可代茶飮. 《農政全書》

---

13 출전 확인 안 됨; 《山林經濟》 卷2 〈種樹〉 "種槐"(《農書》2, 181쪽)에는 이 내용이 없고 《山林經濟》 갑본(甲本)에는 있다. 한국고전종합DB 참조.

14 《農政全書》, 위와 같은 곳.

10. 오동나무[桐, 동][1]

桐

1) 이름과 품종

【동보(桐譜)[2][3] 오동나무의 종류는 하나가 아니다.

① 한 종류는 나무의 결은 거칠고 몸체는 무르다. 잎은 둥글고 크며 뾰족하고 길다. 광택이 나고 솜털이 난 어린잎은 삼각형이다. 씨에서 나온 나무는 1년에 3~4척 뻗쳐오른다. 반면 뿌리에서 나온 나무는 5~7척 뻗쳐올라 갈 수 있다. 베고 난 후에 큰 그루터기에서 나온 나무는 혹 둘레가 몇 척이나 된다.

꽃은 잎이 나기 전에 핀다. 백색 꽃에 꽃심은 적색이고 안은 홍색으로 엉겨 있다. 열매가 든 이삭은 먼저 자라고 커져서 둘레가 0.3~0.4척이 된다. 열매 안은 2개의 씨방[兩房]이 있고, 씨방 안에는 열매살이 있다. 열매살 위에 잘고 백색이면서 흑점이 있는 것이 그 씨이다. 이 오동나무를 '백화동(白花桐)'이라고 한다.

名品

【桐譜 桐之類非一.

一種，文理麤而體性慢，葉圓大而尖長．光滑而毳稚者，三角．因子而出者，一年可拔三四尺；由根而出者，可五七尺．已伐而出於巨椿者，或幾尺圍．

其花先葉而開，白色，心赤內凝紅．其實穟先長而大，可圍三四寸．內爲兩房，房中有肉，肉上細白而黑點者，卽其子也，謂之"白花桐".

---

1 오동나무[桐, 동]: 현삼과에 속한 낙엽 활엽 교목. 높이는 15미터 가량이다. 둥근 심장 모양의 잎이 마주나며, 5~6월에 흰색 또는 보라색 꽃이 핀다. 열매는 달걀꼴이고 털이 없으며 10월에 익는다. 재목은 가볍고 고우며, 휘거나 트지 않아 장롱이나 악기 따위를 만드는 데 쓰인다.

2 동보(桐譜): 중국 북송(北宋)의 농학자 진저(陳翥, 982~1061)가 오동나무에 관해 저술한 책. 오동나무의 종류·재배·토양·수확·관련된 시 등을 수록했다.

3 《說郛》 卷105 〈桐譜〉 "類屬" 第2(《文淵閣四庫全書》882, 112~113쪽).

백화동

② 한 종류는 나무의 결이 잘고 몸체는 단단하다. 잎은 삼각형이면서 둥글며, 백화동의 입보다 크다. 그 색은 청색이고, 솜털이 많으면서 광택이 나지 않는다. 무성하게 뻗쳐 올라 오는 모습이 쉽게 자라는 백화동만 못하다.

一種, 文理細而體性緊, 葉三角而圓, 大於白花桐葉, 其色青, 多毳而不光滑. 其茂拔, 不如白花桐之易長.

이 꽃 또한 잎이 나기 전에 핀다. 꽃 전체가 자색으로, 이삭이 된다. 이 모습이 자색 등나무꽃과 유사하다. 열매 또한 이삭으로, 젖모양과 비슷하나 그보다 조금 뾰족하다. 모양은 가자(柯子)[4]와 비슷하지만 그보다 더 끈적끈적하다. 열매 속에는 2개의 씨방이 있으며, 씨방 안의 씨는 백화동열매와 비슷하나 그보다 조금 작다. 이 오동나무를 '자화동(紫花桐)'이라고 한다.

其花亦先葉而開, 皆[1]紫色而作穟, 類紫藤花. 其實亦穟, 如乳而微尖. 狀如柯子而粘, 中有兩房, 房中與白花實相似而差小, 謂之"紫花桐".

---

4 가자(柯子): 사군자과의 낙엽 교목인 가자나무의 열매를 말린 것.

[1] 皆: 저본에는 "背". 《桐譜·類屬》에 근거하여 수정.

그 꽃이 또한 조금 홍색을 띠면서 황색인 오동나무는 대개 또한 백화동과 조금 다른 종류일 뿐이다.

其花亦有微紅而黃色者, 蓋亦白花之小異者耳.

백화동과 자화동, 이 두 오동나무의 껍질의 색은 모두 한 종류이다. 하지만 꽃과 잎은 조금 다르고, 몸체의 단단한 정도가 같지 않다. 8월이 되면 이 두 종 모두 다시 꽃이 핀다. 꽃은 잎이 모두 떨어지고 난 후에야 피고, 옅은 황색이다. 지금 산골짜기와 평원 사이에는 백화동이 대부분이고 자화동은 더욱 적다.

此二桐皮色皆一類, 但花葉小異, 而體性緊慢不同. 至八月, 俱復有花, 花至葉脫盡後始開, 作微黃色. 今山谷平原間惟多有白花者, 而紫花者尤少焉.

③ 한 종류는 가지와 줄기·꽃과 잎이 백화동과 유사하다. 하지만 뻗쳐 올라 가는 성장 속도가 더디고 백화동보다 작아서 그와 짝이 될 만하지는 않다. 열매는 크고 둥글다. 한 열매에 2개나 4개의 씨가 있다. 씨에서 기름을 취하여 쓸 수 있다.[5]

一種, 枝幹、花葉, 與白桐相類, 其聳拔遲, 小而不侔. 其實大而圓, 一實中或[2]二子或四子, 可取油爲用.

④ 한 종류는 나무의 결이 잘면서 단단하고 몸체가 쉽게 갈라진다. 몸통에 큰 가시가 있다. 모양이 머

一種, 文理細緊而性喜裂, 身有巨刺, 其形如欓樹, 其

가자

자화동

5 이 ③에서 설명한 오동나무는 유동(油桐)을 가리키는 듯하다.
[2] 或: 저본에는 "成". 오사카본·《桐譜·類屬》에 근거하여 수정.

자동가시

자동꽃

귀나무[欓樹, 당수][6]의 가시와 비슷하다. 잎은 단풍나무와 비슷하다. 이 오동나무를 '자동(刺桐)'이라고 한다.

葉如楓, 謂之"刺桐".

이 두 오동나무(③·④)는 대부분 무성하게 성장하더라도 그 재목은 기물 만드는 용도로 쓸 수가 없다.

此二桐, 雖多榮茂, 而其材不可入器用.

6 머귀나무[欓樹, 당수]: 운향과에 속한 낙엽 활엽 교목. 높이 15미터 정도까지 자라며, 가시가 많다. 잎은 깃꼴 겹잎으로 어긋나며, 5월에 황백색 꽃이 핀다. 재목은 나막신을 만드는 데 쓰고, 열매는 약으로 쓴다.

벽오동

벽오동씨

⑤ 한 종류는 가지를 사용하기에 적당하지 않다. 몸통과 잎 모두 능금이 처음 났을 때와 비슷하게 윤기가 난다. 이 나무 또한 '오동(梧桐)'이라고 한다. 씨를 먹을 수 있다.

一種, 枝不入用, 身葉俱滑如柰之初生, 亦名"梧桐", 有子可噉.

진동의 청색 몸통

⑥ 한 종류는 몸통이 청색이다. 잎은 둥글고 크며 길쭉하다. 높이 3~4척까지 자라면 꽃이 핀다. 꽃은 진홍색으로 사랑스럽다. 꽃은 봉오리를 이루어 번성한다. 잎은 더욱 성글다. 계단·뜰·정원·누대에 심어 여름과 가을의 좋은 구경거리로 삼기에 적당하다. 이 오동나무를 '진동(眞桐)'이라고 한다. '정동(赬桐)'이라고도 한다.

一種, 身青, 葉圓大而長, 高三四尺, 便有花, 眞紅色, 可愛. 花成朶而繁, 葉尤疏, 宜植於堦壇庭榭, 以爲夏秋之榮觀, 厥名"眞桐", 亦名"赬桐".

이 두 종류(⑤·⑥)는 동(桐)이라는 이름은 얻었지만, 장인들이 쓸 만한 용도는 없다.

此二種雖得桐之名, 而無工度之用.

본초강목[7] 도홍경(陶弘景)은 "오동나무에는 4종류가 있다. 씨가 없는 종류는 벽오동[靑桐, 청동]과 강동(岡桐)이다. 씨가 있는 종류는 오동(梧桐)과 백오동[白桐, 백동]이다."[8]라고 했다. 구종석(寇宗奭)은 "백오동[白桐]과 강동(岡桐)은 모두 씨가 없다."[9]라고 했다. 소송(蘇頌)은 강동(岡桐)을 유동(油桐)이라 했다.[10]

本草綱目 陶氏言: "桐有四種, 而以無子者爲靑桐、岡桐, 有子者爲梧桐、白桐." 寇氏言: "白桐、岡桐皆無子." 蘇氏以岡桐爲油桐.

하지만 가사협(賈思勰)의 《제민요술》에서는 "열매가 열리면서 껍질이 청색인 종류는 오동이다. 꽃이 피지만 열매를 맺지 않는 종류는 백오동이다. 백오동은 겨울에 씨와 비슷한 것을 맺는다. 그러나 이는 다음해의 꽃부리이지 씨는 아니다. 강동(岡桐)은 곧 유동(油桐)이다. 씨가 크고 기름이 있다."[11]라고 했

而賈氏《齊民要術》言: "實而皮靑者爲梧桐, 華而不實者爲白桐. 白桐冬結似子者, 乃是明年之花房, 非子也. 岡桐, 卽油桐也, 子大有油." 其說與陶氏相反.

유동

7 《本草綱目》 卷35 〈木部〉 "桐", 1998쪽.

8 오동나무에는……백오동[白桐, 백동]이다: 출전 확인 안 됨; 《神農本草經中藥彩色圖譜》 〈下品〉 "桐葉", 584쪽.

9 백오동[白桐]과……없다: 《本草衍義》 卷15 〈桐葉〉, 97쪽.

10 소송(蘇頌)은……했다: 《本草圖經》 卷12 〈木部〉 下品 "桐", 411쪽에 보인다.

11 열매가……있다: 《齊民要術》 卷5 〈種槐·柳·楸·梓·梧·柞〉 第50(《齊民要術校釋》, 356쪽).

유동열매

3개로 갈라진 유동열매

다. 그 설이 도홍경의 설과 상반된다.

지금 상고해보면 서로 옳고 그른 점이 있다. 대개 백오동은 곧 포동(泡桐)이다. 잎이 커서 지름이 1척이며, 가장 쉽게 생장한다. 껍질과 색은 거칠면서 백색이다. 나무는 가볍고 허하지만 벌레가 생기지 않는다. 그러므로 기물이나 가옥의 기둥을 만들면 매우 좋다.

以今咨訪, 互有是否. 蓋白桐, 卽泡桐也, 葉大徑尺, 最易生長, 皮色粗白, 其木輕虛, 不生蟲蛀, 作器物、屋柱甚良.

2월에 나팔꽃과 비슷한 꽃이 피지만 그와 달리 백색이다. 열매의 크기는 큰 대추만 해서, 길이는 0.1척 남짓이다. 껍데기 안에는 씨가 있다. 껍데기의 조각은 가볍고 허하여 느릅나무꼬투리나 아욱열매의 모양과 비슷하다. 늙으면 껍데기가 갈라져서 바람을 따라 날아간다.

二月開花如牽牛花而白色, 結實大如巨棗, 長寸餘. 殼內有子, 片輕虛, 如楡莢、葵實之狀. 老則殼裂隨風飄揚.

꽃이 자색인 종류는 강동(岡桐)이라고 한다. 화동(花桐)은 곧 유동(油桐)이다. 벽오동[靑桐]은 곧 오동(梧桐) 중 열매가 없는 종류이다.

其花紫色者名岡桐. 花桐, 卽油桐也, 靑桐, 卽梧桐之無實者.

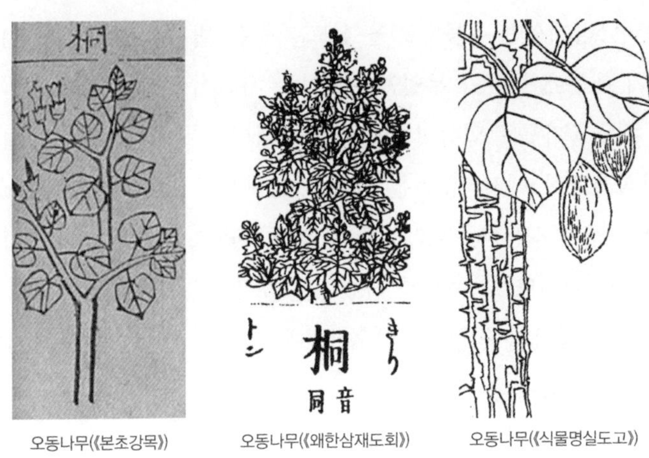

오동나무(《본초강목》) 오동나무(《왜한삼재도회》) 오동나무(《식물명실도고》)

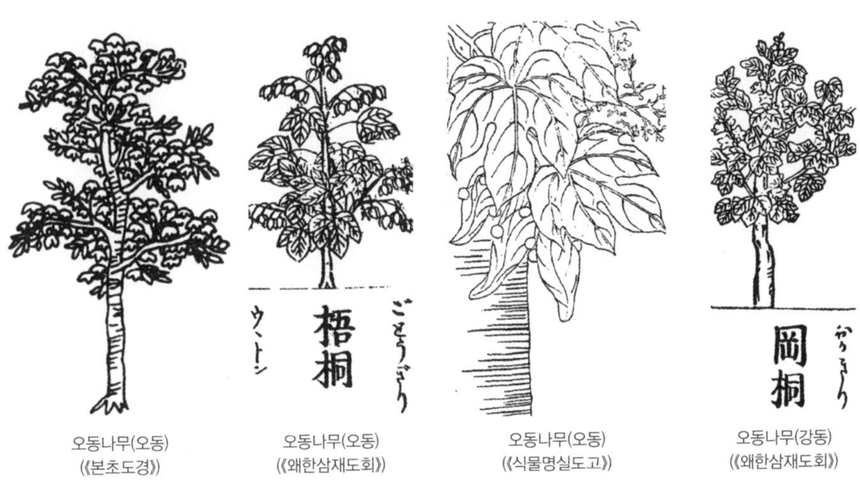

오동나무(오동)(《본초도경》) 오동나무(오동)(《왜한삼재도회》) 오동나무(오동)(《식물명실도고》) 오동나무(강동)(《왜한삼재도회》)

금화경독기 [12] 중국에서 동유(桐油)[13]의 쓰임은 매우

金華耕讀記 中國桐油之

---

12 《金華耕讀記》 卷7 〈桐油〉, 5쪽. 이와 유사한 내용이 《杏蒲志》 卷3 〈種女貞【附 取油諸種】〉(《農書》 36, 205쪽)에 나오고, 그 내용은 풍석 서유구 지음, 임원경제연구소 옮김, 《임원경제지 섬용지》 3, 풍석문화재단, 2017, 87~88쪽에 인용되어 있다.

13 동유(桐油) : 유동열매에서 짠 기름. 우리나라에서는 옛날부터 장판지 및 우산지의 도장유, 등유(燈油), 해충퇴치, 설사제 등으로 많이 사용되었다. 《임원경제지 섬용지(林園經濟志 贍用志)》 권3 〈색을 내는 도구〉 "기름과 옻" '동유'(풍석 서유구 지음, 임원경제연구소 옮김, 《임원경제지 섬용지》 2, 풍석문화재단, 2016, 313~314쪽)에 만드는 법이 자세히 보인다.

넓다. 우리나라에서만 유동(油桐)을 심고 가꾸는 법을 모르기 때문에 동유가 무엇인지를 아는 사람이 드물다. 유동 종자를 구입하여 널리 심어야 한다.

用甚博. 我東獨不知蒔藝油桐. 故鮮有知桐油之爲何物者. 宜購種廣植之.

《화한삼재도회》에서 "유동은 강주(江州)[14]·농주(濃州)[15]에서 많이 심는다. 씨로 기름을 짠다."[16]라고 했다. 이로써 일본도 그 종자를 전했음을 알 수 있다. 중국에서 종자를 구할 수 없으면, 대마도(對馬島)[17]에서 구입해도 좋을 것이다】

《和漢三才圖會》云: "油桐, 江州、濃州多種之, 搾油". 是倭亦傳其種矣. 苟不能得之中州, 則購之對馬島, 亦可得矣】

---

14 강주(江州): 현재의 일본 시가현[滋賀縣] 일대.

15 농주(濃州): 현재의 일본 기후현[岐阜縣] 남부 일대.

16 유동은……짠다: 《和漢三才圖會》 卷83 〈木部〉 "喬木類" '油桐'(《倭漢三才圖會》10, 176쪽).

17 대마도(對馬島): 한국과 일본 규슈 사이에 있는 섬. 행정상으로 나가사키현[長崎縣]에 속한다.

2) 알맞은 토양 土宜

오동나무는 양지에서 자라는 나무이다. 평원의 햇빛 드는 땅이 적당하다. 《동보》[18]

桐, 陽木也. 宜平原向陽之地. 《桐譜》

오동나무의 본성은 낮고 습한 환경을 견디지 못한다. 오직 높고 평탄한 땅을 좋아한다. 습한 모래땅이나 낮은 곳·샘물이 흘러 젖은 곳에 심으면 반드시 시들어 버릴 것이다. 이런 곳에 싹이 나서 무성해지더라도 높고 평탄한 곳만 못하다. 《동보》[19]

桐之性不耐低濕. 惟喜高平之地. 如植於沙濕低下泉潤之處, 則必枯矣. 縱抽茂, 不如高平之所. 同上

오동나무의 본성은 모두 그늘지고 추운 곳을 싫어하고, 밝고 따뜻한 곳을 좋아한다. 혹 그늘지고 습한 땅에 심으면 가지와 줄기가 굽고 비스듬해지며, 뿌리와 잎은 누렇게 시든다. 《동보》[20]

桐之性皆惡陰寒, 喜明煖. 或植陰濕之地, 枝榦曲而斜, 根葉黃而槁. 同上

흙이 기름지면 줄기와 잎이 청색이고 연하면서 흑색이다. 흙이 척박하면 창황(蒼黃)색이 된다. 《동보》[21]

土膏腴則莖葉靑嫩而烏黑. 土瘦薄則成蒼黃之色. 同上

또 씨를 심는 땅은 높은 평원이 적당하다. 낮고 습하면 싹을 틔울 수가 없다. 《동보》[22]

又種子之地, 宜高原之處. 低濕則不能萌矣. 同上

---

18 《說郛》 卷105 〈桐譜〉 "所宜" 第4(《文淵閣四庫全書》 882, 114쪽).
19 《說郛》 卷105 〈桐譜〉 "種植" 第3(《文淵閣四庫全書》 882, 113쪽).
20 《說郛》 卷105 〈桐譜〉 "所宜" 第4(《文淵閣四庫全書》 882, 114쪽).
21 《說郛》 卷105 〈桐譜〉 "種植" 第3(《文淵閣四庫全書》 882, 113쪽).
22 《說郛》, 위와 같은 곳.

나머지 오동나무는 황토 땅이 적당하다. 그러면 자연스럽게 무성해질 것이다. 모래와 자갈땅의 경우는 자라는 속도가 조금 더디다. 기름지고 잘 삶아진 땅을 즐기는 나무는 오직 오동나무뿐이다. 《동보》[23]

其他宜黃土之地, 則自然榮矣. 若沙石之所, 長拔差遲. 樂肥與熟者, 惟桐耳. 同上

23 《說郛》 卷105 〈桐譜〉 "所宜" 第4(《文淵閣四庫全書》882, 114쪽).

3) 심기와 가꾸기

種藝

일반적으로 씨를 심을 때는 먼저 그 땅에 거름을 준 다음에 고르게 흩어 뿌려야 한다. 그러면 봄 동안 높이 3~4척이 될 수가 있다. 반면 척박한 땅에서는 1~2척만 자랄 뿐이다.

凡種其子, 當先糞其地, 然後勻撒之. 一春可高三四尺, 瘠地只一二尺耳.

겨울이 되면 옮겨 심을 수 있다. 옮겨 심으면 뿌리는 깊이 뻗지 않지만 또 가지 등은 쉽게 뻗어 나간다. 작을 때 옮겨 심었다가 커지면 대부분 세찬 바람에 넘어지거나 꺾인다. 이는 한 그루만으로는 스스로 지탱할 수 없기 때문이다.

至冬, 便可易而植之. 易之則獨根者不深, 而又易蔓. 苟從小而易, 至大則多爲疾風之所倒折, 以其一根不能自持故也.

일반적으로 오동나무씨는 버들개지[24]처럼 가벼워 쉽게 바람에 날리기 때문에 날아서 1~2리를 갈 수 있다. 씨가 잘 삶겨진 땅을 만나면 싹이 나고, 숲속에 있으면 싹이 나지 않는다.

凡桐子輕而喜颺如柳絮, 飛可一二里. 其子遇地熟則出, 在林麓間則不生矣.

씨를 심으면 성장 속도가 오히려 더디다. 가지를 거꾸로 눕혀 흙으로 눌러 주는 휘묻이법만 못하다. 이렇게 가지를 비옥한 흙으로 덮으면 자연스럽게 마디마디에 가지가 난다. 휘묻이 한 가지는 또 뿌리를 많이 낸다. 줄기가 굵어지면 휘묻이 한 뿌리를 절단하여 옮겨 심는다. 그러면 씨를 심는 법보다 낫다.

種子所長猶遲, 不如倒條壓之. 覆以肥地, 自然節節生條, 條之上又多散根, 莖大, 斷而植之, 勝於種子.

옮겨 심은 나무가 빨리 자라게 하려면 오동나무가 있는 곳에서 그 밑을 갈고 김매 주어야 한다. 그리하여 뻗어 나간 뿌리를 조금씩 끊어 주면 그 잘려진 뿌리에서 절로 싹이 터서 무성해진다. 이렇게 하면 씨를 뿌려 기른 나무와는 엄청나게 차이가 난다.

要其栽之速者, 當於桐處耕鋤其下, 使蔓根寸斷, 則其斷根自萌而茂, 與種子者相萬矣. 《桐譜》

---

24 버들개지 : 버드나무의 꽃. 색은 암자색이며 봄에 이삭모양으로 피어서, 솜처럼 바람에 날려 흩어진다.

《동보》[25]

일반적으로 오동나무 옮겨 심는 법은 10월·11월·12월·정월에 시행한다. 이 시기에는 잎이 떨어져서 수액이 뿌리로 돌아갔기 때문에 껍질과 줄기에까지는 아직 통하지 않았을 때이다. 반드시 먼저 적당한 땅에 구덩이를 파고 다시 거름을 준다. 여기에 한두 해 봄을 난 오동나무를 골라 심는다. 이때 뿌리를 온전히 하여 얼어 손상되지 않게 한다. 오래되면 뿌리가 서리나 눈에 상하기 때문에 구덩이를 판 후에 곧장 구덩이 속에 뿌리를 넣어야 한다.

凡植之法, 十月、十一月、十二月、正月, 葉隕, 汁歸其根, 皮幹未通之時. 必先坎其地, 而復糞之. 擇植一二春者, 全其根, 勿令凍損, 經久爲霜雪所薄, 掘後, 卽內坎中.

이때 구덩이는 넓고 깊게 판다. 그리고 먼저 거름을 주어 그 위에 묘목을 옮겨 심고, 또 다시 덧거름을 그 위에 덮은 다음 황토로 덮는다. 옮겨 심은 묘목은 첫째로 껍질이 긁히지 않아야 한다. 둘째로 흔들리지 않아야 한다. 그래야 봄이 되면 무성해져서 나무가 거목이 되기 쉽다. 5~6척 뻗쳐 올라갈 수 있는 새 줄기가 뻗고, 또 다음해 봄이 되면 뿌리가 뻗어나간다. 이렇게 옮겨 심으면 묘목의 성장은 첫해 봄의 성장보다 더욱 낫다.

厥坎惟寬而深. 先糞之, 以栽著其上, 又復以糞覆其上, 以黃土蓋焉. 一無爪③爬, 二無振撓. 至春則榮茂, 而木又易於傑幹. 其新莖可抽五六尺者迨, 又至春則根行而蔓, 其發乃尤愈於初春時也.

이렇듯 겨울에 옮겨 심지 않고, 만약 봄에 심으면 뿌리에 있던 수액이 껍질로 통하게 된다. 싹이 트려고 할 때는 뿌리가 이미 상했기 때문에 가지와 잎은 시들해진다. 다음해 봄이 되면 흙의 높이와 나란하

如用春植, 則皮汁通, 葉將萌, 根一傷, 故枝葉瘁矣. 至來春則齊土斫去矣. 忌其空心者, 免爲雨所灌, 令

---

25 《說郛》卷105 〈桐譜〉 "種植" 第3(《文淵閣四庫全書》882, 113쪽).

③ 爪: 오사카본에는 "瓜"를 "爪"로 수정한 흔적이 있다.

게 베어 낸다. 나무의 속이 빈 상태를 꺼리는 이유는 비가 나무로 스며드는 것을 피하기 위해서이다. 그러므로 속이 찬 나무를 구별해야 한다.[26] 그렇게 하지 않고 옮겨 심을 때 별도로 다시 베어 내고 심으면 봄에 베는 것보다 효과가 더욱 빼어나다. 이는 대개 봄에 베면 밑동을 손상시키고 또 그 뿌리를 흔들기 때문이다. 《동보》[27]

別抽心者. 不然, 至別下栽時, 更斫去植, 則尤妙於春斫也. 蓋春斫則破損其椿, 又搖其根故也. 同上

오동나무의 본성은 보슬보슬하면서 기름진 흙을 좋아한다. 옮겨 심는 사람은 나무 아래를 늘 김매주어 흙이 잘 삶기게 해야 한다. 그리하여 풀이 무

其性喜虛肥之土. 植者, 當常鋤其下, 令熟, 無使草之滋蔓, 爲諸藤之所纏縛,

벽오동나무(석모도수목원에서 촬영)

개오동나무(한밭수목원에서 촬영)

26 나무의……한다 : 이 두 문장이 무엇을 의미하는지 모르겠다. 베어 낸 오동나무의 단면에 생긴 틈으로 빗물이 들어가서 뿌리까지 상할 수 있다. 그러므로 오동나무를 잘랐을 때 속이 비어 있는 나무는 별도로 관리해야 한다는 의미로 이해했으나, 확실하지 않다.

27 《說郛》, 위와 같은 곳.

오동나무열매(이상 임원경제연구소, 파주시 파주읍 연풍리에서 촬영)

성하게 뻗어서 여러 덩굴이 나무를 감지 못하게 한다. 덩굴이 감으면 재목이 굽고 매끈하지 않다. 대뿌리나 나무뿌리가 뻗쳐 오면 모두 파서 제거한다. 그런 뒤에 다시 여러 똥거름으로 북주면 성장이 들에 나는 나무보다 여러 배나 좋다. 《동보》[28]

致形材曲而不滑. 及其有竹木根侵之, 盡鋤去. 更用諸糞擁之, 則其長愈出野者數倍. 同上

일반적으로 높고 평탄하며 황색 토양에 오동나무를 심고서 두세 봄을 지난 후에 나무 아래를 김매주어 덩굴처럼 뻗은 뿌리를 드러나게 한다. 그런 뒤에 똥거름으로 북주면 더욱 좋다. 《동보》[29]

凡植于高平黃壤, 經三兩春後, 鋤其下, 令見蔓根, 以糞擁之, 尤良. 同上

1월과 2월 중에 황토에 톱밥 약간을 섞어 동이

正二月內, 以黃土拌鋸④末

---

28 《說郛》 卷105 〈桐譜〉 "所宜" 第4(《文淵閣四庫全書》882, 114쪽).

29 《說郛》, 위와 같은 곳.

④ 鋸:저본에는 "鉅". 《農政全書·種植·木部》에 근거하여 수정.

[盆]나 땅에 오동나무씨를 모두 심을 수 있다. 위에 고운 흙을 0.15척 정도 덮고 때때로 물을 주어 흙이 오랫동안 축축하게 한다. 1척 남짓 자라면 옮겨 심는다. 겨울에는 거적으로 덮어 준다. 《농정전서》[30]

少許, 或盆或地上, 俱可種. 上覆土末寸半許, 時時用水澆灌, 使土長濕. 待長尺餘, 移栽. 冬間不用苫蓋. 《農政全書》

30 《農政全書》 卷38 〈種植〉 "木部" '梧桐'(《農政全書校注》, 1052쪽).

4) 손질하기 葺治

오동나무의 껍질은 매우 연하고 물러 상하기 쉽다. 그러므로 밭을 갈거나 김맬 때 소나 말 등이 손상시키는 일을 매우 조심해야 한다. 만약 나무가 손상되면 닥나무껍질로 묶는다. 그렇게 하지 않으면 나무에서 즙이 나온다.

桐之皮甚軟脆而易傷, 切忌耕鋤之時, 及牛馬等損之. 如有所損, 當以楮皮纏縛之. 不爾則汁出也.

나무가 10~20척 자라면 대부분 비스듬히 굽어진다. 이때는 물건을 서로 마주 보도록 나무 옆쪽에 대 주고 묶어 나무를 곧게 해야 한다. 다른 나무로 굽은 오동나무를 끌어당겨도 괜찮다.

及才一二丈, 則多斜曲. 可以物對夾縛之令直, 以木牽之亦可.

대개 오동나무가 가지를 뻗칠 때는 머리를 꼿꼿이 세우지 않고 나온다. 이는 또 나무가 허하고 연하기 때문이다. 그런 상태에서 큰 재목이 오동나무를 이와 같이 가리는 것을 좋아하지 않는다. 그러므로 이 점을 고려하여 손질하면 자라는 높이가 100척에도 이를 수 있다. 《동보》[31]

蓋桐抽條, 不戴首而出, 又虛軟故耳. 仍不喜巨材所蔭如此. 葺之, 其長可至十丈. 《桐譜》

지금 사람들은 오동나무의 곁가지를 잘라 낼 때 모두 가지를 0.2척에서 1척 남짓 남기고 제거할 뿐이다. 그러고는 "빗물이 본 줄기에 들어가서 손상되는 일을 피하기 위해서이다."라고 말한다. 하지만 이는 자라고 남은 곁가지의 마른 밑동이 자라면 본 줄기의 껍질이 그 밑동을 감싸지 못한다는 사실을 모르기 때문이다.

今人剝樹之枝, 悉皆去枝二寸或尺餘, 云"免爲雨所灌損", 而不知槁椿長, 則皮不能包.

재목이 커지면 마른 밑동은 그제야 함몰되어 없

迨至材巨, 槁椿方沒, 却反

31 《說郛》 卷105 〈桐譜〉 "所宜" 第4(《文淵閣四庫全書》882, 113~114쪽).

어진다. 나무가 도리어 여기에서 물을 끌어다가 스스로 물을 흡수했기 때문에 이후 재목으로 사용하려 할 때에 도끼나 톱으로 베면 곧 마른 밑동은 썩고 공구를 댄 곳은 반드시 빈 구멍이 된다. 이는 바로 밑동을 일찍 제거하지 않았기 때문이다.

引水自灌. 及取用之時, 以斧鋸刃之, 卽槁椿腐, 而所置器者必爲空穴, 良由去之不早耳.

일반적으로 오동나무를 두세 번의 봄이 되게 기르면 새로 갈라져 나온 가지는 대나무집게로 제거할 수 있다. 만약 대나무집게가 새 가지에 닿지 못하면 나무를 타고 올라가 잘 드는 칼로 제거한다. 그리하여 새 가지를 제거하고 제거한 밑동이 나무의 몸통과 평평하게 되도록 힘써 옹이를 남기지 않는다. 그러면 두세 번의 봄이 지나지 않아 나무껍질이 자연스럽게 밑동을 봉합한다. 이 나무가 커진 다음에 사용하면 밑동이 썩어서 구멍이 생기는 문제가 없어진다. 《동보》[32]

凡長桐木三二春, 其歧枝可以竹夾去之. 竹夾不能及, 則緣身而上, 用快刀去之. 其去之, 務令與身相平, 勿留餘櫱, 不二三春, 自然合矣. 至大而用之, 則無腐穴之病. 同上

무릇 땅이 기름지고 잘 삶겨졌으면 여기서 자란 오동나무의 잎이 둥글고 크며, 가지는 허하고 부드럽다. 잎이 크면 바람에 흔들리고, 가지가 부드러우면 꺾이기 쉽다.

夫地肥熟, 則葉圓而大, 條虛而嫩. 葉大則鼓風, 條嫩則易折.

일반적으로 바람에 흔들리고 쉽게 꺾이는 근심을 피하고자 하면 간짓대로 잎을 찢어 세 조각이 되게 하고, 또 따서 잎의 밀도를 성글게 해 준다. 그러면 빠르고 세찬 바람을 만나더라도 손상되지 않는다. 서너 번째 봄이 되어서야 견고하게 자라므로 그

凡欲避鼓折之患, 則以竹竿破其葉, 令作三片, 又摘之令疏, 則雖遇疾風, 不損. 至三四春, 乃可堅成, 不必然也. 同上

32 《說郛》卷105 〈桐譜〉"采斫" 第6(《文淵閣四庫全書》882, 115쪽).

때는 굳이 그렇게 할 필요는 없다. 《동보》[33]

일반적으로 오동나무씨를 뿌리는 경우는 움과 가지를 제거하면 일찍 무성하게 자란다. 《화한삼재도회》[34]

凡桐子種者, 宜剪去孽枝, 早茂長. 《和漢三才圖會》

33 《說郛》 卷105 〈桐譜〉 "所宜" 第4(《文淵閣四庫全書》882, 114쪽).

34 《和漢三才圖會》 卷83 〈木部〉 "喬木類" '桐'(《倭漢三才圖會》10, 173쪽).

5) 거두기

收採

오동나무가 재목으로 다 자라면 기물을 만들 수 있다. 벨 때는 그루터기를 높게 남겨 두어서는 안 되고 지면과 나란히 벤다. 만약 산 중에 바위가 있어 매우 험한 곳, 깊고 후미져서 구덩이나 벼랑이 있는 곳에 재목이 있는 경우, 나무를 넘어뜨리면 나무가 반드시 비틀리고 놀라서 꺾이고 갈라진다. 그리고 나무의 결을 상하게 된다.

桐材成可爲器. 其伐之也, 勿高留焉, 齊土而取之. 若在山巖險絕之地、邃塢坑崖之處, 其倒之則必拗驚折裂, 撲傷體理.

그러므로 재목을 쳐서 자를 때는 도끼로 찍는 부분의 위로 1척 남짓 떨어진 곳을 굵은 줄로 묶으면 재목이 꺾이고 갈라지는 근심을 면할 것이다. 다시 이 줄을 끌어당겨 위쪽 산을 향하여 넘어지게 한다. 그리고 그 상태에서 먼저 그 험한 곳에 있는 가지를 제거한다. 그러면 나무의 결을 상하는 피해가 없어질 것이다.

宜於伐斫時, 斧破之上, 用巨繩纏縛一尺有餘, 則免折裂之虞矣. 復用繩牽之, 俾向上山而從, 仍先去其臨險之枝, 則亡撲損之害矣.

그렇게 하지 못할 때는 나무 아래를 두루 호미질하여 파고서 도끼로 재목의 뿌리를 모두 자른다. 그러면 재목이 넘어질 때 위 두 가지의 근심은 없어진다. 《동보》[35]

不然則周鋤其下, 以斧悉斷其根, 則其倒也, 無二者之患. 《桐譜》

35 《說郛》卷105 〈桐譜〉"采斫" 第6(《文淵閣四庫全書》882, 115쪽).

6) 쓰임새

功用

오동나무라는 재목은 벌목에 정해진 때가 있지 않고, 좀이 쏠지도 않는다. 물에 젖어 축축해도 썩지 않는다. 바람이 불고 해가 내리 쬐어도 갈라지지 않는다. 빗물에 진흙을 뒤집어써도 이끼가 생기지 않는다.

桐之爲材, 采伐不時而不蛀, 漬濕所加而不腐, 風吹日曝而不坼裂, 雨濺泥淤而不枯蘚.

그러므로 기둥이나 들보를 만들 수 있고 관곽(棺槨)[36]을 만들 수 있다. 지금 산속의 인가에서 도리나 기둥을 만들고 바닥에 걸침목을 썼을 때 여기에 사용한 여러 나무는 쉽게 썩는다. 그리하여 그 가옥이 두 번 바뀌어도 오동나무 재목만 견고하여 움직이지 않는다. 이것이 오동나무가 오래가는 효과가 있음을 확인해 주는 사례이다. 《동보》[37]

可以爲棟梁, 可以爲棺槨. 今山家有以爲桁柱地伏者, 諸木屢朽, 其屋兩易, 而桐木獨堅然不動, 斯久效之驗也. 《桐譜》

백오동[白桐]은 씨가 없다【주 겨울에 씨와 비슷한 것을 맺는다. 그러나 이는 다음해의 꽃부리이다】. 큰 나무를 둘러 구덩이를 판 다음 옮겨 심는다. 다 자란 뒤에는 악기를 만드는 데 쓴다【주 벽오동[靑桐]은 악기의 용도로 적당하지 않다】. 산의 돌 사이에서 자라는 백오동은 악기를 만들면 더욱 좋다. 벽오동과 백오동 두 재목은 모두 수레·널빤지·쟁반·잔[榼]·나막신 등의 용도로 사용할 수 있다. 《제민요술》[38]

白桐無子【注 冬結似子者, 乃是明年之花房】. 遶大樹掘阬, 取栽移之. 成樹之後, 任爲樂器【注 靑桐則不中用】. 于山石之間生者, 作樂器尤佳. 靑、白二材, 并堪車、板、盤、榼、木屐等用. 《齊民要術》

---

36 관곽(棺槨): 시체를 넣는 속 널과 겉 널.

37 《說郛》 卷105 〈桐譜〉 "器用" 第7(《文淵閣四庫全書》 882, 116쪽).

38 《齊民要術》 卷5 〈種槐·柳·楸·梓·梧·柞〉 第50(《齊民要術校釋》, 356쪽); 《農政全書》 卷38 〈種植〉 "木部" '梧桐'(《農政全書校注》, 1052쪽).

유동(油桐)은 그 열매가 크고 둥글다. 각 열매 속에 2개나 4개의 씨가 있다. 크기는 대풍자(大風子)[39]만 하다. 열매살은 백색이다. 맛이 달지만 먹으면 토하게 한다. 또한 혹 '자화동(紫花桐)'이라고 한다.

사람들이 대부분 가꾸어서 씨를 거두었다가 팔기 위해 기름을 짠다. 이 기름은 칠에 넣기도 하고, 각종 기물에 기름을 먹이거나 배를 수리하는 일까지 늘 필요한 제품이다. 그러나 사람들이 대부분 이를 가짜로 만든다. 진품인지 확인할 때는 오직 대껍질로 만든 고리[篾圈]를 동유에 담갔다가 들어 올려 본다. 이때 만약 북의 가죽면과 같은 막이 대껍질고리에 형성이 되면 진짜이다.[40] 《본초강목》[41]

油桐, 其實大而圓, 每實中有二子或四子, 大如大風子. 其肉白色, 味甘而吐人. 亦或謂之"紫花桐".

人多種蒔收子, 貨之爲油, 入漆及油器物艌船, 爲時所須. 人多僞爲之. 惟以篾圈蘸⑤起, 如鼓面者爲眞. 《本草綱目》

오동나무꽃1

오동나무꽃2

39 대풍자(大風子): 산유자나무과의 상록 교목. 열매는 공모양이며 씨는 계란모양이다. 씨에서 짠 기름을 대풍자유(大風子油)라고 부른다.

40 그러나……진짜이다: 진짜 동유 판별법은 《임원경제지 섬용지》2, 풍석문화재단, 2016, 314쪽에도 나온다.

41 《本草綱目》卷35 〈木部〉"罌子桐", 2000쪽.

⑤ 蘸: 저본에는 "撣". 《本草綱目·木部·罌子桐》에 근거하여 수정.

개오동나무꽃(이상 네이버 블로그 수락산 스마일)

백오동은 민간에서 '가동(假桐)'이라고 한다. 본성이 강함과 부드러움을 겸하며, 좀이 쓸지 않는다. 톱질하여 얇은 판을 만들어도 반대 방향으로 휘지 않으므로 기물을 만들 수 있다. 나막신에 더욱 적당하다. 이 나무는 초봄에 옮겨 심을 수 있다. 8~9년이 지나면 늙는다. 잎이 점점 작아지면 바로 베어야 한다.

白桐俗稱"假桐", 性兼剛柔, 不生蛀. 鋸作薄板, 亦不翻張, 可作器物, 尤宜於屐. 此木春初可栽. 過八九年, 便老. 葉漸小, 須卽伐之.

순이 난 지 1년이면 높이 몇십 척이 된다. 이를 '자동(子桐)'이라고 한다. 자동을 다시 베면 다시 자란다. 이를 '손동(孫桐)'이라고 한다. 백오동 재목이 매우 좋다. 폭포가 있는 곳의 돌 위에 절로 나서 절로 마른 백오동으로 거문고를 만들면 특이한 운치가 있다. 《증보산림경제(增補山林經濟)》[42]

笋生一年, 高已數丈, 謂之"子桐". 再伐再長, 謂之"孫桐", 其材甚良. 有瀑泉處石上自生自枯者, 製琴有異韻. 《增補山林經濟》

42 《增補山林經濟》 卷3 〈種樹〉 "梧桐"(《農書》3, 202쪽).

오동나무와 개오동나무[梓][43] 이 두 나무의 꽃과 잎을 돼지에게 먹이면 돼지를 살찌고 크게 할 수 있다. 《박물지(博物志)》[44]

桐、梓二樹花葉飼猪, 能肥大. 《博物志》

개오동나무(임원경제연구소, 한밭수목원에서 촬영)

43 개오동나무[梓]: 능소화과의 낙엽 활엽 교목. 높이는 10미터 정도이며, 잎은 마주나거나 돌려난다. 7월에 엷은 노란 꽃이 가지 끝에 원추(圓錐) 화서로 피고 열매는 삭과(蒴果)로 가을에 길게 늘어져 익는다. 《說文解字》에서는 개오동나무[梓]와 가래나무[楸]는 동일한 식물이라고 했다. 최덕경 역주, 《제민요술역주》Ⅱ, 417쪽, 주259번 참조. 그러나 여기 《만학지》에서는 이 둘을 구별했다. 뒤의 "15. 가래나무·개오동나무" 참조.

44 출전 확인 안 됨; 《本草綱目》 卷35 〈木部〉 "梓", 1995쪽.

11. 옻나무[漆, 칠][1]

漆

1) 이름과 품종

名品

【설문해자(說文解字)[2] 본래는 '桼'로 쓴다. 수액으로는 물건에 칠할 수 있다. 이 글자는 수액이 방울져서 아래로 떨어지는 모양을 본뜬 것이다】

【說文 本作"桼". 木汁可以髼物. 其字象水滴而下之形也】

옻나무(《본초강목》)

옻나무(《본초도경》)

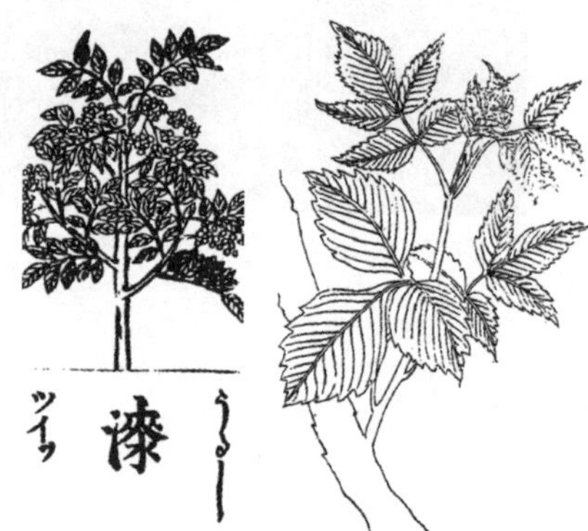

옻나무(《왜한삼재도회》) 옻나무(《식물명실도고》)

---

1 옻나무[漆, 칠]:옻나뭇과에 속한 낙엽 교목. 높이는 7~10미터이다. 잎은 여러 개의 작은 잎으로 된 깃모양의 겹잎으로, 어긋맞게 난다. 암수딴그루로, 5~6월에 녹황색 꽃이 피고, 열매는 10월에 노랗게 익는다. 나무에서 나오는 진은 옻이라고 하여, 칠감으로 쓰이나, 독이 있어 몸에 닿으면 염증이 생긴다.

2 《說文解字》 6篇 下 〈桼部〉 "桼" (《說文解字注》, 276쪽); 《本草綱目》 卷35 〈木部〉 "漆", 1991쪽.

옻나무

옻나무순(이상 임원경제연구소, 포천 국립수목원에서 촬영)

2) 알맞은 토양

습지에 적당하다. 《산림경제보》[3]

土宜

宜濕地. 《山林經濟補》

3 출전 확인 안 됨; 《山林經濟》 卷2 〈種樹〉 "種漆"(《農書》 2, 179쪽).

3) 심는 시기 時候

옻나무는 12월에 씨를 심는다. 《농정전서》[4]

漆臘月種. 《農政全書》

2월에 씨를 심는다. 10월에도 괜찮다. 《산림경제보》[5]

二月種, 十月亦可. 《山林經濟補》

춘분 전후에 옮겨 심는다. 원 사농사 《농상집요》[6]

春分前後移栽.① 元司農司 《農桑輯要》

옻을 채취할 때는 6월과 7월이 모두 괜찮다. 《사시찬요》[7]

取漆, 六月及七月皆可. 《四時纂要》

옻나무잎

옻나무껍질

4 《農政全書》 卷38 〈種植〉 "木部" '漆'(《農政全書校注》, 1068쪽).

5 출전 확인 안 됨; 《山林經濟》, 위와 같은 곳.

6 《農桑輯要》 卷6 〈竹木〉 "漆"(《農桑輯要校注》, 230쪽).

7 출전 확인 안 됨; 《農桑輯要》 卷6 〈竹木〉 "漆"(《農桑輯要校注》, 230쪽); 《農政全書》 卷38 〈種植〉 "木部" '漆'(《農政全書校注》, 1068쪽).

① 오사카본에는 이 내용 뒤의 "後樹高" 3자를 지운 흔적이 있다.

4) 심기와 가꾸기

種藝

옻나무는 늙어서야 씨를 맺는다. 씨를 따서 풀을 사른 불에 살짝 볶았다가 심으면 살아난다.

漆樹老方結子. 摘下, 略炒於草火中, 種之便生.

또 다른 법: 옻씨를 거두어들여 거친 껍질을 찧어서 제거한 뒤에 심으면 쉽게 난다. 또 옻나무 숲에 불을 놓아 태우면 다음해에 순이 나서 아주 무성해진다. 《증보산림경제》[8]

又法: 收漆子, 舂去粗, 種之易生. 又漆林放火燒之, 明年筍生極茂. 《增補山林經濟》

5) 보호하고 기르기

護養

일반적으로 옻나무를 긁어 옻을 채취하면 씨가 맺히지 않는다. 그러므로 씨를 거둘 때는 옻을 채취하지 않는다. 《화한삼재도회》[9]

凡搔漆樹不結子, 故收子者不取漆. 《和漢三才圖會》

6) 주의사항

宜忌

옻나무는 게와 들기름을 두려워한다. 또 밤나무를 두려워하기 때문에 밭에 같이 심어서는 안 된다. 《증보산림경제》[10]

漆畏蟹及荏油, 又畏栗, 不可同園. 《增補山林經濟》

7) 수액 채취하는 법

取汁法[2]

옻 채취하는 법: 죽통을 나무 가운데에 박아 넣고 수액을 채취한다. 최표(崔豹)[11]의 《고금주(古今

取漆法: 以竹筒釘入木中取汁. 崔豹《古今注》云: "以

---

8 《增補山林經濟》卷3 〈種樹〉 "漆"(《農書》3, 194~195쪽).

9 《和漢三才圖會》卷83 〈木部〉 "喬木類" '漆'(《倭漢三才圖會》10, 169쪽).

10 《增補山林經濟》卷3 〈種樹〉 "漆"(《農書》3, 195쪽).

11 최표(崔豹): ?~?. 중국 진(晉)나라 관리·학자.

[2] 取汁法: 오사카본에는 "製造"를 "取汁法"으로 수정한 흔적이 있다.

注)》[12]에서는 "강한 도끼로 껍질을 베어 내고 여기에 대나무관을 받쳐 방울진 수액을 받으면 옻이 된다."[13]라고 했다. 《도경본초》[14]

剛斧斫其皮, 以竹管承之, 滴汁, 則成漆也."《圖經本草》③

6~7월에 강한 도끼로 옻나무껍질을 찍어 열어젖히고 대나무관을 받쳐 떨어지는 수액을 받으면 옻이 된다. 원 사농사 《농상집요》[15]

六七月, 以剛斧斫其皮開, 以竹管承之, 汁滴則成漆. 元司農司《農桑輯要》④

옻나무수액 채취

12 고금주(古今注): 중국 진(晉)나라 최표(崔豹, ?~?)가 지은 책. 3권. 각종 사물을 도읍(都邑)·음악(音樂)·조수(鳥獸)·초목(草木) 등 8개 분야로 나누어 설명했다.

13 강한……된다: 《古今注》 卷下 〈草木〉 第6 "漆樹"(《文淵閣四庫全書》850, 111쪽).

14 《圖經本草》 卷10 〈木部〉 上品 "乾漆"(《本草圖經》, 334~335쪽).

15 《農桑輯要》, 위와 같은 곳.

③ 오사카본에는 이 내용 아래에 "試漆訣云微扇光如鏡懸絲急如鉤撼成琥珀色打着有浮漚【本草綱目】 凡驗漆惟稀者以物醮起細而不斷斷而急收又塗于乾竹上蔭之速乾者佳【本草衍義】"를 적었다가 "지워야 한다(刪)."는 두주에 의해 지운 흔적이 있다.

④ 오사카본에는 이 내용 아래에 "取於霜降後者更良取時須荏油點破故淳者難得可重重別拭之上等淸漆色黑如瑿若鐵石者好黃嫩若蜂窠者不佳【群芳譜】"를 적었다가 "지워야 한다(刪)."는 두주에 의해 지운 흔적이 있다.

오래되고 큰 옻나무의 아래를 파서 그 곧은뿌리를 자른다. 이를 그릇으로 받치고 다시 덮어 바람이 통하지 않게 한다. 그러면 수액을 많이 얻는다. 《산림경제보》[16]

就老大漆樹下掘開，斷其直根，以器承之，還掩根，使不通風，則多得汁.《山林經濟補》

16 출전 확인 안 됨;《山林經濟》, 위와 같은 곳.

8) 자질구레한 말

瑣言

칠을 조심해야 하는 사람은 옻나무를 나누어 옮겨 심을 때도 중독되어 부스럼증이 생긴다. 이때는 천초(川椒)[17]가루를 물에 개어 입과 코에 바르면 중독을 피할 수 있다. 《증보산림경제》[18]

人有畏漆者, 分栽時, 亦中毒發瘡. 川椒末, 水調, 塗口鼻則可避. 《增補山林經濟》

17 천초(川椒): 운향과의 낙엽 활엽 관목. 열매는 삭과(蒴果)로 9월에 붉은 갈색으로 익는다. 열매의 껍질은 약용하거나 향미료로 쓰고 씨는 이뇨제로 쓴다. 촉초(蜀椒)·산초(山椒)라고도 한다. 《임원경제지 만학지》 권2 〈과일류〉 "산초나무[蜀椒, 촉초]"에 자세히 보인다.

18 《增補山林經濟》, 위와 같은 곳.

12. 참죽나무[春, 춘][1]·가죽나무[樗, 저][2]

春[1]、樗

1) 이름과 품종

일명 '호목수(虎目樹)', '대안동(大眼桐)'이다. 향기 나는 나무는 '춘(春)'이고, 악취 나는 나무는 '저(樗)'이다.[3]

【본초강목[4] 춘(春)과 저(樗)는 쉽게 자라고 대부분 오래 살아서[壽考] 춘(春)과 고(栲)라는 명칭이 있다. 저(樗)자는 호(虖)자를 따른다. 그 나무의 냄새에 사람들이 진저리가 나서 소리치기[嘑] 때문이다. 대개 춘(春)·저(樗)·고(栲)는 같은 나무이면서 세 종류이다.

그중 춘목(春木, 참죽나무)은 껍질이 잘고 기름지며 실하고 적색이다. 적색인 어린 잎은 향기가 나고 달아서 먹을 수 있다.

저목(樗木, 가죽나무)은 껍질이 굵고 기름지며 허하고 백색이다. 잎은 악취가 나기 때문에 먹지 않고 흉년에나 사람들이 혹 따서 먹는다.

名品

一名"虎目樹", 一名"大眼桐". 香者爲"春", 臭者爲"樗".

【本草綱目 春樗易長而多壽考, 故有春、栲之稱. 樗字從虖, 其氣臭, 人呵嘑之也. 蓋春、樗、栲, 乃一木三種.

春木, 皮細肥[2]實而赤, 嫩葉香甘可茹.

樗木皮粗肥[3]虛而白, 其葉臭惡, 歉年人或采食.

---

1 참죽나무[春, 춘]: 멀구슬나뭇과에 속한 낙엽 교목. 줄기는 밋밋하고 곧게 자라며 성장이 빠르다. 잎은 어긋나고 깃꼴 겹잎이며 작은 잎은 피침형 또는 긴 타원형이다. 6월에 흰 꽃이 피고 가을에 다갈색 열매가 익는다. 어린싹은 식용하고 나무는 농구재(農具材), 가구재로 쓰인다.

2 가죽나무[樗, 저]: 소태나뭇과에 속한 낙엽 교목. 높이는 25미터 정도이며, 잎은 깃꼴 겹잎으로 어긋맞게 난다. 여름에 백록색의 꽃이 원추(圓錐) 꽃차례로 핀다. 뿌리껍질은 약으로 쓰인다.

3 일명……'저(樗)'이다: 《本草綱目》 卷35 〈木部〉 "椿樗", 1987~1988쪽에 보인다.

4 《本草綱目》 卷35 〈木部〉 "椿樗", 1988쪽.

[1] 春: 《本草綱目·木部·椿樗》에는 "椿". 이하 동일.

[2] 肥: 《本草綱目·木部·椿樗》에는 "肌".

[3] 肥: 《本草綱目·木部·椿樗》에는 "肌".

고목(栲木)은 저목 중에 산속에서 나는 품종이다. 나무가 또한 허하고 크다. 오이가 썩은 모습과 비슷하기 때문에 옛사람들이 재목으로 쓰지 못하는 나무라고 여겼다.

栲木, 卽樗之生山中者, 木亦虛大, 瓜之如腐朽, 故古人以爲不材之木.

본초습유(本草拾遺)[5] 잎이 떨어진 곳에 떨어진 자국이 있다. 이 자국이 호랑이의 눈과 비슷하기 때문에 '호안수(虎眼樹)'라고 한다.

本草拾遺 葉脫處有痕, 如虎目, 故名"虎眼樹".

해동농서[6] 민간에서는 진짜와 가짜를 구별한다. 나무가 실하면서 잎에서 향기가 나는 것은 '참죽나무[眞樗, 진저]'라 한다. 나무가 성글면서 잎에서 악취가 나는 것은 '가죽나무[假樗, 가저]'라 한다】

海東農書 俗以眞、假別之, 木實而葉香者, 謂之"眞樗"; 木疏而葉臭者, 謂之"假樗"】

참죽나무(춘)(《본초강목》)

참죽나무(춘)(《본초도경》)

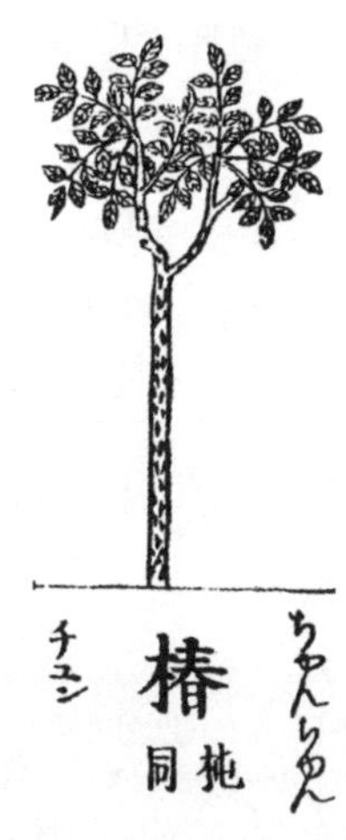

참죽나무(춘)(《왜한삼재도회》)

5 출전 확인 안 됨; 《本草綱目》, 위와 같은 곳.

6 《海東農書》 卷4 〈木類〉 "樗"(《農書》10, 303쪽).

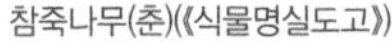
참죽나무(춘)(《식물명실도고》)

가죽나무(저)(《본초도경》)

가죽나무(저)(《식물명실도고》)

참죽나무

참죽나무 어린잎

가죽나무꽃

가죽나무열매

2) 심는 시기

時候

참죽나무와 가죽나무는 모두 춘분 전후에 옮겨 심을 수 있다. 원 사농사 《농상집요》[7]

春、樗, 皆可于春分前後栽之. 元司農司《農桑輯要》

3) 쓰임새

功用

잎이 싹을 틔우고 어릴 때부터 모두 향기가 나고 달다. 생으로든 삶아서든 소금에 절여서 모두 먹을 수 있다. 《농정전서》[8]

其葉自發芽及嫩時, 皆香甘, 生熟鹽醃, 皆可茹. 《農政全書》

참죽나무는 빈터에 심는다. 본성이 곧고 쉽게 자라기 때문에 재목에 충당할 수 있다. 다만 뿌리가 매우 멀리까지 뻗어나가므로 집 가까이 심어서는 안 된다. 야잠(野蠶, 산누에애벌레)[9]이 그 잎을 먹고 고치를 만든다. 《증보산림경제》[10]

眞樗栽閑地, 性直易長, 可充材, 但走根甚遠, 栽不可近屋. 野蠶食其葉作繭. 《增補山林經濟》

7 《農桑輯要》 卷6 〈竹木〉 "椿"(《農桑輯要校注》, 231쪽).

8 《農政全書》 卷38 〈種植〉 "木部" '椿'(《農政全書校注》, 1051쪽).

9 야잠(野蠶, 산누에애벌레) : 산누에나방과에 속한 나방의 애벌레. 집누에와 비슷하나 그보다 몸이 더 크고 무게는 4배 정도 무겁다. 한 해에 2~3번 발생한다. 상수리나무, 떡갈나무 따위의 잎을 먹고 넉잠을 잔 후에 엷은 갈색의 고치를 지어 번데기가 된다. 풍석 서유구 지음, 임원경제연구소 옮김, 《임원경제지 전공지》 1, 풍석문화재단, 2022, 150쪽을 참조 바람.

10 《增補山林經濟》 卷3 〈種樹〉 "樗"(《農書》 3, 204쪽).

13. 자작나무[樺, 화][1]

樺

1) 이름과 품종

名品

본래는 '樺'로 쓴다.[2]

本作"樺".

【본초강목[3] 화공(畫工, 화가)이 자작나무껍질을 태우고 그 연기로 종이를 훈증하는 모습을 본따서 옛날의 화(樺)자가 만들어졌다. 그러므로 '화(樺)'라고 이

【本草綱目 画工以皮燒, 烟熏紙, 作古畫字, 故名"樺". 俗省作樺也.

자작나무(《본초강목》)

자작나무(《왜한삼재도회》)

자작나무(《식물명실도고》)

1 자작나무[樺, 화]: 자작나뭇과에 속한 낙엽 활엽 교목. 나무껍질은 흰색이며 수평으로 벗겨진다. 잎은 삼각상(三角狀) 난형(卵形)이고, 길이는 5~7센티미터이다. 꽃은 4~5월에 피고, 열매는 9월에 익는다. 나무껍질은 연료 또는 지붕을 덮는 데 사용하며, 목재는 농기구를 만든다.

2 본래는……쓴다: 《本草綱目》 卷35 〈木部〉 "樺木", 2047쪽에 보인다.

3 《本草綱目》, 위와 같은 곳.

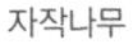

자작나무

자작나무껍질(이상 임원경제연구소, 파주시 금촌동에서 촬영)

름 붙였다. 민간에서는 줄여서 화(樺)라고 쓴다.

나무는 황색이고, 홍색의 작은 반점이 있으며 기름기를 거두어들인다. 껍질은 두꺼우나 가볍고 허하며, 연하고 부드럽다. 갖바치들은 가죽신발의 안에 덧대거나 칼자루 같은 종류 만드는 데 사용하므로 껍질을 '난피(煖皮)'라고 한다. 호인(胡人)[4]들이 더욱 중시한다. 껍질로 밀랍을 말아 초의 심지를 만들 수 있다】

其木色黃, 有小斑點紅色, 能收肥膩. 其皮厚而輕虛軟柔, 皮匠家用襯鞾裏, 及爲刀靶之類, 謂之"煖皮". 胡人尤重之. 以皮卷蠟, 可作燭點】

4 호인(胡人):중국 북방의 변경과 서역에 거주하는 민족.

2) 심기와 가꾸기

곳곳의 깊은 산속에 있으며 정원에 옮겨 심을 수 있다. 나무는 매우 높고 크다. 3월에 꽃이 피며, 연한 홍색이다. 열매를 맺을 때 처음에는 청색이면서 홍색을 띤다. 익으면 옻칠한 듯 새까맣다. 앵두와 동시에 익으나 그보다 조금 앞선다. 일본인들의 풍속에서는 이 꽃을 매우 중시하여 '앵두[櫻桃]'라고 한다. 《해동농서》[5]

種藝

在處深山中有之，可移栽園裏．樹甚高壯．三月開花，微紅色．結實始青而紅，既熟如點漆，與櫻桃同時熟而稍先之．倭俗甚重此花，謂之"櫻桃"．《海東農書》

흑자작나무(임원경제연구소, 전주수목원에서 촬영)

5 출전 확인 안 됨.

3) 손질하기 葺治

자작나무가 조금 자랐을 때 봄에 세로로 칼을 넣어 헐거워진 껍질을 손질하면 나무는 쉽게 굵어지고 커진다. 《화한삼재도회》[6]

樺樹稍長時, 春月縱入刀理緩皮, 則木易肥大. 《和漢三才圖會》

4) 쓰임새 功用

재목은 연한 갈색이고 나무의 결은 조밀하고 단단하기 때문에 인쇄용 목판을 새기면 매우 좋다. 살아 있는 나무를 베어서 흙속에 묻었다가 오랜 시간이 지난 후에 꺼내어 사용하면 더욱 무르지 않다. 《화한삼재도회》[7]

其材淡褐色, 木理密而硬, 刻板印甚佳. 伐生木埋土中, 久後出用, 則愈不脆. 《和漢三才圖會》

---

6 《和漢三才圖會》卷87 〈木部〉 "山果類" '樱'(《倭漢三才圖會》10, 370쪽).

7 《和漢三才圖會》卷87 〈木部〉 "山果類" '樱'(《倭漢三才圖會》10, 369~370쪽).

14. 닥나무[楮, 저][1]

楮

1) 이름과 품종

일명 '구(穀)'이다【음은 구(媾) 또는 구(構)이다】.[2]

【본초강목[3] 저(楮)는 본래 저(柠)로 쓴다. 그 껍질로 길쌈하여 모시[紵]를 만들 수 있기 때문이다. 초(楚)[4] 지역 사람들은 젖을 구(穀)라고 부른다. 나무 속의 흰 즙이 젖과 같기 때문에 이렇게 이름 붙였다.

名品

一名"穀"【音媾, 亦作構】.

【本草綱目 楮, 本作柠, 其皮績爲紵故也. 楚人呼乳爲穀, 其木中白汁如乳, 故名之.

닥나무(《본초강목》)

닥나무(《왜한삼재도회》)

닥나무(《식물명실도고》)

1 닥나무[楮, 저]: 뽕나뭇과에 속한 낙엽 관목. 활엽수이며, 잎은 뽕잎과 같고 톱니가 있다. 어린잎에는 잔털이 많고, 꽃은 이삭과 같은 모양으로 핀다. 주로 산기슭의 양지나 밭둑에서 자란다. 열매는 붉은빛으로 뱀딸기와 비슷하며 약재로 쓰이고, 껍질은 종이를 만드는 데 쓰인다.

2 일명……구(構)이다: 《本草綱目》 卷36 〈木部〉 "楮", 2074쪽에 보인다.

3 《本草綱目》, 위와 같은 곳.

4 초(楚): 중국 호남성·호북성 일대.

암나무와 수나무 두 종류가 있다.[5] 수나무는 껍질이 얼룩덜룩하고, 잎에는 갈라지는 부분이 없다. 3월에 꽃이 피며 버들꽃모양처럼 긴 이삭으로 드리운다. 열매를 맺지 않는다.

有雌雄二種: 雄者, 皮斑而葉無椏叉, 三月開花, 成長穗如柳花狀, 不結實.

암나무는 껍질이 희고 잎에는 갈라지는 부분이 있다. 또한 자잘한 꽃을 피우고, 양매(楊梅)[6]와 비슷한 열매를 맺는다. 열매가 반쯤 익었을 때, 열매를 물로 씻어 씨를 제거하고 꿀에 졸여 과식(果食)[7]을 만든다.

雌者, 皮白而葉有椏叉, 亦開碎花, 結實如楊梅, 半熟時, 水澡去子, 蜜煎作果食.

두 종류의 나무는 모두 쉽게 나고, 잎에는 거칠거칠한 털이 많다. 껍질을 벗겨 찧고 삶아 종이를 만든다. 또한 실을 삼고 마전하여 베를 만들기도 한다. 하지만 이 베는 견고하지 않아 쉽게 썩는다】

二種樹竝易生, 葉多澀毛. 剝皮擣煮造紙, 亦緝練爲布, 不堅易朽】

5 암나무와……있다:《본초강목》의 이 서술은 잘못이다. 닥나무의 꽃은 암수의 꽃이 한 가지 위에서 피는 일가화(一家花)로 봄에 잎과 같이 핀다.《두산백과》,《한국민족문화대백과》 참조.

6 양매(楊梅):소귀나뭇과에 속한 상록 활엽 교목. 잎은 어긋나고 두꺼우며, 봄에 누런빛을 띤 붉은색 꽃이 암수딴그루에 핀다. 여름에 자줏빛 열매가 앵두처럼 둥글게 맺으며 껍질은 물감으로 쓰인다. 산기슭 양지에서 잘 자란다.

7 과식(果食):과일로 만든 음식. 여기서는 밀전과(蜜煎菓, 과일꿀조림)를 말한다. 풍석 서유구 지음, 임원경제연구소 옮김,《임원경제지 정조지》2, 풍석문화재단, 2020, 62~82쪽에 만드는 법이 자세히 보인다.

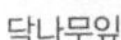

닥나무잎

닥나무꽃(이상 네이버 블로그 수락산 스마일)

2) 알맞은 토양

닥나무는 골짜기에 심어야 한다. 땅은 지극히 좋아야 한다. 《제민요술》[8]

土宜

楮宜澗谷間種之. 地欲極良. 《齊民要術》

3) 수확 시기

닥나무 베는 법: 12월이 가장 좋고, 4월은 그 다음이다【주 이 두 달이 아닌데 베면 닥나무가 대부분 말라죽는다】. 《제민요술》[9]

時候

斫法: 十二月爲上, 四月次之【注 非此兩月而斫者, 楮多枯死也】. 《齊民要術》[1]

---

8 《齊民要術》 卷5 〈種穀楮〉 第48(《齊民要術校釋》, 347쪽); 《農政全書》 卷38 〈種植〉 "木部" '穀'(《農政全書校注》, 1054쪽).

9 《齊民要術》, 위와 같은 곳; 《農政全書》 卷38 〈種植〉 "木部" '穀'(《農政全書校注》, 1055쪽).

[1] 齊民要術 : 오사카본에는 이 4자를 보충한 흔적이 있다.

4) 종자 고르기

擇種[2]

우리나라의 닥나무 또한 종이를 만들기에 적당하다. 그러나 무겁고 털이 일어나기 때문에, 가벼우면서 윤택이 나고 정치한 일본의 닥나무만 못하다. 전쟁(임진·정유 양란)이 일어나기 전인 평상시에 인쇄한 서책 중에 지금 혹 남겨져 전하는 것이 있다. 이는 대부분 일본의 닥나무로 종이를 만든 책으로, 아주 보배롭다.

我國之楮, 亦宜於造紙, 然重且起毛, 不如倭楮之輕澤精緻. 平時所印書册, 今或有遺傳者, 多是倭楮造紙, 極是可寶.

그러나 지금은 이 종이로 만든 책이 점점 끊어져 없어지게 되었다. 조정에서 예전에 일본에 가서 그 종자를 구하여 번식시키려고 했다는 말을 들은 적이 있다. 지금 남쪽 지방의 바닷가에 일본 닥나무가 종종 있다. 그러니 종자를 취하여 널리 심어야 한다. 《반계수록(磻溪隨錄)[10]》[11]

今漸絕無矣. 嘗聞祖宗朝往取其種, 欲使蕃植. 今南方海濱往往有之. 宜取種廣植之. 《磻溪隨錄》

5) 심기와 가꾸기

種藝[3]

땅을 갈아 푹 삶는다. 2월에 누차(耬車)[12]로 강(耩)[13]질을 한다. 닥나무씨에 삼씨를 섞어 씨를 여기저기 흩어 뿌리고 바로 로(勞)질을 한다. 가을과 겨울에 삼을 베지 않고 남겨 닥나무를 위해 따뜻하게 해 준

耕地令熟. 二月耬耩之, 和麻子漫散之, 卽勞. 秋冬仍留麻勿刈, 爲楮作暖【注 若不和麻子種, 率多凍死】.

---

10 반계수록(磻溪隨錄): 조선 후기의 학자 유형원(柳馨遠, 1622~1673)이 통치 제도에 관한 개혁안을 중심으로 저술한 책. 26권.

11 《磻溪隨錄》卷3 〈田制後錄〉上 "栽植"(한국고전종합DB).

12 누차(耬車): 씨앗을 뿌리는 기구. 서유구 지음, 정명현·김정기 역주, 《임원경제지 본리지》3, 163~166쪽에 자세히 보인다.

13 강(耩): 밭갈이 연장의 일종. 또는 누차(耬車)로 파종하는 일.

[2] 擇種: 오사카본에는 이 항목에 해당하는 내용이 없다.

[3] 오사카본에는 이 항목 위에 "收種秋上候楮子熟時多收淨淘令燥【齊民要術】"이라는 두주가 적혀 있다. 이 내용은 아래에 나오는 "收種" 항목의 내용과 일치한다.

다【주 삼씨를 섞어 심지 않으면 닥나무가 대부분 겨울에 얼어 죽는다】.

다음해 정월 초에 땅에 바짝 붙여 베고 불을 놓아 태운다. 그러면 1년이 지나 사람 키를 넘는다【주 태우지 않으면 나무가 수척해지고 성장도 더디다】.

明年正月初, 附地芟殺, 放火燒之. 一歲卽沒人【注 不燒者瘦, 而長亦遲】.

3년이면 베기에 적당하다【주 3년을 채우지 않은 닥나무는 껍질이 얇아 쓸 수 없다】. 옮겨 심을 때는 2월에 심는다. 또한 3년에 1번 벤다【주 3년을 재배했는데도 베지 않으면 돈만 잃고 보탬이 없다】.《제민요술》[14]

三年便中斫【注 未滿三年者, 皮薄不任用】. 移栽者, 二月蒔之. 亦三年一斫【注 三年不斫者, 徒失錢無益也】.《齊民要術》

耬車

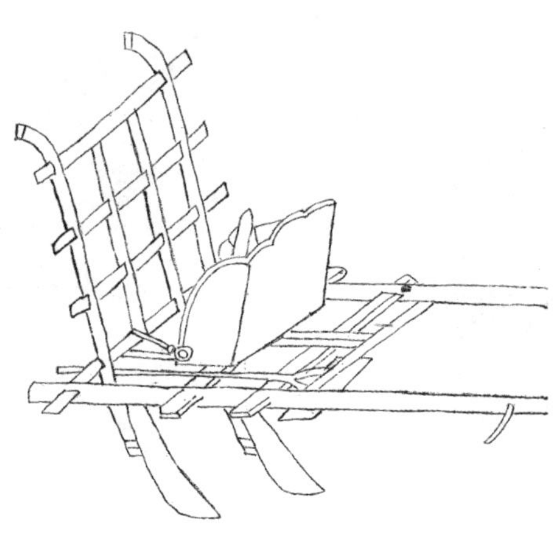

누차(《본리지》)

14 《齊民要術》, 위와 같은 곳;《農政全書》卷38〈種植〉"木部" '穀'(《農政全書校注》, 1054~1055쪽).

돌무더기 옆의 마른 흙에 눕혀서 심는다. 이때 흙을 매우 두텁게 덮되 발로 밟아서는 안 된다. 돌로 누르면 쉽게 살아나기 때문이다. 조금 자라기를 기다렸다가 가지를 굽혀서 또 묻는다. 그 상태로 굽힌 곳을 돌로 누르면 곧 다른 뿌리를 낸다. 뿌리가 안착한 지 여러 해 지난 후에 소가 끄는 쟁기로 뿌리 옆을 갈아 주면 뿌리가 드러난 곳에서 곧 순을 낸다. 《산림경제보》[15]

宜石堆邊燥土臥植，覆土頗厚，勿用足踏. 以石壓之則易生. 待稍長，屈其枝，又埋之，仍用石壓其屈處，便生別根. 着根年久之後，用牛犁耕其根旁，則根露處輒抽筍.《山林經濟補》

6) 물주기와 거름주기

澆壅

짚신으로 닥나무뿌리 위를 덮고 소변을 자주 주면 아주 무성해진다. 《산림경제보》[16]

以藁鞋覆其上，以小便頻澆則極茂.《山林經濟補》

애기닥나무

애기닥나무열매

15 출전 확인 안 됨;《山林經濟》卷2〈種樹〉"種楮"(《農書》2, 178쪽).
16 출전 확인 안 됨.

7) 손질하기

매년 정월에 늘 불을 놓아 태운다【주 마른 잎이 땅에 있기 시작하면서부터 불로 태울 수 있다. 태우지 않으면 무성해지지 않는다】. 2월 중에는 상태가 좋지 않은 그루의 뿌리를 파낸다【주 뿌리를 파내면 땅이 푹 삶겨서 닥나무의 가지와 잎이 무성해진다. 또한 흙에 수분을 보존할 수도 있다】. 《제민요술》[17]

葺治[4]

每歲正月, 常放火燒之【注 自有乾葉在地, 足得火燃. 不燒則不滋茂也】. 二月中間斸去惡根【注 斸者地熟楮科, 亦以留潤澤也】. 《齊民要術》

매년 닥나무를 베어낸 후에 나무절굿공이로 뿌리 끝부분을 쳐서 부수면 나무가 더욱 무성해진다. 《산림경제보》[18]

每年斫取後, 以木杵擊碎根頭則益茂. 《山林經濟補》

8) 종자 거두기

가을에 닥나무 열매가 익으면 많이 거두어들인다. 이를 깨끗하게 일어 말린다. 《제민요술》[19]

收種

秋上, 候楮子熟時, 多收, 淨淘, 令燥. 《齊民要術》

9) 쓰임새

닥나무를 밭떼기로 팔면 노동력을 아낄 수 있으나 이익은 적다. 삶아 껍질을 벗기고 속껍질을 팔면 고생스럽지만 이익은 크다【주 껍질 벗긴 나무는 불 때는 데 사용할 수 있다】. 자신이 종이를 만들 수 있

功用

指地賣者, 省功而利少. 煮剝賣皮者, 雖勞而利大【注 其柴足以供燃】. 自能造紙, 其利又多. 種三十畝

17 《齊民要術》, 위와 같은 곳; 《農政全書》 卷38 〈種植〉 "木部" '穀'(《農政全書校注》, 1055쪽).

18 출전 확인 안 됨; 《山林經濟》, 위와 같은 곳.

19 《齊民要術》, 위와 같은 곳; 《農政全書》 卷38 〈種植〉 "木部" '穀'(《農政全書校注》, 1054쪽).

[4] 葺治 : 오사카본에는 이 항목 위에 "……云云脫落於……書中"이라는 첨지가 있다. "……" 부분은 잘려서 내용을 확인할 수 없다.

다면 이익이 또한 많다. 30묘에 닥나무를 심었을 경우 해마다 10묘를 베어 수확하면 3년에 1번씩 돌아가게 된다. 매년 거둔 양은 견직물 100필과 맞먹는다. 《제민요술》[20]

者, 歲斫十畝, 三年一徧, 歲收絹百疋. 《齊民要術》

만이(蠻夷)[21]들은 닥나무껍질을 익히고 두드린 다음 보풀려서 계포(罽布)를 만들어 이것으로 털옷을 만든다. 입으면 매우 따뜻하다. 《광주기(廣州記)[22]》[23]

蠻夷取穀皮, 熟搥, 爲揭[5]裹罽布以擬氈, 甚暖. 《廣州記》

---

20 《齊民要術》 卷5 〈種穀楮〉 第48(《齊民要術校釋》, 347~348쪽); 《農政全書》 卷38 〈種植〉 "木部" '穀'(《農政全書校注》, 1055쪽).

21 만이(蠻夷): 중국 남쪽의 이민족을 낮잡아 부르는 말. 만이(蠻彝)라고도 한다.

22 광주기(廣州記): 중국 진(晉)나라의 배연(裵淵, ?~?)이 지은 지리지. 광주(광동성 광주시 일대) 여러 곳의 특색을 기록했다.

23 출전 확인 안 됨; 《本草綱目》 卷36 〈木部〉 "楮", 2074쪽; 《欽定授時通考》 卷67 〈農餘〉 "木" 1 '楮'(《文淵閣四庫全書》732, 968쪽).

[5] 揭: 저본에는 "褐". 오사카본·《本草綱目·木部·楮》·《欽定授時通考·農餘·木》에 근거하여 수정.

15. 가래나무[楸, 추][1]·개오동나무[梓, 재][2]

楸、梓

1) 이름과 품종

名品

일명 '목왕(木王)'이다.[3]

一名"木王".

【비아[4] 가래나무[梓]는 모든 나무들 중에서 뛰어난 것이다. 그러므로 목왕(木王)이라고 부른다.

【埤雅 梓爲百木長, 故呼爲木王.

개오동나무(임원경제연구소, 한밭수목원에서 촬영)

1 가래나무[楸, 추]: 가래나뭇과에 속한 낙엽 교목. 잎은 깃 모양을 한 겹잎이다. 꽃은 5월에 피고, 달걀 모양의 열매는 '가래' 또는 '추자(楸子)'라고 하며, 9월에 익는다. 열매의 씨는 먹거나 약으로 쓰고, 재목은 조각이나 장롱 따위를 만드는 데 쓰인다. 산기슭 양지쪽에서 자란다.

2 개오동나무[梓, 재]: 위의 "10. 오동나무" '6) 쓰임새' 항목 참조.

3 일명 '목왕(木王)'이다: 《本草綱目》 卷35 〈木部〉 "梓", 1994쪽에 보인다.

4 《埤雅》 卷14 〈釋木〉 "梓"(《文淵閣四庫全書》222, 180쪽); 《本草綱目》, 위와 같은 곳.

본초강목[5] 개오동나무에는 다음의 네 종류가 있다. 나무의 결이 흰 것이 개오동나무[梓]이고, 붉은 것은 가래나무[楸]이다. 개오동나무 중 아름다운 무늬가 있는 것은 의나무[椅, 의]이고, 가래나무 중의 작은 것은 가나무[榎, 가]이다】

本草綱目 梓有四種: 木理白者爲梓, 赤者爲楸, 梓之美文者爲椅, 楸之小者爲榎】

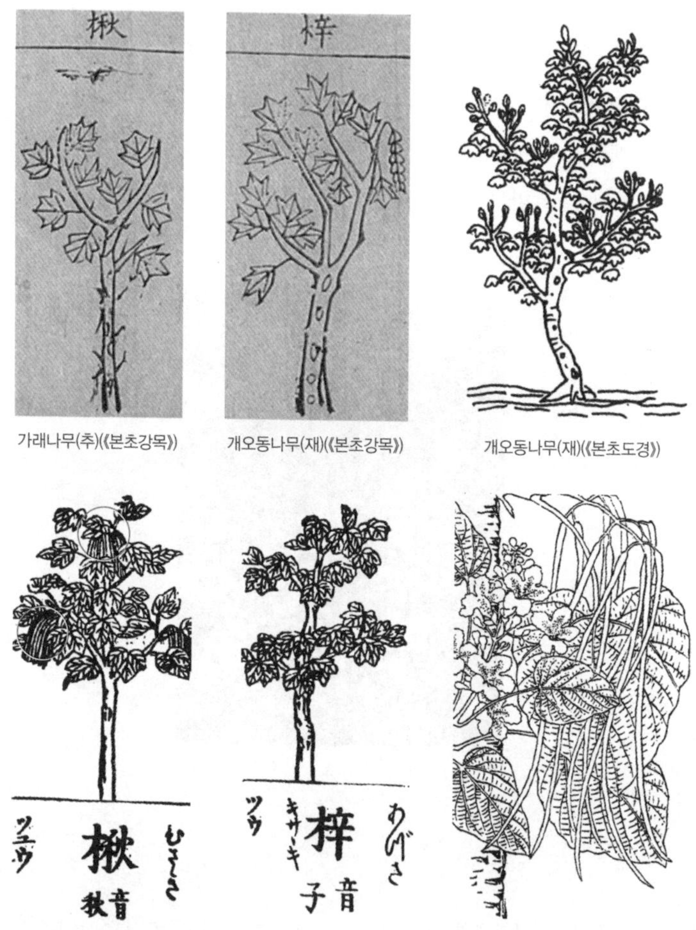

가래나무(추)(《본초강목》)

개오동나무(재)(《본초강목》)

개오동나무(재)(《본초도경》)

가래나무(추) 꼬투리를 그린 것으로 보아 '개오동나무'를 '오동나무'로 잘못 그렸다.(《왜한삼재도회》)

개오동나무(재)(《왜한삼재도회》)

개오동나무(재)(《식물명실도고》)

5 《本草綱目》, 卷35〈木部〉"梓", 1995쪽.

2) 심기와 가꾸기

種藝

땅 한쪽을 분할하여 심어야 한다. 개오동나무와 가래나무는 각각 구별하여 섞이지 않게 해야 한다. 가래나무에 씨가 없을 때는 큰 가래나무 사방에 구덩이를 파서 상처 입은 뿌리에서 묘목이 자라게 한다. 이 묘목을 옮겨 심는다. 가로세로 각각 2보(步)인 공간에 한 그루[根]씩 심는다.

宜割地一方種之. 梓、楸各別, 無令和雜. 楸既無子, 可于大樹四面掘作坑, 取栽移之.

2묘(畝)의 너비에 1줄을 심으면 1줄에 120그루를 심는다. 이런 방식으로 10묘에 심는다고 할 때 10묘에 심는 5줄을 합하면 600그루가 된다. 《제민요술》[6]

方兩步一根. 兩畝一行, 一行百二十樹, 五行合六百樹.《齊民要術》

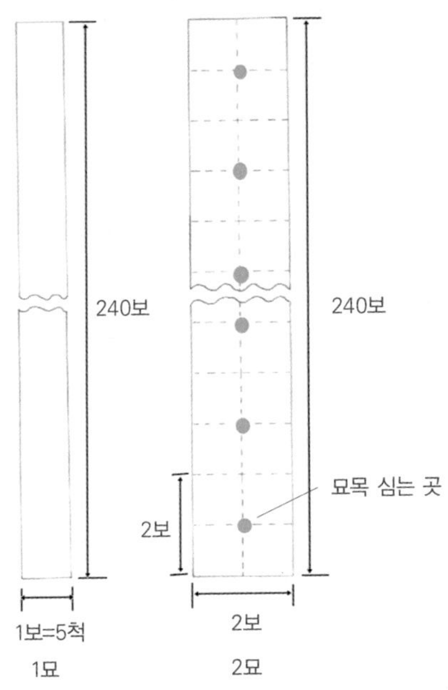

가래나무 옮겨 심는 법

6 《齊民要術》 卷5 〈種槐·柳·楸·梓·梧·柞〉 第50(《齊民要術校釋》, 354쪽);《農政全書》 卷38 〈種植〉 "木部" '楸·梓·榎'(《農政全書校注》, 1047~1048쪽).

개오동나무가지(임원경제연구소, 한밭수목원에서 촬영)

개오동나무 심는 법: 가을에 땅을 갈아 푹 삶는다. 늦가을과 초겨울 사이에 가래나무의 꼬투리가 익었을 때, 따서 햇볕에 말렸다가 씨를 취한다. 땅을 갈아 두둑을 만들고 두둑에 여기저기 흩어 뿌리고서 바로 로(勞)질을 하여 덮어 준다.

種梓法: 秋耕地令熟. 秋末冬初, 梓角熟時, 摘取曝乾, 打取子. 耕地作壟, 漫散, 卽再勞之.

다음해 봄이면 싹이 난다. 풀이 뻗쳐 올라오면 김매기를 하여 묘목이 풀에 덮이지 않게 한다. 그 다음해 정월에 파서 옮긴다. 이때 가로세로 2보인 공간에 한 나무씩 심는다【주 이 나무는 반드시 커지므로 배게 옮겨 심어서는 안 된다】. 《제민요술》[7]

明年春, 生. 有草拔令去, 勿使荒沒. 後年正月間, 劚移之, 方兩[1]步一樹【注 此樹須大, 不得穊栽】. 同上

봄에 뿌리를 잘라서 흙에 묻으면 가지를 낸다. 이 가지들을 가져다 나누어 심는다. 《농정전서》[8]

春月斷其根, 瘞于土, 遂能發條, 取以分種. 《農政全書》

7 《齊民要術》, 위와 같은 곳; 《農政全書》, 위와 같은 곳.

8 《農政全書》 卷38 〈種植〉 "木部" '楸·梓·榎'(《農政全書校注》, 1048쪽).

[1] 兩: 오사카본에는 "兩"자 앞에 "步"자를 적었다가 지운 흔적이 있다.

3) 쓰임새

功用

10년 후에 수레·널빤지·쟁반·잔[榼]·악기 등 여기저기에 사용할 수 있다. 관의 재목으로 쓰면 소나무나 측백나무보다 낫다. 《제민요술》[9]

十年後，車、板、盤、榼、樂器，所在任用. 以爲棺材，勝于松栢.《齊民要術》

꽃과 잎은 돼지에게 먹이면 살찌울 수 있고, 게다가 돼지를 기르기도 쉽다. 《농정전서》[10]

其花葉飼猪，能肥大，且易養.《農政全書》

개오동나무꽃(네이버 블로그 수락산 스마일)

9 《齊民要術》, 위와 같은 곳;《農政全書》, 위와 같은 곳.

10 《農政全書》, 위와 같은 곳.

16. 붉나무[膚木, 부목][1]

膚木

1) 이름과 품종

【해동농서】[2] 부목(膚木)은 곧 '염부자(鹽膚子)'이다. 잎 위에 벌레(오배자진디)가 있으면 오배자(五倍子, 오배자진디가 만든 벌레혹)를 맺는다는 것이 이것이다. 민간에서는 '천금목(千金木)'이라고 한다. 그 수지는 '수안식향(水安息香)'[3]이다. 그 수액은 황칠이어서 물건에 칠하면 금 색깔과 같다. 제주에서 난다. 지금은 곳곳에 있다.

名品

【海東農書】膚木, 卽"鹽膚子". 葉上有蟲, 結成五倍子者是也. 俗稱"千金木". 其脂爲"水安息香". 其液爲黃漆, 漆物如金. 産於耽羅, 今在處有之.

모양은 옻나무와 같다. 잎은 2개씩 마주 보고 난다. 잎 아래 마디사이에는 곧은 잎이 줄기에 붙어 있는데, 화살깃모양과 같다. 5~6월에 황색 꽃이 핀다. 꽃은 풍성한 이삭모양이다. 7월에 열매를 맺는다. 열매는 팥만 하지만 그보다 납작하다. 열매는 또한 약에 사용할 수 있다.

狀如漆樹. 其葉兩兩對生, 葉下節間有直葉貼莖, 如箭羽狀. 五六月開黃花, 成穗. 七月結子, 如小豆而匾, 亦可入藥.

---

1 붉나무[膚木, 부목]: 옻나뭇과에 속한 낙엽 관목. 높이 3미터 정도이다. 가지가 굵고 7~13개의 작은 잎이 어긋난다. 여름에 흰 꽃이 달리며 10월에 열매가 익는다. 잎에 진딧물이 기생하여 혹 같은 것을 만드는데, 이를 오배자(五倍子)라 하여 약재나 잉크의 원료로 쓴다.

2 《海東農書》卷4 〈木類〉 "膚木"(《農書》10, 299~300쪽).

3 수안식향(水安息香): 오배자진디에 반응하여 붉나무에서 나온 수지. 이를 말린 것을 건안식향(乾安息香)이라고 한다.

염부자(《본초강목》)

오배자(《본초강목》)

안 《대명일통지(大明一統志)》[4]에서 "조선에는 황칠수(黃漆樹)[5]가 있다. 그 나무는 종려나무와 비슷하다. 6월에 즙을 취하여 물건에 칠하면 금 색깔과 같다."[6]라고 했다. 황칠수는 이 나무를 가리킨다】

按《大明一統志》云: "朝鮮有黃漆樹, 似棕. 六月取汁漆物, 如金." 卽指此也】

붉나무꽃1

붉나무꽃2

붉나무 충영(蟲癭)(이상 정재민)

---

4 대명일통지(大明一統志): 중국 명나라의 지리지. 90권. 이현(李賢, 1408~1466) 등이 왕명으로 1461년에 완성했다.

5 황칠수(黃漆樹): 본문에서는 붉나무와 같은 나무로 본 듯하다. 현재의 황칠나무는 붉나무와 계통이 다른 두릅나뭇과에 속한 상록 활엽 교목이다. 높이는 15미터 정도이다. 잎은 달걀꼴 또는 타원형으로 어긋난다. 6월에 양성화가 피는데 산형(繖形) 꽃차례로 달리며, 10월에 핵과(核果)가 검게 익는다. 나무의 즙은 황색으로, 이를 가구의 칠감으로 쓴다. 우리나라 특산종이다.

6 조선에는……같다: 《大明一統志》 卷89 〈外夷〉 "朝鮮國"; 《星湖僿說》 卷20 〈經史門〉 "徐市"(한국고전종합DB); 《通典》 卷185 〈邊防〉 第1 "東夷" 上 '百濟'(《文淵閣四庫全書》 605, 550쪽).

2) 쓰임새

빈터에 많이 옮겨 심는다. 가지로는 지팡이를 만들고, 소갈(消渴)[7]을 치료할 수 있다. 소 외양간 가까이에 심으면 소의 돌림병을 물리칠 수 있다. 모란을 접붙이면 모란이 무성하게 10척 남짓 자란다. 모란꽃이 피면 볼 만하다. 《증보산림경제》[8]

功用

閑地多栽. 其枝作杖, 能治消渴. 種近牛廐, 可禳牛疫. 接牡丹, 茁長丈餘. 花開可觀. 《增補山林經濟》

붉나무

잎 마다 사이에 화살깃모양으로 붙어 있는 붉나무잎

구멍으로 오배자진디가 빠져나간 벌레집(이상 네이버 블로그 수락산 스마일)

---

7 소갈(消渴) : 물을 많이 마시고 음식을 많이 먹으나, 몸은 여위고 오줌량이 많아지는 병증. 지금의 당뇨병.

8 《增補山林經濟》 卷3 〈種樹〉 "千金木"(《農書》3, 206쪽); 《海東農書》 卷4 〈木類〉 "膚木"(《農書》10, 300쪽).

17. 회양목[黃楊木, 황양목]

黃楊木

1) 이름과 품종

【본초강목[1] 산이나 들에 난다. 가지와 잎이 모여 있고 위로 뻗쳐 올라간다. 잎은 처음 난 회화나무싹과 비슷하나 청색이면서 두껍다. 꽃이 피지 않고 열매가 맺지 않는다. 사시사철 시들지 않는다】

名品

【本草綱目 生諸山野中. 枝葉攢簇上聳, 葉似初生槐芽而青厚, 不花不實, 四時不凋】

회양목(《본초강목》)

회양목(《왜한삼재도회》)

회양목(《식물명실도고》)

1 《本草綱目》 卷36 〈木部〉 "黃楊木", 2136쪽.

천연기념물 회양목(여주 영릉)

회양목울타리(임원경제연구소, 석모도수목원에서 촬영)

2) 거두기

일반적으로 회양목을 취할 때 반드시 흐리고 어두워 별 하나 없는 날에 베면 나무가 갈라지지 않는다. 《유양잡조(酉陽雜俎)》[2]

收採

凡取黃楊木，必以陰晦夜無一星伐之則不裂.《酉陽雜俎》

3) 쓰임새

나무는 견고하면서 기름지기 때문에 빗이나 패(牌), 도장 및 목활자를 만드는 데 적당하다. 또 대과(帶銙)[3]를 만들거나 상서로운 짐승이나 보상화(寶相花)[4]를 새길 수 있다. 이런 쓰임새로는 다른 나무가 미치지 못한다. 《해동농서》[5]

功用

其木堅膩，宜作梳篦、牌印及活字，又可爲帶銙、刻瑞獸、寶相花，他木不及也.《海東農書》

---

2 《酉陽雜俎》卷18 〈廣動植〉 3 "木篇"(《叢書集成初編》277, 148쪽).

3 대과(帶銙): 활이나 화살, 칼을 거는 데 사용되는 허리띠의 고리.

4 보상화(寶相花): 당초무늬(여러 종류의 덩굴의 꼬이며 뻗어 나가는 모양의 무늬)를 주제로 사용된 가상적 꽃무늬. 불교에서 모란꽃과 연꽃을 결합시켜 보다 화려하게 만든, 이상화된 꽃무늬로, 통일신라 시대 이후 문양 전돌을 비롯한 각종 미술품 장식 문양으로 쓰여졌다.

5 《海東農書》卷4 〈木類〉 "黃楊木"(《農書》10, 300~301쪽). 《해동농서》에는 이 내용을 《증보산림경제》에서 인용했다고 밝혔으나, 현재 전하는 《증보산림경제》에서는 확인되지 않는다.

회양목

회양목잎(이상 임원경제연구소, 파주시 금촌동에서 촬영)

경북 경주 안압지 보상화문전

목활자 대자[大字木製](이상 국립중앙박물관)

회양목떡살

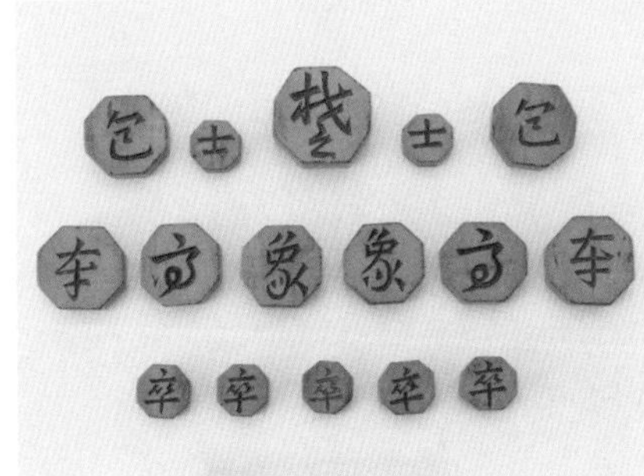

회양목장기알

대추나무장기알(이상 국립민속박물관)

회양목꽃에 날아 든 꿀벌

회양목꽃(이상 네이버 블로그 수락산 스마일)

4) 자질구레한 말

인가에서 대부분 옮겨 심는다. 본성이 잘 자라지 않아 민간에서 "한 해에 0.1척이 자라고 윤년에는 줄어든다."고 한다. 지금 길러보니, 윤년에만 자라지 않을 뿐이다. 《본초강목》[6]

瑣言

人家多栽插[1]之. 其性難長, 俗稱: "歲長一寸, 遇閏則退." 今試之, 但閏年不長耳. 《本草綱目》

6 《本草綱目》, 위와 같은 곳.

[1] 插: 《本草綱目·木部·黃楊木》에는 "種".

18. 물푸레나무[梣, 침]

梣

1) 이름과 품종

名品

일명 '심목(槫木)', '석단(石檀)', '진피(秦皮)'이다.[1]

一名"槫木", 一名"石檀", 一①名"秦皮".

【본초강목[2] 진(秦)은 본래 침(梣)으로 되어 있다. 나무는 작으나 봉우리처럼[岑] 높기 때문이다. 이후에 심(槫)으로 잘못 전해졌고 또 진(秦)으로 잘못 전해졌다.

【本草綱目 秦本作梣. 以其木小而岑高也. 後訛爲槫, 又訛爲秦.

물푸레나무(진피)(《본초강목》)

물푸레나무(진피)(《본초도경》)

물푸레나무(진피)(《왜한삼재도회》)

물푸레나무(진피)(《식물명실도고》)

1 일명……'진피(秦皮)'이다:《本草綱目》卷35〈木部〉"秦皮", 2011쪽에 보인다.

2 《本草綱目》, 위와 같은 곳.

① 一: 저본에는 "皮". 기존 용례에 근거하여 수정.

물푸레나무몸통(포천 국립수목원에서 촬영)

물푸레나무

물푸레나무잎(이상 임원경제연구소, 한밭 수목원에서 촬영)

쇠물푸레나무꽃1

쇠물푸레나무꽃2(이상 네이버 블로그 수락산 스마일)

당본초(唐本草)[3][4] 나뭇잎이 박달나무[檀]와 비슷하기 때문에 '단(檀)'이라 이름 붙였다. 껍질을 물에 담그면 물이 푸른색이 된다. 이 물로 종이에 글씨를 써서 글씨가 청색으로 보이면 진품이다.

唐本草 樹葉似檀, 故名"檀". 取皮漬水便碧色, 書紙看之青色者, 是眞.

3 당본초(唐本草):중국 당(唐)나라 때 편찬한 최초의 관찬 본초서. 소경(蘇敬) 등 23명이 《본초경집주(本草經集注)》를 기초로 본초 114종을 보충하여 659년에 완성했다. 《신수본초(新修本草)》·《영공본초(英公本草)》로도 불린다.

4 출전 확인 안 됨;《本草綱目》, 위와 같은 곳.

해동농서[5] 민간에서는 '수청목(水青木, 물을 청색으로 변하게 하는 나무)'이라고 한다. 벌레가 이 나무의 즙을 먹고 백랍(白蠟)[6]을 만든다】

海東農書 俗名"水青木", 蟲食樹汁, 成白蠟】

5 《海東農書》卷4〈木類〉"樳木"(《農書》10, 301쪽).

6 백랍(白蠟): 나뭇가지에 솜처럼 엉긴 백랍벌레의 집을 끓여서 헝겊으로 걸러 찬물에 넣고 굳힌 것. 또는 백랍벌레의 수컷이 분비한 흰 가루로 만든 것.

2) 쓰임새

우리나라에는 광나무[女貞][7] 등의 나무는 없지만 수청목은 곳곳에 있다. 작은 수청목으로는 도끼자루나 몽치자루를 만들 뿐이다. 큰 나무로는 나막신을 만들거나 옹이를 절단하여 기물이나 만든다. 혹 정원에 옮겨 심었다가 쓸 곳을 찾지 못했다면 여기서 백랍을 거두어도 나쁘지 않다. 산속에서 절로 생긴 백랍은 많이 얻을 수가 없다. 이 나무를 많이 심고 쥐똥밀깍지벌레[白蠟蟲, 백랍충][8] 종자를 놓아 두면 백랍을 이루 다 사용할 수가 없다.

【안 납충 풀어 놓는 법은 광나무의 납충 풀어 놓는 법[9]을 그대로 따른다】《해동농서》[10]

功用

我東雖無女貞等木, 而水青木則處處有之. 小者作斧柯、椎柄而已, 大則穿屐, 截其瘻爲器物而已. 或有移栽園中者, 不知所用, 卽收白蠟不過. 山裏自成者未可多得. 苟能多植此樹, 取蠟種放之, 蠟不可勝用也.

【按 放蠟法, 一依女貞放蠟法】《海東農書》

쥐똥밀깍지벌레

7 광나무[女貞]: 뒤의 '19. 광나무[女貞, 여정]'에 자세히 나온다.

8 쥐똥밀깍지벌레[白蠟蟲, 백랍충]: 밀깍지벌렛과의 곤충. 몸의 길이는 3밀리미터, 편 날개의 길이는 6밀리미터 정도이며, 붉은 황색이고 등에는 붉은 갈색의 줄무늬가 있다. 더듬이는 짧고 여섯 마디이며 꼬리에는 한 쌍의 길고 흰 털이 있다. 수컷의 애벌레가 숙주 식물에 붙어 분비하는 흰색 납질(蠟質)은 백랍의 원료가 된다. 쥐똥나무, 광나무, 물푸레나무, 수수꽃다리, 이팝나무, 금목서 따위에 기생한다.

9 광나무의……법: 뒤의 '19. 광나무[女貞, 여정], 4) 납충 풀어 놓는 법'에 나온다.

10 《海東農書》 卷4 〈木類〉 "樳木"(《農書》10, 302~303쪽).

19. 광나무[女貞, 여정][1]

女貞

1) 이름과 품종

일명 '정수(貞水)', '동청(冬靑)', '납수(蠟樹)'이다.[2] 민간에서는 '서시목(鼠矢木, 쥐똥나무)'이라고 한다.[3]

名品

一名"貞水", 一名"冬青", 一名"蠟樹", 俗名"鼠矢木".

광나무

쥐똥밀깍지벌레가 만든 집

1 광나무[女貞, 여정]: 물푸레나뭇과에 속한 상록 교목. 활엽수이며 높이는 3~5미터 정도이다. 잎은 마주나며, 초여름에 흰 꽃이 피고 가을에 쥐똥 비슷한 까만 열매가 익는다. 열매는 약용하며 민간에서는 잎을 삶아서 종기에 바른다. 우리나라 남부 및 일본 등지에 분포한다.

2 일명……'납수(蠟樹)'이다. : 《本草綱目》 卷36 〈木部〉 "女貞", 2101쪽에 보인다.

3 민간에서는……한다 : 《五洲衍文長箋散稿》 〈萬物篇〉 "蟲魚類" '蟲-種蟲蠟辨證說'(한국고전종합DB)에 보인다.

【본초강목[4] 추운 겨울[凌冬]에도 푸르러[青翠] 곧게 지키는 절조가 있으므로 절조가 있는 여자[貞女, 정녀]를 형상한 것이다. 따로 '동청(冬青)'이라는 이름이 있어 이것과 이름이 같다. 근래에 이 나무에 쥐똥밀깍지벌레를 풀어 놓기 때문에 민간에서는 '납수(蠟樹)'라고 한다.

【本草綱目 凌冬青翠, 有貞守之操, 故以貞女狀之. 別有"冬青", 與此同名. 近時以放蠟, 故俗名"蠟樹".

금화경독기[5] 혹자는 우리나라에 여정이 없다고 하는데, 이는 잘못이다.

《본초강목》에서는 다음과 같이 말했다. "여정과 동청은 같은 류(類)의 다른 종(種)이다. 모두 열매로 자생하며 가장 쉽게 자란다. 잎은 두꺼우면서도 부

金華耕讀記 或謂我東無女貞者, 誤也.

《本草綱目》云: "女貞與冬青, 一類二種, 皆因子自生, 最易長. 其葉厚而柔

광나무잎

광나무열매(이상 임원경제연구소, 한밭수목원에서 촬영)

4 《本草綱目》, 위와 같은 곳.

5 《金華耕讀記》卷7 〈女貞〉, 5~6쪽;《杏蒲志》卷3 〈種女貞〉(《農書》36, 195~196쪽). 《금화경독기》에는 이 내용 뒤에 다음과 같은 기사가 나온다. "이덕무가 일찍이 전대의 왕조 경술년(1790, 정조 14)에 벼슬을 했을 때, 왕명을 받들어 《무예도보통지(武藝圖譜通志)》를 편찬한 적이 있다. 그 책의 안설(按說)에서 '여정은 민간에서 서시목(鼠矢木, 쥐똥나무)이라고 한다. 그 열매가 익으면 쥐똥과 비슷하기 때문이다.'라고 한 적이 있다. 그의 설명이 나와 의논하지 않았는데도 똑같으니, 역시 여기서 사람이 보는 눈은 대동소이하다는 사실을 확인할 수 있다(李德懋官曾於先朝庚戌, 承命編纂《武藝圖譜通志》. 其按說有云: '女貞, 俗所稱鼠矢木, 以其子熟似之也.' 其說, 與余不謀而同, 亦可驗人見之大同也)." 《武藝圖譜通志》卷1 〈長槍〉(국립중앙도서관본, 83쪽) 참조.

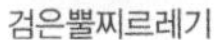
검은뿔찌르레기

검은뿔찌르레기를 묘사한 팔가조도(김홍도)

드럽고 길다. 잎이 긴 여정은 0.4~0.5척이고 열매는 흑색이다. 동청의 잎은 조금 둥글고 열매는 홍색이다. 이 점이 다를 뿐이다. 두 나무는 모두 꽃이 번성하여 열매가 나무 가득히 주렁주렁 열린다. 겨울에 검은뿔찌르레기[鸜鵒, 구욕][6]가 잘 먹는다."[7]

長. 女貞葉長者四五寸, 子黑色. 冬青葉微團, 子紅色, 爲異耳. 二樹皆花繁子纍纍滿樹. 冬月鸜鵒喜食之."

6 검은뿔찌르레기[鸜鵒, 구욕] : 찌르레기과에 속하는 조류. 동남아, 중국, 대만에 서식하며 이따금 한반도에 오기도 한다. 구관조와 굉장히 흡사하게 생겼으나, 속(屬)에서부터 갈린다. 일본에서는 팔가조(八哥鳥)라고 한다.

7 여정과……먹는다 : 《本草綱目》, 위와 같은 곳.

《화한삼재도회》에서는 다음과 같이 말했다. "여정의 잎은 해석류(海石榴)[8]와 비슷하나 그와 달리 톱니가 없기 때문에 '희해석류(姬海石榴)'[9]라고 한다. 열매는 둥글다. 처음에는 청색이나 익으면 순흑색이어서 쥐똥[鼠屎]과 비슷하다. 검은뿔찌르레기가 잘 먹는다. 다만 잎 길이는 0.2척에 불과하다. 이 잎은 잎맥이 주맥(主脈)[10]에서 지맥(支脈)[11]이 나오지 않아서 다른 잎과 같지 않다."[12]

《和漢三才圖會》云: "女貞木葉似海石榴而無鋸齒, 故名'姬海石榴'. 其子團, 初青, 熟正黑, 似鼠屎. 鸜鵒喜食之, 但葉長不過二寸. 其文理不出于端, 與他葉不同."

해석류(《왜한삼재도회》)

8 해석류(海石榴) : 차나무과의 산다화(山茶花, 애기동백)의 일종. 나무와 잎, 꽃과 열매는 산다화와 비슷하나 그보다 더 크다. 그 열매는 둥글고 무화과와 비슷한데 익으면 4개로 갈라지고 그 안의 씨는 잣과 같다. 껍질과 씨에서 짠 기름을 목실유(木實油)라 하며 도검에 바르면 녹이 슬지 않는다.

9 희해석류(姬海石榴) : '희(姬)'자는 여성의 미칭으로, 여정의 잎에 톱니가 없어 부드러움을 뜻한다.

10 주맥(主脈) : 잎의 중앙 기부에서 끝을 향해 있는 커다란 맥.

11 지맥(支脈) : 잎의 주맥에서 갈라진 맥.

12 여정의……않다 : 《和漢三才圖會》 卷84 〈木部〉 "灌木類" '女貞'(《倭漢三才圖會》10, 249~250쪽).

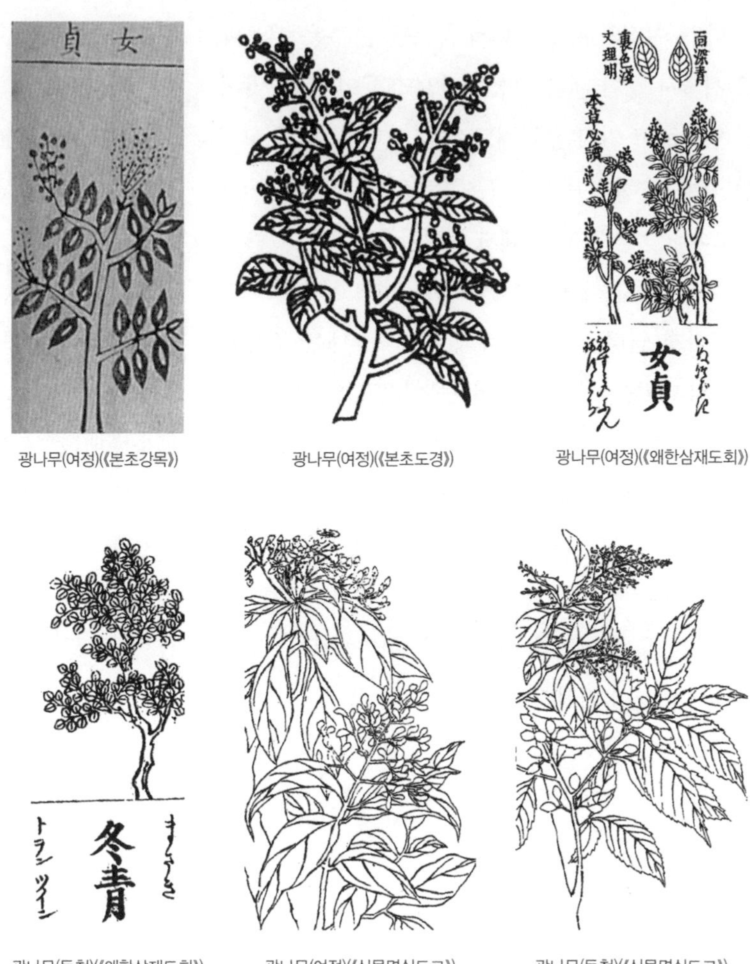

광나무(여정)(《본초강목》) 광나무(여정)(《본초도경》) 광나무(여정)(《왜한삼재도회》)

광나무(동청)(《왜한삼재도회》) 광나무(여정)(《식물명실도고》) 광나무(동청)(《식물명실도고》)

이시진은 여정잎의 길이가 0.4~0.5척이라고 했다. 아마도 자라는 땅이 달라서 그런 차이가 있는 것인가? 위의 두 책에서 말하는 잎과 꽃받침, 꽃과 열매는 모두 지금 민간에서 말하는 서시목의 그것이다. 그러므로 우리나라에 여정이 없다는 말은 거짓이다.

李時珍以爲葉長四五寸, 豈土地之異耶? 二書所言葉萼花實, 皆今俗所謂鼠矢木. 謂吾東無女貞者, 妄也.

다만 여정의 여정으로서의 특징은 추운 겨울에도 시들지 않기 때문이다. 소송(蘇頌)[13]이 "서리 맞아도 짙푸르고 가지 흔들려도 바람 견디지. 인품 고결한 선비 그 자질 흠모하고, 절조 있는 여자 그 이름 사모하네."[14]라고 한 노래가 이것이다.

但女貞之爲女貞, 以其凌冬不凋. 蘇頌所謂"負霜蔥翠, 振柯凌風. 淸士欽其質, 貞女慕其名."是也.

우리집 텃밭에 여정이 몇 그루 있다. 무더기로 더부룩하게 난다. 잎은 석류와 같다. 열매는 쥐똥과 같아서 마을의 아이들은 서시목이라고 부른다.

余家園圃有數株, 叢生. 葉如石榴. 實如鼠屎, 里中兒呼爲鼠矢木.

매년 소만(小滿, 양력 5월 21·22일경) 전후에 야생 쥐똥밀깍지벌레[白蠟蟲, 백랍충][15]가 나무를 따라서 밀랍을 토해낸다. 그러므로 이 나무가 여정임은 의심할 바 없다. 다만 겨울이면 잎이 떨어져 일반 나무와 같다. 그 이유를 이해할 수가 없다. 아마 풍토가 같지 않아서 여정이 여정답지 않은 듯하다[16]】

每小滿前後[1]有野蠟, 緣樹吐蠟, 其爲女貞無疑. 而但冬輒葉脫, 與凡木同, 殊不可曉. 豈風土不幷而女貞不女貞耶】

---

13 소송(蘇頌):1020~1101. 중국 송(宋)나라의 관리·천문학자·약물학자. 저서로《본초도경(本草圖經)》, 《신의상법요(新儀象法要)》가 있다. 그러나 다음 글의 저자는 소송이 아니라 진(晉)나라의 소언(蘇彦, ?~?)이다. 《본초도경》의 저자인 송(宋)나라의 소송으로 착각한 듯하다. 《本草圖經》卷10 〈木部〉上品 "女貞實"에는 이 내용이 없다.

14 서리……사모하네:《藝文類聚》卷89 〈木部〉中 "女貞"(《文淵閣四庫全書》888, 802쪽);《本草綱目》, 위와 같은 곳.

15 쥐똥밀깍지벌레[白蠟蟲, 백랍충]:이 벌레의 생김새는 앞 항목인 '18. 물푸레나무'를 참조 바람.

16 이상의 서유구 저술《금화경독기》에서 여정, 즉 광나무를 쥐똥나무로 고증했다. 그러나 마지막 대목에서 언급했듯이 겨울에 잎이 지는, 조선의 나무는 쥐똥나무이지 광나무가 아니다. 아무리 풍토가 다르다 해서 낙엽의 유무까지 풍토에 따라 달라질 수는 없다. 서유구의 지나친 추론이다.

[1] 小滿前後:《金華耕讀記·女貞》에는 "夏秋之交".

2) 알맞은 토양 土宜

본성이 기름지고 습한 땅을 좋아한다. 《행포지》[17]

性好肥濕地. 《杏蒲志》

광나무열매

17 《杏蒲志》 卷3 〈種女貞【附取油諸種】〉(《農書》36, 196쪽).

3) 심기와 가꾸기

種藝

납월에 심으면 다음해 봄에 싹이 튼다. 그 다음해 3월에 옮겨 심는다. 7척 정도 자라면 쥐똥밀깍지벌레[白蠟蟲, 백랍충]를 풀어 놓을 수 있다. 여정 옮겨 심기는 대략 뽕나무 옮겨 심는 법과 같다. 가로세로로 10척 정도 그루가 떨어지게 하면 나무가 커서 퍼지는 힘이 좋다.

臘月下種, 來春發芽, 次年三月移栽. 長七尺許, 可放蠟蟲. 栽女貞, 略如栽桑法, 縱橫相去一丈上下, 則樹大力厚.

거름은 아주 기름지게 주어야 한다. 해마다 땅을 1~2차례 갈아 준다. 풀이 있으면 김매어 가지와 줄기가 무성하게 해 주면 곧 쥐똥밀깍지벌레가 많아진다. 《편민도찬》[18]

須糞壅極肥, 歲耕地一再過, 有草便鋤之, 令枝條壯盛, 卽多蠟也. 《便民圖纂》

동청은 씨로 심을 수 있다. 송후(宋詡)[19] 《죽서산방잡부(竹嶼山房雜部)[20]》[21]

冬青, 子可種. 宋氏《雜部》

파촉(巴蜀)[22] 사람들은 동청열매를 따서 쌀뜨물[淅米水]에 담가 인다. 10여 일 뒤에 이를 찧어서 껍질을 제거하고 심는다. 송후 《죽서산방잡부》[23]

巴蜀人摘冬青子, 漬淅米水中. 十餘日擣去殼種之. 同上

---

18 출전 확인 안 됨; 《農政全書》 卷38 〈種植〉 "木部" '女貞'(《農政全書校注》, 1059쪽).

19 송후(宋詡) : ?~?. 중국 명(明)나라의 농학자. 자는 구부(久夫). 아들 송공망(宋公望, ?~?)과 함께 《죽서산방잡부(竹嶼山房雜部)》를 저술했다.

20 죽서산방잡부(竹嶼山房雜部) : 중국 명(明)나라의 농학자 송후(宋詡, ?~?)와 그의 아들 송공망(宋公望, ?~?)이 지은 백과사전적 저술. 32권. 양생부(養生部) 6권, 연한부(燕閑部) 2권, 수휵부(樹畜部) 4권은 송후가 지었고, 종식부(種植部) 10권, 존생부(尊生部) 10권은 송공망이 지었다.

21 《竹嶼山房雜部》 卷9 〈樹畜部〉 1 "樹類" '冬靑'(《文淵閣四庫全書》 871, 233~234쪽); 《農政全書》 卷38 〈種植〉 "木部" '女貞'(《農政全書校注》, 1060쪽).

22 파촉(巴蜀) : 중국 사천(四川) 지방의 옛 이름.

23 《竹嶼山房雜部》 卷9 〈樹畜部〉 1 "樹類" '冬靑'(《文淵閣四庫全書》 871, 234쪽); 《農政全書》, 위와 같은 곳.

쥐똥나무꽃1

쥐똥나무꽃2(이상 임원경제연구소, 파주시 야당동에서 촬영)

쥐똥나무의 잎과 열매

쥐똥나무열매

쥐똥나무는 곳곳에 있다. 널리 심고 가꾸어야 한다. 그러면 쉽게 나고 쉽게 자라서 가장 쉽게 번식할 것이다. 《행포지》[24]

鼠矢木, 處處有之. 宜廣藝之, 易生易長, 最易繁殖也.《杏蒲志》

24 《杏蒲志》 卷3 〈種女貞〉(《農書》36, 196쪽).

4) 쥐똥밀깍지벌레[白蠟蟲] 풀어 놓는 법 放蠟法

쥐똥밀깍지벌레는 크기가 서캐(이의 알)나 이만 하다. 망종(芒種, 양력 6월 5·6일경) 후에 쥐똥밀깍지벌레들이 떼지어 나뭇가지를 타고 다니면서 나무의 즙을 먹고 점액을 뱉어 몸을 덮으면서 어린 줄기에 붙인다. 이것이 흰 기름으로 변하고 그 상태에서 밀랍으로 응결된다. 그 모양은 서리와 같다. 처서(處暑, 양력 8월 23·24일경) 후에 이 밀랍을 벗겨 채취한다. 이 밀랍을 '납사(蠟渣)'라고 한다. 백로(白露, 양력 9월 7·8일경)가 지나면 나무에 꼭 달라붙어 벗겨 내기가 어렵다.

蠟蟲, 大如蟣虱. 芒種後延緣樹枝, 食汁吐涎, 粘於嫩莖, 化爲白脂, 乃結成蠟, 狀如凝霜. 處暑後剶取, 謂之"蠟渣". 過白露則粘住難刮矣.

납사는 물에 끓이면서 녹여 깨끗하게 걸러 낸다. 또는 시루에 찌고 녹여 그릇 속으로 방울져 떨어지게 한 뒤 엉겨서 덩어리가 되기를 기다리면 곧 밀랍이 된다.

其渣煉化濾淨, 或甑中蒸化, 瀝下器中, 待凝成塊, 卽爲蠟也.

쥐똥밀깍지벌레는 작을 때는 백색이다. 이때 밀랍을 만든다. 다 자라서는 적흑색이 된다. 그리하여 이들이 모여 있으면 나뭇가지에 꽃봉오리를 맺은 듯한 모양을 띤다. 쥐똥밀깍지벌레는 처음에 기장쌀크기만 하다가 봄이 되면 점점 자라 크기가 계두자(鷄頭子)[25]만 해지며 자적색이다. 주렁주렁 가지를 안고 있는 모습이 마치 나무가 열매를 맺은 모양과 같다.

其蟲微時百色作蠟, 及老則赤黑色, 乃結苞於樹枝. 初若黍米大, 入春漸長, 大如鷄頭子, 紫赤色, 纍纍抱枝, 宛若樹之結實也.

대개 쥐똥밀깍지벌레는 알을 낳으려고 집을 짓는다. 이는 쐐기벌레고치[雀甕, 작옹][26]나 사마귀알집[螵

蓋蟲將遺卵作房, 正如雀甕、螵蛸之類爾. 俗呼爲

25 계두자(鷄頭子): 가시연밥[芡實]의 이칭. 가시연의 열매.

26 쐐기벌레고치[雀甕, 작옹]: 쐐기벌레의 고치. 진정·해독에 효능이 있다.

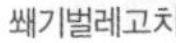

쐐기벌레고치

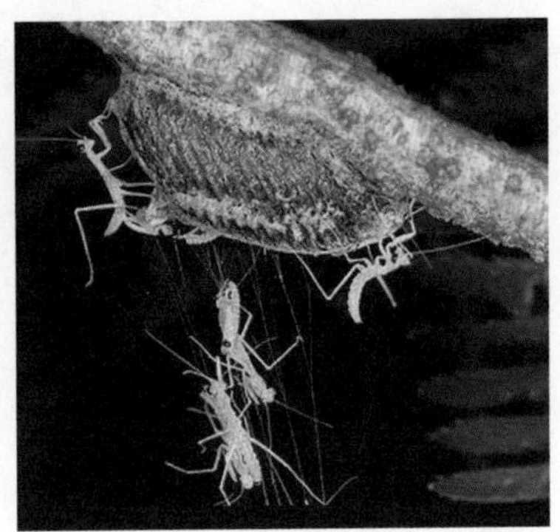

사마귀알집

蛸, 표초][27]과 꼭 같다. 민간에서는 이 알집을 '납종(蠟種)'이라고 부르고, '납자(蠟子, 밀랍)'라고도 부른다.

"蠟種", 亦曰"蠟子".

납자 안은 모두 흰 알로 되어 있다. 알은 잔 서캐[蟣]와 같고, 알집 하나에 몇 백 개가 들어가 있다. 다음해 입하일에 알집을 딴 다음 대껍질로 싸서 각 나무에 나누어 매달아 둔다.

子內皆白卵, 如細蟣, 一包數百. 次年立夏日摘下, 以箬葉包之, 分繫各樹.

망종 후에 알집봉오리가 터져 알은 애벌레가 된다. 애벌레는 잎 밑으로 나왔다가 다시 나무줄기로 올라가 밀랍을 만든다. 나무 아래는 깨끗하게 하여 개미가 이 애벌레 먹는 것을 막아야 한다. 《본초강목》[28]

芒種後苞拆卵化, 蟲乃延出葉底, 復上樹作蠟也. 樹下要潔淨, 防蟻食其蟲. 《本草綱目》

5월에는 납자를 기른다. 7월에는 납자를 거두어들인다. 이때 다 거두어들여서는 안 된다. 다음해 4월까지 납자를 남겨 두면 또 여기에서 애벌레를 얻

五月養以蠟子. 七月收蠟, 不宜盡採. 留迨來年四月, 又得生子取養. 蠟曬乾, 以

27 사마귀알집[螵蛸, 표초]: 사마귀가 알을 낳아 모아 놓은 덩어리. 주로 뽕나무 위에 있으며 약으로 쓴다.
28 《本草綱目》卷39 〈蟲部〉"蟲白蠟", 2234쪽.

어 기를 수 있다. 거두어들인 납자(밀랍)를 햇볕에 말린 뒤 월포(越布)[29]로 시루아가리를 덮는다. 이 월포 위에는 밀랍을 두고, 시루 속에는 그릇을 둔다.

越布蒙於甑口, 置蠟布上, 置器甑中.

솥 안에서 물이 끓으면 결국 밀랍이 녹아 내려 그릇으로 들어간다. 녹은 밀랍이 엉기면 단단하고 희게 변해서 초의 재료가 된다. 밀랍의 찌꺼기는 견(絹)으로 만든 주머니에 담아 다시 뜨거운 기름 속에 넣는다. 그러면 밀랍이 모두 기름에 녹기 때문에 이 기름으로 초를 만들 수 있다. 일반적으로 납자를 기를 때는 3년을 기르고 그 후 3년은 쉰다. 송후《죽서산방잡부》[30]

釜內水沸, 蠟遂溶下入器, 凝則堅白而爲燭材. 其滓盛之以絹囊, 復投於熱油中則蠟盡, 油遂可爲燭. 凡養蠟子, 經三年, 停亦三年. 宋氏《雜部》

광나무에 입혀진 백랍

29 월포(越布): 중국 남쪽 월(越) 지역에서 생산되는 고운 베. 《農政全書校注》, 1080쪽 주석 75번 참조.

30 《竹嶼山房雜部》, 위와 같은 곳; 《農政全書》 卷38 〈種植〉 "木部" '女貞'(《農政全書校注》, 1060~1061쪽).

납자가 생기면 생긴 나무줄기의 그루터기 가까이에서 벤다. 그 후에 움이 나거든 다시 납자를 기른다. 이렇게 1년을 기르고 그 후 1년은 쉰다. 납자를 채취할 때는 반드시 나무를 베어서 묵은 줄기가 없게 해야 한다. 송후《죽서산방잡부》[31]

蠟生則近跗伐去, 發肄再養蠟. 養一年, 停一年. 採蠟必伐木, 無老幹. 同上

광나무에서 납자를 거두어들이는 데는 다음의 2종류가 있다. 하나는 자생하여 생긴 납자이고, 다른 하나는 더부살이시켜 생긴 납자이다.

女貞收蠟有二種: 有自生者, 有寄子者.

자생하여 생긴 납자는 처음에 쥐똥밀깍지벌레가 어디로부터 오는지 알지 못한다. 갑자기 나무 전체에 흰꽃[白花]모양의 납자가 생긴다【가지 위에 생긴 기름이 서리나 눈과 같아 사람들은 이것을 '꽃'이라 부른 것이다】[32]. 밀랍을 취하여 녹인다. 다음해 다시 쥐똥밀깍지벌레의 알이 생긴다. 이후에 늘 저절로 대를 이어서 생긴다.

自生者, 初時不知蟲何來, 忽遍樹生白花【枝上生脂, 如霜雪, 人謂之"花"】. 取用煉蠟. 明年復生蟲子. 向後恒自傳生.

만약 쥐똥밀깍지벌레를 풀어 놓아 더부살이시키는 법을 알지 못할 때는 납자가 생긴 나무가 시들면 그것으로 끝이다. 하지만 풀어 놓을 줄을 알면 쥐똥밀깍지벌레는 대대로 끝없이 더부살이한다. 더부살이시킨다는 말은 다른 나무의 알을 이 나무의 위에 더부살이시킨다는 뜻이다.

若不曉寄放, 樹枯則已. 若解放者, 傳寄無窮也. 寄子者, 取他樹之子, 寄此樹之上也.

그 법은 다음과 같다. 해를 이어서 더부살이시키거나 한 해를 쉬었다 더부살이시키기도 한다. 혹은

其法: 或連年, 或停年, 或就樹, 或伐條. 若樹盛者,

31 《竹嶼山房雜部》, 위와 같은 곳;《農政全書》卷38〈種植〉"木部" '女貞'(《農政全書校注》, 1061쪽).

32 가지……것이다:《農政全書》에는 본문으로 되어 있음.

나무줄기에서 더부살이시키거나, 가지를 쳐서 더부살이시킨다. 만약 나무가 무성하면 해를 이어 나무줄기에 더부살이시킨다. 그러다 나무가 쇠해지면 이를 감안하여 한 해 멈추고 나무의 기력을 쉬게 한다. 나무에 덧거름을 주어 무성해지면 다시 쥐똥밀깍지벌레를 풀어 놓아 더부살이시킨다【이 법이 곧 송후의 《죽서산방잡부》에서 말하는 "1년을 기르고 그 후 1년은 쉰다."[33]는 것이다】.

連年就樹寄之, 俟有衰頓, 卽斟酌停年以休其力. 培壅滋茂, 仍復寄放【卽宋氏《雜部》所謂"養一年, 停一年"者也】.

가지를 쳐서 기생시킬 때는 직경 0.1척 이상 되는 꺾꽂이용 가지를 심는다. 이 가지가 무성하게 자라면 더부살이 벌레가 납자를 만들게 한다. 납자가 만들어지면 뿌리에서 3~4척 떨어진 곳에서 가지와 줄기를 절단하여 납자를 거두어들인다. 그러고 나면 즉시 나무 밑동에 덧거름을 준다. 겨울에 다시 덧거름을 준다.

伐條者, 取樹栽徑寸以上者種之. 俟盛長, 寄子生蠟, 卽離根三四尺, 截去枝幹, 收蠟, 隨手下壅. 冬月再壅.

다음해가 되면 새 가지의 싹과 움이 곁에서 자란다. 이후에 쓸데없이 무성한 가지를 골라 제거하여 곧게 뻗어나가게 한다. 또 그 다음해에도 다시 손질하고 늘 덧거름을 준다.

明年旁長新枝芽蘖. 以後恒擇去繁冗, 令直達. 又明年亦復修理, 恒加培壅.

그로부터 3년째에 쥐똥밀깍지벌레의 알을 풀어 놓을 수가 있다. 4년째에 다시 풀어 놓고 5년째에 다시 풀어 놓는다. 납자를 거두어들이는 때가 되면 그 상태로 가지를 자른다. 이와 같이 하면 끝없이 대를 이어나갈 수 있다【이것이 《죽서산방잡부》의 이른바

第三年, 可放蠟子. 四年再放, 五年復放. 迨收蠟, 仍剪去枝. 如是更代無窮【此所謂"經三年, 停三年"者也】.

---

33 1년을……쉰다: 위의 기사에 보인다.

"3년을 기르고 그 후 3년은 쉰다."[34]는 것이다】.

일반적으로 더부살이 벌레를 얻을 때는, 모두 입하 3일 이전에 나무줄기 위의 가지가 이어진 부분에서 잘라 내 얻는다. 줄기에 이어지지 않은 나머지 가지는 제거한다. 줄기에 이어진 가지를 잘라 낼 때는 가지 밑동을 0.1척 정도만 남김으로써 납자가 가지를 둘러 싼 모양을 그대로 유지하게 한다. 잘라 낸 가지에 붙어 있는 납자는 3~4개에서 10여 개가 한 무리를 이룬다. 혹 가지에 납자가 1개만 있더라도 줄기에 이어진 그 가지를 잘라 낸다.

凡寄子皆于立夏前三日內, 從樹上連枝剪下, 去餘枝, 獨留寸許, 令子抱木, 或三四顆, 乃至十餘顆, 作一簇. 或單顆, 亦連枝剪之.

다 잘라 내면 쌀을 한나절 정도 물에 담갔다가 쌀을 걸러 내고 쌀뜨물을 취한다. 잘라 낸 가지에서 납자를 긁어 내어 쌀뜨물 속에 15분 정도 담갔다가 건진다. 이를 대껍질로 느슨하게 싼다. 큰 납자는 4~5개, 작은 납자는 6~7개를 한 꾸러미로 만든다. 이 꾸러미를 질긴 풀로 묶고 깨끗한 항아리 속에 둔다. 비가 오면 항아리 속에 며칠을 두어도 괜찮다. 그러나 날씨가 더우면 쥐똥밀깍지벌레의 알이 대부분 부화해서 나오므로 빨리 다른 나무에 더부살이시켜야 한다.

剪訖, 用稻穀浸水半日許, 漉取水. 剝下蟲顆, 浸水中一刻許, 取起用竹箬虛包之. 大者四五[2]顆, 小者六七顆, 作一苞, 韌草束之, 置潔淨甕中. 若陰雨, 頓甕中可數日. 天熱, 其子多迸出, 宜速寄之.

더부살이시키는 법: 대껍질로 싼 꾸러미의 한 귀퉁이를 잘라 낸다. 이때 잘라 내서 만든 구멍은 팥만 한 크기로 만든다. 그 상태에서 풀로 광나무의 나뭇가지 사이에 꾸러미를 맨다. 더부살이 벌레의

寄法: 取箬包剪去角, 作孔如小豆大, 仍用草係之樹枝間. 其子多少, 視枝小大斟酌之. 枝大如指[3]者可

---

34 3년을……쉰다: 위의 기사에 보인다.

[2] 四五:《農政全書·種植·種植》에는 "三四".

[3] 指: 저본에는 "脂".《農政全書·種植·種植》에 근거하여 수정.

양은 가지의 크기에 맞춰 헤아린다. 가지의 굵기가 손가락굵기만 하면 더부살이시킬 수 있다. 하지만 가지가 너무 가늘거나 줄기가 너무 굵으면 더부살이시켜서는 안 된다.

寄, 枝太細、幹太粗者勿寄也.

더부살이시킨 후 며칠 사이에는 새가 와서 대껍질꾸러미를 쪼아 알을 채가므로 부지런히 새를 내쫓아야 한다. 날씨가 점점 따뜻해지면 벌레도 점점 꾸러미에서 나온다.

寄後數日間, 鳥來啄箬苞攫取子, 勤驅之. 天漸暖, 蟲漸出苞.

나온 뒤 벌레떼는 먼저 나무를 타고 오르내린다. 그러다가 만약 나무뿌리 주변에 풀이 있으면 풀에 붙어 더 이상 위로 올라가지 않는다. 그러므로 나무 아래에는 아주 깨끗하게 풀을 베어야 한다. 그 다음으로는 잎 아래 부분에 머무른다. 그로부터 며칠이 지나면 다시 가지와 줄기로 내려가 껍질을 갉아 내고는 들어가 수액을 빨아먹는다. 그 결과 점액을 토해 흰 꽃을 만드는 것이다.

先緣樹上下行, 若樹根有草, 卽附草不復上矣. 故樹下須芟刈極淨也. 次行至葉底棲止. 更數日, 復下至枝條, 嚙皮入, 咂食其脂液④, 因作花.

대략 벌레들이 다 나왔다 싶으면 꾸러미를 나뭇가지에서 풀어 내린다. 그 꾸러미에 남은 납자가 있는지를 살펴, 있으면 또 꾸러미를 함께 만들어 다른 나무에 따로 더부살이시킨다.

約略蟲出盡, 卽取下苞, 視有餘子, 并作苞, 別寄他樹.

추분 후에 벌레들이 토한 꽃이 오래되었는지 얼마 안 되었는지를 살핀다. 얼마 안 되었으면 밀랍을 만들지 못한다. 너무 오래되어도 밀랍을 만들지 못한다.[35] 너무 오래되면 가지에서 벗겨 낼 수가 없다.

秋分後檢看花老嫩. 若太嫩, 不成蠟. 太老不成蠟. 太老不可剝矣. 剝時或就樹, 或剪枝, 俱先灑水潤之

35 너무……못한다 : 원문의 "太老不成蠟"을 옮긴 것이다. 그러나 이 내용은 연문으로 보인다. 《農政全書校注》, 1081쪽 주80번 참조.

④ 液 : 저본에는 "腋". 《農政全書·種植·木部》에 근거하여 수정.

긁어 낼 때 나무줄기에서 긁어 내거나 가지를 잘라 긁어 내거나 간에, 모두 먼저 토한 꽃에 물을 뿌려 축축하게 하면 쉽게 떨어진다. 비온 후나 새벽에 이슬을 머금은 채로 토한 꽃을 따면 더욱 편하다.

則易落. 乘雨後, 或侵晨帶露華采之, 尤便.

긁어 낸 다음으로는 밀랍꽃(납화)을 끓는 물속에 넣어 녹인다. 물이 조금 식으면 밀랍을 떠 낸다. 떠낸 밀랍을 다시 끓인 다음 솥바닥에 가라앉은 찌꺼기를 제거한다. 밀랍이 아직 깨끗해지지 않으면, 다시 이전의 법을 따라서 끓였다가 가라앉히기를 반복한다. 밀랍이 깨끗해졌으면 뜨거울 때 매듭을 만든 끈[繩套子, 승투자]을 넣는다. 밀랍이 식으면 끈을 당겨 꺼낸다. 그러면 납도(蠟堵, 밀랍덩이)가 된다. 《농정전서》[36]

次取蠟花, 投沸湯中鎔化. 候稍冷, 取起水面蠟, 再煎, 再取滓沈鍋底, 勺去之. 若蠟未淨, 再依前法煎澄之. 旣淨, 乘熱投入繩套子, 候冷, 牽繩起之, 成蠟堵也. 《農政全書》

입하 2일 전에 가지 잘라 납자 얻는 작업, 이것이 일반적인 방법이다. 다만 남쪽 지방에서는 기온이 따뜻하기 때문에 다른 지방에서 납자를 사가지고 돌아오다가 쥐똥밀깍지벌레가 부화할까 염려된다. 그러므로 더부살이시키기 전까지 부화되지 않는 상태를 기준 날짜로 삼는다. 만약 남쪽 지방보다 약간 북쪽이면 입하 후에 가지를 자르고, 소만 전후에 더부살이시켜야 한다. 북쪽으로 갈수록 더욱 추워지기 때문에 더부살이시키기 작업도 더욱 늦게 해야 한다. 《농정전서》[37]

立夏前二日剪子, 此是常法. 但南土[5]氣暖, 從他方鬻子還, 恐蟲迸出, 故以此爲期. 若稍北則宜立夏後剪, 小滿前後寄. 愈北愈寒, 寄宜愈遲也. 同上

---

36 《農政全書》 卷38 〈種植〉 "木部" '女貞'(《農政全書校注》, 1061~1062쪽).

37 《農政全書》 卷38 〈種植〉 "木部" '女貞'(《農政全書校注》, 1062~1063쪽).

[5] 南土: 《農政全書·種植·木部》에는 "浙東".

납자가 해당 지역에 없어서 다른 지방의 것을 구입할 때는 천 리를 갈 수 있다. 대개 납자는 입하 전에 기운이 충분하므로 납자가 있는 가지를 자를 수가 있고 소만 전에는 아직 부화하지 않았더라도 더부살이시킬 수 있다. 역시 구입하면 빨리 돌아가야 한다. 늦어지면 쥐똥밀깍지벌레가 예상 날짜보다 앞서 나와 미처 더부살이시키지 못하기 때문에 손해가 심하다. 속담에 "달리는 말에서 납자를 판다."라고 하는데, 이것을 말하는 것이다. 《농정전서》[38]

蠟子若本地所無, 傳貿他方者, 可行千里. 蓋蠟子在立夏前氣已足, 可剪, 小滿前, 雖未出可寄耳. 亦須疾行, 遲則蟲先期出, 不及寄, 折損多矣. 諺云"走馬販蠟", 謂此也. 同上

나무가 젊으면 꽃이 많이 피고, 나무가 늙었으면 열매가 많이 열린다. 나무의 키가 작으면 꽃이 많이 피고, 나무가 높으면 열매가 많이 열린다. 한 나무에 더부살이 벌레가 많으면 꽃이 피고, 더부살이 벌레가 적으면 열매가 열린다. 북쪽의 종자가 팔려 남쪽에 가면 꽃이 많이 피고, 남쪽의 종자가 팔려 북쪽에 가면 열매가 많이 열린다.

樹少多生花, 樹老多生子. 樹卑多生花, 樹高多生子. 一樹之中寄子多則生花, 寄子少則生子. 北種販至南, 多生花, 南種販至北, 多生子.

대개 꽃의 본성은 따뜻함을 좋아하고, 열매의 본성은 추위에 잘 견딘다. 나무의 나이가 다르고, 높이가 다르고, 재배 지역이 다르지만 그 이치는 같기 때문이다. 《농정전서》[39]

蓋花性喜暖, 子性能寒, 其以老少異, 以高下異, 以南北異, 理則一耳. 同上

38 《農政全書》 卷38 〈種植〉 "木部" '女貞'(《農政全書校注》, 1063쪽).
39 《農政全書》, 위와 같은 곳.

5) 쓰임새

功用

동청은 그 열매를 술에 넣을 수가 있다. 송후《죽서산방잡부》[40]

冬青, 子堪入酒. 宋氏《雜部》

쥐똥밀깍지벌레의 백랍(白蠟)은 순전히 초를 만드는 데 사용된다. 다른 초보다 10배나 낫다. 다른 기름에 섞어 사용하면 백랍을 1/100만 넣어도 그 초는 또한 촛농이 흘러 내리지 않아서 사용처가 매우 넓다. 그러므로 광나무를 많이 심어도 해될 게 없다. 《농정전서》[41]

蟲白蠟純用作燭, 勝他燭十倍. 若以和他油, 不過百分之一, 其燭亦不淋, 故爲用頗廣. 多植無害. 《農政全書》[6]

---

40 《竹嶼山房雜部》, 위와 같은 곳; 《農政全書》 卷38 〈種植〉 "木部" '女貞'(《農政全書校注》, 1060쪽).

41 《農政全書》, 위와 같은 곳.

[6] 오사카본에는 여기 '功用' 항목 위에 "'烏桕'와 '楂' 두 항목을 따로 세우고 《농정전서》에 실린 내용들을 취하여 '女貞' 항목의 아래, '楝' 항목의 위에 편입시켜야 한다(烏桕及楂另立名目, 取《農政全書》所載, 編入于女貞之下、楝之上)."는 두주가 있다. 하지만 오사카본에는 '烏桕'와 '楂' 항목과 그 아래에 배치된 기사들은 보이지 않는다. 해당 내용이 많아서 별지에 따로 기록했다가 유실된 듯하다.

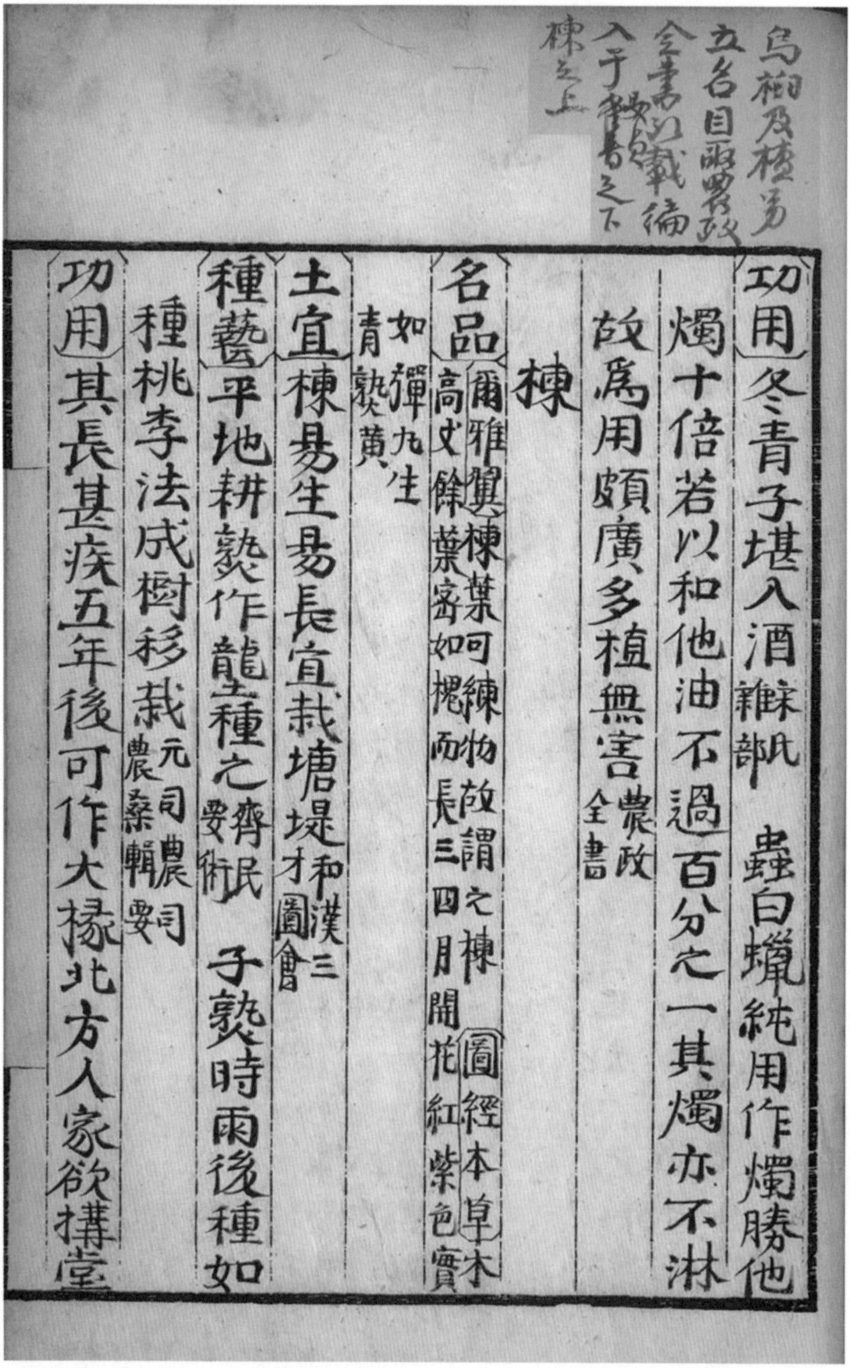

烏桕及椿芽五名目與農政全書記載編入于椒書之下楝之上

功用 冬青子堪入酒 雜俎部 蟲白蠟純用作燭勝他燭十倍若以和他油不過百分之一其燭亦不淋故爲用頗廣多植無害 農政全書

楝

名品 爾雅翼 楝葉可練物故謂之楝 圖經本草 木高丈餘葉密如槐而長三四月開花紅紫色實如彈丸生青熟黃

土宜 楝易生易長宜栽塘堤 和漢三才圖會

種藝 平地耕熟作壟種之 齊民要術 子熟時雨後種如種桃李法成樹移栽 元司農司農桑輯要

功用 其長甚疾五年後可作大椽北方人家欲構堂

"여정" '공용' 항목 위 두주(오사카본, 임원경제연구소)

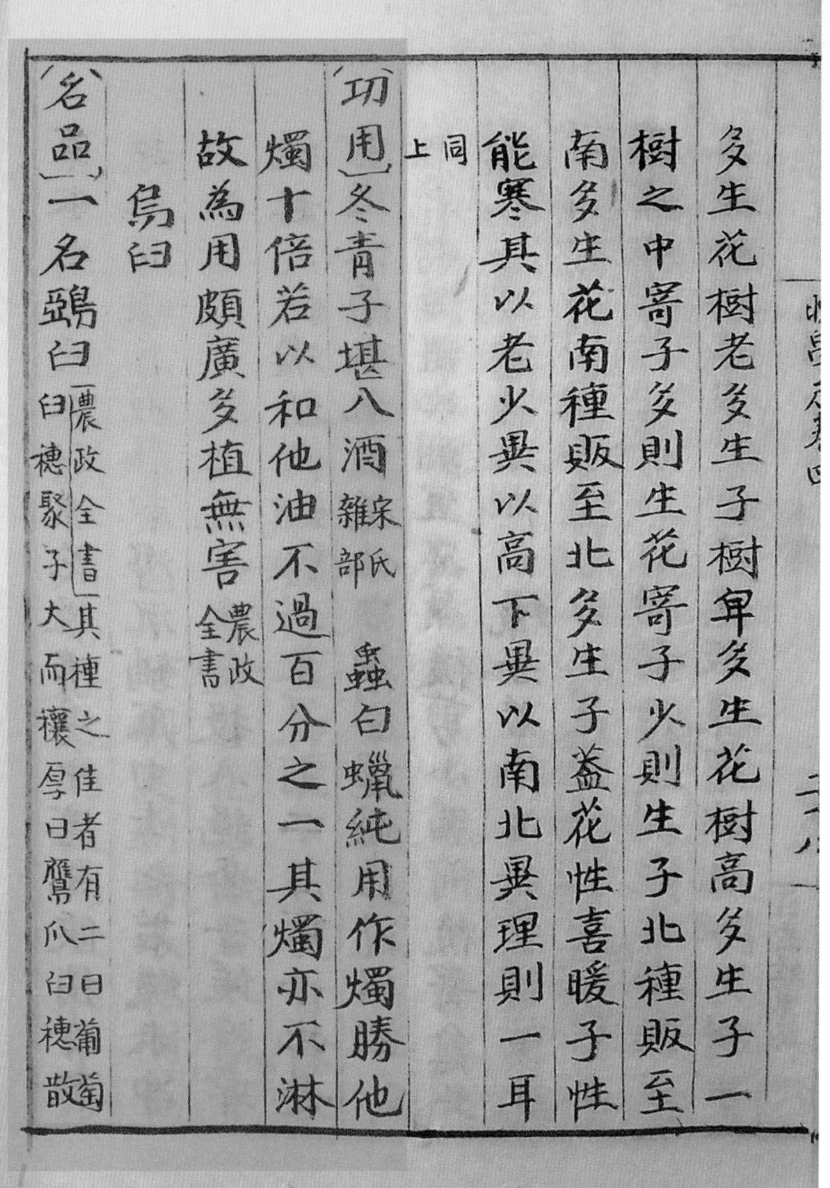

오사카본의 편집 지시대로 "여정" '공용' 항목 뒤에 새로 세운 "오구" 항목(고대본, 고려대학교 도서관 한적실)

20. 오구나무[烏臼, 오구][1]

烏臼

1) 이름과 품종

名品

일명 '아구(鴉臼)'이다.[2]

一名"鴉臼".

【농정전서[3] 종자의 좋은 품종이 2가지가 있다. 하나는 '포도구(葡萄臼)'이다. 이삭이 모여 있고, 씨는

【農政全書 其種之佳者有二. 曰"葡萄臼", 穗聚子大,

오구나무

1 오구나무[烏臼, 오구]: 대극과의 낙엽 교목. 조구나무라고도 한다. 높이는 10미터 정도이다. 잎은 어긋나고 넓은 달걀모양이다. 6~7월에 노란 꽃이 총상(總狀) 화서로 피고 열매는 검은색의 삭과(蒴果)를 맺는다. 씨는 기름을 짜서 비누나 초 따위를 만들고 관상용으로 재배한다.

2 일명 '아구(鴉臼)'이다:《本草綱目》卷35〈木部〉"烏桕木", 2050쪽에 보인다.

3 《農政全書》卷38〈種植〉"木部" '烏臼'(《農政全書校注》, 1066쪽).

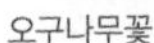

오구나무꽃

오구나무열매

크며, 이삭대는 굵다. 다른 하나는 '응조구(鷹爪臼)'이다. 이삭은 흩어져 있고 열매껍데기는 얇다.

而稄厚. 曰"鷹爪臼", 穗散而殼薄.

군방보[4] 나무의 높이는 몇 길[仞]이고, 잎은 살구나무[小杏]잎과 비슷하지만 그보다 조금 얇고, 옅은 녹색이다. 5월에 잔꽃이 피며, 황백색이다. 열매는 계두(鷄頭, 가시연밥)와 같다. 열매는 처음에 청색이다가 익으면 흑색이다. 3개의 판으로 나뉘어 있다. 8~9월에 익는다.

群芳譜 樹高數仞, 葉似小杏葉而微薄, 淡綠色, 五月開細花, 色黃白, 實如鷄頭. 初青熟黑, 分三瓣, 八九月熟.

행포지[5] 우리나라의 남쪽 지방에도 이 나무가 있지 않을까? 설령 없더라도 반드시 종자를 구해다가 심어 전하지 않을 수 없다. 강남(江南, 양자강 남쪽)은 북극고도[極高]가 32° 7′이며, 우리나라의 경상도와 전라도에서 바다에 접한 주군(州郡)의 북극고도는 34°

杏蒲志 我東南方亦有此樹否耶? 縱令無之, 未始不可購種傳植之. 江南極高三十二度七分, 吾東嶺、湖南沿海州郡極高三十四度,

4 《二如亭群芳譜》〈利部〉"木譜"'烏臼'(《四庫全書存目叢書補編》80, 667~668쪽).

5 《杏蒲志》卷3〈種女貞【附 取油諸種】〉(《農書》36, 207쪽).

이다. 이 지역은 땅기운의 차고 따뜻한 정도도 강남에 해당하여 그리 차이가 나지 않는다.[6]

地氣寒暖亦當, 不甚相遠矣.

최근에 강진(康津) 사람들이 흰 초[白燭] 몇 자루를 내게 가지고 왔다. 그것은 밀랍인 듯도 하고 아닌 듯도 하며, 수지(樹脂)인 듯도 하고 아닌 듯도 했다. 희고 질기며, 불을 붙여도 오래도록 타서 몇 촌의 길이만으로도 밤을 새울 수 있었다.

近有康津人携白燭數柄而來, 似蠟非蠟, 似脂非脂, 潔白淨韌, 燒之耐久, 數寸可達宵.

이는 고금도(古今島)[7]에 있는 어떤 나무가 □□[8]와 같은 열매를 맺었기에 그 속씨를 가져다 초를 만들었다고 했다. 내가 그 줄기와 잎, 꽃과 열매에 대해

古今島中有樹, 結實如□□①取其仁造燭云. 余問其幹葉、花實, 頗似烏臼,

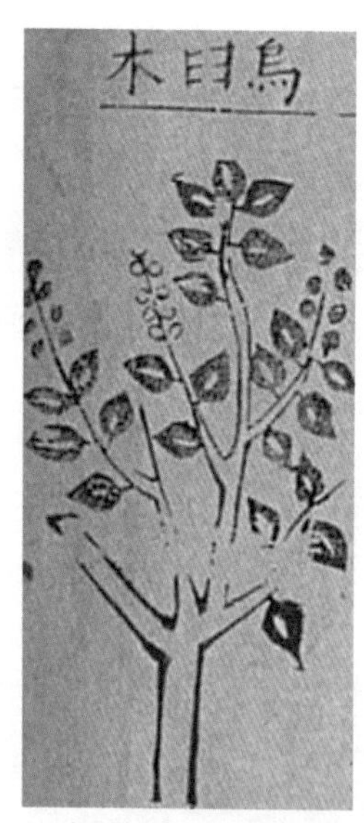

오구나무(《본초강목》)

오구나무(《왜한삼재도회》)

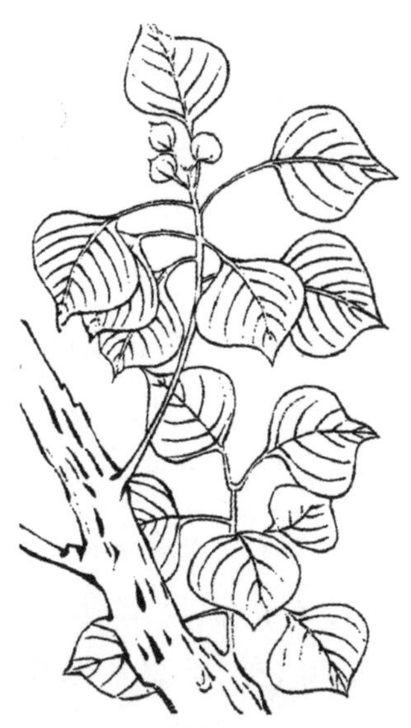
오구나무(《식물명실도고》)

6 《행포지》에는 여기까지만 적혀 있고 아래 내용은 확인이 안 된다.

7 고금도(古今島): 전라남도 완도군 고금면에 속한 섬.

8 □□: 결락된 2자는 특정 나무열매를 가리키는 듯하다.

① □□: 저본에 2자 결락됨.

서 물어보니, 오구와 매우 비슷했다. 이 종자를 구해 오면 널리 심고 시험해 보아야 한다[9]】

俟求種, 廣植而試之】

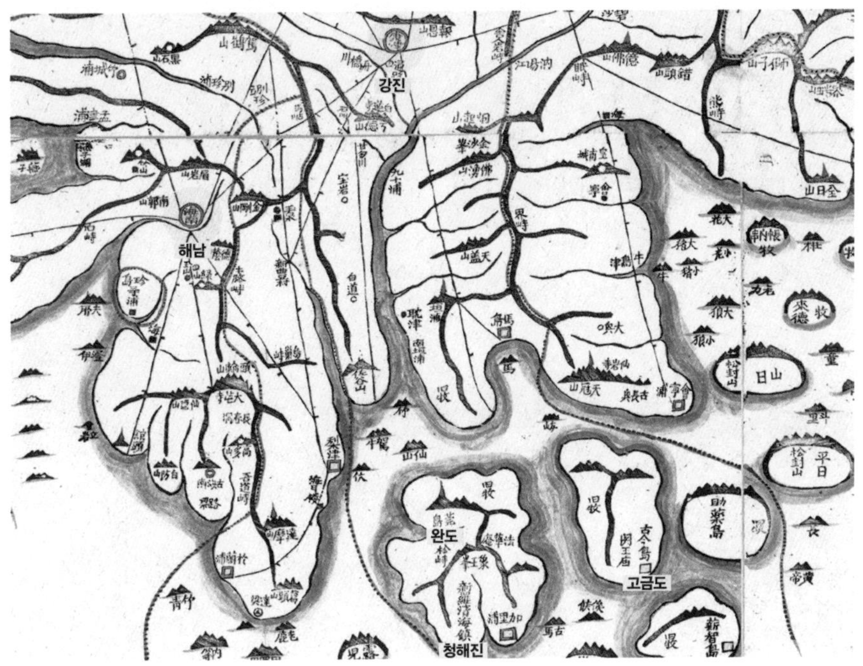

강진과 고금도(《대동여지도》)

9 이……한다 : 오구나무는 1930년경에 한국에 도입되었다고 하므로(《국립수목원 국가생물종지식정보: 식물》), 서유구가 전해 들었던 나무는 오구나무가 아닐 가능성이 크다.

2) 심는 시기

時候

접붙이기는 춘분 며칠 뒤에 해야 한다. 《농정전서》[10]

接須春分後數日. 《農政全書》

3) 심기와 가꾸기

種藝

고기를 기르는 못가에 심지 않아야 한다. 이 낙엽이 물에 들어가면 흑색으로 변하여 고기를 병들게 하기 때문이다. 《농정전서》[11]

養魚池邊勿種, 落葉入水, 變黑色, 令魚病. 《農政全書》

---

10 《農政全書》, 위와 같은 곳.

11 《農政全書》 卷38 〈種植〉 "木部" '烏臼'(《農政全書校注》, 1067쪽).

4) 접붙이기

接換

종자를 심은 나무는 반드시 접붙여야 좋다. 굵기가 술잔주둥이크기만 한 나무이면 접붙일 수 있다. 굵기가 1~2위(圍)[12]일 때도 접붙일 수 있다. 다만 나무가 작으면 낮은 곳에 접붙이고 나무가 크면 높은 곳에 접붙인다. 《농정전서》[13]

子種者必須接之乃可. 樹如酒盃口大, 便可接, 大至一兩圍, 亦可接. 但樹小低接, 樹大高接. 《農政全書》

접붙이는 법은 다른 과실나무와 같다. 《농정전서》[14]

接法, 與雜果同. 同上

산속 채소농사꾼의 말을 들으니, "오구나무는 굳이 접붙일 필요가 없다. 단지 봄에 오구나무가지를 하나하나 비틀어 그 줄기의 심은 잘게 부수되 표피는 상하지 않게 하면 열매가 난다. 그러면 접붙이는 효과와 같다."고 했다.

聞之山中老圃, 云: "臼樹不須接博, 但于春間將樹枝一一捩轉, 碎其心, 無傷其膚, 卽生子, 與接博者同."

내가 시험해보니, 정말로 그러했다. 땅이 멀어 좋은 대목을 취할 수 없는 경우는 이 법을 사용해야 한다. 이 법은 농서(農書)에는 실려 있지 않고 농가에서도 아직 듣지 못했다. 다른 나무들도 또한 그러할 듯하니, 일일이 시험해보아야 한다. 《농정전서》[15]

余試之, 良然. 若地遠無從取佳貼者, 宜用此法. 此法農書未載, 農家未聞, 恐他樹木亦然, 宜逐一試之. 同上

12 위(圍): 두 손이나 두 팔을 둥글게 모아서 만든 둘레. 여기서는 두 손으로 만든 둘레이다.

13 《農政全書》 卷38 〈種植〉 "木部" '烏臼'(《農政全書校注》, 1066쪽).

14 《農政全書》, 위와 같은 곳.

15 《農政全書》, 위와 같은 곳.

5) 거두기

收採

오구열매 따기는 11월에 하되, 다만 익은 상태를 기준으로 삼는다. 딸 때는 가지나 줄기째로 벤다. 다만 손가락굵기 이상 되는 가지는 남긴다. 그보다 덜 굵은 가지에서는 열매가 전혀 맺히지 않는다. 또한 이런 가는 가지를 쳐 주면 다음해에는 가지와 열매가 모두 번성한다. 《농정전서》[16]

採臼子在中冬, 但以熟爲候. 採須連枝條剝之, 但留取指大以上枝. 其小者總無子, 亦宜剝去, 則明年枝實俱繁盛. 《農政全書》

16 《農政全書》 卷38 〈種植〉 "木部" '烏臼'(《農政全書校注》, 1066~1067쪽).

6) 기름 얻는 법

取油法

깨끗한 열매를 골라 햇볕에 말린다. 이를 절구에 넣고 찧어 바깥을 싸고 있는 흰 껍질을 분리시킨다. 이를 체질하여 껍질만 모은 다음, 껍질을 쪄서 떡을 만든다.[17] 떡 짜서 기름 얻기를 일반적인 법과 같이 하면 밀랍과 같은 백유(白油, 흰 기름)가 된다. 이 기름으로 초를 만든다.

揀取淨[2]子, 曬乾, 入臼舂, 落外白穰, 篩出之, 烝熟作餅, 下榨取油如常法, 卽成白油如蠟, 以製燭.

만약 껍질의 양이 적어 기름틀에 차지 않으면 떡을 만든 다음 다른 종류의 기름떡[油餠]에 넣고 섞어서 짠다. 혼합된 기름을 짜고 나서 병 속에 담는다. 여기에 풀로 만든 비[草帚] 하나를 둔다. 기름이 나와 식어 안정되면 오구기름은 비에 엉겨 붙기 때문에 다른 기름과 섞이지 않을 것이다.

若穰少不滿一榨者, 卽作餠, 入他油餠雜榨之. 榨下, 盛油缾中, 置一草帚, 候油出冷定, 臼油卽凝附草帚, 不雜他油矣.

흰색 오구열매. 흰 부분이 밀랍으로 구성되어 있다.

17 체질하여……만든다: 오구열매의 흰 껍질에 밀랍이 있기 때문에 껍질로 기름을 낸다.

[2] 淨:《農政全書·種植·木部》에는 "浄".

토매(《본리지》)

앞에서 체로 쳐 놓은 흑색 씨는 맷돌이나 거친 토매[礱, 롱][18]로 갈아서 껍질은 까불러 제거하고 핵 속의 속씨만 남겨 둔다. 이를 다시 맷돌이나 연자방아로 잘게 갈고 찐다. 이어서 일반적인 법과 같이 기름을 짜면 청유(淸油, 맑은 기름)가 된다. 《농정전서》[19]

其篩出黑子, 用石磨、麤礱碎, 簸去殼, 存下核中仁, 復磨或碾細烝熟, 榨油如常法, 卽成淸油. 《農全政書》

18 토매[礱, 롱]: 곡식을 마찰시켜 껍질을 벗기는, 맷돌모양의 농기구. 아래위 두 짝이 있고 위짝에 자루가 달려 있다. 흙을 구워 만들거나 나무로 만든다. 서유구 지음, 정명현·김정기 역주, 《임원경제지 본리지(林園經濟志 本利志)》 3, 236~241쪽에 자세히 보인다.

19 《農政全書》 卷38 〈種植〉 "木部" '烏臼'(《農政全書校注》, 1067쪽).

초 만드는 법: 오구기름 10근(斤)에 백랍 3전(錢)을 더하면 촛농이 흘러내리지 않는다. 백랍이 많이 들어가면 더욱 좋다. 《농정전서》[20]

製燭法: 每臼油十斤, 加白蠟三錢則不淋, 蠟多更佳. 同上

나귀토매(《본리지》)

물토매(《본리지》)

20 《農政全書》, 위와 같은 곳.

7) 쓰임새

功用

오구열매 바깥쪽의 흰 껍질로는 압착하여 백유(白油)를 얻고 이것으로 밀랍초를 만든다. 열매 속의 속씨로는 압착하여 청유(淸油)를 얻고 이것으로 등을 사르면 아주 밝다. 청유를 머리카락에 바르면 머리카락이 검게 변한다. 또한 옻칠에 넣을 수가 있고 종이를 만들어 사용할 수 있다. 열매 1석을 거두어들이면 백유 10근과 청유 20근을 얻을 수 있다. 저쪽 1묘(畝) 되는 터에 오구나무 몇 그루만 있으면 평생 쓰기에 충분하기 때문에 기름을 시장에서 굳이 살 필요가 없다. 《농정전서》[21]

子外白穰, 壓取白油, 造蠟燭. 子中仁, 壓取淸油, 燃燈極明. 塗髮變黑, 又可入漆, 可造紙用. 每收子一石, 可得白油十斤、淸油二十斤. 彼中一畝之宮, 但有樹數株者, 生平足用, 不復市膏油也.《農政全書》

기름으로 사용하는 외에 기름 짜고 남은 오구깻묵은 밭에 거름줄 수 있고, 불 때서 밥을 지을 수 있고, 불을 꺼뜨리지 않고 오래 묵힐 수가 있다. 잎은 검정으로 물들일 수 있다. 나무는 글자를 새길 수 있고, 무늬를 새겨 넣은 각종 용구를 만들 수 있다. 또 나무는 오래 자라도 죽지 않기 때문에 굵기가 두 팔로 안을 정도 이상이면 열매도 더욱 많이 거두어들일 수 있다. 그러므로 한 번 심어 놓으면 자손 몇 대에 걸쳐 이익이 된다. 《농정전서》[22]

用油之外, 其渣仍可壅田, 可燎爨, 可宿火. 其葉可染皁, 其木可刻書及雕造器物. 且樹久不壞, 至合抱以上, 收子愈多. 故一種卽爲子孫數世之利. 同上

---

21 《農政全書》卷38 〈種植〉"木部" '烏臼'(《農政全書校注》, 1065쪽).

22 《農政全書》卷38 〈種植〉"木部" '烏臼'(《農政全書校注》, 1066쪽).

21. 사(楂)나무[1]

楂

1) 이름과 품종

【농정전서[2] 사(楂)나무는 민(閩)[3]·광(廣)[4]·양자강 서쪽 지역[江右]의 산골짜기에서 난다. 상수리나무나 밤나무의 종류이다. 나무는 쉽게 자라며 재목 또한 견고하고 질기다.

열매는 상수리와 같지만 열매에 가시가 없는 점이 다를 뿐이다. 껍데기[斗] 안에 씨를 머금고 있다. 1~2개나 3~4개 들어 있는 모습이 밤과 매우 비슷하나 씨의 껍질은 매우 얇다.

껍질 속의 속껍질의 색은 비자와 같다. 열매살도 밤과 비슷하나 맛은 매우 쓰며 기름이 많다. 이것으로 등을 사르면 매우 밝아서 다른 기름보다 낫다. 먹을 수도 있다.

사(楂)나무는 남쪽 지방에서 그 이로움이 매우 크다. 하지만 자서(字書)에는 이 글자가 없다. 외진 지방의 잡기(雜記)에도 이 글자가 보이지 않는다. 혹은 이 나무를 가리키는 글자를 단지 차(茶)자로 쓰기도 한

名品

【農政全書 楂木生閩、廣、江右山谷間，橡、栗之屬也. 其樹易成，材亦堅韌.

實如橡斗，斗無刺爲異耳. 斗中函子，或一二或三四，甚如栗而殼甚薄.

殼中仁皮色如榧，瓤肉亦如栗，味甚苦而多膏油. 燃燈甚明，勝于諸油，亦可食.

楂在南中，爲利甚廣，乃字書旣無此字，而偏方雜記亦未之見. 或直書爲茶，尤非也. 獨本草有櫧字，云："小

---

1 사(楂)나무 : 미상. 상수리나무나 너도밤나무와 비슷한 종으로 추정된다.

2 《農政全書》卷38〈種植〉"木部" '楂'(《農政全書校注》, 1073쪽).

3 민(閩) : 중국 절강성(浙江省) 남부와 복건성(福建省) 일대.

4 광(廣) : 중국 광동성(廣東省) 일대.

다. 하지만 이는 더욱 잘못이다. 유독 본초서(本草書)에만 저(櫧)라는 글자가 있다. 이를 설명하여 "상수리보다 작고 맛은 쓰고 떫다. 껍질과 나무는 밤나무와 같다."[5]라고 했다.

于橡子, 味苦澀, 皮樹如栗."

혹은 저(櫧)와 사(楂)는 성(聲)[6]이 비슷하기 때문에 그 지방의 음이 와전된 것일지도 모르겠다. 본초서에서는 열매로 기름을 만들 수 있다고 말하지 않은 점으로 보아, 옛 사람들이 오구나무[烏臼]나 광나무[女貞] 종류와 같은 이익을 누리지 못한 것인가?

或者櫧、楂聲近, 土俗音訛耶? 其不言子可爲油, 或昔人未食其利, 如烏臼、女貞之類耶?

행포지[7] 우리나라에는 사(楂)나무가 없으므로 종자를 구입하여 널리 심어야 한다】

杏蒲志 我東無楂木, 宜購種廣植之】

저자(櫧子)
(《본초강목》)

너도밤나무열매

너도밤나무. 여기서 설명하는 '사'와는 다른 나무이나 비슷해 보인다.

5 열매는……같다:《本草綱目》卷30〈果部〉"櫧子", 1809쪽.
6 성(聲):한자(漢字) 음의 첫 자음. 성모(聲母). 한자 음의 모음과 종성인 자음을 합해서는 운모(韻母)라 한다.
7 출전 확인 안 됨.

2) 심기와 가꾸기

種藝

가을에 열매를 거두어들일 때 큰 것을 대략 고른다. 땅을 파서 작은 움 1개를 만들되, 샘물이 나올 정도로 깊이 파서는 안 된다. 모래흙에 열매를 섞어 움 속에 둔다. 다음해 춘분에 꺼내다가 휴전[畦]에 심는다. 추분 후에 이를 나누어 옮겨 심는다. 3년이면 열매를 맺는다. 《농정전서》[8]

秋間收子時, 簡取大者, 掘地作一小窖, 勿令及泉, 用沙土和子置窖中. 至次年春分, 取出畦種. 秋分後分栽. 三年結實. 《農政全書》

3) 거두기

收採

매년 한로(寒露, 양력 10월 8·9일경) 3일 전에 사(楂)나무열매를 거두어들이면 열매에 기름이 많다. 이보다 늦으면 기름이 말라 없어진다. 《농정전서》[9]

每歲于寒露前三日, 收取楂子則多油, 遲則油乾. 《農政全書》

4) 기름 얻는 법

取油法

열매를 거두어들인 다음 높은 곳에서 햇볕에 쬐어 바람을 통하게 한다. 누각 위면 더욱 좋다. 이렇게 보름이 지나면 열매의 틈이 벌어지는데, 가져다가 껍질을 제거한다. 급히 껍질을 벌어지게 하려고 하면 1~2일 동안 펼쳐 놓고 햇볕에 쬐어야 모두 벌어질 것이다.

收子, 宜晾之高處, 令透風, 樓上尤佳. 過半月則罅發, 取去斗. 欲急開則攤曬一兩日, 盡開矣.

껍질이 벌어진 후에 씨를 햇볕에 바짝 말리고 방아나 맷돌 속에서 잘게 간다. 이 가루를 쪄서 기름 짜는 일은 일반적인 법과 같다. 《농정전서》[10]

開後取子曬極乾, 碓磑中碾細. 烝熟榨油, 如常法. 《農政全書》

---

8 《農政全書》卷38 〈種植〉"木部" '楂'(《農政全書校注》, 1073쪽).

9 《農政全書》, 위와 같은 곳.

10 《農政全書》, 위와 같은 곳.

5) 쓰임새

功用

자랄 때 잘 관리하여 굳세고 곧게 뻗어 올라 가게 한 나무는 장대를 만들기에 적당하다. 《농정전서》[11]

若修治令勁挺者, 中爲杠. 《農政全書》

그 기름으로 등을 밝히면 매우 밝다. 또한 일체의 부스럼증을 치료할 수 있다. 기름을 상처 부위에 여러 차례 바르면 바로 낫는다. 본성이 차갑기 때문에 습기와 열기를 물리칠 수 있다. 인주(印朱)[12]를 만드는 데 사용한다. 생 기름을 넣어 인주를 만들어도 인주가 종이에 번지지 않는다. 또한 머리카락를 윤기 나게 할 수 있다. 하지만 옷을 염색하지 못하고, 머리카락을 기름지게 하지는 못한다. 《농정전서》[13]

其油點燈甚明, 亦能療一切瘡疥, 塗數次卽愈. 其性寒, 能退濕熱. 用造印色, 生者亦不沁. 又堪澤髮, 不染衣, 不膩髮. 同上

기름을 짜고 남은 깻묵으로는 불을 땔 수가 있다. 불을 땔 때는 먼저 깻묵마다 부숴 놓는다. 이어서 아궁이에 시렁을 설치하고 시렁 아래에는 마른 땔나무에다 불을 붙인다. 여기에 깻묵가루를 점점 흩어 뿌려 넣으면 불꽃을 크게 일으킨다. 이 불을 충분히 태우면 오래 꺼지지 않는 묵은 불씨로 쓸 수 있다. 이 묵은 불씨는 숯덩어리로 만든 불씨보다 낫다. 《군방보》[14]

其滓可爨. 每餠作因①破, 架竈內, 下用乾柴發火. 以餠屑漸次撒入則起燄. 燒熟者宿火, 勝炭墼. 《群芳譜》

---

11 《農政全書》, 위와 같은 곳.

12 인주(印朱): 도장을 찍을 때 묻혀서 쓰는 붉은 빛깔의 재료. 《임원경제지 이운지》 권4 〈서재의 고상한 벗들(하)〉 "도장" '인주 만드는 방법'(풍석 서유구 지음, 임원경제연구소 옮김, 《임원경제지 이운지》2, 풍석문화재단, 2019, 305~330쪽)에 자세히 보인다.

13 《農政全書》 卷38 〈種植〉 "木部" '桕'(《農政全書校注》, 1073~1074쪽).

14 《二如亭群芳譜》 〈利部〉 "木譜" '桕'(《四庫全書存目叢書補編》80, 669쪽).

① 因: 《二如亭群芳譜·利部·木譜》에는 "四".

22. 멀구슬나무[楝, 연][1]

楝

1) 이름과 품종

【이아익[2] 멀구슬나무잎으로는 물건을 깨끗하게 표백할[練] 수 있기 때문에 '연(楝)'이라고 한다.

名品

【爾雅翼 楝葉可練物，故謂之"楝".

멀구슬나무(임원경제연구소, 전주수목원에서 촬영)

1 멀구슬나무[楝, 연]：멀구슬나뭇과에 속한 낙엽 교목. 잎은 깃꼴 겹잎이고 어긋나며, 5월에 자줏빛 꽃이 잎겨드랑이에 원추 꽃차례로 달린다. 열매는 9월에 황색으로 익는다. 정원수로 심으며 열매는 약재로 쓰인다.

2 《爾雅翼》卷9 〈釋木〉"楝"(《文淵閣四庫全書》222, 337쪽).

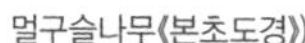
멀구슬나무《본초도경》

멀구슬나무(《왜한삼재도회》)

멀구슬나무(《식물명실도고》)

도경본초[3] 나무의 높이는 10척 남짓이다. 잎은 회화나무처럼 배게 나지만 그보다 길다. 3~4월에 꽃이 피며, 홍자색이다. 열매는 탄환과 같다. 익기 전에는 청색이고 익으면 황색이다】

圖經本草 木高丈餘，葉密如槐而長．三、四月開花，紅紫色，實如彈丸，生靑熟黃】

3 《圖經本草》卷12〈木部〉下品 "楝實"(《本草圖經》, 408쪽).

2) 알맞은 토양

土宜

멀구슬나무는 쉽게 나고 쉽게 자라므로 제방에 옮겨 심어야 한다. 《화한삼재도회》[4]

楝易生易長，宜栽塘堤.《和漢三才圖會》

3) 심기와 가꾸기

種藝

평지를 갈아 푹 삶은 다음 두둑을 만들어 거기에 씨를 심는다. 《제민요술》[5]

平地耕熟，作壟種之.《齊民要術》

멀구슬나무

멀구슬나무잎

멀구슬나무꽃과 열매

멀구슬

4 《和漢三才圖會》卷83〈木部〉"喬木類" '楝'(《倭漢三才圖會》10, 180쪽).

5 출전 확인 안 됨;《農政全書》卷38〈種植〉"木部" '楝'(《農政全書校注》, 1070쪽).

열매가 익었을 때 비가 내리고 난 후에 씨를 심는다. 심는 법은 복숭아나무나 자두나무 심는 법과 같다. 나무가 크게 자라면 옮겨 심는다. 원 사농사 《농상집요》[6]

子熟時, 雨後種, 如種桃、李法. 成樹移栽. 元司農司《農桑輯要》

6 《農桑輯要》 卷6 〈竹木〉 "楝"(《農桑輯要校注》, 230쪽).

4) 쓰임새

성장이 매우 빠르다. 그러므로 심은 지 5년 후에는 큰 서까래를 만들 수가 있다. 북쪽 지방의 인가에서는 당(堂)[7]이나 각(閣)[8]과 같은 건물을 지으려고 하면 3~5년 앞서 씨를 심는다. 이런 건물을 만들려고 할 때는 멀구슬나무가 서까래로 쓰기에 괜찮다. 《제민요술》[9]

功用

其長甚疾. 五年後可作大椽. 北方人家欲搆堂閣, 先於三五年前種之. 其堂閣欲成則楝木可椽. 《齊民要術》

7 당(堂):높은 기단[臺基] 위에 지은 대청 혹은 마루.

8 각(閣):사방을 바라볼 수 있도록 문과 벽이 없이 다락처럼 높이 지은 집.

9 출전 확인 안 됨;《農政全書》卷38 〈種植〉 "木部" '楝'(《農政全書校注》, 1070~1071쪽).

23. 조각자나무[皁莢, 조협][1]

皁莢

1) 이름과 품종

名品

일명 '계서자(鷄棲子)'이다.[2]

一名"鷄棲子".

【본초강목[3] 나무의 꼬투리[莢]가 검기[皁] 때문에 이렇게 이름 붙였다. 《광지(廣志)》[4]에서는 '계서자(鷄棲子)'라 했다.

【本草綱目 莢之樹皁, 故名. 《廣志》謂之"鷄棲子".

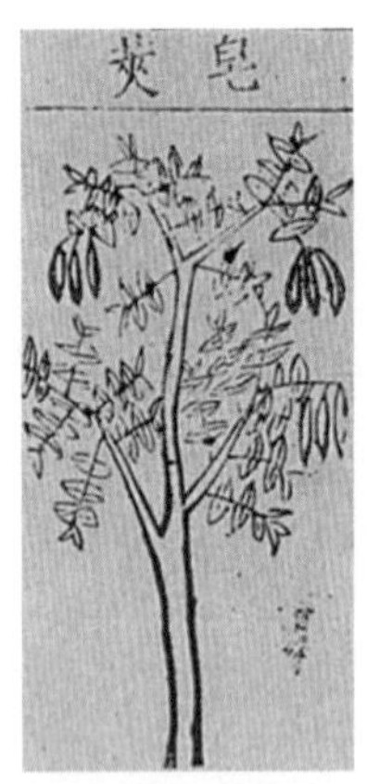

조각자나무(《본초강목》)

조각자나무(《본초도경》)

조각자나무[猪牙皁莢, 저아조협](《본초도경》)

---

1 조각자나무[皁莢, 조협]: 장미목 콩과에 속한 낙엽 활엽 교목. 쥐엄나무라고도 한다. 높이는 20미터에 이른다. 줄기와 가지에 가시가 있다. 6월에 녹색 꽃이 총상 꽃차례로 달리며, 꼬투리모양의 열매가 가을에 익는다. 우리나라, 중국, 일본, 만주 등지에 분포한다.

2 일명 '계서자(鷄棲子)'이다: 《本草綱目》 卷35 〈木部〉 "皁莢", 2014쪽에 보인다.

3 《本草綱目》 卷35 〈木部〉 "皁莢", 2015쪽.

4 광지(廣志): 중국 진(晉)나라의 곽의공(郭義恭, ?~?)이 지은 박물학서. 2권. 중국의 동물·식물·물산·산천·지방·풍속 등을 기록했으나 산실되었다.

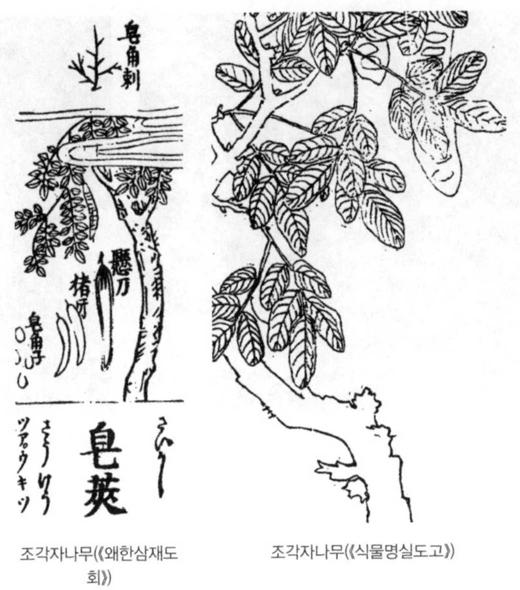

조각자나무(《왜한삼재도회》)　　조각자나무(《식물명실도고》)

나무는 높고 굵다. 잎은 회화나무잎과 비슷하나 그보다 가늘고 길면서 뾰족하다. 가지 사이에는 가시가 많다. 여름에 잘고 황색인 꽃이 핀다.

맺은 열매에 따라 다음의 3종류가 있다. 한 종류는 돼지의 어금니만 하게 작다. 다른 한 종류는 길고 두껍게 살졌으며, 기름이 많아 끈적끈적하다. 또 다른 한 종류는 길고 가늘면서 얇으며, 기름이 없어서 끈적거리지 않는다. 기름이 많은 종을 좋은 나무로 친다】

其樹高大, 葉如槐葉, 瘦長而尖, 枝間多刺, 夏開細黃花.

結實有三種: 一種小如猪牙, 一種長大肥厚, 多脂而粘, 一種長而瘦薄, 枯燥不粘. 以多脂者爲佳】

조각자나무꼬투리

조각자나무가시

2) 심는 시기

時候

2~3월에 씨를 심는다. 원 사농사 《농상집요》[5]

二三月種. 元司農司《農桑輯要》

3) 치료하기

醫治

나무가 열매를 맺지 못하면 줄기에 큰 구멍을 하나 뚫는다. 여기에 생철 3~5근을 넣고 진흙으로 봉하면 꽃이 피고 열매를 맺는다. 《박문록》[6]

樹不結實, 鑿一大孔, 入生鐵三五斤, 以泥封之, 便開花結子. 《博聞錄》

꼬투리[角]를 맺지 못하면 나무의 남쪽과 북쪽 두 면의 줄기에 땅에서 1척 떨어지도록 구멍을 뚫는다. 여기에 나무못을 박은 다음 진흙으로 구멍을

不結角者, 南北二面, 去地一尺鑽孔, 用木釘釘之, 泥封竅卽結. 元司農司《農桑

5 《農桑輯要》 卷6 〈竹木〉 "皁莢"(《農桑輯要校注》, 230쪽).

6 출전 확인 안 됨; 《農桑輯要》, 위와 같은 곳; 《農政全書》 卷38 〈種植〉 "木部" '皁莢'(《農政全書校注》, 1069쪽).

봉하면 꼬투리열매를 맺는다. 원 사농사 《농상집요》[7]

輯要》

4) 거두기

收採[1]

열매를 맺었을 때 대껍질로 그 뿌리를 여러 번 둘러 묶은 다음 나무로 만든 쐐기[8]를 묶은 곳에 끼워 놓는다. 그러면 하룻저녁이 지나 절로 열매가 떨어진다. 《박문록》[9]

旣實, 以蔑束其本數帀, 木楔之, 一夕自落. 《博聞錄》

5) 쓰임새

功用[2]

조각자나무는 때와 기름기를 세척하는 데 사용하면 가장 좋다. 열매[角]와 가시는 모두 약에 넣을 수가 있다. 그러므로 또한 세상살이에 이로운 물건이다. 《왕정농서(王禎農書)》[10]

皁莢, 用以洗垢滌膩最良. 角與刺, 俱堪入藥. 亦物之利益于世者. 《王氏農書》[3]

---

7 《農桑輯要》, 위와 같은 곳.

8 쐐기 : 물건과 물건 사이의 틈에 박아서 사개가 물러나지 못하게 하거나, 물건의 사이를 벌리는 데 쓰이는 납작하고 뾰족한 물건.

9 출전 확인 안 됨; 《農桑輯要》, 위와 같은 곳; 《農政全書》, 위와 같은 곳.

10 《王禎農書》 卷9 〈百穀譜〉 "竹木" '皁莢', 156쪽; 《農政全書》, 위와 같은 곳.

[1] 收採 : 오사카본에는 "瑣言"을 "收採"로 수정한 흔적이 있다.

[2] 功用 : 오사카본에는 아래에 적혀 있는 "收採" 항목을 위로 올리고 "功用" 항목을 아래로 내리라는 편집 지시가 있다.

[3] 王氏農書 : 오사카본에는 "農政全書"를 "王氏農書"로 수정한 흔적이 있다.

下

功用 皂筴用以洗垢滌膩最良爲與刺俱堪入藥亦

物之利益于世者 農政全書 王氏農書

上

殰害 收採 既實以篾束其本數匝木楔之一夕自落 傳聞錄

五加

名品 一名五花一名文章草 圖經本草 叢生高三五尺上有黑刺葉生五枚作簇者良四葉三葉者次之每一葉下生一刺三四月開白花結青子至六月漸黑根若荊根皮黃黑肉白骨硬 本草綱目 楊愼丹鉛錄作五佳云一枝五葉者佳故名五佳譙周巴蜀異物志名文章草有贊云文章作酒能成其味以金買草不言其貴是也生北方沙地者皆木類南方堅地者如草類也 按 我東以關東峽邑產爲最

土宜 性喜肥 增補陶朱公書

"수채"와 "공용" 항목의 순서를 바꾸라는 편집 지시(오사카본, 임원경제연구소)

收採 既實以篾束其本數帀木楔之一夕自落 博聞錄

功用 皂莢用以洗垢滌膩最良角與刺俱堪入藥亦
物之利益于世者 王氏農書

五加

名品 一名五花一名文章草 圖經本草 叢生高三五
尺上有黑刺葉生五枚
作簇者良四葉三葉者次之每一葉下生一刺三
四月開白花結實子至六月漸黑根若制根皮黃
黑肉白骨硬 本草綱目 楊慎丹鉛錄作五佳云
一枝五葉者佳故名五佳譙周巴蜀異物志名文
章草有贊云文章作酒能成其味以金買草不言
其貴是也生北方沙地者皆木類南方堅地者如
草類也 按我東以
關東峽邑產爲最

土宜 性喜肥 增補陶朱公書

편집 지시가 반영된 저본(고려대 도서관 한적실)

24. 오가피나무[五加, 오가][1]

五加

1) 이름과 품종

名品

일명 '오화(五花)', '문장초(文章草)'이다.[2]

一名"五花", 一名"文章草".

오가피나무

오가피나무열매(이상 임원경제연구소, 포천 국립수목원에서 촬영)

오가피나무잎

오가피나무잎과 열매

1 오가피나무[五加, 오가]: 두릅나뭇과에 속한 낙엽 관목. 잎은 손바닥모양의 겹잎으로 어긋맞게 나며, 8~9월에 자주색 꽃이 피고 가을에 까만 열매가 익는다. 뿌리와 나무껍질은 오가피라 하여 한약재로 쓰이거나 술을 담그는 데 쓰인다.

2 일명……'문장초(文章草)'이다:《本草綱目》卷36〈木部〉"五加", 2108쪽에 보인다.

【 도경본초 [3] 무더기로 난다. 높이는 3~5척이다. 나무에는 흑색 가시가 있다. 잎이 5개가 모여 나는 나무가 좋다. 잎이 4개나 3개가 모여 나는 나무는 그 다음이다. 잎 아래마다 가시가 1개 난다. 3~4월에 백색 꽃이 피고 열매를 맺는다. 열매는 6월이 되면 점점 흑색이 된다. 뿌리는 목형나무[荊][4]의 뿌리와 같다. 껍질은 황흑색이다. 줄기의 속살은 백색이며 속줄기[骨]는 단단하다.

【 圖經本草 叢生, 高三五尺, 上有黑刺, 葉生五枚[1]作簇者良, 四葉、三葉者次之. 每一葉下生一刺. 三、四月開白花, 結實子, 至六月, 漸黑, 根若荊根, 皮黃黑, 肉白, 骨硬.

---

3 《圖經本草》 卷10 〈木部〉 上品 "五加皮"(《本草圖經》, 341쪽).

4 목형나무[荊] : 마편초과의 낙엽 관목. 황형(黃荊)·자형(紫荊)·모형(牡荊) 등 종류가 다양하다. 높이는 2~3미터이다. 잎은 마주나고 가장자리에 톱니가 있기도 하다. 7~8월에 암자색 꽃이 원추(圓錐) 화서로 핀다. 줄기와 잎은 한약재로 쓴다.

[1] 枚:《圖經本草·木部·五加皮》에는 "叉".

본초강목[5] 양신(楊愼)[6]의 《단연록(丹鉛錄)》[7]에는 '오가(五佳)'로 되어 있으며 이에 대해 "가지 1개에 5개의 잎이 있는 나무가 좋다[佳]. 그러므로 '오가(五佳)'라고 한다."[8]라 했다.

本草綱目 楊愼《丹鉛錄》作"五佳", 云: "一枝五葉者佳, 故名'五佳'."

초주(譙周)[9]의 《파촉이물지(巴蜀異物志)》[10]에서는 '문장초(文章草)'라고 이름 붙였다. 이에 대한 찬(贊)[11]에서 "문장초로 술 담그면 훌륭한 맛 낼 수 있네, 금(金)으로 문장초 사도 비싸다 말 않네."[12]라고 읊은 내용이

譙周《巴蜀異物志》名"文章草", 有贊云: "文章作酒, 能成其味. 以金買草, 不言其貴"是也.

오가피나무(《본초도경》)

오가피나무(《본초강목》)

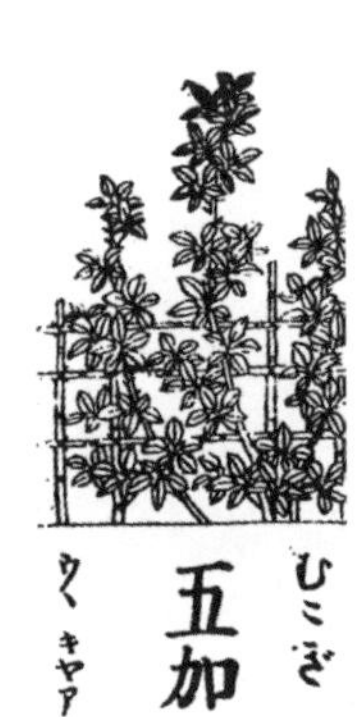

오가피나무(《왜한삼재도회》)

오가피나무(《식물명실도고》)

5 《本草綱目》 卷36 〈木部〉 "五加", 2108~2109쪽.

6 양신(楊愼): 1488~1559. 중국 명(明)나라의 관리·문인. 저서로 《승암집(升庵集)》, 《도정악부(陶情樂府)》, 《단연록(丹鉛錄)》 등 100여 종이 있다.

7 단연록(丹鉛錄): 중국 명(明)나라의 양신(楊愼)이 지은 필기류 저술. 《단연여록(丹鉛餘錄)》 17권, 《단연속록(丹鉛續錄)》 12권, 《단연애록(丹鉛閏錄)》 9권, 《단연잡록(丹鉛雜錄)》 10권, 《단연적록(丹鉛摘錄)》 13권, 《단연총록(丹鉛總錄)》 27권, 《단연별록(丹鉛別錄)》 등이 있다.

8 가지……한다: 《丹鉛總錄》 卷4 〈花木類〉 "五加皮"(《文淵閣四庫全書》855, 379쪽)에는 위 내용이 없다.

9 초주(譙周): 201~270. 중국 삼국 시대 촉(蜀)나라의 관리·학자. 저서로 《오경론(五經論)》·《법훈(法訓)》·《고사고(古史考)》 등이 있었으나 모두 일실되었다.

10 파촉이물지(巴蜀異物志): 중국 삼국 시대 촉(蜀)나라의 관리·학자 초주(譙周)의 저술로 추정된다.

11 찬(贊): 인물이나 사물을 기리어 칭찬하는 글.

12 문장초로……않네: 출전 확인 안 됨; 《丹鉛總錄》 卷4 〈花木類〉 "五加皮"(《文淵閣四庫全書》855, 379쪽); 《農政全書》 卷40 〈種植〉 "雜種" 下 '五加'(《農政全書校注》, 1119쪽).

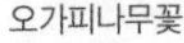

오가피나무꽃

오가피나무꽃봉오리(이상 네이버 블로그 수락산 스마일)

이것이다.

북쪽 지방의 모래땅에서 자라는 오가(五加)는 모두 목류(木類)이고, 남쪽 지방의 단단한 땅에서 나는 것은 초류(草類)와 같다.

生北方沙地者皆木類, 南方堅地者如草類也.

안 우리나라에서는 강원도의 산골 읍에서 나는 오가피가 최고이다】

按 我東以關東峽邑產爲最】

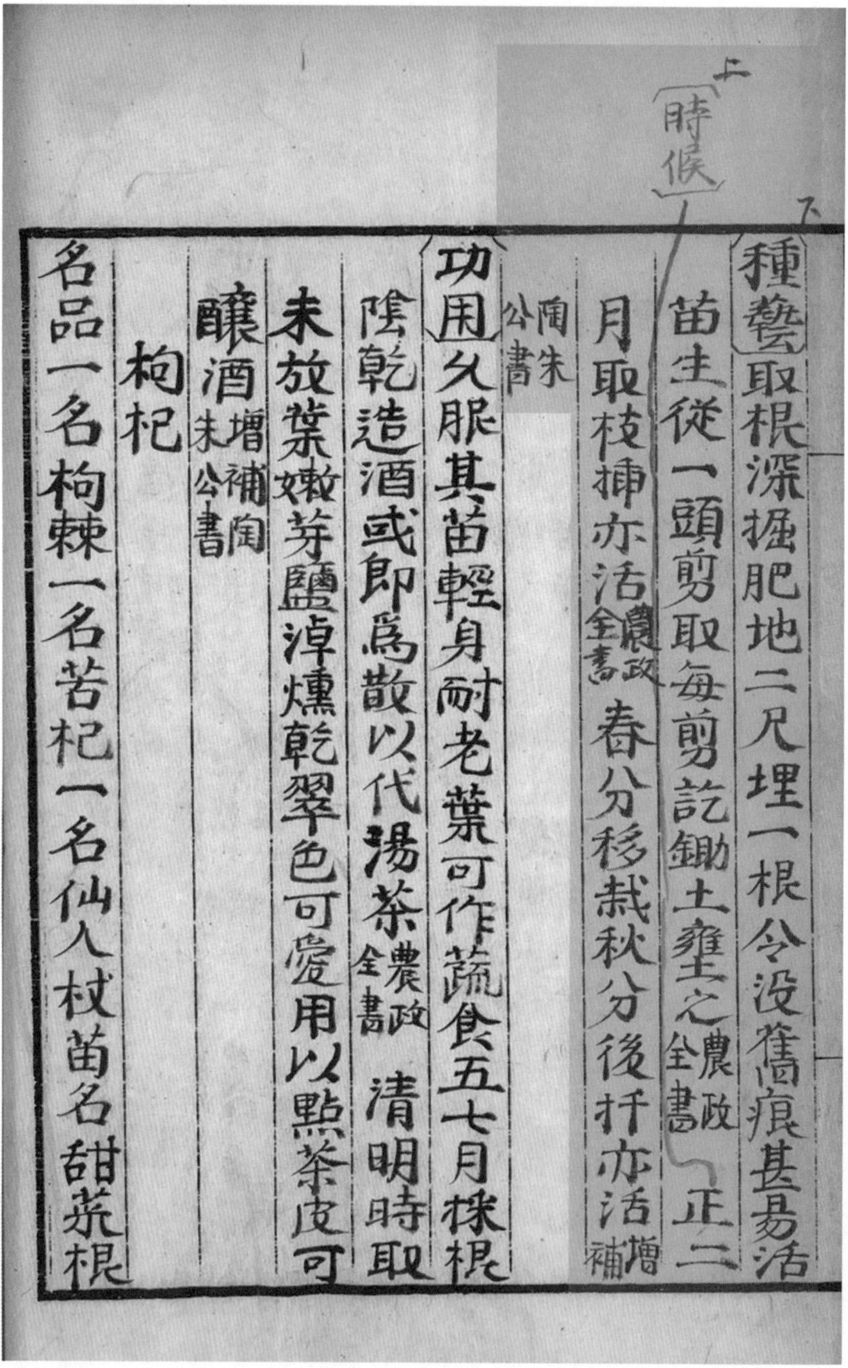

上 時候 下

種藝 取根深掘肥地二尺埋一根令沒舊痕甚易活苗生從一頭剪取每剪訖鋤土壅之 農政全書 正二月取枝揷亦活 農政全書 春分移栽秋分後扦亦活 增補陶朱公書

功用 久服其苗輕身耐老葉可作蔬食五七月採根陰乾造酒或即爲散以代湯茶 農政全書 清明時取未放葉嫩芽鹽淖燻乾翠色可愛用以點茶皮可釀酒 增補陶朱公書

枸杞

名品 一名枸棘一名苦杞一名仙人杖苗名甜菜根

"시후" 항목을 세우고 앞으로 옮기라는 편집 지시(오사카본, 임원경제연구소)

五加

名品 一名五花一名文章草 圖經本草 叢生高三五尺上有黑刺葉生五枚作簇者良四葉三葉者次之每一葉下生一刺三四月開白花結實子至六月漸黑根若荊根皮黃黑肉白骨硬 本草綱目 楊慎丹鉛錄作五佳云一枝五葉者佳故名五佳譙周巴蜀異物志名文章草有贊云文章作酒能成其味以金買草不言其貴是也生北方沙地者皆木類南方堅地者如草類也 按我東以關東峽邑產爲最

土宜 性喜肥 增補陶朱公書

時候 正二月取枝揷亦活 農政全書 春分後栽秋分後扦亦活 增補陶朱公書

種藝 取根深掘肥地二尺埋一根令沒舊痕甚易活苗生從一頭剪取每剪訖鋤土壅之 農政全書

功用 久服其苗輕身耐老葉可作蔬食五七月採根陰乾造酒或即爲散以代茶湯 農政全書 清明時取

편집 지시가 반영된 저본(고려대 도서관 한적실)

2) 알맞은 토양

土宜

본성이 기름진 토양을 좋아한다. 《증보도주공서(增補陶朱公書)》[13]

性喜肥. 《增補陶朱公書》

3) 심는 시기

時候[2]

1월과 2월에 가지를 꺾꽂이해도 살아난다. 《농정전서》[14]

正二月取枝揷亦活. 《農政全書》

춘분에 옮겨 심는다. 추분 후에 꺾꽂이해도 살아난다. 《증보도주공서》[15]

春分移栽, 秋分後扦亦活. 《增補陶朱公書》

13 《重訂增補陶朱公致富奇書》卷2 〈藥部〉 "五加皮"(《重訂增補陶朱公致富奇書》上, 101쪽).

14 《農政全書》卷40 〈種植〉 "雜種" 下 '五加'(《農政全書校注》, 1120쪽).

15 《重訂增補陶朱公致富奇書》, 위와 같은 곳.

[2] 時候 : 오사카본에는 이 항목이 "種藝" 항목에 포함되어 있었으나, "種藝" 항목 위에 "時候" 항목을 별도로 세우고 내용을 옮기라는 편집 지시에 의해 지금처럼 자리를 바꾸었다.

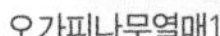

오가피나무열매1

오가피나무열매2(이상 네이버 블로그 수락산 스마일)

4) 심기와 가꾸기 種藝

뿌리를 구해다가 기름진 땅을 깊이 파고, 2척마다 한 뿌리씩 묻는다. 이때 뿌리 자른 흔적이 흙에 묻히게 하면 매우 쉽게 살아난다. 싹이 나면 싹 1개를 잘라 취한다. 잘라 취하기가 끝날 때마다 흙을 김매 주고 덧거름을 준다. 《농정전서》[16]

取根, 深掘肥地, 二尺埋一根, 令沒舊痕③, 甚易活. 苗生, 從一頭剪取. 每剪訖, 鋤土壅之. 《農政全書》

5) 쓰임새 功用

오랫동안 싹을 복용하면 몸을 가볍게 하고 노화를 더디게 한다. 잎으로는 나물반찬을 만들 수가 있다. 5~7월에 뿌리를 캐어 그늘에 말렸다가 술을 빚는다. 혹 가루 내어 차를 대신하기도 한다. 《농정전서》[17]

久服其苗, 輕身耐老, 葉可作蔬食. 五七月採根, 陰乾造酒. 或卽爲散, 以代茶湯. 《農政全書》

청명 때에 아직 퍼지지 않은 잎과 어린싹을 따서

淸明時, 取未放葉嫩芽, 鹽

16 《農政全書》卷40 〈種植〉 "雜種" 下 '五加'(《農政全書校注》, 1119쪽).

17 《農政全書》, 위와 같은 곳.

③ 痕:《農政全書·種植·雜種》에는 "根".

소금에 절였다가 연기에 쐬어 말리면 비취색이 되어서 사랑스럽다. 이는 차를 우리는 데 쓰인다. 껍질로는 술을 빚을 수 있다. 《증보도주공서》[18]

淖燻乾，翠色可愛．用以點茶，皮可釀酒．《增補陶朱公書》

18 출전 확인 안 됨.

25. 구기자나무[枸杞, 구기][1]

枸杞

1) 이름과 품종

일명 '구극(枸棘)', '고기(苦杞)', '선인장(仙人杖)'이다. 싹은 '첨엽(甛葉)'이라 하고, 뿌리는 '지골(地骨)'이라 한다.[2]

【본초강목[3] 구(枸)와 기(杞)는 두 나무의 이름이다. 이 나무의 가시는 구(枸, 탱자나무)[4]의 가시와 같

名品

一名"枸棘", 一名"苦杞", 一名"仙人杖". 苗名"甛葉", 根名"地骨".

【本草綱目 枸、杞, 二樹名. 此物棘如枸之刺, 莖如

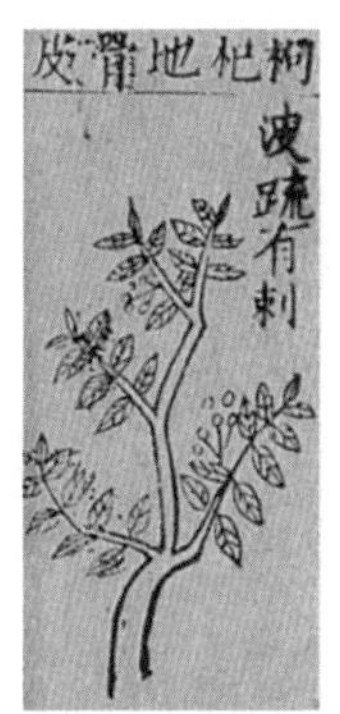

구기자나무(《본초강목》)

구기자나무(《본초도경》)

구기자나무(《왜한삼재도회》)

구기자나무(《식물명실도고》)

---

1 구기자나무[枸杞, 구기]: 가짓과에 속한 낙엽 관목. 활엽수이며 높이는 4미터 정도이다. 줄기는 가늘며 가시가 있다. 여름에 자줏빛 꽃이 피며, 열매는 빨갛고 고추와 비슷하다. 어린잎은 식용되고 열매와 뿌리는 약용된다.

2 일명……한다: 《本草綱目》 卷36 〈木部〉 "枸杞", 2111쪽에 보인다.

3 《本草綱目》, 위와 같은 곳.

4 구(枸, 탱자나무): 운향과에 속한 낙엽 관목. 높이는 3미터 정도이다. 가지가 많이 갈라지고 억세고 큰 가시가 있다. 5월에 흰 꽃이 피며 가을에 둥글고 노란 열매가 익는다.

구기자나무

구기자꽃(이상 임원경제연구소, 파주시 파주읍 파주리에서 촬영)

고, 줄기는 기(杞, 키버들)[5]의 가지와 같으므로 두 나무를 겸하여 이름 붙였다. 《이아》에는 '구계(枸檵)'로 되어 있다.[6]

杞之條, 故兼名之. 《爾雅》作"枸檵".

도경본초[7] 잎은 석류나무의 잎과 비슷하나 그보다 연하고 얇다. 줄기의 높이는 3~5척이다. 무더기로 자란다. 6~7월에 작은 홍자색 꽃이 피며, 그대로 홍색 열매를 맺는다. 열매 모양은 대추의 핵처럼 조금 길쭉하다. 크고 굵은 나무는 약에 넣으면 더욱 좋다】

圖經本草 葉如石榴葉而軟薄. 幹高三五尺, 作叢. 六七月生小紅紫花, 隨便結紅實, 形微長如棗核. 樹高大者入藥尤良】

5 기(杞, 키버들): 버드나뭇과에 속한 낙엽 관목. 들이나 냇가의 축축한 땅에서 난다. 잎은 가장자리에 톱니가 있고 어긋나거나 마주나며, 꽃은 단성화(單性花)로 많이 핀다. 가지는 껍질을 벗겨 버들고리나 키 등을 만드는 데 쓰인다.

6 이아에는……있다: 《爾雅注疏》 卷9 〈釋木〉 第14 "杞"(《十三經注疏整理本》24, 302쪽).

7 《圖經本草》 卷10 〈木部〉 上品 "枸杞"(《本草圖經》, 356쪽).

구기자꽃

시든 꽃 밑에서 나오는 어린 구기자(이상 네이버 블로그 수락산 스마일)

2) 알맞은 토양

구기자는 이전에 구덩이에다 작물을 심은 적이 있는 휴전에 씨를 심어야 한다.

《무본신서》[8]

土宜

枸杞，宜故區畦種.《務本新書》

8 출전 확인 안 됨;《農桑輯要》卷6〈藥草〉"枸杞"(《農桑輯要校注》, 241쪽);《農政全書》卷40〈種植〉"雜種" 下 '枸杞'(《農政全書校注》, 1118쪽).

3) 심기와 가꾸기

種藝

구기자 심는 법: 가을과 겨울 사이에 열매를 거두어들여 깨끗이 씻고 햇볕에 말린다. 봄에 땅을 갈고 푹 삶아 두둑[畦]을 만들되, 너비를 0.5척으로 한다. 짚단을 팔뚝굵기만 하게 묶어 이 두둑에 둔다. 진흙을 짚단 위에 바른 다음 여기에 씨를 심는다. 고운 흙과 소똥으로 심은 곳을 두루 덮어 준다. 싹이 나오면 자주 물을 준다.

種枸杞法：秋冬間收子，淨洗，日乾．春耕熟地作畦，[1] 闊五寸．紐草稕如臂大，置畦中，以泥塗草稕上，然後種子，以細土及牛糞蓋令徧．苗出，頻水澆之．

또 꺾꽂이하여 심을 수 있다.《박문록》[9]

又可插種.《博聞錄》

거둔 열매나 파 낸 뿌리를 기름진 토양에 심는다.《종수서》[10]

收子及掘根，種于肥壤中.《種樹書》

가을에 좋은 열매를 거두어들인 다음 봄에 채소 심는 법과 같이 휴전에 심는다.

秋收好子，至春，畦種如種菜法.

구기자1

구기자2(이상 네이버 블로그 수락산 스마일)

9 출전 확인 안 됨;《農桑輯要》, 위와 같은 곳;《農政全書》 卷40 〈種植〉 "雜種" 下 '枸杞'(《農政全書校注》, 1117~1118쪽).

10 출전 확인 안 됨;《農政全書》 卷40 〈種植〉 "雜種" 下 '枸杞'(《農政全書校注》, 1117쪽).

[1] 畦:《農桑輯要·藥草·枸杞》·《農政全書·種植·雜種》에는 "町".

말린 구기자(임원경제연구소, 파주시 금촌동 통일시장에서 촬영)

또 3월 중에 싹이 나올 때, 일반적인 법과 같이 옮겨 심는다.

又三月中苗出時, 移栽如常法.

삼복 기간에 휘묻이를 하면 매우 무성해진다. 원 사농사 《농상집요》[11]

伏內壓條, 特爲滋茂. 元司農司《農桑輯要》

다른 법: 가지를 손가락 4~5개 합친 두께의 길이로 잘라 습한 땅속에 묻어도 난다. 원 사농사 《농상집요》[12]

一法: 截條長四五指許, 埋於濕土地中亦生. 同上

11 《農桑輯要》卷6 〈藥草〉"枸杞"(《農桑輯要校注》, 241쪽).

12 《農桑輯要》, 위와 같은 곳; 《農政全書》卷40 〈種植〉"雜種" 下 '枸杞'(《農政全書校注》, 1118쪽).

4) 쓰임새

功用

잎으로는 나물 반찬을 만든다. 열매와 뿌리(지골피)는 약에 넣는다. 《무본신서》[13]

葉作菜食, 子、根入藥.《務本新書》

봄과 여름에는 잎을 딴다. 가을에는 줄기와 열매를 채취한다. 겨울에는 뿌리를 캔다. 《왕정농서》[14]

春夏採葉, 秋採莖實[2], 冬採根.《王氏農書》

싹이 날 때 잘라서 나물반찬을 만들면 매우 좋다. 《종수서》[15]

待苗生, 剪爲蔬食, 甚佳.《種樹書》

5) 자질구레한 말

瑣言

주유자(朱孺子)[16]가 어려서 도사(道士) 왕원정(王元正)[17]을 모시며 대약암(大若巖)[18]에서 살았다. 주유자는 어느날 시내에서 물을 긷다가 바둑이[花犬] 2마리를 보고 곧 쫓아갔다. 그랬더니 개들은 구기자나무 무더기 아래로 들어갔다. 그 나무를 파 보니 뿌리의 모양은 2마리 개와 같았다. 뿌리를 먹었더니 갑자기 몸이 가벼워졌다.[19]

朱孺子幼事道士王元正, 居大若巖. 汲于溪, 見二花犬, 因逐之, 入于枸杞叢下. 掘之, 根形如二犬. 食之, 忽覺身輕.

---

13 출전 확인 안 됨;《農桑輯要》, 위와 같은 곳;《農政全書》, 위와 같은 곳.

14 《王禎農書》卷10 〈百穀譜〉 "雜類" '枸杞', 165쪽;《農政全書》, 위와 같은 곳.

15 출전 확인 안 됨;《農政全書》卷40 〈種植〉 "雜種" 下 '枸杞'(《農政全書校注》, 1117쪽).

16 주유자(朱孺子):중국 위진남북조 시대의 도사(道士). 《太平廣記》卷24 〈神仙〉 "朱孺子"에 그의 일화가 전한다.

17 왕원정(王元正):중국 위진남북조 시대의 도사.

18 대약암(大若巖):중국 절강성(浙江省) 온주시(溫州市) 영가현(永嘉縣)에 있는 거대한 석굴. 높이 54미터, 길이 70미터, 깊이 75미터. 일찍이 유명한 도사 도홍경(陶弘景, 456~536)이 여기에 머물렀다고 한다.

19 주유자(朱孺子)가……가벼워졌다:《太平廣記》卷24 〈神仙〉 "朱孺子"(《文淵閣四庫全書》1043, 133쪽).

[2] 實:오사카본에는 "實"자를 보충한 흔적이 있다.

구기자나무뿌리껍질(지골피)

속담에 "집 떠나 멀리 가서는 박주가리[蘿摩][20]나 구기자를 먹지 마라."고 했다. 이는 박주가리나 구기자가 정기(精氣)를 보(補)해 준다는 말이다. 《왕정농서》[21]

諺云: "去家千里, 勿食蘿摩、枸杞." 言其補精氣也. 《王氏農書》

만학지 권제4 끝

晩學志卷第四

20 박주가리[蘿摩]: 박주가릿과에 속한 여러해살이 덩굴풀. 땅속줄기가 길게 뻗고 여기서 자란 덩굴은 3미터 정도로 자라며 줄기나 잎을 꺾으면 흰 즙이 나온다. 7~8월에 백색 꽃이 잎겨드랑이에 핀다. 종자에는 명주실 같은 털이 있고 식용하거나 약용한다.

21 《王禎農書》, 위와 같은 곳; 《農政全書》 卷40 〈種植〉 "雜種" 下 '枸杞'(《農政全書校注》, 1118쪽).

5

만학지 권제 5

晩學志卷第五

임원십육지 27

林園十六志二十七

1. 기타 초목류[雜植]

찻잎은 2~4월에 딴다. 차의 순(筍)은 석비레로 구성된 비옥한 땅에서 자란다. 0.4~0.5척 자라면 고비나 고사리가 처음 솟아오르는 모습과 같다. 이런 싹을 이슬을 무릅쓰고 딴다. 찻잎의 싹[芽]은 떨기가 져 우거진 곳 위로 3~5개의 가지가 있는 데서 난다. 이 가운데서 이삭처럼 쑥 올라온 가지를 골라 딴다. 찻잎은 비가 오는 날에는 따지 않고, 맑아도 구름이 끼어 있으면 따지 않는다. 《다경》

- I -

기타 초목류

雜植

1 차나무[茶, 다(차)]

2 대나무[竹, 죽]

3 잇꽃[紅藍, 홍람]

4 대청[菘藍, 숭람]

5 쪽[蓼藍, 요람]

6 지치[紫草, 자초]

7 아주까리(피마자)[蓖麻, 비마]

8 부들[香蒲, 향포]

9 갈대[葦, 위]

10 왕골[龍鬚, 용수]

11 골풀[燈心草, 등심초]

12 매자기[荊三稜, 형삼릉]

13 담배[烟草, 연초]

1. 차나무[茶, 다(차)][1]

茶

1) 이름과 품종

名品

첫째는 '차(茶)', 둘째는 '가(檟)', 셋째는 '설(蔎)', 넷째는 '명(茗)', 다섯째는 '천(荈)'이라 한다.[2]

一曰"茶", 二曰"檟", 三曰"蔎", 四曰"茗", 五曰"荈".

【다경(茶經)[3][4] 차나무는 남쪽 지방에서 자라는 좋은 나무이다. 높이는 1~2척에서 수십 척에 이르기도 한다. 파산(巴山)[5]·협천(峽川)[6]에는 줄기가 두 아름 되는 차나무도 있다. 이런 차나무는 가지를 베어서 잎을 딴다.

【茶經 茶, 南方之嘉木也. 一尺、二尺迺至數十尺. 其巴山、峽川有兩人合抱者, 伐而掇之.

차나무의 모양은 과로(瓜蘆)[7]와 같다. 잎은 치자나무와 같고, 꽃은 백장미와 같고, 열매는 종려나무

其樹如瓜蘆, 葉如梔, 花如白薔薇, 實如栟櫚, 蔕[1]

1 차나무[茶, 다(차)]: 차나무과의 상록 활엽 관목. 어린눈과 잎으로 여러가지 차를 만들고, 열매는 기름을 짜서 쓰고, 재목은 단추 만드는 재료로 쓴다. 한국, 일본, 중국, 인도 등지에 분포한다. 이 조항은 풍석 서유구 지음, 임원경제연구소 옮김, 《임원경제지 이운지》 1, 풍석문화재단, 2019, 253~322쪽과 함께 참조 바람. 그 외 《임원경제지 정조지》, 《섬용지》, 《보양지》, 《인제지》에도 차와 관련된 내용이 적지 않게 나온다. '茶'의 음은 '다'와 '차' 둘이다. 여기에서는 차의 품종을 지칭할 때는 '차'로 적고, 문헌명이나 차 관련 사물명 등은 '다'로 적기로 한다. 차의 명칭을 '다'로 적으면 현재의 언어 관습과 배치되는 사례가 많아서이다.

2 첫째는……한다: 《二如亭群芳譜》 〈利部〉 "茶譜"(《四庫全書存目叢書補編》 80, 479쪽)에 보인다.

3 다경(茶經): 중국 당(唐)나라의 문인 육우(陸羽, 약733~약804)가 지은 차 전문 서적. 차의 기원, 차 만드는 법, 다기(茶器), 차 끓이는 법, 차 마시는 법, 산지, 관련 문헌 등이 기록되어 있다.

4 《茶經》 卷上 〈一之源〉(《中國茶書全集校證》 1, 13~14쪽).

5 파산(巴山): 중국 서남부 지역에 있는 산 이름. 섬서성(陝西省)·사천성(四川省)·호북성(湖北省) 이 세 성의 변경지역을 가리킨다.

6 협천(峽川): 중국 절강성(浙江省) 구주시(衢州市) 구강구(衢江區).

7 과로(瓜蘆): 동청(冬靑)과에 속한 동청목, 고로(皐盧). 중국 사천성(泗川省) 고산 지대, 해남성(海南省), 장족 자치주인 광서성(廣西省) 고정촌에서 난다. 고정차나무라고도 한다.

[1] 蔕: 저본에는 "葉". 《茶經·一之源》에 근거하여 수정.

차나무(《본초강목》)

차나무(《본초도경》)

차나무(임원경제연구소, 산청군 시천면 원리 덕천서원에서 촬영)

[栟櫚]와 같고, 꽃꼭지는 정향(丁香)[8]과 같고, 뿌리는 호두나무[胡桃]와 같다.

如丁香, 根如胡桃.

들에 자생하는 차나무가 가장 좋고, 밭에 재배한 차나무는 그다음이다. 양지쪽의 벼랑이나 그늘진 숲에서 나는 자색 차나무가 상등품이고, 녹색 차나무는 그다음이다. 순(筍)이 상등품이고, 싹[芽]은 그다음이다. 둥글게 말린 잎이 상등품이고, 펴진 잎이 그다음이다. 그늘진 산비탈이나 계곡에서 나는 찻잎은 채취하지 않는다.

野者上, 園者次. 陽崖陰林紫者上, 綠者次. 筍者上, 芽者次. 葉卷上, 葉舒次. 陰山坡谷者不堪採掇.

---

8 정향(丁香) : 물푸레나뭇과에 속한 낙엽 활엽 관목. 꽃봉오리를 향신료로 쓴다.

고원경(顧元慶)[9] 다보(茶譜)[10][11] 천하에서 생산되는 차는 많다. 검남(劍南)[12]에는 몽정(蒙頂)[13]·석화(石花)[14]가 있다. 호주(湖州)[15]에는 고저자순(顧渚紫筍)[16]이 있다. 협주(峽州)[17]에는 벽간(碧澗)·명월(明月)[18]이 있다. 공주(邛州)[19]에는 화정(火井)[20]·사안(思安)[21]이 있다. 거강(渠江)[22]에는 박편(薄片)[23]이 있다. 파동(巴東)[24]에는 진향(眞香)[25]이 있다. 복주(福州)[26]에는 백암(柏巖)[27]이 있다. 홍주(洪州)[28]에는 백로(白露)[29]가 있다.

高氏 茶譜 茶之產于天下多矣. 若劍南有蒙頂、石花, 湖州有顧渚紫筍, 峽州有碧澗、明月, 邛州有火井、思安, 渠江有薄片, 巴東有眞香, 福州有柏巖, 洪州有白露.

---

9 고원경(顧元慶): 1487~1565. 중국 명(明)나라 장서가이자 판각가이며 다학자. 저서로《십우도찬(十友圖贊)》·《운림유사(雲林遺事)》·《이백재시화(夷白齋詩話)》·《다보(茶譜)》등 10여 종이 전한다.

10 다보(茶譜): 고원경이 여러 다서를 참고하고, 편집 교정하여 펴낸 차 전문서. 집에 장서가 많아 선본(善本)을 택하여 판각했다.

11 《茶譜》〈茶品〉(《中國茶書全集校證》2, 660쪽).

12 검남(劍南): 중국 사천성(四川省) 검각현(劍閣縣) 일대.

13 몽정(蒙頂): 중국 사천성의 명산인 몽산(蒙山)의 정상에서 재배된 차. 혹은 몽산(蒙山)의 정상.

14 석화(石花): 중국 사천성 일대에서 나는 차의 한 종류. 납작하고 하얀 솜털이 있는 모습이 마치 산석(山石) 위에 핀 꽃과도 같아서 붙여진 이름이다. 감미롭고 신선하며 여린 맛이 난다.

15 호주(湖州): 중국 절강성 북부, 태호의 남쪽 일대.

16 고저자순(顧渚紫筍): 중국 절강성(浙江省) 북부 장흥현(長興縣)에서 나는 차. 싹이 날 때 색이 자색이라 붙여진 명칭이다.

17 협주(峽州): 중국의 호북성(湖北省) 의창시(宜昌市) 일대.

18 벽간(碧澗)·명월(明月): 중국 호북성 협주(峽州)에서 생산되는 차. 색이 취록(翠綠)색이다. 명나라 때 전국적으로 가장 유명했던 차이다.

19 공주(邛州): 중국 사천성 공래시(邛崍市).

20 화정(火井): 중국 사천성 화정진(火井鎭)에서 나는 차. 사천성의 10대 명차 중 하나.

21 사안(思安): 중국 사천성 사안(思安)에서 나는 차.

22 거강(渠江): 중국의 사천성 동부를 흐르는 큰 강. 혹은 사천성을 경유하는 이 강의 유역.

23 박편(薄片): 중국 거강(渠江)에서 나는 흑차(黑茶)에 속하는 차.

24 파동(巴東): 중국 호북성(湖北省)의 현 이름.

25 진향(眞香): 파동(巴東)에서 나는, 향이 좋은 차. 여기서는 차의 종류를 가리키지만, 보통 곡우 전에 따서 차의 싱그러움이 충분한 차를 진향(眞香)이라 한다.

26 복주(福州): 중국 복건성(福建省) 복주시 일대.

27 백암(柏巖): 중국 복건성 복주시 고산(鼓山)에서 나는 차. 반암차(半岩茶)라고도 한다.

28 홍주(洪州): 중국 당나라 때 홍주(洪州)라고 일컬어졌던 강서 지역 남창(南昌).

29 백로(白露): 중국 남창 서산의 산기슭에서 나는 차. 우려낸 차의 색이 밝고, 난과 같은 은은한 향이 나며 맛이 순정하다. 서산차(西山茶)·서산백로(西山白露)라고도 한다.

상주(常州)[30]의 양선(陽羨)[31], 무주(婺州)[32]의 거암(擧巖)[33], 아산(丫山)[34]의 양파(陽坡)[35], 용안(龍安)[36]의 기화(騎火)[37], 검양(黔陽)[38]의 도유(都濡)·고주(高株)[39], 노천(瀘川)[40]의 납계(納溪)[41]·매령(梅嶺)[42] 등 몇 가지 종류의 차가 모두 이름났다.

常之陽羨、婺之擧巖、丫山之陽坡、龍安之騎火、黔陽之都濡·高株、瀘川之納溪、梅嶺之數者, 其名皆著.

등급을 매기면 석화(石花)가 가장 좋다. 자순(紫筍)이 다음이다. 그다음으로는 벽간·명월의 종류가 이 등급이다.

品第之則石花最上, 紫筍次之, 又次則碧澗、明月之類是也.

고저자순 굽기①

구워진 고저자순②

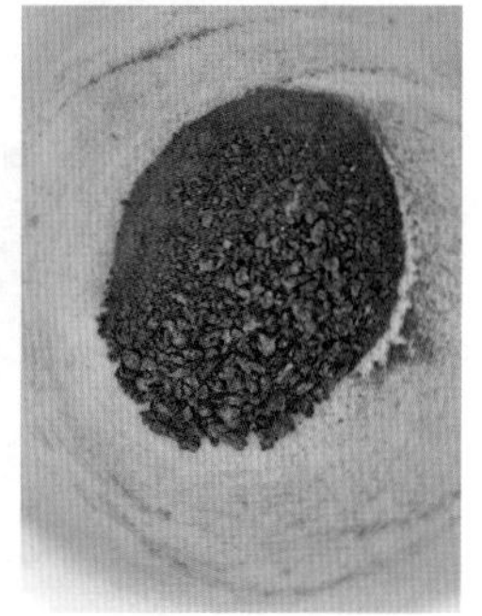
잘게 간 고저자순③

30 상주(常州): 중국 강소성(江蘇省) 상주시.
31 양선(陽羨): 중국 강소성 의흥현(宜興縣)에서 나는 차. 나개라고도 한다.
32 무주(婺州): 중국 절강성 금화시(金華市) 일대의 옛 지명.
33 거암(擧巖): 중국 무주(婺州) 북산촌(北山村) 일대에서 나는 차.
34 아산(丫山): 중국 강서성(江西省) 공주시(贛州市) 대여현(大餘縣) 황룡진(黃龍鎭). 아래에서는 이 지역에서 나는 차이름으로도 쓰였다.
35 양파(陽坡): 중국 강서성(江西省) 공주시(贛州市) 대여현(大餘縣) 아산(丫山)에서 나는 차.
36 용안(龍安): 중국 하남성(河南省) 안양시(安陽市) 일대.
37 기화(騎火): 중국 하남성(河南省) 안양시(安陽市)에서 나는 차. 청명(淸明) 전후에 따는 차로, 화기를 다스려 주는 효능이 있다.
38 검양(黔陽): 중국 호남성(湖南省) 남서부에 있던 현. 동유(桐油)를 생산하며 임업이 발달했다.
39 도유(都濡)·고주(高株): 중국 호남성 검양(黔陽)·원릉(沅陵)·진계(辰溪) 일대에서 나는 차.
40 노천(瀘川): 중국의 사천성(泗川省) 양주(梁州) 노천시(瀘川市) 일대.
41 납계(納溪): 중국 사천성 노천시(瀘川市) 납계(納溪) 유역에서 나는 차.
42 매령(梅嶺): 중국의 오령(五嶺) 중 하나. 강서성(江西省)과 광동성(廣東省)의 경계 지역에 있다. 옛날에 이 산에 매화가 많이 번식했다고 한다.

다연에 곱게 갈기④

다연에 곱게 간 고저자순가루⑤

고저자순차 끓이기⑥

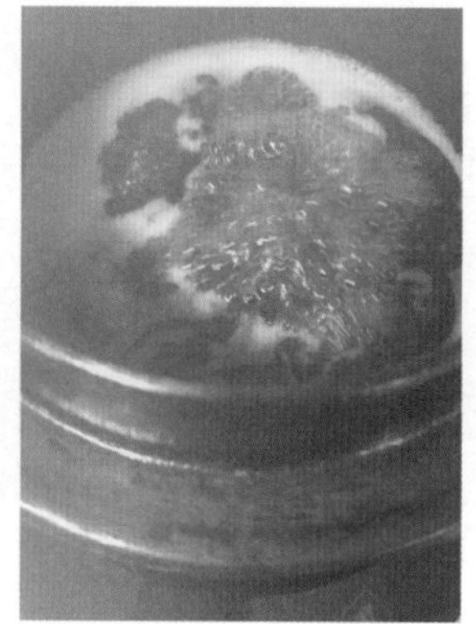
끓여 낸 고저자순차⑦(이상 조주연)

다전(茶箋)[43][44] 천지(天池)[45]는 청취(靑翠)색이고 향이 나서 선품(仙品)이라 칭할 만하다. 양선(陽羨)은 민간에서 '나개(羅岕)'라고 부른다. 절강(浙江)의 장흥(長

茶箋 天池, 青翠芳馨, 可稱仙品. 陽羨, 俗名"羅岕", 浙之長興者佳, 荊溪稍下.

43 다전(茶箋):중국 명(明)나라 도륭(屠隆, 1543~1605)이 지은 다서.
44 《茶箋》〈茶品〉(《中國茶書全集校證》2, 788~789쪽).
45 천지(天池):중국 강소성(江蘇省) 소주(蘇州) 천지산 천지봉(天池峰)에서 생산되는 차.

찻잎

차꽃

차밭1

차밭2(이상 임원경제연구소, 보성군 보성읍 봉산리 보성녹차밭에서 촬영)

興)[46]에서 나는 것이 좋고, 형계(荊溪)[47]에서 나는 것은 품질이 약간 떨어진다. 잎이 잔 것은 가격이 천지(天池)의 2배이다.

細者其價兩倍天池.

육안(六安)[48]은 품질도 좋고, 약에 넣으면 약효가 가장 좋다. 용정(龍井)[49]은 재배면적이 십수 묘에 불과하여 생산량이 적다. 이외의 차는 모두 이에 미치

六安, 品亦精, 入藥最效. 龍井, 不過十數畝. 外此有茶, 皆不及. 天目, 爲天池、

46 장흥(長興) : 중국 절강성 북부 호주시 장흥현(長興縣).

47 형계(荊溪) : 중국 강소성 의흥시(宜興市).

48 육안(六安) : 중국 안휘성 육안시(六安市) 금채현(金寨縣) 인근에서 생산되는 차.

49 용정(龍井) : 중국 절강성(浙江省) 항주시(杭州市) 서호(西湖) 용정촌(龍井村)에서 나는 차. 향이 맑고 맛이 달고 순하며, 광택이 있고, 연한 녹색의 차이다.

지 못한다. 천목(天目)[50]은 품질이 천지와 용정의 다음이다.

龍井之次.

본초강목[51] 차에는 들에서 자생하는 종과 심어서 기르는 종이 있다. 심을 때는 열매를 쓴다. 열매는 크기가 손가락 끝만 하며 둥글고 흑색이다. 속씨를 입에 넣으면 처음에는 달고 뒤에는 써서 목을 매우 찌르듯이 자극한다.

本草綱目 茶有野生、種生, 種者用子. 其子大如指頂, 正圓黑色. 其仁入口, 初甘後苦, 最戟人喉.

대략 차 품종은 매우 많다. 아주(雅州)[52]의 몽정(蒙頂)·석화(石花)·노아(露芽)·곡아(穀芽)[53]가 제일이다. 건녕(建寧)[54] 북원(北苑)[55]의 용봉단(龍鳳團)[56]이 상등품의 공납이다.

大約茶品甚衆: 有雅州之蒙頂、石花、露芽、穀芽爲第一, 建寧之北苑龍鳳團爲上供.

촉(蜀)[57] 지역의 차로는 동천(東川)[58]의 신천(神泉)[59]·수목(獸目)[60], 협주(硤州)[61]의 벽간·명월, 기주(夔州)[62]의 진향(眞香), 공주(邛州)의 화정(火井)·사안(思安), 검양(黔陽)

蜀之茶, 則有東川之神泉·獸目、硤州之碧澗·明月、夔州之眞香、邛州之火井·

50 천목(天目): 중국 절강성 항주시 서북부 임안(臨安)에 있는 천목산(天目山)에서 나는 차.

51 《本草綱目》 卷32 〈果部〉 "茗", 1871~1872쪽.

52 아주(雅州): 중국 사천성(泗川省) 아안시(雅安市)의 옛 지명.

53 노아(露芽)·곡아(穀芽): 몽산 정상에서 나는 차.

54 건녕(建寧): 중국 복건성(福建省) 건녕현(建寧縣)을 말한다.

55 북원(北苑): 중국 복건성 봉황산(鳳凰山) 아래에 있던 송나라 황실의 어다원(御茶園)이 있는 마을의 이름이다. 복건성 건안(建安)에서 동쪽 30리 되는 곳으로 황실에 바치는 공차(貢茶)를 제조했다.

56 용봉단(龍鳳團): 중국 북송(北宋) 때 공차(貢茶) 중의 하나. 흔히 용봉차(龍鳳茶)라고 하고 있는데, 용 무늬가 새겨진 용다는 황제에게 바쳐 집정·친왕·장주에게 하사되고, 봉황무늬가 새겨진 봉다는 황족·학사·장수에게 내려졌다.

57 촉(蜀): 지금의 중국 사천성(四川省) 일대. 현대에도 사천성의 별칭으로 쓰인다.

58 동천(東川): 지금의 중국 순경부(順慶府).

59 신천(神泉): 중국 사천성 면양시(綿陽市) 안현(安縣) 탑수진(塔水鎭) 신천촌(神泉村)에서 나는 차.

60 수목(獸目): 중국 사천성 면양시(綿陽市) 안현(安縣)에서 나는 차.

61 협주(硤州): 앞에서 나온 협주(峽州)와 같다.

62 기주(夔州): 중국 사천성(四川省) 동북부 지역의 도시 이름. 양자강(揚子江) 북쪽에 위치하고, 곡물·감자·석탄 등의 산지이다.

의 도유(都濡), 가정(嘉定)의 아미(峨眉), 노주(瀘州)[63]의 납계(納溪), 옥루(玉壘)[64]의 사평(沙坪)[65]이 있다.

思安、黔陽之都濡、嘉定之峨眉、瀘州之納溪、玉壘之沙坪.

초(楚) 지역의 차로는 형주(荊州)의 선인장(仙人掌)[66], 호남(湖南)의 백로(白露), 장사(長沙)[67]의 철색(鐵色)[68], 기주(蘄州)[69] 기문(蘄門)[70]의 단면(團面)[71], 가주(嘉州)[72] 곽산(霍山)[73]의 황아(黃芽)[74], 여주(廬州)[75]의 육안(六安)[76]·영산(英山)[77], 무창(武昌)[78]의 번산(樊山)[79], 악주(岳州)[80]의 파릉(巴陵)[81], 진주(辰州)[82]의 서포(溆

楚之茶, 則有荊州之仙人掌、湖南之白露、長沙之鐵色、蘄州 蘄門之團面、嘉州霍山之黃芽、廬州之六安·英山, 武昌之樊[2]山、岳州之巴陵、辰州之溆浦、湖南

---

63 노주(瀘州) : 중국 사천성 노주시(瀘州市) 일대. 위의 《다보》에서는 납계가 나는 곳을 노천(瀘川)이라 했다. 노천은 노주시에 있다.

64 옥루(玉壘) : 중국 사천성 도강언시(都江堰市) 서남쪽에 있는 산.

65 사평(沙坪) : 중국 사천성 낙산시(樂山市) 아변이족자치현(峨邊彝族自治縣)에서 나는 차. 사평차장(沙坪茶場)이 이곳에 있다. 그러나 옥루산과의 위치는 너무 많이 떨어져서 이 둘의 관계를 명확하게는 모르겠다.

66 선인장(仙人掌) : 중국 형주(荊州) 당양시(唐陽市) 옥천산 일대에서 생산되는 차. 신선의 손바닥같이 생겼다고 붙여진 이름이다.

67 장사(長沙) : 중국 호남성(湖南省)의 주요 도시. 교통·경제의 중심지로, 쌀·목재·차·삼 따위를 수출한다.

68 철색(鐵色) : 중국 호남성 익양시(益陽市) 안화현(安化縣)에서 생산되는 흑차.

69 기주(蘄州) : 중국 호북성(湖北省) 기춘현(蘄春縣).

70 기문(蘄門) : 중국 호북성 기춘현에 있는 지역.

71 단면(團面) : 황다인 단황(團黃). 기문단황(蘄門團黃)이라고도 한다. 당나라 때 명차 중의 하나로 일컬어졌다.

72 가주(嘉州) : 중국 사천성(四川省) 미산시(眉山市)의 옛 지명.

73 곽산(霍山) : 중국 안휘성(安徽省) 육안시(六安市)의 현 이름.

74 황아(黃芽) : 중국 안휘성 곽산현(霍山縣)의 특산품. 황차이고, 감칠맛이 난다.

75 여주(廬州) : 중국 안휘성 합비시(合肥市)에 있었던 옛 부(府)의 이름.

76 육안(六安) : 중국 안휘성 육안(六安)에서 나는 차.

77 영산(英山) : 중국 호북성(湖北省) 동북부에 위치해 있는 영산에서 나는 차.

78 무창(武昌) : 중국 호북성 무한시(武漢市).

79 번산(樊山) : 중국 호북성 무한시(武漢市) 서쪽에 있는 번산에서 나는 차.

80 악주(岳州) : 중국 호남성 악양시(岳陽市) 일대.

81 파릉(巴陵) : 중국 호남성 지급시(地級市)의 중심지에 있는 현이자 이 현에서 나는 차.

82 진주(辰州) : 중국 호남성 회화시(懷化市) 북부 지역. 원릉(沅陵), 서포(溆浦), 진계(辰溪), 노계(盧溪) 이 네 현이 있다.

[2] 樊 : 저본·오사카본에는 결자. 《本草綱目·果部·茗》에 근거하여 보충. 오사카본에는 두주에 "결자이다. 다시 상고해야 한다(缺字. 更考)."라고 되어 있다.

산반(《본초강목》)

차나무(임원경제연구소, 보성군 보성읍 봉산리 보성녹차밭에서 촬영)

수령 천 년이 넘은 운남성 차나무

浦)[83], 호남(湖南)의 보경(寶慶)[84]·다릉(茶陵)[85]이 있다.

오월(吳越) 지역의 차로는 호주(湖州) 고저(顧渚)의 자순(紫筍), 복주(福州) 방산(方山)[86]의 생아(生芽)[87], 홍주(洪州)의 백로(白露), 쌍정(雙井)[88]의 백모(白毛)[89], 여산(廬山)[90]의 운무(雲霧)[91], 상주(常州)의 양선(陽羨), 지

之寶慶·茶[3]陵,

吳越之茶, 則有湖州 顧渚之紫筍、福州 方山之生芽、洪州之白露、雙井之白毛、廬山之雲霧、常州之陽羨、

---

83 서포(漵浦):진주에서 나는 차. 서포 사람들은 이 찻잎을 달여 달달하게 음용한다.

84 보경(寶慶):중국 호남성 소양시(邵陽市) 지역에서 나는 차.

85 다릉(茶陵):중국 호남성 주주시(株洲市) 다릉현(茶陵縣)에서 나는 차.

86 방산(方山):중국 복주시(福州市) 민후현(閩侯縣).

87 생아(生芽):중국 복건성에서 공물로 바치던 차.

88 쌍정(雙井):중국 강서성 남창시(南昌市)와 구강시(九江市) 관할 현인 수수현(修水縣) 서쪽 지역에서 나는 차. "쌍정차(雙井茶)는 산차(散茶, 잎차)에 속하는 싹차[芽茶]이다. 이 차는 '쌍정백모(雙井白毛)', '홍주쌍정(洪州雙井)', 또는 '황룡쌍정(黃隆雙井)'이라고도 부른다. 주 생산지는 분녕(分寧)과 홍주(洪州, 남창의 옛 지명)이다. 쌍정차는 청명(淸明)·곡우(穀雨) 때 차싹[芽茶]을 채취하며, 입하(立夏) 때 따는 찻잎을 '자차(子茶)'라 하고, 소만(小滿)·망종(芒種) 때 따는 찻잎은 '홍경(紅梗)'·'백경(白梗)'이라고 한다." 출처: 불교저널(http://www.buddhismjournal.com), 박영환, 중국 사천대학 객좌교수.

89 백모(白毛):새싹으로 만들기 때문에 찻잎이 가늘고 길며 은색의 광택이 난다. 찻잎의 솜털 색깔 때문에 붙여진 이름이다. 중국 복건성(福建省) 복정(福鼎)의 백호은침(白毫銀針), 백모단(白毛丹), 수미(秀眉), 공미(貢眉) 등의 백차(白茶)가 유명하다.

90 여산(廬山):중국 강서성(江西省) 구강시(九江市)와 여산시(廬山市) 구역 내에 있는 산.

91 운무(雲霧):중국 여산시의 전통 명차. 녹차 중 제일로 치는 차이다. 애초에는 야생 녹차였는데 동림사(東林寺) 승려 혜원(慧远)이 이 야생 녹차를 개조하여 집에서 재배하는 차로 만들었다. 맛이 순후하고 달며 우려낸 색이 맑다.

[3] 茶:《本草綱目·果部·茗》에는 "荼".

주(池州)의 구화(九華)[92], 아산(丫山)의 양파(陽坡), 원주(袁州)[93]의 계교(界橋)[94], 목주(睦州)[95]의 구갱(鳩坑)[96], 선주(宣州)[97]의 양갱(陽坑)[98], 금화(金華)의 거암(擧巖)[99], 회계(會稽)[100]의 일주(日鑄)[101]가 모두 이곳에서 생산되는 명차이다.

池州之九華、丫山之陽坡、袁州之界橋、睦州之鳩坑、宣州之陽坑、金華之擧巖、會稽之日鑄, 皆産茶有名.

노산 운무차1

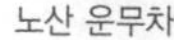

노산의 운무차2

호주의 백로차1

호주의 백로차2

92 구화(九華) : 중국 안휘성(安徽省) 지주시(池州市) 동남쪽 경계에 있는 구화산에서 나는 차.

93 원주(袁州) : 중국 강서성(江西省) 의춘시(宜春市) 일대.

94 계교(界橋) : 중국 강서성 원주(袁州, 지금의 의춘)에서 나는 차.

95 목주(睦州) : 중국 절강성 항주(杭州) 순안현(淳安縣).

96 구갱(鳩坑) : 중국 절강성 순안현(淳安縣)에서 나는 차.

97 선주(宣州) : 중국 안휘성(安徽省) 성선시(宣城市).

98 양갱(陽坑) : 중국 안휘성 성선시 양갱에서 나는 차.

99 거암(擧巖) : 중국 절강성 금화시 북산촌(北山村) 일대에서 나는 차. 금화거암(金華擧巖)이라고도 한다.

100 회계(會稽) : 중국 고대 군(郡) 이름. 강소성(江蘇省) 남부, 상해(上海) 서부, 절강성 대부분 지역 및 복건성 일부 지역이 해당된다.

101 일주(日鑄) : 중국 절강성(浙江省) 소흥현(紹興縣)에 있는 산이름이자, 이 산에서 나는 차. 차는 일주설아(日鑄雪兒)라고도 한다.

지금 사람들은 저(櫧)나무·떡갈나무[櫟]·산반(山礬)[102]·남촉(南燭)[103]·오약(烏藥)[104] 등의 여러 잎으로 모두 음료를 만든다. 이로 인해 차맛을 어지럽힐 수 있다고 한다.

今人採櫧、櫟、山礬、南燭、烏藥諸葉，皆可爲飮以亂茶云.

수령 천 년이 넘은 운남성 차나무

해발 2,300미터 찻잎 채취 후 운반

야생자순

야생종이 순화한 자순(이상 네이버 까페 쾌활 정경원)

102 산반(山礬) : 쌍떡잎식물 감나무목 노린재나무과의 상록활엽 소교목. 《예원지》 권4 〈훼류(관엽류)〉 "운향"에서는 운향의 이칭으로도 나온다. 《예원지》에서는 운향과 관련하여 주요 인용서적인 《군방보》의 분류체계를 따라 옮겼고, 운향은 《군방보》에서 〈훼류(卉類)〉로 분류되어 있다. 그러므로 여기서 말하는 교목류의 산반과는 분명 다른 식물임을 알 수 있다.

103 남촉(南燭) : 매자나무과의 상록 관목. 높이는 3미터 정도이다. 잎은 딱딱하고, 6~7월에 작고 흰 꽃이 피며, 가을에 둥근 열매가 빨갛게 익는다. 줄기, 열매, 잎은 약으로 쓴다.

104 오약(烏藥) : 녹나무과 생강나무속식물. 아시아와 북미의 온대 및 열대에 분포한다.

군방보[105] 건주(建州)[106]의 대룡단(大龍團)·소룡단(小龍團)[107]은 정위(丁謂)[108]에게서 시작해 채양(蔡襄)[109]에게서 완성된다. 희녕(熙寧)[110] 연간(1068~1077) 말엽에 건주에 황명을 내려 밀운룡(蜜雲龍)[111]이라는 다품 하나를 만들게 했다. 맛이 더욱 특이하고 일품이었다.

群芳譜 建州大、小龍團, 始於丁謂, 成於蔡君謨. 熙寧末, 有旨下建州, 製蜜雲龍一品, 尤爲奇絕.

촉주(蜀州)의 작설(雀舌, 참새의 혀)·조취(鳥嘴, 새부리)·맥과(麥顆, 밀·보리의 낟알갱이)라는 차는 대개 어린 싹으로 만든 차의 모양이 이와 유사하기 때문에 이렇게 이름 붙였다. 또 편갑(片甲)이라는 차는 이른 봄 황색 싹이 난다. 이때 잎이 서로 안고 있는 모양이 갑옷미늘과 같아서 이렇게 이름 붙였다. 선익(蟬翼)은 매미날개[蟬翼]처럼 잎이 연하고 얇기에 이렇게 이름 붙였다.[112]

蜀州雀舌、鳥嘴、麥顆, 蓋嫩芽所造似之. 又有片甲者, 早春黃芽, 葉相抱如片甲也. 蟬翼, 葉輭薄如蟬翼也.

홍주(洪州)의 학령차(鶴嶺茶)[113]는 그 맛이 아주 빼어나다.

洪州鶴嶺茶, 其味極妙.

촉(蜀)의 아주(雅州)에 있는 몽산(蒙山) 정상에 노아

蜀之雅州 蒙山頂有露芽、

105 《二如亭群芳譜》〈利部〉"茶譜"(《四庫全書存目叢書補編》80, 479~480쪽).

106 건주(建州): 중국 복건성 건주(建州) 일대.

107 대소룡단(大小龍團): 용모양이 새겨진 크고 작은 단차(團茶)를 말한다. 송나라 어용(御用) 다원이 있는 복건성 북원에서 전운사 채양이 용무늬와 봉황무늬가 새겨진 단차를 처음으로 만들어 진상했다. 이 단차는 만전(萬錢)을 들여서 겨우 100여 개밖에 만들지 못할 만큼 진귀한 차였다.

108 정위(丁謂): 966~1037. 중국 송(宋)나라 재상. 지모가 뛰어났지만 아주 교활했고, 남의 속마음을 잘 읽었다. 시 짓기를 좋아했고, 도화(圖畫)나 바둑·장기, 음률에도 정통했다.

109 채양(蔡襄): 1012~1067. 중국 송(宋)나라 인종(仁宗)·영종(英宗) 때의 관리. 자는 군모(君謨). 벼슬은 복주지주(福州知州)·복주전운사(福州轉運使) 등 외직을 지냈고, 용도각학사(龍圖閣學士)·단명전학사(端明殿學士)를 지냈다. 글씨는 송대(宋代)의 제일로 꼽힌다. 복주에 있을 때 주희맹(周希孟)·진열(陳烈) 등 선비를 초빙하여 경학(經學)을 가르쳤다.

110 희녕(熙寧): 중국 송나라 신종(神宗, 1067~1085재위)의 연호.

111 밀운룡(蜜雲龍): 중국 송나라 신종(神宗) 원풍(元豐) 연간(1078~1085)의 공차 중 정품(精品)으로, 구름과 용의 문양으로 찍어낸 동그란 차덩이.

112 촉주(蜀州)의……붙였다: 작설·조취·맥과·편갑·선익은 모두 촉주에서 생산되는 차이다.

113 학령차(鶴嶺茶): 중국 홍주(洪州) 서산(西山)에서 나는 차.

(露芽)·곡아(穀芽)가 있는데, 이 차들은 모두 화전(火前)[114]이라 한다. 한식[禁火令] 이전에 차를 따서 만든 차를 말한다. '화후(火後, 한식 이후에 따서 만든 차)'는 품등이 그 다음이다. '아주몽정차(雅州蒙頂茶)'라고도 한다. 이 차는 가장 늦게, 봄이 여름으로 바뀔 때 난다. 그러므로 늘 구름과 이슬이 그 위를 덮고 있기 때문에 신령한 물건을 보호하여 지켜주는 듯하다.

穀芽, 皆云"火前"者, 言採造於禁火之前也. 火後者次之. 一云"雅州蒙頂茶", 其生④最晩, 在春夏之交, 常有雲露覆其上, 若有神物護持之.

또 오화차(五花茶)는 5개의 잎이 나온 꽃모양으로 만든다. 꽃 같은 차거품[雲脚, 말발(沫餑)]을 내며, 원주(袁州)의 계교(界橋)에서 난다. 그 이름은 매우 유명하지만 끓이면 녹색 거품[綠脚]을 드리우는 호주(湖州)의 연고자순(研膏紫筍)[115]만 못하다.

又有五花茶者, 其片作五出花, 雲脚, 出袁州 界橋, 其名甚著, 不若湖州之研膏紫筍, 烹之有綠脚垂下.

초차(草茶)[116]는 절동(浙東)과 절서(浙西) 지방에서 많이 만든다. 그중 일주(日注)가 제일이다. 경우(景祐)[117] 연간(1034~1038) 이후로 홍주(洪州) 쌍정(雙井)의 백아(白芽)는 만드는 법이 더욱 정밀해져 일주(日注)보다 훨씬 윗길에 들었고, 마침내 초차(草茶) 중에 제일이 되었다.

草茶盛于兩浙, 日注第一. 自景祐以來, 洪州 雙井白芽, 製作尤精, 遠在日注之上, 遂爲草茶第一.

의흥(宜興)의 옹호(灉湖)[118]에서는 함고(含膏)가 난다. 선성현[宣城縣, 선주(宣州)]에는 아산(丫山)이 있는데

宜興 灉湖出含膏. 宣城縣有丫山, 形如小方餠. 橫鋪

---

114 화전(火前): 한식 전에 따는 차. 한식날에는 불 사용을 금하여[禁火] 찬 음식을 먹는 풍습이 있었기 때문에 생긴 용어이다. 아래 '한식[禁火令]'도 이와 같다.

115 연고자순(研膏紫筍): 중국 절강성 호주에서 나는 차.

116 초차(草茶): 고형차에서 산차로 이행되는 과도기에 처음 만들어졌던 송대의 차로 아주 고급 산차이다. 고급 초차는 맛과 향이 뛰어났기 때문에 문인들과 상류층에서 애음되었다.

117 경우(景祐): 중국 송나라 인종(仁宗)의 세 번째 연호.

118 옹호(灉湖): 중국 호남성(湖南省) 악양시(岳陽市) 남쪽에 있는 호수. 옛날에는 의흥(宜興)에 속해 있었던 듯하다.

④ 生: 저본에는 "主". 오사카본·《二如亭群芳譜·利部·茶譜》에 근거하여 수정.

모양은 작고 네모진 떡과 같다. 횡포(橫鋪)의 명아(茗芽)는 그 위쪽에서 난다. 산 동쪽은 아침 해가 비추기 때문에 '양파(陽坡)'라고 부른다. 여기에서 난 차가 가장 좋다. 이름은 '아산양파횡문차(丫山陽坡橫文茶)'라 하고, '서초괴(瑞草魁)'라고도 한다.

茗芽産其上，其山東爲朝日所燭，號曰"陽坡"，其茶最勝．其名曰"丫山陽坡橫文茶"，一曰"瑞草魁"．

또 건주(建州) 북원(北苑)의 선춘(先春), 홍주(洪州) 서산(西山)의 백로(白露), 안길주(安吉州)[119]의 고저자순(顧渚紫筍), 상주(常州)의 의흥자순(宜興紫筍)·양선(陽羨)·춘지(春池)·양봉령(陽鳳嶺), 목주(睦州)의 구갱(鳩坑), 검남(劍南)의 석화(石花)·노준아(露鋑芽)·전아(籛芽), 남강(南康)의 운거(雲居), 협주(峽州) 소강원(小江園)의 벽간료(碧澗寮)·명월료(明月寮)·수유(茱萸), 동천(東川)의 수목(獸目), 복주(福州) 방산(方山)의 노아(露芽), 수주(壽州)[120] 곽산(霍山)의 황아(黃芽), 육안주(六安州)[121]의 소현춘(小峴春)[122]이 있다. 이들은 모두 차 중의 지극히 좋은 제품이다.

又有建州北苑先春、洪州西山白露、安吉州顧渚紫筍、常州宜興紫筍·陽羨·春池·陽鳳嶺、睦州鳩坑、劍南[5]石花·露鋑芽·籛芽，南康雲居、峽州小江園·碧澗寮·明月寮·茱萸、東川獸目、福州方山露芽、壽州霍山黃芽、六安州小峴春，皆茶之極品．

옥루관(玉壘關)[123] 밖 보당산(寶唐山)[124]에 차나무가 있다. 이 나무는 깎아지른 절벽에서 난다. 싹의 길이는 0.3~0.5척이며 한 잎이나 두 잎이 있다.

玉壘關外寶唐山有茶樹，産懸崖，筍長三寸、五寸，方有一葉、兩葉．

대화산(大和山)[125]의 건림차(騫林茶)[126]는 처음 끓이

大和山騫林茶，初泡極苦

119 안길주(安吉州): 중국 절강성 호주(湖州) 일대.

120 수주(壽州): 중국 안휘성 수현(壽縣).

121 육안주(六安州): 중국 안휘성 육안시(六安市).

122 소현춘(小峴春): 중국 안휘성 육안시에서 나는 차. 잎이 댓잎과 비슷하고, 줄기가 꼿꼿하며, 색은 황록색이다. 차맛이 순하고 달다.

123 옥루관(玉壘關): 현재 중국 검남(劍南)의 도강현(導江縣) 옥루산(玉壘山)에 있는 관문으로 추정된다.

124 보당산(寶唐山): 옥루산(玉壘山) 인근의 산으로 추정된다.

125 대화산(大和山): 중국 호북성(湖北省) 서북부의 십제시(十堰市)와 단강구시(丹江口市)에 있는 산. 동쪽에는 양양시(襄陽市)가 있다.

126 건림차(騫林茶): 중국 호북성 대화산에서 나는 차. 무당도차(武當道茶)라고도 한다.

[5] 劍南: 저본에는 "南劍". 《二如亭群芳譜·利部·茶譜》에 근거하여 수정.

면 아주 쓰고 떫다가, 3~4번 끓이면 맑은 향기가 매우 특이하게 난다. 사람들은 이를 차 가운데 보물이라고 여긴다.

澀, 至三四泡, 淸香特異, 人以爲茶寶.

부주(涪州)[127]에서는 세 종류의 차가 난다. 가장 좋은 차는 빈화(賓化)로, 이른 봄에 만든다. 그 다음은 백마(白馬)이며, 가장 하품은 부릉(涪陵)이다.

涪州出三般茶: 最上賓化, 製於早春, 其次白馬, 最下涪陵.

허차서(許次紓)[128] 다소(茶疏) [129] [130] 강남(江南) 지역의 차 중에서 당나라 사람들은 양선(陽羨)을 최고로 쳤으며, 송나라 사람들은 건주(建州) 지역의 차를 가장 귀중하게 여겼다. 오늘날에는 양선이라는 이름만 남아 있으며, 건주의 차도 최상품은 아니다. 다만 무이산(武夷山)[131]의 우전(雨前)[132]이 가장 좋다.

許氏 茶疏 江南之茶, 唐人首稱陽羨, 宋人最重建州. 于今陽羨僅有其名, 建茶亦非最上, 惟有武夷雨前最勝.

근래에 귀중하게 여기는 차는 장흥의 나개(羅岕)이다. 이는 아마도 옛 사람들이 말한 고저자순(顧渚紫筍)일 것이다. 산골짜기를 '개(岕)'라고 한다. 나(羅)씨 성을 가진 사람이 여기에 은거하였으므로 '나(羅)'로 이름 붙였다.

近日所尙者, 爲長⑥興之羅岕, 疑卽古人顧渚紫筍也. 介於山中謂之岕, 羅氏隱焉故名"羅".

그러나 나개로 이름 붙인 차 산지는 본래 여러 곳

然岕故有數⑦處, 今惟洞

---

127 부주(涪州) : 중국 사천성(四川省) 부릉시(涪陵市)에 있었던 고을.

128 허차서(許次紓) : 1549~1604. 중국 명나라 관리. 시문에 능했다. 《다소(茶疏)》를 지었다.

129 다소(茶疏) : 중국 명(明)나라 허차서(許次紓)가 지은 다서.

130 《茶疏》 〈産茶〉(《中國茶書全集校證》 2, 768~769쪽).

131 무이산(武夷山) : 중국 복건성(福建省)과 강서성(江西省) 경계 지역에 있는 산. 명승지가 많고 차뿐만 아니라 죽재(竹材)와 죽순의 산지로도 유명하다.

132 우전(雨前) : 양력 4월 20일 경인 곡우(穀雨) 전에 가늘고 연한 찻잎을 따서 만든 차.

⑥ 長 : 저본에는 결자. 《茶疏·産茶》에 근거하여 보충. 오사카본에는 "결자이다. 다시 상고해야 한다(缺字. 更考)."라는 두주가 달려 있다.

⑦ 數 : 저본에는 결자. 《茶疏·産茶》에 근거하여 보충. 오사카본에는 "결자이다. 다시 상고해야 한다(缺字. 更考)"라는 두주가 달려 있다.

이 있었다. 지금은 그중 동산(洞山)[133]의 차가 가장 좋다. 고저산(顧渚山, 장흥에 있는 산)의 차도 좋은 품등이 있다. 그러나 사람들이 항상 여기서 난 차를 '수구차(水口茶)'라고 이름 붙여서 나개와 완전히 구별되었다.

山最佳. 若在顧渚, 亦有佳者, 人恒以水口茶名之, 全與岕別矣.

흡주(歙州)[134]의 송라(松羅)[135], 오(吳) 지역의 호구(虎丘), 전당(錢塘)[136]의 용정(龍井)과 같은 차는 향기가 짙어 모두 비슷한 사등품이며, 나개와도 서로 최고를 다툰다. 옛날에 곽차보(郭次甫)[137]는 황산(黃山)[138]의 차를 자주 칭찬하였다. 황산도 흡주(歙州)에 있지만 송라(松羅)보다는 품질이 매우 떨어진다.

若歙之松羅、吳之虎丘、錢塘之龍井, 香氣穠郁, 竝可雁行, 與岕頡頏. 往時次甫[8]亟稱黃山, 黃山亦在歙中, 然去松羅甚遠.

옛날 선비들은 모두 천지(天池)를 귀하게 여겼다. 하지만 천지산(天池山)에서 나는 이 차를 마시면 대체로 사람들의 가슴을 그득하게 하였다. 이 때문에 나부터 비로소 천지의 품등을 낮게 매겼다.

往時士人皆貴天池. 天池產者, 飲之略多, 令人胸滿. 自余始下其品.

절(浙) 지역에서 나는 차로는 역시 천태(天台)의 안탕(雁宕), 괄창(栝蒼)의 대반(大盤), 동양(東陽)의 금화(金華), 소흥(紹興)의 일주(日鑄)가 있다. 이들 모두 무이(武夷)의 우전과 우열을 가릴 수 없다.

浙之產, 又有天台之雁宕、栝蒼之大盤[9]、東陽之金華、紹興之日鑄, 皆與武夷相爲伯仲.

---

133 동산(洞山) : 중국 절강성 호주시 장흥현에 있던 고을 이름.

134 흡주(歙州) : 중국 안휘성(安徽省) 신안강(新安江) 상류에 위치한 주(州). 송나라 휘종(徽宗) 선화(宣和) 3년(1121)에 휘주(徽州)로 개칭되었다. 흡현(歙縣)·이현(黟縣)·휴녕현(休寧縣)·무원현(婺源縣)·적계현(績溪縣)·기문현(祁門縣)이 이에 해당한다.

135 송라(松羅) : 중국 휴녕현(休寧縣) 송라산에서 나는 차.

136 전당(錢塘) : 중국 절강성(浙江省) 항주(杭州).

137 곽차보(郭次甫) : 미상.

138 황산(黃山) : 중국 안휘성 흡현(歙縣)의 서북쪽에 있는 산. 중국의 명산 중 하나이며, 중국의 10대 명차 중 하나인 '황산모봉(黃山毛峰)'의 생산지로도 유명하다.

[8] 次甫 : 《茶疏·産茶》에는 "郭次".

[9] 盤 : 저본에는 결자. 《茶疏·産茶》에 근거하여 보충. 오사카본에는 "결자이다. 다시 상고해야 한다(缺字. 更考)."라는 두주가 달려 있다.

전당(錢塘)의 여러 산에도 차 생산량이 매우 많다. 남쪽의 산에서 나는 차는 모두 좋고, 북쪽의 산에서 나는 차는 그보다 조금 떨어진다. 북쪽의 산에서는 차밭에 부지런히 거름을 주어 차가 쉽게 무성해지지만 풍격과 정취는 오히려 박하다.

錢塘諸山, 産茶甚多. 南山盡佳, 北山稍劣. 北山勤於用糞, 茶雖易茁, 氣韻反薄.

옛날에는 목주(睦州)의 구갱(鳩坑), 사명(四明)의 주계(朱溪)를 매우 칭찬했다. 하지만 지금은 모두 높은 품등에 들어가지 못한다.

往時頗稱睦之鳩坑、四明之朱溪, 今皆不得入品.

무이(武夷)외에 천주(泉州)의 청원(淸源)이 있다. 좋은 솜씨로 만들면 또한 무이의 우전에 버금간다.

武夷之外有泉州之淸源, 倘以好手製之, 亦與武夷亞匹.

복건성 무이산 차나무1

복건성 무이산 차나무2

복건성 무이산 차나무3

복건성 무이산 차나무4(이상 조헌철)

초(楚) 지역에서 나는 차는 '보경(寶慶)'이라고 하고, 진(滇)에서 나는 차는 '오화(五華)'라고 한다. 이것들도 모두 매우 유명한 차들이다.

楚之産曰"寶慶", 滇之産曰"五華", 此皆表表有名者.

동계시다록(東溪試茶錄) [139] [140] 백차(白茶)[141]는 그 자체로 한 종류가 되므로 보통 차와 같지 않다. 그 가지는 무성하게 뻗어나가며, 잎은 윤기가 나면서 얇다. 벼랑이나 숲 사이에서 우연히 나기 때문에 인력으로 미칠 수 있는 일이 아니다.

東溪試茶錄 白茶自爲一種, 與常茶不同. 其條敷闡, 其葉瑩薄, 崖林之間偶然生出, 非人力所可致.

있다고 하더라도 불과 4~5가구에 있고 그곳에서 키우는 백차도 고작 1~2그루이다. 그러므로 차를 만들어도 2~3과(銙)[142]에 그칠 뿐이다. 좋은 싹이 많지 않아 찌고 말리기가 더욱 어렵다. 끓이거나 불에 쬘 때 한 번 잘못하면 변해서 보통의 품등이 된다.

有者不過四五家, 生者不過一二株, 所造止於二三銙而已. 芽英不多, 尤難蒸焙. 湯火一失, 則已變而爲常品.[10]

그러므로 정밀하게 만들어야 하고 운용하는 정도가 적당해야 한다. 그러면 차는 안과 바깥이 서로 비치듯 밝아 옥(玉) 중에 가공하지 않은 옥과 같다. 이 점이 다른 차와는 비교할 바가 못 된다.

須製造精微, 運度得宜, 則表裏昭徹, 如玉之在璞, 它無與倫也.

---

139 동계시다록(東溪試茶錄): 중국 송(宋)나라 송자안(宋子安, ?~?)이 지은 다서.

140《東溪試茶錄》〈茶名〉(《中國茶書全集校證》1, 304~305쪽).

141 백차(白茶): 중국 송대 복건성의 북원(北苑)에서 만들었던 공차(貢茶)의 일종. 약하게 발효한 차. 찻잎을 딴 후 햇볕이나 열풍에 말리고, 덖기나 비벼 주기 공정 없이 바로 건조 공정으로 들어간다. 품질이 뛰어나지만 생산량이 적었기 때문에 구하기 어려웠다. 북원에서 만든 공차 중 최고의 품등을 유지했다.

142 과(銙): 차를 압착하여 병(餠)모양으로 만드는 모형틀. 여기에서 의미가 확장되어 과(銙)는 이 개수의 단위를 가리킨다. 본문의 2~3과는 이 모형틀로 만든 2~3개의 병차(餠茶)를 가리킨다.《선화북원공차록(宣和北苑貢茶錄)》에 공신과(貢新銙)·시신과(試新銙) 등의 병차를 만드는 모형틀 수십 종의 그림이 수록되어 있다. 이 그림을 본문 뒤에 실어 놓았다.

[10] 白茶自爲一種……則已變而爲常品: 이 부분은《동계시다록》에 보이지 않고《大觀茶論》〈采擇〉(《中國茶書全集校證》1, 331쪽)에 보인다.

백엽차(白葉茶)는 근래에 나왔다. 차밭에 재배했을 때 이 새 종자가 생겼다. 땅은 산과 천(川)과의 거리에 상관하지 않고, 잎이 나는 시기도 사일(社日)의 전후를 따지지 않는다. 싹의 잎은 종이와 같다. 민간에서는 크게 중시하여 상서로운 차로 여긴다.

白葉茶出於近歲, 園培時有之. 地, 不以山川遠近, 發不以社之先後. 芽葉如紙, 民間大重之, 以爲茶瑞.

감엽차(柑葉茶)는 나무의 높이가 10척 남짓이며, 몸통의 지름[徑頭]이 0.7~0.8척이다. 잎은 두껍고 둥글다. 모양은 감귤(柑橘)[143]의 잎과 유사하며, 싹이 나면 도톰하고 젖처럼 흰 즙이 나온다. 길이가 0.2척 정도 되면 먹는다. 차의 상등품이다.

柑葉茶, 樹高丈餘, 徑頭七八寸, 葉厚而圓. 狀類柑橘之葉, 其芽發, 卽肥乳. 長二寸許爲食, 茶之上品.

조차(早茶)는 또한 홍귤나무[柑]잎과 유사하다. 잎은 늘 봄에 앞서 나온다. 그러므로 민간에서는 따서 시험 삼아 덖어 차로 만든다.

早茶, 亦類柑葉, 發常先春, 民間採製爲試焙者也.

세엽차(細葉茶)는 잎이 홍귤나무[柑]잎에 비해 잘고 얇다. 나무의 높이는 5~6척이며, 싹은 짧고 젖과 같은 흰 즙이 나오지 않는다. 지금은 사계산(沙溪山)에서 난다. 이곳은 대개 흙이 척박하여 나무가 무성하지 않다.

細葉茶, 葉比柑葉細薄, 樹高五六尺, 芽短而不乳, 今生沙溪山中, 蓋土薄而不茂也.

계차(稽茶)는 잎이 잘지만 두껍고 촘촘하다. 싹이 늦게 나오며 청황색이다.

稽茶, 葉細而厚密, 芽晩而靑黃.

143 감귤(柑橘): 운향과 감귤속에 속하는 상록 소교목의 총칭.

만차(晩茶)는 대개 계차(稽茶)의 종류이다. 잎이 나는 시기가 다른 차에 비교하면 늦어서, 사일(社日) 이후에 난다.	晩茶, 蓋稽茶之類, 發比諸茶晩, 生於社後.
총차(叢茶)는 또한 '얼차(蘖茶)'라고 한다. 무더기로 난다. 높이는 몇 척 되지 않는다. 한 해 동안 싹이 나는 회수가 2~4번이나 되므로 가난한 사람들이 이롭게 여긴다.	叢茶, 亦曰"蘖茶", 叢生, 高不數尺, 一歲之間發者數四, 貧民以爲利.
연북잡지[144] 교지차(交趾茶)는 녹태(綠台)와 같이 맛이 맵다. '등(登)'이라 한다.	研北雜志 交趾茶, 如綠苔味辛, 名之曰"登".
동백산지(桐柏山志)[145][146] 폭포산(瀑布山)[147]은 일명 '자응산(紫凝山)'이다. 이곳에서 대엽차(大葉茶)가 난다.	桐柏山志 瀑布山, 一名"紫凝山". 産大葉茶.
황산지(黃山志)[148][149] 연화암(蓮花菴) 곁의 돌틈에서 차를 기른다. 대부분 옅은 향기와 차가운 뒷맛이 사람을 엄습하여 잇몸을 시리게 할 정도이다. '황산운무차(黃山雲霧茶, 황산의 구름과 안개가 휘감은 곳에서 나는 차)'라고 한다.	黃山志 蓮花菴[11]旁就石縫養茶, 多輕香冷韻, 襲人斷齶, 謂之"黃山雲霧茶".

144 《研北雜志》 卷下 (《文淵閣四庫全書》866, 600); 《廣群芳譜》 권18 《茶寶》 "茶", 435쪽.

145 동백산지(桐柏山志): 중국 하남성(河南省)·호북성(湖北省) 변경 지역에 있는 동백산 일대의 역사와 풍습을 기록한 책으로 추정된다.

146 출전 확인 안 됨; 《廣群芳譜》 卷18 《茶寶》 "茶", 435쪽.

147 폭포산(瀑布山): 중국 절강성(浙江省) 승현(嵊縣) 동쪽에 있는 산.

148 황산지(黃山志): 중국 청나라 장패방(張佩芳)이 편찬한 지리지. 1책에는 안휘성 안휘현(安徽縣) 지역에 있는 황산 주변의 절경, 사찰, 물산 등에 대해 기록했고, 2책은 명사들의 황산유람기가 기록되어 있다.

149 출전 확인 안 됨; 《廣群芳譜》, 위와 같은 곳.

[11] 菴: 저본에는 "茶". 《廣群芳譜·茶寶·茶》에 근거하여 수정.

항주부지(杭州府志)[150][151] 보운산(寶雲山)[152]에서 나는 차는 '보운차(寶雲茶)'라 한다. 하천축(下天竺)[153]의 향림동(香林洞)[154]에서 나는 차는 '향림차(香林茶)'라 한다. 상천축(上天竺)의 백운봉(白雲峯)[155]에서 나는 차는 '백운차(白雲茶)'라고 한다.

杭州府志 寶雲山產者名"寶雲茶", 下天竺香林洞者名"香林茶", 上天竺白雲峯者名"白雲茶".

운남지(雲南志)[156][157] 태화산(太華山)[158]은 운남부(雲南府) 서쪽에 있다. 생산되는 차의 색과 맛이 모두 송라(松蘿)와 비슷하다. 이 차를 '태화차(太華茶)'라 한다.

雲南志 太華山在雲南府西, 產茶色味俱似松蘿, 名曰"太華茶".

보이산(普洱山)[159]은 거리군민선위사(車里軍民宣慰司)[160] 북쪽에 있고, 그 산 위에서 나는 차는 본성은 따뜻하고 맛은 향기롭다. 이를 '보이차(普洱茶)'라고 한다.

普洱山在車里軍民宣慰司北, 其上產茶, 性溫味香, 名曰"普洱茶".

맹통산(孟通山)[161]은 만전주(灣甸州)[162] 경계에 있으며 생산되는 세엽 차의 맛이 가장 좋다. 이를 '만전

孟通山在灣甸州境, 產細茶味最勝, 名曰"灣甸茶".

---

150 항주부지(杭州府志): 중국 명나라 관리 진선(陳善)이 기록한 항주부(杭州府)에 대한 지리지.
151 출전 확인 안 됨; 《廣群芳譜》, 위와 같은 곳.
152 보운산(寶雲山): 중국 절강성 항주에 있는 산.
153 하천축(下天竺): 중국 절강성 항주 서호(西湖) 북쪽의 보석산(寶石山) 비래봉 동쪽 기슭에 있는 세 절의 명칭 중 하나. 세 절은 상천축사(법희사)·중천축사(법정사)·하천축사(법경사)이다.
154 향림동(香林洞): 중국 절강성 항주 서호 북쪽 보석산에서 차나무가 많은 한 지역을 가리키는 명칭으로 추정된다.
155 백운봉(白雲峯): 상천축사 인근의 봉우리 이름.
156 운남지(雲南志): 중국 당나라 번작(樊綽)이 운남 지역의 역사를 기록한 책. 《운남기(雲南記)》·《운남사기(雲南史記)》라고도 한다.
157 출전 확인 안 됨; 《廣群芳譜》, 위와 같은 곳.
158 태화산(太華山): 중국 5대산 중 하나로, 섬서성(陝西省) 위남시(渭南市)와 화음시(華陰市)에 걸쳐 있는 산.
159 보이산(普洱山) : 중국 운남성(雲南省) 영이현(寧洱縣)에 있는 산.
160 거리군민선위사(車里軍民宣慰司): 중국 운남성(雲南省)에 거주하는 소수민족인 태족(傣族)의 행정관사.
161 맹통산(孟通山): 중국 운남성 만전주(灣甸州) 경내에 있는 산.
162 만전주(灣甸州): 중국 운남성 보산시(保山市) 창녕현(昌寧縣) 남부 지역.

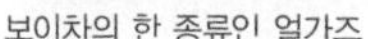

보이차의 한 종류인 얼가즈

얼가즈(이상 네이버 카페 쾌활 정경원)

차(灣甸茶)'라고 한다.

대리부지(大理府志)[163][164] 감통사(感通寺)[165]는 점창산(點蒼山)[166] 성응봉(聖應峯) 기슭에 있다. 옛 이름은 '탕산(蕩山)'이다. 또 '상산(上山)'이다. 이곳에는 36개의 원(院, 황실의 숲)이 있는데, 모두 차가 난다. 차나무의 높이는 10척이다. 성질과 맛이 양선(陽羨)보다 덜하지 않다. 이를 '감통차(感通茶)'라고 한다.

大理府志 感通寺在點蒼山聖應峯麓, 舊名"蕩山", 又名"上山". 有三十六院, 皆産茶, 樹高一丈, 性味不減陽羡, 名曰"感通茶".

완릉시주(宛陵詩注)[167][168] 양주(楊州)[169]에서는 매년 촉강차(蜀岡茶)[170]를 공물로 바친다. 이는 몽정차(蒙

宛陵詩注 楊州歲貢蜀岡茶, 似蒙頂茶, 能除疾延

163 대리부지(大理府志) : 중국 운남성 대리시(大理市) 이원현(洱源縣)·상운현(祥雲縣)에 해당되는 대리부(大理府)의 연혁, 산천, 학교, 풍속, 명신 등을 기록한 지리지. 저자는 미상이다.

164 출전 확인 안 됨; 《廣群芳譜》, 위와 같은 곳.

165 감통사(感通寺) : 중국 운남성 대리시(大理市)에 있는 점창산(點蒼山) 성응봉(聖應峰) 남쪽 기슭에 있던 절 이름.

166 점창산(點蒼山) : 중국 운남성 대리부에 있는 산 이름.

167 완릉시주(宛陵詩注) : 중국 송나라 문학자 매요신(梅堯臣, 1002~1060)의 《완릉집(宛陵集)》에 실린 시에 붙어 있는 주석.

168 《宛陵集》〈依韻和劉原甫舍人揚州五題〉"時會堂" 2首(《文淵閣四庫全書》 1099, 397쪽).

169 양주(楊州) : 중국 강소성 양주시 일대.

170 촉강차(蜀岡茶) : 중국 강소성 양주시 서북쪽에 있는 촉강에서 나는 차.

차나무씨1

차나무씨2

가을의 찻잎

차밭(이상 임원경제연구소, 보성군 회천면 회령리 대한다원 제2농장에서 촬영)

頂茶)와 비슷하다. 질병을 치료하며 수명을 연장시켜 줄 수 있다.

年.

행포지 [171] 우리나라 전라도의 주(州)와 군(郡)에는 종종 차가 생산된다. 이수광(李睟光)[172]의 《지봉유설(芝峯類說)》[173]에서는 "신라 흥덕왕(興德王)[174] 때 사신이 당나라에서 차나무씨를 가지고 돌아오자 지리산

杏蒲志 我國湖南州郡往往産茶. 李睟光《芝峯類說》云"新羅 興德王時, 使臣自唐還賫茶子來, 命植

171 《杏蒲志》 卷2 〈總論果蓏〉 "種茶"(《農書》 36, 192~193쪽).

172 이수광(李睟光) : 1563~1628. 조선 중기 문신이자 학자. 호는 지봉(芝峯). 영창대군이 죽임을 당하는 계축옥사가 일어나자 관직을 버리고 은거하며 《지봉유설(芝峯類說)》을 지었다.

173 지봉유설(芝峯類說) : 1614년(광해군 6) 이수광(李睟光)이 편찬한 유서(일종의 백과사전).

174 흥덕왕(興德王) : 신라의 제42대 왕(재위 826~836).

에 심도록 명하였다."[175]고 한다. 그때 가지고 온 종자가 어디에서 나는 차인지 알지 못하나 지금 전라도에서 나는 차가 그때 남겨진 종자일 것이다.	智異山." 未知其時賫來者何地之産, 而今湖南之茶要其遺種也.
잎이 거칠면서 크고 단단하며, 덖으면 기운과 맛이 북경의 시장에서 구입한 황차(黃茶)[176]와 완전히 같다. 하지만 잎을 따서 찌고 덖는 데에 적당한 방법을 얻지 못한 듯하다. 경상도와 전라도의 바다에 접한 주와 북극고도는 중국 강소·절강·회남(淮南)과 회북(淮北) 등지의 유명한 차와 비교해보아도 그리 차이가 나지 않고 땅기운의 차고 따뜻한 정도 또한 별 차이가 없다.	葉麤大而硬, 煎之, 氣味一似燕肆購來之黃茶, 意採擷蒸焙之, 未得其法也. 嶺、湖南沿海州郡極高, 較中國江浙、兩淮等産名茶地方不甚相遠, 地氣寒煖諒亦無異.
어떤 이들의 "풍토가 알맞지 않다[風土不宜, 풍토불의]"[177]라고 하는 주장도 망년된 말이다. 좋은 품종을 구입하여 심고, 가꾸는 데에 바른 방법이 있으며, 덖어 만드는 공정이 적당하면 석화(石花)나 자순(紫筍)과 같은 명차도 우리나라에서 얻지 못할 리가 없다.	或謂"風土不宜"者妄也. 苟能購得嘉種而栽藝有方, 焙造合宜, 則石花、紫筍之名品未始不可得於東土矣.
안 우리나라 사람들은 차를 그다지 마시지 않는다. 나라에 자생하는 차 품종이 있으나 아는 사람은 또한 드물다. 근래 50~60년 동안 사대부들 중에 종	按 東人不甚啜茶. 國中自有茶種, 而知者亦鮮. 近自五六十年來, 縉紳貴遊, 往

175 신라……명하였다:《芝峯類說》卷20 〈卉木部〉 "草"(한국고전종합DB).

176 황차(黃茶):찻잎이 축축한 상태에서 몇 시간에서 2~3일, 길게는 5~7일 동안 종이나 천에 싸 두는 약하게 발효시키는 공정을 거친 차. 이 과정에서 습도와 온도에 의한 자동 산화가 발생하여 찻잎과 차탕이 황색이 되고 맛도 부드러워진다. 진제형,《茶쟁이 진재형의 중국차 공부》, 이른아침, 2020, 20쪽 참조.

177 풍토가……않다:풍토불의(風土不宜)를 핑계로 새로운 농작물이나 식물을 재배하려는, 새로운 시도도 해보지 않는 태도를 비판하는 주장은《임원경제지》여러 곳에 반복적으로 나온다. 정명현·김정기 옮김,《임원경제지 본리지》1, 소와당, 2008, 295~346쪽); 풍석 서유구 지음, 임원경제연구소 옮김,《임원경제지 전공지》2, 풍석문화재단, 2022, 84~87쪽;《임원경제지 관휴지》1, 풍석문화재단, 2022, 211~214쪽 참조.

종 즐기는 사람들이 있었다. 이 때문에 매년 북경에서 수레로 구입해 온 차가 번번이 한우충동(汗牛充棟)할 정도로 많아졌지만 진짜는 거의 없다시피 하며, 대부분 저(櫧)나무·떡갈나무[櫟]·박달나무[檀]·조각자 나무[皁筴]의 잎과 섞여 있다. 그러므로 오랫동안 복용하면 설사를 하게 된다.

往有嗜之者, 每歲燕輸之購來者, 動輒汗牛馬. 然眞者絕罕, 多雜以櫧櫟檀皁之葉, 久服之, 令人冷利.

지금 중국의 차 산지와 차의 각종 이름과 품종을 대략 모아 이상과 같이 실었다. 이는 호사자(好事者)들로 하여금 종자를 구입하고 전하여 번식시키도록 하기 위함이다. 차를 심고 가꾸기와 덖어서 만들기에 알맞은 방법이 있으면, 우리나라의 고유한 진짜 차는 버리면서 다른 나라의 값비싼 가짜 차를 구입하는 지경까지는 이르지 않을 것이다.

今略掇中州産茶地方及各種名品, 載錄如右, 俾好事者得以購種傳殖焉. 苟其蒔藝焙造之有術, 庶不至捨吾邦固有之眞茶, 而購他域價翔之僞茶也.

또 차의 다른 종류인 편차(片茶)[178]를 살펴보면 편차는 남당(南唐)[179]의 북원(北苑)[180]에서 비롯되었고, 송나라 사람들이 가장 높이 쳤다. 경력[慶曆, 송 인종(仁宗)] 연간(1041~1048)의 소룡단(小龍團)[181], 원풍[元豐, 송 신종(神宗)] 연간(1078~1085)의 밀운룡(密雲龍)[182], 소성[紹聖, 송 철종(哲宗)] 연간(1094~1098)의 서운룡(瑞雲

又按片茶始自南唐之北苑, 而宋人最尙之. 慶曆之小龍團、元豐之密雲龍、紹聖之瑞雲龍, 皆其最著者也.

178 편차(片茶) : 시루에 찐 찻잎을 진이 나올 때까지 절구에 찧어 모난 틀에 넣고 찍어낸 차. 전차(磚茶)라고도 한다.

179 남당(南唐) : 중국 강소성(江蘇省) 남경시(南京市).

180 북원(北苑) : 중국 남당의 궁실 북쪽에 있던 황실의 원림.

181 소룡단(小龍團) : 중국 송나라 때 공차 중 정품(精品)으로 이름 높았던 차. 송 황제의 연호 연간에 따라 명칭이 다르다. 아래의 밀운룡(密雲龍)과 서운룡(瑞雲龍)은 좀 더 뒤 시기의 차로, 더 정제된 차이므로 명칭을 달리했다.

182 밀운룡(密雲龍) : 앞 각주에 보인다.

龍)[183]은 모두 가장 이름난 편차이다.

차를 논하는 사람들은 '차 중에 단(團, 동전처럼 둥글게 만든 차 덩이)이나 편(片, 직육면체모양으로 만든 차 덩이)은 모두 맷돌로 간 가루로 만들기 때문에 이 과정에서 이미 참맛을 상하게 된다. 그런데다가 여기에 다시 기름때를 더하므로 좋은 제품이 아니다. 그러므로 고유의 맑은 향기가 나는 연한 싹차만 못하다.'고 한다.

論者謂茶之團者、片者, 皆出于碾磑之末, 旣損眞味, 復加油垢, 卽非佳品, 不若芽茶之天然淸香也.

대개 용단봉병(龍團鳳餠)[184]은 본래 나라의 공물로 바쳐졌다. 뇌자(腦子)[185]와 향기 나는 여러 기름을 섞어 차를 만들면 1과(夸)[186]의 가치는 40만 전(錢)이나 되었다. 그러므로 당시에 "금은 얻기는 쉬워도 용단은 얻기 어렵다."는 말이 있게 된 것이다.

蓋龍團鳳餠本充貢獻, 雜以腦子、諸香膏油調齊, 一夸之直至四十萬錢, 故當時有"金易得, 龍餠不易得"之語.

이것이 어찌 산림의 청빈한 선비들[淸修之士, 청수지사]이 쉽게 얻을 수 있는 물건이겠는가? 그러므로 지금 연한 싹차의 이름과 품종만 기록하고 편차(片茶) 소개는 생략하였다.

此豈山林淸修之士所易致哉. 今專錄芽茶名品而片茶則略之云】

183 서운룡(瑞雲龍) : 중국 청나라 철종(哲宗) 소성(紹聖) 연간의 공차 중 정품(精品)으로, 밀운룡의 맛과 향을 더욱 개발한 차.

184 용단봉병(龍團鳳餠) : 용모양이나 봉황모양으로 만든 차덩이.

185 뇌자(腦子) : 용뇌수과의 상록 교목인 용뇌수(龍腦樹) 줄기의 갈라진 틈에서 나오는 수액. 이 용뇌를 채취하여 향료 및 약재로 쓴다. 용뇌의 이칭은 빙편(氷片)·매편(梅片)·용뇌향(龍腦香)·애편(艾片) 등이 있다.

186 과(夸) : 찻잎을 덖어서 만든 직육면체모양의 작은 덩어리.

貢新銙
竹圈 銀模
方一寸二分

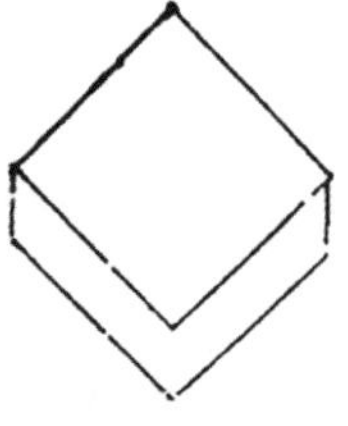

試新銙
竹圈 銀模
方一寸二分

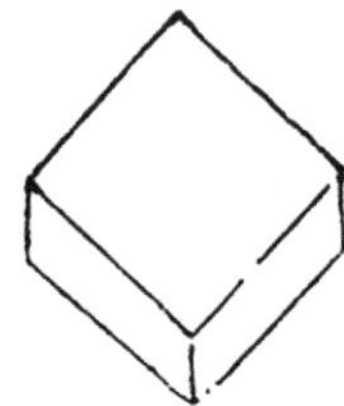

龍團勝雪
銀圈 銀模
方一寸二分

나라에 공물로 바쳤던 차들. 오른쪽부터 공신과[貢新銙, 죽권 은모(竹圈 銀模, 대나무테 두른 은틀), 사방 0.12척(方 一寸二分)], 시신과(試新銙, 죽권 은모, 사방 0.12척), 용단승설[龍團勝雪, 은권 은모(은테 두른 은틀), 사방 0.12척)]

白茶
銀圈 銀模
徑一寸五分

御苑玉芽
銀圈 銀模
徑一寸五分

백다(白茶, 은권 은모, 지름[徑] 0.15척), 어원옥아(御苑玉芽, 은권 은모, 지름 0.15척)

承平雅玩
竹圈 模
方一寸二分

乙夜清供
竹圈 模
方一寸二分

上林第一
竹圈 模
方一寸二分

萬壽龍芽
銀圈 銀模
方一寸五分

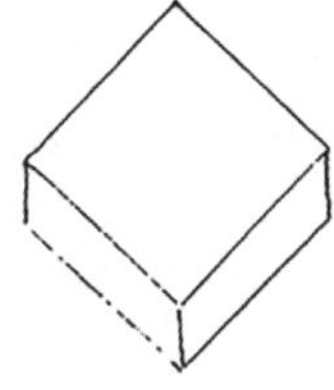

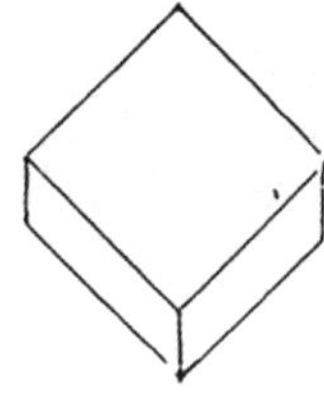

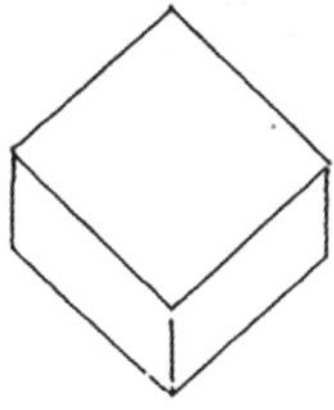

을야청공[乙夜清供, 죽권 죽모(竹圈 模, 대나무테 두른 대나무틀), 사방 0.12척], 승평아완(承平雅玩, 죽권 죽모, 사방 0.12척)

만수룡아(萬壽龍芽, 은권 은모, 사방 0.15척), 상림제일(上林第一, 죽권 죽모, 사방 0.12척)

雪英
銀圈 銀模
横長一寸五分

啟沃承恩
竹圈 模
方一寸二分

玉除清賞
竹圈 模
方一寸二分

龍鳳英華
竹圈 模
方一寸二分

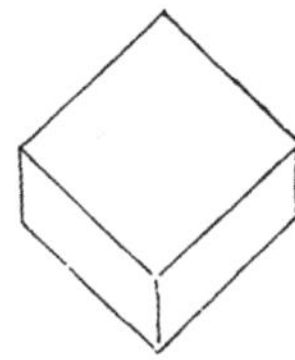

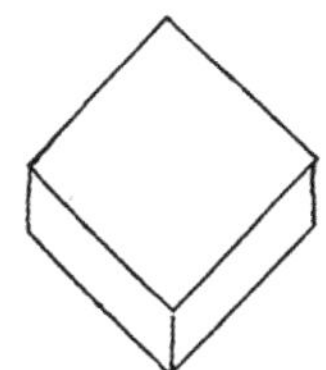

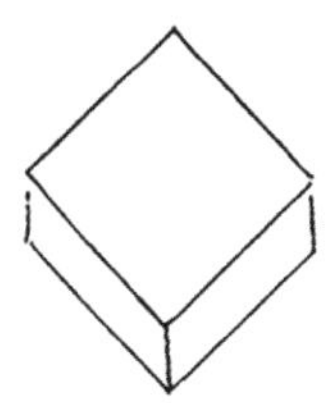

계옥승은(啓沃承恩, 죽권 죽모, 사방 0.12척), 설영(雪英, 은권 은모, 가로세로 각 0.15척)

용봉영화(龍鳳英華, 죽권 죽모, 사방 0.12척), 옥제청상(玉除清賞, 죽권 죽모, 사방 0.12척)

雲葉
銀模 銀圈
橫長一寸五分

蜀葵
銀模 銀模
徑一寸五分

운엽(雲葉, 은모 은권, 가로세로 각 0.15척), 촉규(蜀葵, 은모 은권, 지름 0.15척)

金錢
銀模 銀圈
徑一寸五分

玉華
銀模 銀圈
橫長一寸五分

금전(金錢, 은모 은권, 지름 0.15척), 옥화(玉華, 은모 은권, 가로세로 각 0.15척)

寸金
銀模 銀圈
方一寸二分

촌금(寸金, 은모 은권, 사방 0.12척)

無比壽芽
銀模 銀圈
方一寸二分

무비수아(無比壽芽, 은모 은권, 사방 0.12척)

萬春銀葉
銀模　銀圈
兩尖徑　二寸
二分

만춘은엽(萬春銀葉, 은모 은권, 양쪽 뾰족한 부분의 지름 0.22척)

宜年寶玉
銀模
銀圈直
長三寸

의년보옥(宜年寶玉, 은모 은권, 세로 직경 0.3척)

玉清慶雲
銀模　銀圈
方一寸八分

옥청경운(玉淸慶雲, 은모 은권, 사방 0.18척)

無疆壽龍
銀圈　銀模
直長三寸六
分

玉葉長春
銀模　竹圈
直長一寸

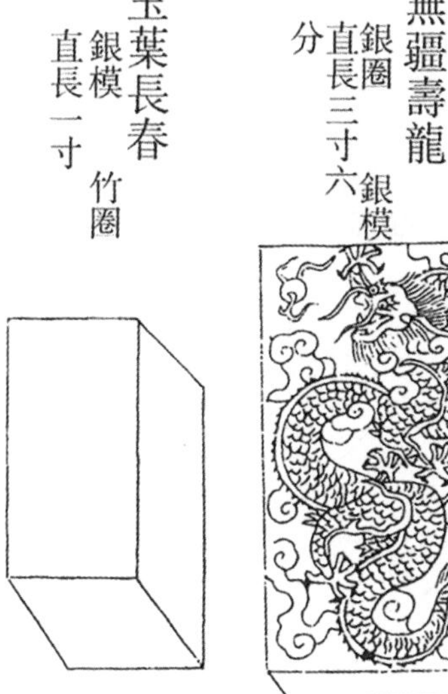

무강수룡(無疆壽龍, 은권 은모, 세로 직경 0.36척), 옥엽장춘(玉葉長春, 은모 죽권, 세로 직경 0.1척)

서운상룡(瑞雲翔龍, 은모 동권, 지름 0.25척)

장수옥규(長壽玉圭, 은모 동권, 세로 직경 0.3척)

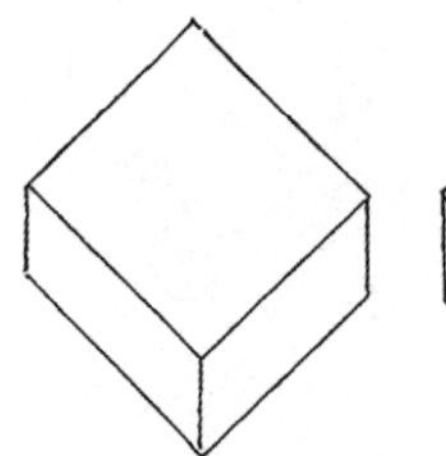

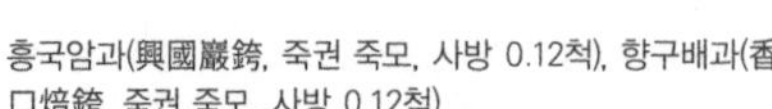
흥국암과(興國巖銙, 죽권 죽모, 사방 0.12척), 향구배과(香口焙銙, 죽권 죽모, 사방 0.12척)

상품간아(上品揀芽, 은모 동권, 0.25척)

新收揀芽
銀模 銅圈
二寸五分

신수간아(新收揀芽, 은모 동권, 0.25척)

太平嘉瑞
銀模 銅圈
徑二寸五分

태평가서(太平嘉瑞, 은모 은권, 지름 0.25척)

南山應瑞
銀模 銀圈
方一寸八分

龍苑報春
銀模 銅圈
徑一寸七分

용원보춘(龍苑報春, 은모 은권, 지름 0.17척), 남산응서(南山應瑞, 은모 은권, 사방 0.18척)

興國巖揀芽
銀圈 銀模
徑三寸

흥국암간아(興國巖揀芽, 은권 은모, 지름 0.3척)

小龍
銀圈
銀模

소룡(小龍, 은권 은모, 0.3척)

大龍
銀模
銅圈

대룡(大龍, 은모 동권)

小鳳
銀模
銅圈

소봉(小鳳, 은모 동권)

大鳳
銀模
銅圈

대봉(大鳳, 은모 동권)(이상 《중국다서전집교증(中國茶書全集校證)》, 361~367쪽)

송(宋) 유송년(劉松年)의 연다도(攆茶圖)(타이뻬이 고궁박물원 소장)

2) 알맞은 토양

土宜

나무 아래나 그늘진 땅이 적당하다. 《사시유요》[188]

宜樹下或背陰之地. 《四時類要》

대개 산의 비탈진 곳이 적당하다. 평지의 경우라면 양쪽 두둑에 도랑을 깊이 파서 물이 빠져나가게 해야 한다. 물이 뿌리에 스며들면 반드시 죽는다. 《사시유요》[189]

大槪宜山中帶坡坂[12]. 若於平地, 卽於兩畔深開溝壟, 洩水. 水浸根必死. 同上

차가 자라는 땅으로 제일 좋은 곳은 석비레밭[爛

其地上者生爛石, 中者生

187 중국다서전집교증(中國茶書全集校證) : 중국의 학자 방건(方建, 1947~)이 당·송대부터 청대까지의 다서를 수집하고 고증하여 엮은 책.

188 《사시찬요 역주》 권2 〈이월〉 "농경과 생활" "차 파종하기", 182쪽.

189 《사시찬요 역주》 권2 〈이월〉 "농경과 생활" "차 파종하기", 183쪽.

[12] 坂 : 오사카본에는 "埈"으로 썼다가 이 글자로 수정한 흔적이 있다.

石][190]이다. 다음으로는 조약돌[櫟]【주 력(櫟)자는 석(石)자를 부수로 하여 력(礫)자가 되어야 한다】이 섞인 흙밭[礫壤]이다. 그 다음은 황토밭이다.《다경》[191]

櫟壤【注 櫟, 當以石爲礫】, 下者生黃土.《茶經》

차를 심는 땅이 바위 벼랑이면 반드시 양지여야 하고, 텃밭이면 반드시 음지여야 한다. 대개 돌의 본성은 차기 때문에 찻잎은 생육이 억제되어서 마르고, 맛은 변변치 못하여 싱겁다. 그러므로 반드시 볕의 온화한 기운의 도움이 있어야 제맛을 낸다. 흙의 본성은 퍼지기 때문에 찻잎은 성겨 급속히 커지고, 맛은 뻣뻣하여 제멋대로이다. 그러므로 반드시 그늘의 도움이 있어야 맛을 조절한다. 이렇게 음양이 서로 보완해 주면 차의 성장이 적당함을 얻는다.《대관다론(大觀茶論)[192]》[193]

植産之地, 崖必陽, 圃必陰. 蓋石之性寒, 其葉抑以瘠, 其味疏以薄, 必資陽和以發之. 土之性敷, 其葉疏以暴, 其味强以肆, 必資陰蔭以節之. 陰陽相濟, 則茶之滋長得其宜.《大觀茶論》

차를 심는 땅은 남향이 좋다. 그늘진 곳은 결국 차의 맛을 떨어뜨리므로 같은 산이라도 좋고 나쁜 차이가 매우 현격하다.《다해(茶解)[194]》[195]

茶地南向[13]爲佳. 向陰者遂劣, 故一山之中, 美惡大相懸也.《茶解》

차나무는 본성이 물을 싫어하므로 기름진 땅이

性惡水, 宜肥地斜坡陰地

---

190 석비레밭[爛石]: 흙에 푸석푸석한 돌이 많이 섞여 있는 밭.

191《茶經》卷上〈一之源〉(《中國茶書全集校證》, 13쪽).

192 대관다론(大觀茶論): 중국 송(宋)나라 휘종(徽宗) 조길(趙佶, 1082~1135)이 1107년에 지은 다서. 대관(大觀)은 휘종의 세 번째 연호(1107~1110년)이다.

193《大觀茶論》(《文淵閣四庫全書》881, 305쪽);《廣群芳譜》卷21〈茶譜〉"茶" 4, 501쪽.

194 다해(茶解): 중국 명(明)나라 때 서예가이자 학자인 나름(羅廩, 1573~1620)이 지은 다서.

195 출전 확인 안 됨;《茶解》〈藝〉(《中國茶書全集校證》, 818쪽);《廣群芳譜》, 위와 같은 곳.

[13] 南向:《茶解·藝》에는 "斜坡".

면서 비탈지고 그늘져서 물을 잘 흘려보내는 땅이 적당하다. 《군방보》[196]

走水處. 《群芳譜》

명(明) 문징명(文徵明) 품다도(品茶圖) 부분도1(중국 국립고궁박물원)

196 《二如亭群芳譜》〈利部〉"茶譜"(《四庫全書存目叢書補編》80, 479~480쪽).

명(明) 문징명(文徵明) 품다도(品茶圖) 부분도2(중국 국립고궁박물원)

3) 심는 시기와 따는 시기

2월에 차를 심는다. 《사시유요》[197]

時候

二月種茶. 《四時類要》

청명에서 곡우 사이가 차를 따는 시기이다. 청명은 너무 이르고, 입하는 너무 늦다. 곡우 전후가 그 시기로 적당하다. 다시 1~2일 늦추어 차나무의 기력이 충분해지기를 기다리면 차의 향기는 더욱 배가 되기 때문에 따서 보관하기에 쉽다. 매실 익을 무렵은 무덥지 않아서 조금 크게 자라지만 이 때문에 가지가 어리고 잎이 부드럽다.

淸明、穀雨, 摘茶之候也. 淸明太早, 立夏太遲, 穀雨前後, 其時適中. 若肯再遲一二日期, 待其氣力完足, 香烈尤倍, 易於收藏. 梅時不蒸, 雖稍長大, 故是嫩枝柔葉也.

항주(杭州)의 민간에서는 차를 사발[盂]에 모아 우려내기를 좋아하므로 아주 잔 잎을 귀하게 여긴다. 번다하고 무성한 잎을 치는 일을 무작정 잘못됐다고 할 수는 없다. 오송(吳淞)[198] 사람들은 우리 고향에서 나는 용정(龍井)을 아주 귀하게 여겨 비싼 가격으로 곡우 전에 딴 잔 잎을 구입하려고 한다. 그러나 이는 예부터 내려오는 관례에 익숙하여 묘한 이치를 알지 못하기 때문이다.

杭俗喜于盂中撮點, 故貴極細, 理煩散鬱, 未可遽非. 吳淞人極貴吾鄕龍井, 肯以重價購雨前細者, 狃於故常, 未解妙理.

나개(羅岕)에 사는 사람들은 여름 이전이 아니면 따지 않는다. 처음 딴 잎은 '개원(開園)'이라 한다. 한여름부터 딴 잎은 '춘차(春茶)'라 한다. 그 땅이 조금 춥기 때문에 여름을 기다려서 따야 한다. 그렇지만 또 너무 늦어 폐해가 되게 해서는 안 된다. 나개에서는 옛날에는 가을에 차를 따는 경우가 없었는데,

岕中之人, 非夏前不摘. 初試摘者, 謂之"開園". 采自正夏, 謂之"春茶". 其地稍寒, 故須待夏, 此又不當以太遲病之. 往日無有秋日摘茶者, 近乃有之. 秋七八月

197 《사시찬요 역주》 권2 〈이월〉 "농경과 생활" "차 파종하기", 182쪽.

198 오송(吳淞): 중국 상해시(上海市) 북부 황포강(黃浦江)이 양자강으로 유입되는 지역.

근래에는 있다. 가을 7~8월에 한 번 더 따는 잎을 '조춘(早春)'이라 한다. 그 품등이 매우 좋다. 허차서 《다소》[199]

重摘一番, 謂之"早春". 其品甚佳. 許氏《茶疏》

찻잎 따기는 일찍 해야 하므로 대체로 청명에 시작하여 곡우 이전에 따야 좋다. 이때를 지나면 품질이 이전에 딴 잎에 못 미친다. 《왕정농서》[200]

採之宜早, 率以淸明、穀雨前者爲佳, 過此不及. 《王氏農書》[14]

좋은 차는 사일(社日) 이전에 만든다. 그 다음으로 좋은 차는 화전(火前)이다. 이는 한식 이전에 만드는 차를 말한다. 그 다음은 우전(雨前)이다. 이는 곡우 이전에 만드는 차를 말한다. 《학림신편(學林新編)[201]》[202]

茶之佳者造在社前. 其次火前, 謂寒食前也. 其下則雨前, 謂穀雨前也. 《學林新編》

곡우 이전에 차를 따면 정기가 충분하지 않고 여름이 지나면 줄기와 잎이 너무 억세진다. 그러나 차는 잘고 어린 것이 효과가 빼어나므로 여름으로 접어들 무렵에 따야 한다. 【안 이것은 나개(羅岕)에서 차를 따는 시기이다. 다른 예에 비하여 몇 후[候, 1후는 5일 정도] 느리다. 《개다전(岕茶箋)[203]》[204]

採茶雨前, 則精神未足, 夏後則梗葉太麤. 然茶以細嫩爲妙, 須當交夏時採. 【按 此羅岕採茶之候也. 較他例遲數候】. 《岕茶箋》

---

199 《茶疏》〈採摘〉(《中國茶書全集校證》2, 769~770쪽).

200 《王禎農書》卷10 〈百穀譜〉 10 "雜類" '茶', 163쪽; 《農政全書》卷39 〈種植〉 "雜種" 上(《農政全書校注》, 1095쪽).

201 학림신편(學林新編) : 중국 송(宋)나라 왕관국(王觀國, ?~?)이 편찬한 잡기류 책. 후대에는 주로 《학림(學林)》이라고 칭해졌다.

202 《學林》卷8 〈茶詩〉(《文淵閣四庫全書》851, 208쪽).

203 개다전(岕茶箋) : 중국 명(明)나라 풍가빈(馮加賓)이 지은 다서.

204 《茶疏》〈論採茶〉(《中國茶書全集校證》3, 1297쪽).

[14] 王氏農書 : 오사카본에는 "農政全書"로 썼다가 고친 흔적이 있다.

북원(北苑)의 관청에서 차를 덖어 만들되, 늘 경칩 후에 한다. 《초계시화(苕溪詩話)[205]》[206]

北苑官焙造茶，常在驚蟄後.《苕溪詩話》

찻잎 따는 여인들

눈 내린 차밭(이상 임원경제연구소. 보성군 보성읍 보성리 보성녹차밭에서 촬영)

205 초계시화(苕溪詩話) : 중국 남송(南宋)의 문학자인 호자(胡仔, 1110~1170)가 편찬한 시화집 《초계어은총화(苕溪漁隱叢話)》이다.

206 《漁隱叢話》〈前集〉卷46 "東坡" 9(《文淵閣四庫全書》1480, 303쪽);《廣群芳譜》卷18〈茶譜〉"茶" 1, 444쪽.

4) 심기와 가꾸기

種藝

구덩이를 둥글게 파되, 둘레 3척, 깊이 1척으로 충분히 파낸 다음 거름을 주고 흙과 섞는다. 매 구덩이 속에 씨 60~70알을 심는다. 흙의 두께는 0.1척이 조금 넘게 덮어 준다. 풀은 나는 대로 내버려 두고 김매서는 안 된다. 구덩이끼리의 간격을 2척으로 하여 위와 같은 방법으로 심는다.

開坎, 圓三尺深一尺, 熟劚, 著(사시 着)糞和土. 每阬中種六七十顆子, 蓋土厚一寸强, 任生草, 不得耘. 相去二尺種一方.

가물 때는 쌀뜨물을 준다. 이 나무는 해를 꺼리므로 뽕나무 아래나 대나무 그늘이 진 땅에 심으면 모두 좋다. 2년 후에야 김맬 수 있다. 소변·묽은 똥·누에똥으로 거름주되, 그렇다고 또 너무 많이 주어서는 안 된다. 이는 뿌리가 여려질까 걱정되기 때문이다. 3년 이후에 차를 수확한다. 《사시유요》[207]

旱時以米泔澆. 此物畏日, 桑下、竹陰地種之皆可. 二年外方可耘治. 以小便、稀糞、蠶沙澆壅之, 又不可太多, 恐根嫩故也. 三年後收茶. 《四時類要》

오이를 심는 법과 같이 하면 3년이면 찻잎을 딸 수 있다. 《다경》[208]

法如種瓜, 三歲可採. 《茶經》

씨를 심을 때는 겨와 불에 탄 흙을 섞어 심는다. 《군방보》[209]

種子, 用糠與焦土拌種之. 《群芳譜》

다만 심은 자리에서 성목이 되게 해야지, 옮겨 심어서는 안 된다. 《증보도주공서》[210]

但可種成, 不可移栽. 《增補陶朱公書》

---

207 《사시찬요 역주》 권2 〈이월〉 "농경과 생활" "차 파종하기", 182~183쪽.

208 《茶經》 卷上 〈一之源〉(《中國茶書全集校證》 1, 13쪽).

209 《二如亭群芳譜》, 위와 같은 곳.

210 《重訂增補陶朱公致富奇書》 卷1 〈木部〉 "茶"(《重訂增補陶朱公致富奇書》上, 44쪽).

차나무씨1

차나무씨2(이상 임원경제연구소, 보성군 회천면 회령리 대한다원 제2농장에서 촬영)

5) 보호하고 기르기

차밭에는 차에 해로운 나무를 심어서는 안 된다. 오직 계수나무·매실나무·신이(辛夷, 목련의 일종)·옥란(玉蘭)·매괴(玫瑰)[211]·창송(蒼松)·취죽(翠竹)을 차와 함께 사이사이에 심으면 서리와 눈을 막고 가을볕을 가릴 수 있다. 그 아래 향 좋은 난초나 그윽한 국화 그리고 맑은 향기가 나는 식물을 심을 수 있다. 《다해》[212]

護養

茶園不宜加以惡木. 惟桂、梅、辛夷、玉蘭、玫瑰、蒼松、翠竹, 與之間植, 足以蔽覆霜雪, 掩映秋陽. 其下可植芳蘭、幽菊、清芬之物. 《茶解》

6) 주의사항

가장 조심할 점은 채소밭[菜畦]이 바짝 붙어 있음으로 인해 물이 스며드는 상황을 벗어나지 못하여 차의 맑고 참된 기운을 더럽히게 되는 일이다. 《다해》[213]

宜忌

最忌菜畦相逼, 不免滲漉⑮, 滓厥清眞. 《茶解》

---

211 매괴(玫瑰): 지금의 해당화이다. 《예원지》 권2 〈꽃류(상)(꽃나무)〉 "매괴"(풍석 서유구 지음, 임원경제연구소 옮김, 《임원경제지 예원지》 1, 풍석문화재단, 2022, 305~308쪽)에 자세히 보인다

212 《茶解》 〈藝〉(《中國茶書全集校證》 2, 818쪽).

213 《茶解》, 위와 같은 곳.

⑮ 滲漉: 《茶解·藝》에는 "穢汗滲漉".

7) 거두기

收採

찻잎은 2~4월에 딴다. 차의 순(筍)은 석비레로 구성된 비옥한 땅에서 자란다. 0.4~0.5척 자라면 고비나 고사리가 처음 솟아오르는 모습과 같다. 이런 싹을 이슬을 맞으면서 딴다.

採茶, 在二月、三月、四月之間. 茶之筍者生爛石沃土, 長四五寸, 若薇、蕨始抽, 凌露採焉.

찻잎의 싹[芽]은 떨기가 져 우거진 곳 위로 3~5개의 가지가 있는 데서 난다. 이 가운데서 이삭처럼 쑥 올라온 가지를 골라 딴다. 찻잎은 비가 오는 날에는 따지 않고, 맑아도 구름이 끼어 있으면 따지 않는다. 《다경》[214]

茶之芽者, 發於叢薄之上, 有三枝、四枝、五枝者, 選其中枝穎拔者採焉. 其日有雨不採, 晴有雲不採. 《茶經》

여명에 차를 따고 해가 뜨면 멈춘다. 손톱으로 싹을 따고서 손가락으로 비비지 않아야 한다. 손의 더러운 기운이 차에 스며들어 차가 신선하고 깨끗하지 않을까 우려되기 때문이다. 그러므로 찻잎을 따는 일꾼들은 대부분 새로 길은 물을 각자 가지고 다니면서 물에 손을 헹군다.

擷茶以黎明, 見日則止. 用爪斷芽, 不以指揉, 慮氣汙⑯薰漬, 茶不鮮潔, 故茶工多以新汲水自隨, 得芽則投諸水.

일반적으로 참새혀(작설)나 곡물의 낟알갱이모양 같은 찻잎이 상품이다. 일창일기(一鎗一旗)【안 차가 처음 나서 부드러운 잎이 일창(一鎗)이고, 이 잎이 점점 커져 펴진 잎이 일기(一旗)이다】가 그다음인 간아(揀芽, 골라 딸 만한 싹)이다. 이창이기(二鎗二旗, 두번째로 싹이 나서 펴진 잎)는 그다음이다. 나머지는 하품이다.

凡芽如雀舌 穀粒者爲鬪品, 一鎗一旗【按 茶始生而嫩者爲一鎗, 寖大而開爲一旗】爲揀芽, 二鎗⑰二旗爲次之, 餘斯爲下.

---

214 《茶經》 卷上 〈三之造〉(《中國茶書全集校證》 1, 15~16쪽).

⑯ 汙: 저본에는 "汗". 《大觀茶論·采擇》에 근거하여 수정.

⑰ 二鎗: 《大觀茶論·采擇》에는 "一槍".

차가 처음 싹이 나면 백합(白合)[215]이 있다. 백합을 따고 나면 오체(烏蔕)가 있다.

茶之始芽萌, 則有白合, 旣擷則有烏蔕[18].

【 안 《서계총화(西溪叢話)》[216]에서는 다음과 같이 말했다. "북원(北苑)의 용단승설(龍團勝雪)과 백차(白茶) 2종류는 먼저 찌고 뒤에 가려낸다. 싹마다 바깥의 작은 두 잎을 먼저 따 버린다. 이 잎을 '오체(烏蔕)'라고 한다. 또 다음으로 두 개의 여린 잎을 따 버린다. 이 잎을 '백합(白合)'이라고 한다. 이 중심의 작은 싹을 따서 물속에 둔다. 이 잎을 '수아(水芽)'라고 한다. 수아를 조금 더 많이 모으면 곧 갈고 덖어서 이 등품의 차를 만든다."[217]】

【 按 《西溪叢話》云: "北苑龍團勝雪、白二種, 先蒸後揀. 每一芽先去外兩小葉, 謂之'烏蔕[19]'; 又次取兩嫩葉, 謂之'白合'; 留小心芽置於水中, 呼爲'水芽'. 聚之稍多, 卽研焙爲二品茶"】

백합을 제거하지 않으면 차의 맛을 해친다. 오체를 제거하지 않으면 차의 색을 해친다. 《대관다론》[218]

白合不去, 害茶味; 烏蔕[20]不去, 害茶色. 《大觀茶論》

오체와 백합(주홍걸 명사 공작실)

215 백합(白合): 두 장[片]의 싹이 마주 붙어 서로를 감싸며 나온 작은 찻잎.
216 서계총화(西溪叢話): 중국 송(宋)나라 요관(姚寬)이 편찬한 시화(詩話).
217 북원(北苑)의……만든다: 《西溪叢話》 上(《文淵閣四庫全書》 850, 932~933쪽).
218 《大觀茶論》 〈采擇〉(《中國茶書全集校證》 1, 331쪽).
[18] 蔕: 저본에는 "帶". 《大觀茶論·采擇》에 근거하여 수정.
[19] 蔕: 저본에는 "帶". 《大觀茶論·采擇》에 근거하여 수정.
[20] 蔕: 저본에는 "帶". 《大觀茶論·采擇》에 근거하여 수정.

찻잎을 딸 때는 새벽에 해야 하며 해를 보아서는 안 된다. 새벽에는 밤이슬이 아직 마르지 않아 찻잎이 윤기가 난다. 하지만 해를 보면 양기(陽氣)가 닿아 싹의 윤기[膏腴]가 안에서 말라버려 물을 흡수해도 선명하지 않게 된다. 그러므로 늘 오경(五更, 오전 3~5시)에 사람들을 모아 차밭에 들어가 차를 따고 진(辰, 오전 7~9시)시가 되면 그쳐야 한다. 이때 욕심 부려 많이 따지 않게 한다. 《북원별록(北苑別錄)[219]》[220]

採茶, 須侵晨不可見日. 晨則夜露未晞, 茶芽肥潤. 見日則爲陽氣所薄, 使芽之膏腴內耗, 至受水而不鮮明. 故常以五更集衆入山, 至辰則止, 勿[21]令貪多務得. 《北苑別錄》

찻잎을 딸 때는 바람과 해가 맑고 온화한지를 살펴 밤이슬이 막 걷힐 때 직접 찻잎을 보며 따서 광주리에 담아야 한다. 뜨거운 햇살 아래에서 따면 또한 광주리 안이 찌는 듯이 더워지는 상태를 막기 위해 일산이나 덮개로 가렸다가 창고[舍]로 가서는 속히 깨끗하고 납작한 광주리에 붓는다. 이를 얇게 널고 시든 가지, 병든 잎, 거미줄·청우(青牛)[221] 등을 세심하게 골라 내어 일일이 없애 주어야 비로소 깨끗해진다. 《개다전》[222]

採茶, 須看風日晴和, 月露初收, 親自監採入籃. 烈日之下, 又防籃內鬱蒸, 須傘蓋, 至舍, 速傾淨篇[22], 薄攤, 細揀枯枝、病葉、蛸絲、青牛之類, 一一剔去, 方爲精潔. 《岕茶箋》

찻잎을 딸 때는 너무 잔 싹을 딸 필요는 없다. 싹이 너무 잘면 싹이 막 텄기 때문에 맛이 부족하다.

採茶不必太細, 細則芽初萌而味欠足, 不必太青, 青

---

219 북원별록(北苑別錄): 중국 송(宋)나라 때 지어진 저자 미상의 다서.

220 《北苑別錄》〈採茶〉(《中國茶書全集校證》 1, 405쪽).

221 청우(青牛): 과일나무에 붙어 있는 나비나 개미 등의 유충을 '청충(青蟲)'이라 하는 것으로 미루어 볼 때 찻잎에 붙어 있는 벌레알을 가리키는 것으로 보인다.

222 《岕茶箋》〈論採茶〉(《中國茶書全集校證》 3, 1297쪽).

[21] 止勿: 《北苑別錄·採茶》에는 "復鳴鑼以聚之恐其逾時".

[22] 篇: 저본에는 "匾". 오사카본·《岕茶箋·論採茶》에 근거하여 수정.

또 너무 푸른 잎을 딸 필요가 없다. 푸르면 차가 너무 쇠었기 때문에 맛이 그다지 부드럽지 않다. 그러므로 곡우 전후에 줄기에 달린 연한 녹색의 둥글고 두꺼운 찻잎이 가장 좋다. 도륭(屠隆)[223] 《다전(茶箋)[224]》[225]

則茶已老而味欠嫩，須在穀雨前後，覓成梗帶葉微綠色而團且厚者爲上. 屠氏《茶箋》

찻잎을 처음 딸 때 줄기의 쇠한 잎을 골라 없애고 오직 여린 잎만을 따야 한다. 또 잎의 끝부분과 잎자루를 제거해야 한다. 덖을 때 잎이 쉽게 탈까 염려되기 때문이다. 문룡(聞龍)[226] 《다전(茶箋)[227]》[228]

茶初摘時，須揀去枝梗老葉，惟取嫩葉. 又須去尖與柄, 恐炒時易焦也. 聞龍《茶箋》

223 도륭(屠隆) : 1542~1605. 중국 명나라의 관리로 문학자이자 희곡작가. 저서로 《고반여사(考槃餘事)》·《서진관집(棲眞館集)》·《유권집(由拳集)》·《채진집(采眞集)》·《남유집(南遊集)》·《홍포집(鴻苞集)》 등이 있다. 《중국다서전집교증(中國茶書全集校證)》에는 여기의 《茶箋》이 별도의 책이라기보다 《고반여사(考槃餘事)》 중에서 추출했다는 설명이 붙어 있다.

224 다전(茶箋) : 중국 명나라 도륭(屠隆)이 지은 다서.

225 《茶箋》〈採茶〉(《中國茶書全集校證》 2, 790쪽).

226 문룡(聞龍) : 중국 명(明)나라 때 사람. 박학하였고, 시에 능하였으나 벼슬은 하지 않았다. 《다전(茶箋)》·《행락음(行藥吟)》·《문은린시(聞隱鱗詩)》 등을 지었다.

227 다전(茶箋) : 중국 명(明)나라 때 문룡(聞龍)이 지은 다서.

228 《茶箋》(《中國茶書全集校證》 2, 986쪽).

8) 찌기와 덖기

蒸焙[23]

좋은 차와 나쁜 차는 차싹 찌기[蒸芽, 증아]와 차싹 짜기[壓黃, 압황][229]의 적당함에 크게 관련이 있다. 너무 안 익게 찌면 싹이 미끄러워 색은 맑아도 맛이 강렬하다. 반면 너무 익게 찌면 싹이 문드러져서 때문에 색이 적색이 되고 입에 감기지 않는다.

茶之美惡, 尤係于蒸芽、壓黃之得失. 蒸太生則芽滑, 故色淸而味烈; 過熟則芽爛, 故色赤而不膠.

너무 오래 짜면 찻잎의 기운이 다하여 맛이 빠져나가 맛이 연해진다. 반면 너무 짧게 짜면 싹의 색은 어둡고 맛은 떫다.

壓久則氣竭味漓, 不及則色暗味澀.

차싹 찌기는 알맞게 익어 향기롭도록 해야 하고, 차싹 짜기는 싹의 진이 다 빠지면 곧바로 멈추어야 한다. 이와 같이 하면 차를 제조하는 공정에서 7/10~8/10은 된 것이다. 《대관다론》[230]

蒸芽, 欲及熟而香; 壓黃, 欲膏盡亟止. 如此則製造之工十已得七八矣. 《大觀茶論》

차싹은 깨끗하게 씻고, 다기는 정갈하게 씻는다. 차싹 찌기와 짜기는 알맞고, 갈기와 덩이 만들기는 익숙하게 하며, 불에 덖기는 잘 해야 한다. 마셔보아서 모래가 조금 나오면 싹이나 다기 씻기가 세밀하지 않았기 때문이다. 단차의 무늬가 마르고 적색인 경우는 불에 덖기가 너무 지나쳤기 때문이다.

滌芽唯潔, 濯器唯淨, 蒸壓唯其宜, 研膏唯熟, 焙火唯良. 飮而有少砂[24]者, 滌濯之不精也. 文理燥赤者, 焙火之過熟也.

무릇 차를 만들 때는 낮시간의 길이를 먼저 헤아린 다음 일손의 양을 고르게 분담시키고 딸 분량을

夫造茶, 先度日晷之短長, 均工力之衆寡, 會采擇之

---

229 차싹 짜기[壓黃, 압황]: 차를 찐 뒤에 짜서 즙을 제거하는 공정.

230 《大觀茶論》〈蒸壓〉(《中國茶書全集校證》 1, 331쪽).

[23] 오사카본에는 이 항목이 뒤의 '藏種' 항목 바로 다음에 있고, '製造'로 썼다가 '蒸焙'로 고친 흔적이 있다. 그리고 "'收藏' 항목의 위로 옮겨야 한다(移收藏上)."라는 두주가 있다.

[24] 砂: 저본에는 "研". 《大觀茶論·蒸壓》에 근거하여 수정.

적절하게 분배하여 하루 만에 다 만들어야 한다. 찻잎이 하룻밤을 지나면 빛깔과 맛이 손상될까 염려스럽기 때문이다. 《대관다론》[231]

多少, 便一日造成. 恐茶過宿, 則害色味. 同上

생 찻잎을 처음 땄을 때는 향기가 아직 퍼지지 않은 상태이다. 그러므로 반드시 불의 힘을 빌려 향기를 끌어 내야 한다. 그러나 차는 본성이 심한 가공을 견디지 못하므로 덖기를 오래 해서는 안 된다. 잎을 많이 따서 솥에 넣으면 손길이 싹에 고르게 미치지 않는다. 그러다 솥에 오랫동안 두면 너무 익어서 향기가 흩어지고 만다. 심하면 타거나 바싹 말라 버리기도 하니, 이것으로 어찌 차를 끓여 우려 낼 수 있겠는가?

生茶初摘, 香氣未透, 必借火力以發其香. 然性不耐勞, 炒不宜久. 多取入鐺, 則手不均, 久於鐺中, 過熟而香散矣. 甚且焦枯, 何堪烹點.

차를 덖는 기구로는 새로 만든 쇠를 가장 피한다. 쇠비린내가 한 번 차에 배어 버리면 더 이상 향기가 나지 않기 때문이다. 기름기를 특히 피해야 한다. 해롭기가 쇠보다 더 심하기 때문이다. 그러므로 미리 솥 1개를 준비하여 차 덖는 용도로만 써야지 다른 용도로 사용해서는 안 된다.

炒茶之器, 最忌新鐵. 鐵腥一入, 不復有香. 尤忌脂膩, 害甚於鐵, 須豫取一鐺, 耑用炊飯, 無得別作他用.

차를 덖을 때 사용하는 땔나무는 나뭇가지만 좋고 줄기나 잎은 좋지 않다. 줄기는 화력이 너무 세고, 잎은 쉽게 불이 타올랐다가 쉽게 꺼지기 때문이다.

炒茶之薪, 僅可樹枝, 不可幹葉. 幹則火力猛熾, 葉則易焰易滅.

솥은 반드시 반들반들하도록 닦아 놓고, 찻잎을 따오는 대로 덖어야 한다. 한 솥에 4냥만 넣어야 한다. 먼저 약한 불을 사용하고, 다음에 센 불로 촉진한다.

鐺必磨瑩, 旋摘旋炒. 一鐺之內僅容四兩. 先用文火, 次用武火催之.

231 《大觀茶論》〈製造〉(《中國茶書全集校證》 1, 331~332쪽).

한 손과 다른 손에 든 나무손[木指]으로 찻잎을 이리저리 급히 들었다가 뒤집어가며 반쯤 익을 때까지 덖는다. 이후 향기가 피어나면 바로 이때가 다 덖인 순간이다. 그러면 급히 작은 부채[小扇]로 차를 펴서, 순면이나 큰 종이를 바닥에 깐 광주리에다 옮겨 놓는다. 그렇게 말리면서 많이 쌓았다가 차가 식으면 병에 넣어 보관한다.

手加木指, 急急鈔轉, 以半熟爲度. 微俟香發, 是其候矣. 急用小扇鈔置被籠, 純綿、大紙襯底, 燥焙積多, 候冷, 入瓶收藏.

인력이 많으면 솥 여러 개에 대광주리도 여러 개 두고 말린다. 인력이 적으면 솥은 1~2개라도 대광주리는 반드시 4~5개를 사용해야 한다.

人力若多, 數鐺數籠. 人力卽少, 僅一鐺、二鐺, 亦須四五竹籠.

대개 덖기는 신속하게 하고 말리기는 더디게 하며, 마른 잎과 습한 잎이 서로 섞여서는 안 된다. 만약 섞이면 향기의 힘이 크게 감소하기 때문이다.

蓋炒速而焙遲, 燥濕不可相混, 混則大減香力.

잎 하나가 조금이라도 타면 솥 전체의 차가 쓸모없어진다. 그러나 화력이 너무 센 것도 꺼리지만 솥이 식는 것은 더욱 꺼린다. 식으면 가지와 잎이 부드럽지 않기 때문이다. 이렇듯 뜻대로 불을 조절하는 작업이 가장 어렵고 어렵다. 허차서 《다소》[232]

一葉稍焦, 全鐺無用. 然火雖忌猛, 尤嫌鐺冷, 則枝葉不柔. 以意消息, 最難最難. 許氏《茶疏》

나개(羅岕, 양선)차는 잎을 덖지 않고 시루에 쪄서 익힌 뒤에 불에 쬐어 말린다. 잎을 늦게 따서 가지와 잎이 조금 쇠었으면 덖어도 부드럽게 할 수 없다. 다만 말라 부스러질 뿐이다. 또 잘디 잘게 덖은 나개(羅岕)가 있다. 이는 다른 산에서 따서 덖고 말린 차로, 기이한 제품을 좋아하는 사람들을 속이는 물건이다.

岕茶不炒, 甑中蒸熟, 然後烘焙. 緣其摘遲, 枝葉微老, 炒亦不能使嫩, 徒枯碎耳. 亦有一種極細炒岕, 乃采之他山炒焙, 以欺好奇者.

232《茶疏》〈炒茶〉(《中國茶書全集校證》 2, 770쪽).

찻잎 덖기(네이버 카페 쾌활 정경원)

그런 사람 중에는 너무 차를 아낀 나머지 연할 때 차마 찻잎을 따지 못해 차나무를 상하게 한다. 그러나 내 생각으로는 다른 산에서 나는 차라도 조금 늦게 따거나 다 자란 다음에 따서 찌는 공정을 거치면 안 될 일은 없을 듯하다. 허차서 《다소》[233]

彼中甚愛惜茶, 不忍乘嫩摘採, 以傷樹本. 余意他山所產, 亦稍遲採之, 待其長大, 蒸之, 似無不可. 同上

차를 찔 때는 잎이 쇠었는지 부드러운지를 살펴서 찌는 시간을 정해야 한다. 이때 차의 껍질과 줄기[梗]가 갈라지고 적색을 띨 때까지 찐다. 너무 익히면 신선도를 떨어뜨린다. 솥 안에 물을 자주 갈아 주어야 한다. 이는 대개 끓는 물로 계속 찌면 차의 맛을 뺏을 수 있기 때문이다. 《개다전》[234]

蒸茶, 須看葉之老嫩, 定蒸之遲速, 以皮梗碎而色帶赤爲度. 若太熟則失鮮. 其鍋內須頻換水, 蓋熟湯能奪茶味也.《岕茶箋》

다배(茶焙)[235]는 매년 한 번씩 수리한다. 수리할 때

茶焙每年一修, 修時雜以

233 《茶疏》〈岕中製法〉(《中國茶書全集校證》 2, 770~771쪽).

234 《岕茶箋》〈論茶具〉(《中國茶書全集校證》 3, 1297~1298쪽).

235 다배(茶焙): 차를 불에 쬐어 말리기 위해 설치한 건조로(乾燥爐). 배로(焙爐)라고도 한다.

습한 흙을 섞으므로 다배에는 흙기운이 있기 마련이다. 그러므로 우선 마른 섶으로 하룻밤을 넘겨 다배에 불을 때어 다배 안팎이 바짝 마르게 한다. 그런 뒤에 먼저 하등의 거친 차를 넣어 말린다. 다음날부터 상등품을 말린다.

濕土, 便有土氣. 先將乾柴隔宿薰燒, 令焙內外乾透. 先用麤茶入焙, 次日然後以上品焙之.

다배 위에 놓는 발은 또 새 대나무를 사용해서는 안 된다. 차에 대나무냄새가 밸까 염려되기 때문이다.

焙上之簾, 又不可用新竹, 恐惹竹氣.

또 차를 발에 고루 펴야지 너무 두껍게 펴거나 얇게 펴도 안 된다. 배로의 숯에서 연기가 나는 경우에는 연기 나는 숯을 급히 제거한다. 이어서 또 큰 부채를 가볍게 숯에 부쳐서 화기가 바로 돌게 해야 한다.

又須均攤, 不可厚薄. 如焙中用炭有烟者, 急剔去. 又宜輕搖大扇, 使火氣旋轉.

대나무발은 위아래로 바꾸어 주어야 한다. 불이 너무 뜨거우면 탄 기운이 차에 붙을까 염려되고, 열기가 너무 느슨해지면 빛깔과 윤기가 좋지 않을까 염려되기 때문이다. 발을 바꾸지 않으면 또 습도가 고르지 않을까 염려되기도 한다.

竹簾上下更換. 若火太熱, 恐黏焦氣; 太緩[25], 色澤不佳. 不易簾, 又恐乾濕不均.

찻잎의 뼈대가 되는 줄기 부분이 모두 바짝 말랐는지를 살펴야 한다. 그러고 나서야 이러한 차를 1~2개의 발에 한데 모아 둔다. 이 상태로 배로 안의 가장 높은 곳에 둔다. 이렇게 하룻밤을 지내는데, 그제서야 배로 안의 숯을 재 속에 몇 개[莖] 남겨서 은근하게 말린다. 다음날 아침에 차를 거두어 보관할 수 있다. 《개다전》[236]

須要看到茶葉梗骨處俱已乾透, 方可并作一簾或兩簾, 寘在焙中最高處, 過一夜, 乃將焙中炭留數莖于灰燼中, 微烘之, 至明早, 可收藏矣. 同上

236 《岕茶箋》〈論焙茶〉(《中國茶書全集校證》 3, 1298쪽).

[25] 緩: 저본에는 "煖". 《岕茶箋·論焙茶》에 근거하여 수정.

다배(조헌철)

차를 덖을 때는 한 사람이 옆에서 부채질하여 열기를 없애 주어야 한다. 그렇게 하지 않으면 차가 황색이 되고 빛깔과 맛과 향이 모두 떨어진다. 덖은 뒤의 차를 솥에서 꺼낼 때는 큰 자기쟁반에 둔 채로 급히 부채질하여 차의 열기를 조금 빠지게 한다. 이때 손으로 차 비비기[揉撚, 유념]를 거듭한다. 그런 뒤 다시 솥에 쏟아 넣고 약한 불로 덖어서 말린다.

炒時, 須一人從旁扇之以祛熱氣. 否則黃[26], 色香味俱減. 炒起出鐺時, 置大磁盤中, 仍須急扇, 令熱氣稍退, 以手重揉之, 再散入鐺, 文火炒乾.

이를 배로(焙爐)에 넣고 비벼 주면 그 진액이 위로 뜨기 때문에 차를 우려낼 때 맛과 향이 쉽게 퍼져 나온다. 전예형(田藝衡)[237]은 생찻잎을 햇볕에 말리기만 하고, 덖지 않고 비비지 않은 차를 좋은 것으로 쳤다. 하지만 이는 또한 아직 시험해보지 않았기 때문일 뿐이다. 문룡 《다전》[238]

入焙蓋揉, 則其津上浮, 點時香味易出. 田子藝以生曬, 不炒不揉者爲佳, 亦未之試耳. 聞龍《茶箋》

237 전예형(田藝衡) : 1524~?. 중국 명(明)나라 문학자. 자는 자예(子藝). 절강성 전당(錢塘) 사람. 박학하고 시를 잘 지었다. 저서로 《대명동문집(大明同文集)》·《유청일예(留青日禮)》·《자천소품(煮泉小品)》·《노자지현(老子指玄)》 등이 있다.

238 《茶箋》(《中國茶書全集校證》 2, 986쪽).

[26] 黃 : 《茶箋》에는 "黃茶".

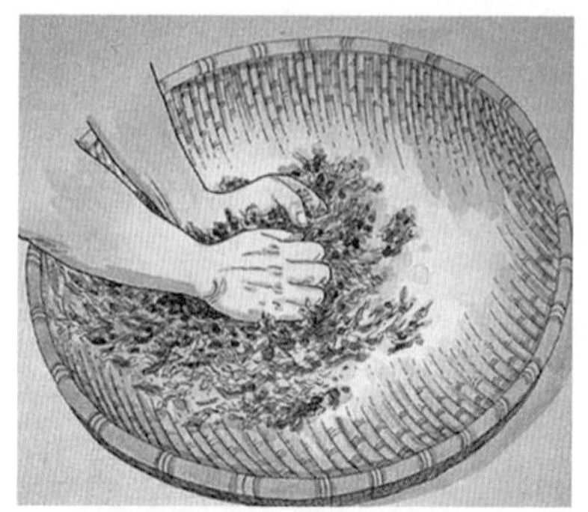

보이차 비비기(유념)(품다설다《品茶說茶》)

싹차[芽茶, 아차]는 불로 말려 만든 차가 두 번째이고, 생으로 햇볕에 말린 차가 상등품이다. 이는 차가 자연스런 상태에 더욱 가깝고, 게다가 연기와 불기가 없기 때문이다.

芽茶, 以火作者爲次, 生曬者爲上. 亦更近自然, 且斷烟火耳.

더욱이 만드는 사람의 손과 기구가 깨끗하지 않거나 불의 세기가 적당함을 잃으면 모두 차의 향과 빛깔을 손상시킬 수 있다. 생으로 말린 차가 병 속에서 우려지면 찻잎[槍旗][239]이 펴지고 맑은 비취빛이 선명해지므로 더욱 사랑스럽다. 《자천소품(煮泉小品)[240]》[241]

況作人手、器不潔, 火候失宜, 皆能損其香色也. 生曬茶, 瀹之甁中, 則槍旗舒暢, 淸翠鮮明, 尤爲可愛. 《煮泉小品》

찻잎을 다 따면 시루에 살짝 쪄서 익힌 정도를 알맞게 한다【덜 찌면 맛이 너무 강하고 너무 찌면 맛

採訖, 以甑微蒸, 生熟得所【生則味硬[27], 熟則味

239 찻잎[槍旗]:'槍旗'는 막 나온 싹잎의 끝이 창[槍]과 같이 뾰족하고, 펴진 잎이 깃발[旗]과 같다 해서 찻잎을 뜻하게 되었다.

240 자천소품(煮泉小品):중국 명(明)나라 전예형(田藝衡, 1524~?)이 지은 책. 원천(源泉), 석류(石流), 청한(淸寒), 감향(甘香) 등 찻물로 사용하는 물의 특징을 서술하였다. 《상택지》에서도 자주 인용되었고, 이미 《이운지》권2〈임원에서 함께 하는 맑은 벗들 (상)〉 "차" '물의 품등', 254~266쪽에서도 많이 인용되었다.

241 《煮泉小品》〈宜茶〉(《中國茶書全集校證》 2, 681쪽).

[27] 硬:《王禎農書·百穀譜·雜類》에는 "澁"

찻잎 햇볕에 말리기(네이버 카페 쾌활 정경원)

이 덜 난다】. 찌고 나면 광주리나 발에 얇게 펴고 축축할 때 살짝 비벼 준 다음 배로(焙爐)에 넣어 고르게 펼쳐 놓는다. 불에 쬐어 말리되, 타지 않게 한다. 대나무를 엮어 배롱(焙籠)[242]을 만들고 그 위에 차를 올린 다음 대껍질로 차를 싸고 덮어 화기를 수렴하게 한다. 《왕정농서》[243]

減】. 蒸已, 用筐箔薄攤, 乘濕略揉之, 入焙均佈, 火烘令乾, 勿使焦. 編竹爲焙, 裹篛覆之以收火氣. 《王氏農書》[28]

납차(蠟茶)[244]가 가장 귀하고, 만드는 법도 평범하지 않다. 상등품의 여린 차싹을 골라 곱게 갈고 체에 거른다. 여기에 뇌자(腦子)와 여러 향기 나는 기름을 섞어 정해진 법대로 조제한 다음 떡모양으로 찍어 낸다. 이때 떡모양은 마음대로 재주를 내어 만들 수가 있다. 마르면 향기 나는 기름으로 윤기를 내고

蠟茶最貴, 而製作亦不凡. 擇上等嫩芽, 細碾入羅, 雜腦子、諸香膏油, 調齊如法, 印作餠子, 製樣任巧. 候乾, 仍以香膏油潤飾之.

---

242 배롱(焙籠): 대나무로 얼기설기 짜서 빨래나 금(琴) 등의 악기나 약재, 차 등을 위에 올려 말릴 때 쓰는 기구.

243 《王禎農書》 卷10 〈百穀譜〉 10 "雜類" '茶', 163쪽; 《農政全書》 卷39 〈種植〉 "雜種" 上(《農政全書校注》, 1095쪽).

244 납다(蠟茶): 차나무의 어린 새싹을 따서 만든 차.

[28] 王氏農書: 오사카본에는 '農政全書'로 썼다가 고친 흔적이 있다.

향을 꾸민다.

이렇게 만들어진 제품에는 대룡단(大龍團)이냐 소룡단(小龍團)이냐의 차이와 띳돈[帶胯][245]처럼 생긴 모양들이냐의 차이가 있다. 하지만 오직 공납에 충당하므로 민간에서는 보기 어렵다. 《왕정농서》[246]

其製有大、小龍團帶胯之異. 惟充貢獻, 民間罕見之. 同上

등차(橙茶)를 만들 때는 등자나무[橙][247]열매의 껍질을 가는 실처럼 자른다. 자른 껍질 1근(10냥)당 좋은 차 5근(50냥)을 불에 덖어 말린다. 실처럼 자른 등자나무열매껍질을 넣고 섞는다.

橙茶, 將橙皮切作細絲, 一斤以好茶五斤焙乾, 入橙絲間和.

고운 삼베를 불 쬐는 배롱(焙籠) 위에 깐 다음 그 위에 차를 올려 놓고 뜨겁게 말린다. 이때 깨끗한 면을 덮고 불기운을 가려 4~6시간 둔다. 이를 건련지(建連紙) 봉투에 넣어 봉하고 그 상태로 면을 덮어 불에 쬐어 말린 다음 거두어 사용한다. 고원경 《다보》[248]

用密麻布襯墊火箱, 置茶於上烘熱. 淨綿被罨之三兩時, 隨用建連紙袋封裹, 仍以被罨焙乾, 收用. 顧氏《茶譜》

연화차(蓮花茶)를 만들 때는 해 뜨기 전에 반쯤 핀 연꽃을 벌려 가는 차 한 자밤[撮][249]을 꽃술 속에 가득 넣는다. 그런 후 삼껍질로 살짝 묶고 하룻밤 지나게 한다. 다음날 아침 일찍 꽃을 따서 기울여 찻잎을 꺼내고 건지(建紙, 종이봉투)로 차를 싼 다음 불에 쬐어 말린다. 다시 이전 법과 같이 반복한다.

蓮花茶, 於日未出時, 將半含蓮花撥開, 放細茶一撮, 納滿蕊中, 以麻皮略縶, 令其經宿. 次早摘花, 傾出茶葉, 用建紙包茶焙乾. 再如前法.

---

245 띳돈[帶胯]: 조복의 띠에 붙이던 납작한 장식품.

246 《王禎農書》 卷10 〈百穀譜〉 10 "雜類" '茶', 164쪽; 《農政全書》 卷39 〈種植〉 "雜種" 上(《農政全書校注》, 1096쪽).

247 등자나무[橙]: 운향과 상록 활엽 교목. 열매는 발한제, 건위제, 조미료, 향료로 쓰인다.

248 《茶譜》 〈製茶諸法〉(《中國茶書全集校證》 2, 661쪽).

249 자밤[撮]: 손가락을 모아서 그 끝으로 나물이나 양념 따위를 집을 만큼의 분량을 세는 단위.

또 찻잎을 다른 꽃술 안에 넣는다. 이와 같이 하기를 몇 차례 한 다음 꺼내어 불에 쬐어 말린 다음 거두어 사용한다. 그러면 향기와 맛을 따라올 차가 없다. 고원경 《다보》[250]

又將茶葉入别蕊中, 如此者數次, 取出焙乾, 收用, 不勝香美. 同上

목서(木樨)[251] · 말리(茉莉)[252] · 매괴(玫瑰) · 장미(薔薇)[253] · 난혜(蘭蕙)[254] · 귤꽃[橘花] · 치자(梔子)[255] · 목향(木香)[256] · 매화(梅花)[257] 모두 차를 만들 수 있다. 여러 꽃들이 필 때 반쯤은 오므리고 반쯤은 피어서 향기가 온전한 꽃봉오리를 딴다.

木樨、茉莉、玫瑰、薔薇、蘭蕙、橘花、梔子、木香、梅花皆可作茶. 諸花開時, 摘其半含半放蕊之香氣全者.

찻잎의 양을 헤아려 이에 맞게 꽃을 따서 차를 만든다. 둘을 섞을 때 꽃이 차에 비해 많으면 향이 너무 나서 차의 운치를 뺏는다. 반면 꽃이 너무 적으면 꽃향이 나지 않아 제맛을 다 내지 못한다. 그러니 찻잎 3정(停)[258]에 꽃 1정(停)이어야 비율이 맞다.

量其茶葉多少, 摘花爲茶, 花多則太香而脫茶韻, 花少則不香而不盡美. 三停茶葉一停花始稱.

가령 목서화의 경우는 가지와 꽃꼭지 및 먼지와

假如木樨花, 須去其枝、蒂

---

250 《茶譜》, 위와 같은 곳.

251 목서(木犀) : 쌍떡잎식물 물푸레나무과의 상록 소교목. 중국 원산이며 우리나라 남부에 식재한다. 껍질은 약재로 쓰며, 목재는 가구·도구 등을 만드는 데 쓴다. 금목서(金木樨)·은목서(銀木樨)가 있다.

252 말리(茉莉) : 재스민으로 추정된다. 재스민은 쌍떡잎식물 물푸레나무과에 속한다. 약 200여 종이 있다.

253 장미(薔薇) : 장미과에 속하는 낙엽 관목 로사(Rosa)속 식물의 일종. 매년 늦봄에서 초여름에 한 번만 핀다. 풍석 서유구 지음, 임원경제연구소 옮김, 위와 같은 책, 285~290쪽에 자세히 보인다.

254 난혜(蘭) : 외떡잎식물 난초목 난초과에 속하는 식물의 총칭. 일반적으로 난이라고 한다. 매화·대나무·국화와 함께 사군자(四君子)라고 일컬어진다. 《예원지》 권2 〈꽃류(하)(풀꽃)〉 "난화"(풍석 서유구 지음, 임원경제연구소 옮김, 《임원경제지 예원지》 1, 풍석문화재단, 2022, 338~366쪽)에 자세히 보인다

255 치자(梔子) : 꼭두서니과에 속하는 치자나무나 그 열매. 《예원지》 권2 〈꽃류(상)(꽃나무)〉 "치자"(위와 같은 책, 247~255쪽)에 자세히 보인다.

256 목향(木香) : 엉거싯과에 딸린 여러해살이풀. 《예원지》 권2 〈꽃류(상)(꽃나무)〉 "목향"(위와 같은 책, 304쪽)에 자세히 보인다.

257 매화(梅花) : 장미과의 낙엽소교목. 그 열매는 매실이다. 《예원지》 권2 〈꽃류(상)(꽃나무)〉 "매화"(위와 같은 책, 256~264쪽)에 자세히 보인다.

258 정(停) : 재료들의 비율을 나타낼 때 쓰는 단위. 찻잎 3정(停)에 꽃 1정(停)이면 3:1의 비율이라는 뜻이다.

벌레나 개미를 없앤 후 자기항아리에 한 층은 차, 한 층은 꽃으로 켜켜이 채워 가득 차게 해야 한다. 그런 다음 종이와 대껍질로 꽉 묶는다. 이것을 솥에 넣고 중탕한 후 꺼낸다. 식으면 종이로 싸서 봉하고, 이를 불 위에 놓고 말린 다음 거두어 보관한다. 다른 꽃도 이 방법과 같이 한다. 고원경 《다보》[259]

及塵垢、蟲蟻, 用磁罐, 一層茶, 一層花, 投間至滿, 紙箬縶固. 入鍋重湯煮之, 取出, 待冷, 用紙封裹, 置火上焙乾, 收用. 諸花倣此. 同上

---

259 《茶譜》, 위와 같은 곳.

9) 보관하기

收藏[29]

차는 부들잎과의 궁합이 맞고 향료나 약재는 꺼린다. 따뜻하고 건조한 환경은 좋으나 차고 습한 환경은 피한다.

茶宜蒻葉而畏香藥. 喜溫燥而忌冷濕.

그러므로 차를 보관하는 농가에서는 부들잎으로 싸서 배로(焙爐) 안에 넣는다. 2~3일에 한 번 불을 사용하여 사람의 체온 정도로 따뜻하게 해 주어야 한다. 따뜻하면 습기를 제거하지만, 불이 너무 세면 찻잎이 타서 먹을 수가 없다. 고원경 《다보》[260]

故收藏之家以蒻葉封裹入焙中. 兩三日一次用火, 當如人體溫溫, 則去濕潤. 若火多則茶焦不可食. 顧氏《茶譜》

서무오(徐茂吳)[261]는 다음과 같이 말했다. "차 보관하는 법: 큰 항아리 바닥에 차를 채운 다음 그 위에 대껍질을 놓고 꽉 봉한다. 이를 뒤집어 놓아 두면 여름이 지나도 누렇게 뜨지 않는다. 그 이유는 차의 기운이 바깥으로 새어 나가지 않기 때문이다."[262] 자진(子晉)[263]은 다음과 같이 말했다. "항아리를 뒤집어 놓아 둘 때는 뚜껑이 있는 항아리여야 한다. 항아리를 들여 놓을 곳으로는 모래바닥이 적당하다. 그러면 물이 생겨나지 않고 항상 건조한 상태가 된다.

徐茂吳云: "藏茶法: 實茶大甕底, 置箬封固, 倒放則過夏不黃, 以其氣不外泄也." 子晉云: "當倒放有蓋缸, 內缸宜砂底, 則不生水而常燥.

늘 단단히 봉해 두어 햇빛을 보게 해서는 안 된

時常封固, 不宜見日. 見日

260 《茶譜》〈藏茶〉(《中國茶書全集校證》 2, 661쪽).

261 서무오(徐茂吳): ?~?. 중국 귀주(貴州)와 사천성(泗川省) 서남부 지역에 해당되는 남중(南中)이라는 곳에 살았다는 유명한 선비. 은거하면서 정자에 수죽(水竹, 줄기 속이 꽉 차 있는 대나무)을 많이 심었고, 차의 품등을 잘 감별하였다고 한다.

262 차의……때문이다: 출전확인 안됨.

263 자진(子晉): 중국 주(周)나라 영왕(靈王)의 태자 왕자교(王子喬). 후에 신선이 되었다고 한다. 하지만 이 인물이 맞는지 확실하지 않다.

[29] 오사카본에는 "'蒸焙' 항목은 여기의 '收藏' 항목 위로 옮겨 써야 한다(蒸焙條移書於收藏條之上)."라는 두주가 있다.

다. 햇빛을 보면 얼룩이 생겨 차의 색을 손상시킨다. 보관할 때도 뜨거운 곳은 적당하지 않다. 햇차는 성급하게 사용해서는 안 된다. 매실이 누렇게 익는 때를 지나야 차맛이 비로소 무르익는다."[264] 《쾌설당만록(快雪堂漫錄)[265]》[266]

則生翳, 損茶色[30]矣. 藏又不宜熱處. 新茶不宜驟用, 過黃梅, 其味始足. 《快雪堂漫錄》

차를 보관할 때는 자기단지를 새로 깨끗이 씻고 단지 속의 주위에 마른 대껍질을 촘촘하게 둘러 쌓는다. 그런 다음 차를 차츰 쟁여서 다 채워지면 단지를 흔들어 빈틈이 없게 한다. 이때 손을 사용해서는 안 된다. 그 위에 마른 대껍질을 여러 층 덮는다. 또 불에 말린 숯을 단지아가리에 깔고서 꽉 묶는다.

藏茶, 新淨磁罈, 週廻用乾箬葉密砌, 將茶漸漸裝盡搖實, 不可用手指. 上覆乾箬數層, 又以火灸乾炭鋪罈口紮固.

근래에는 아가리를 꽉 끼게 닫는 주석[錫] 용기를 사용하여 차를 저장한다. 그러면 더욱 건조하게 하고 더욱 밀봉 보관을 할 수 있다. 대개 자기단지도 여전히 바람이 통하는 작은 틈이 있어서 주석으로 만든 용기만큼 견고하지 못하다. 《다전》[267]

近有以夾口錫器貯茶者, 更燥更密. 蓋磁罈猶有微罅透風, 不如錫者堅固也. 《茶箋》

차를 보관할 때는 자기항아리를 써야 한다. 크기는 10~20근들이이다. 항아리 안쪽 사면에 대껍질을 두텁게 대고 가운데는 차를 저장한다. 항아리는 아주 바짝 마른 새것이어야 하며, 차 보관하는 용도

收藏宜用磁甕, 大容一二十斤, 四圍厚箬, 中則貯茶. 須極燥極新, 專供此事, 久乃愈佳, 不必歲易.

---

264 항아리를……무르익는다: 출전 확인 안 됨.

265 쾌설당만록(快雪堂漫錄): 중국 명(明)나라의 관리이자 시인 풍몽정(馮夢禎, 1548~1605)이 지은 책. 총 1권. 곡식, 의례, 난초 재배법, 차 끓이는 법, 거울 제조법, 색지(色紙) 제조법 등 다양한 내용이 수록되어 있다.

266 《快雪堂漫錄》〈藏茶法二〉(《四庫全書存目叢書》 247, 331쪽).

267 출전 확인 안 됨; 《廣群芳譜》 卷21 〈茶譜〉 "茶", 505~506쪽.

[30] 色: 《快雪堂漫錄·藏茶法二》에는 "味".

로만 써야 한다. 오래 보관되어야 더욱 좋으므로 해마다 항아리를 바꿀 필요가 없다.

차는 차곡차곡 다져서 채워야 한다. 그 상태에서 항아리 위쪽은 두꺼운 댓잎을 단단히 채운다. 항아리아가리에 다시 대껍질을 추가한다. 이어서 진피지(眞皮紙)[268]로 아가리를 싼 다음 모시끈으로 꽉 묶고, 새로 구운 큰 벽돌로 눌러 약한 바람조차도 들어오지 못하게 한다. 그러면 다음해 햇차가 나올 때까지 보관할 수 있다. 허차서 《다소》[269]

茶須築實, 仍用厚箬填緊, 甕口再加以箬, 以眞皮紙包之, 以苧麻緊扎, 壓以大新磚, 勿令微風得入, 可以接新. 許氏《茶疏》

차는 습기를 싫어하고 건기를 좋아하며, 한기를 두려워하고 온기를 좋아한다. 또 찔 듯이 답답함을 꺼려하고 청량함을 좋아한다.

茶惡濕而喜燥, 畏寒而喜溫, 忌蒸鬱而喜清涼.

그러므로 차를 둘 곳은 반드시 항상 사람이 앉고 눕는 곳에 두어야 한다. 사람 기운과 아주 가까운 곳에 두면 항상 따뜻하고 춥지 않기 때문이다.

置頓之所, 須在時時坐臥之處. 逼近人氣, 則常溫不寒.

또 반드시 판자로 만든 방에 두어야지, 흙으로 만든 방에 두어서는 안 된다. 판자로 만든 방은 건조한 반면 흙으로 만든 방은 습기에 쪄지기 때문이다.

必在板房, 不宜土室, 板房則燥, 土室則蒸.

또 바람이 잘 통하는 곳에 두어야 하고, 어둡고 가려진 곳에 두어서는 안 된다. 어둡고 가려진 곳은 쪄져서 습해지기가 더욱 쉬운 데다 저장 상태를 제대로 점검(點檢)하지 못할 염려가 있기 때문이다.

又要透風, 勿置幽隱. 幽隱之處, 尤易蒸濕, 兼恐有失點檢.

받침대를 세워 보관할 때는 벽돌을 바닥에 여러

其閣庋之方, 宜磚底數層,

268 진피지(眞皮紙): 뽕나무껍질이나 닥나무껍질로 만든 질긴 종이.

269 《茶疏》〈收藏〉(《中國茶書全集校證》 2, 771쪽).

층 깔고 사면에도 벽돌을 쌓는다. 모양은 화로같이 만들되, 클수록 더 좋다. 다만 흙벽 가까이 설치해서는 안 된다.

四圍磚砌. 形若火爐, 愈大愈善. 勿近土墻.

받침대 위에 차 넣은 항아리를 둔 다음 수시로 아궁이 밑의 재를 취해다가 재가 식으면 항아리 옆에 모아 둔다. 항아리에서 바깥쪽으로 0.5척 떨어진 주위에 잿불을 수시로 취하여 모아 두어서 그 안쪽의 재가 늘 건조하게 한다.

頓甕其上, 隨時取竈下火灰, 候冷簇於甕旁. 半尺以外, 仍隨時取灰火簇之, 令裏灰常燥.

이 법은 한편으로는 바람을 피하고 한편으로는 습기도 피하게 한다. 하지만 화기가 항아리에 들어가지 않도록 조심해야 한다. 화기가 들어가면 차를 누렇게 변하게 하기 때문이다.

一以避風, 一以避濕, 却忌火氣入甕, 則能黃茶.

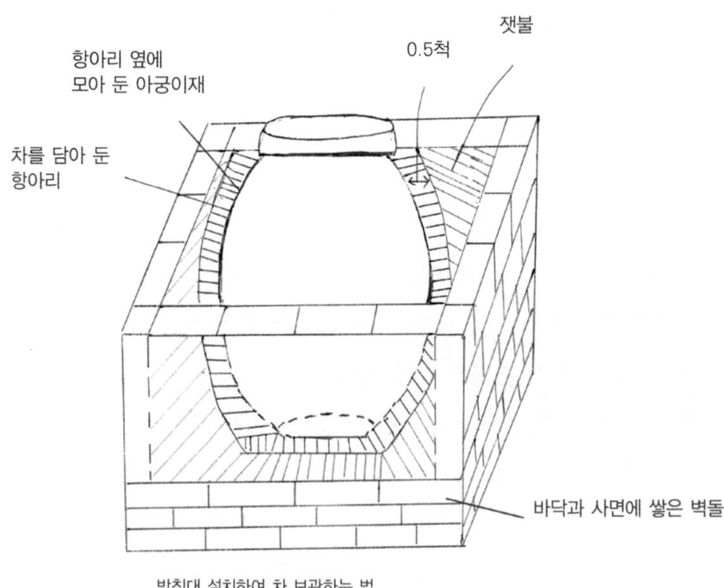

받침대 설치하여 차 보관하는 법

세상 사람들은 대부분 죽기(竹器)에 차를 보관한다. 비록 죽기에다가 또 대껍질을 많이 사용하여 보호하지만 대껍질의 본성이 너무 날카롭고 억세므로 죽기에 딱 붙지 않는다. 결과 죽기에 차를 꽉 채우기가 가장 어렵다. 이러면 어찌 기가 새는 틈이 없겠는가? 바람과 습기가 쉽게 침입하여 많아지기 때문에 보관하는 일에 이로움이 없다.

世人多用竹器貯茶, 雖復多用箬護, 然箬性峭勁, 不甚伏帖. 最難緊實, 能無滲罅? 風濕易侵多, 故無益也.

그렇다고 땅위의 화로 곁에 둘 수 없다. 이런 짓은 절대 해서는 안 된다. 사람들 중에는 죽기에 담아 두거나 면을 깐 대광주리에 두는 경우가 있다. 그러나 이 경우 불을 사용하면 불기운이 직접 닿아 차가 황색으로 변하고, 불을 제거하면 습기가 배어 든다. 그러므로 조심하고 또 조심해야 한다. 허차서 《다소》[270]

且不堪地爐中頓, 萬萬不可. 人有以竹器盛, 置被籠中, 用火卽黃, 除火卽潤. 忌之忌之. 同上

날이 흐리거나 비 오는 날에는 차단지를 함부로 열어서는 안 된다. 차를 쓰고자 한다면 반드시 날씨가 청명하며 온화하고 맑은가를 살펴야 한다. 그런 다음 차단지[缶]를 열면, 바람의 기운이 들어와 생기는 피해가 거의 없다. 먼저 뜨거운 물로 손을 씻고, 삼베수건에 닦아 말린다. 단지아가리에 넣어 두었던 대껍질은 꺼내어 따로 건조한 곳에 둔다. 별도로 작은 단지에다 차를 담아 둔다. 꺼내 두는 유효기간은 10일로 한다.

陰雨之日, 不宜擅開. 如欲取用, 必候天氣晴明, 融和高朗, 然後開缶, 庶無風害. 先用熱水濯手, 麻帨拭燥. 缶口內箬, 別置燥處. 另用小罌, 貯所收茶, 量日幾何, 以十日爲限.

차단지에서 찻잎을 0.1척 깊이만큼 꺼냈으면 0.1

去茶盈寸, 卽以寸箬補之,

270 《茶疏》〈置頓〉(《中國茶書全集校證》 2, 771쪽).

척 깊이의 대껍질을 보충한다. 이때 대껍질은 잘게 잘라야 한다. 차는 날이 갈수록 점점 줄어들고, 대껍질은 날이 갈수록 점점 늘어난다. 이것이 차단지 속이 변하는 과정이다. 남은 차를 불에 쬐어 말린 뒤 차단지에 촘촘하게 다져 넣은 다음 아가리를 싸고 묶어 두는 일은 앞과 같다. 허차서 《다소》[271]

仍須碎剪. 茶日漸少, 箬日漸多, 此其節也. 焙燥築實, 包扎如前. 同上

차의 본성은 종이를 두려워한다. 종이는 물속에서 만들어져 물기운을 많이 받았기 때문이다. 종이로 싸서 하룻밤 지나면 종이를 따라 습기가 생겨 차맛이 다 없어질 것이다. 차를 불속에서 말렸다고 하더라도 조금 지나면 습한 기운이 돈다. 허차서 《다소》[272]

茶性畏紙, 紙於水中成, 受水氣多也. 紙裹一夕, 隨紙作氣, 茶味盡矣. 雖火中焙出, 少頃卽潤. 同上

일용(日用)하는 데 필요한 차는 작은 단지에 저장한다. 이때 대껍질로 싸고 모시끈으로 꽉 묶어 또한 바람을 맞지 않게 한다. 이를 책상머리에 두어야지, 문구 상자나 책 상자 안에 두지 말아야 한다. 식기와 함께 두기를 특히 조심해야 한다. 향료나 약과 같이 두면 향료나 약이 배어들고, 해산물과 함께 두면 비린내가 배어든다. 나머지 조심할 대상도 여기에서 유추해 볼 수 있다. 하룻밤을 지나지 않아 함께 두는 물건을 따라 바로 변할 것이다. 허차서 《다소》[273]

日用所須, 貯小罌中, 箬包苧扎, 亦勿見風. 宜卽置之案頭, 勿頓巾[31]箱、書簏, 尤忌與食器同處. 竝香藥則染香藥, 海味則染海味, 其他以類而推. 不過一夕, 卽[32]變矣. 同上

---

271 《茶疏》〈取用〉(《中國茶書全集校證》 2, 772쪽).
272 《茶疏》〈包裹〉(《中國茶書全集校證》 2, 772쪽).
273 《茶疏》〈日用頓置〉(《中國茶書全集校證》 2, 772쪽).
[31] 巾 : 저본에는 "市". 《茶疏·日用頓置》에 근거하여 수정.
[32] 卽 : 《茶疏·日用頓置》에는 "黃矣".

10) 종자 보관하기

열매가 익었을 때 씨를 거두어 축축한 모래흙과 고루 섞는다. 이를 대광주리에 담고 볏짚으로 덮는다. 그렇게 하지 않으면 씨는 얼어 죽고 살아나지 못한다. 《사시유요》[274]

藏種

熟時收取子, 和濕沙土拌均, 筐籠盛之, 穰草蓋覆, 不爾卽凍死不生. 《四時類要》

한로(寒露, 양력 10월 8·9일경)에 차나무씨를 수확하여 햇볕에 말린다. 이를 축축한 모래흙과 고루 섞은 다음 광주리 안에 담아 둔다. 《군방보》[275]

寒露收茶子曬乾, 以濕沙土拌均, 盛筐內. 《群芳譜》

차나무씨(임원경제연구소, 보성군 회천면 회령리 대한다원 제2농장에서 촬영)

---

274 《사시찬요 역주》 권2 〈이월〉 "농경과 생활" "차 종자 거두기", 184쪽.

275 《二如亭群芳譜》, 위와 같은 곳.

2. 대나무[竹, 죽][1]

竹

1) 이름과 품종

작은 대나무를 '조(篠)', 큰 대나무를 '탕(簜)', 싹은 '순(筍)', 마디는 '약(箹)', 떨기는 '랑(筤)', 열매는 '복(箙)', 바람을 만나서 몸체가 굽혀진 대나무를 '소(笑)', 죽은 대나무를 '주(箒)'라 한다.[2]

名品

小曰"篠", 大曰"簜", 萌曰"筍", 節曰"箹", 叢曰"筤", 實曰"箙", 得風而體夭屈曰"笑", 死曰"箒".

【도경본초[3] 《죽보(竹譜)》[4]를 살펴보면 "참대[篁竹][5]는 견고하면서 마디가 촘촘하다. 몸통은 둥글고 자질은 단단하다. 껍질은 서리처럼 희다. 큰 참대는 배를 젓는 삿대에 적합하고, 가는 참대는 피리를 만들 수 있다. 고죽(苦竹)[6]에는 백색도 있고 자색도 있다. 감죽

【圖經本草 按《竹譜》: "篁[1]竹, 堅而促節, 體圓而質勁, 皮白如霜, 大者宜刺[2]船, 細者可爲笛. 苦竹有白有紫. 甘竹似篁而茂."

---

1 대나무[竹, 죽]: 외떡잎강 벼과의 여러해살이 식물. 생명력이 강하여 세계적으로 1,200여 종이나 되고 우리나라에는 14종이 있다. 대나무 중에서 굵은 것은 직경 20센티미터까지 크는 것이 맹종죽이 있고, 하루 동안에 1미터까지 자랄 수 있다고 한다. 유관속식물이지만 형성층이 없어 초여름 성장이 끝나고 나면 몇 년이 되어도 비대생장이나 수고생장은 하지 않고 부지런히 땅속줄기에 양분을 모두 보내 다음 세대 양성에 힘쓰는 것이 보통 나무와 다른 점이다.

2 작은……한다:《二如亭群芳譜》〈利部〉"竹譜" '竹'(《四庫全書存目叢書補編》80, 494쪽)에 보인다.

3 《圖經本草》卷11 〈木部〉 中品 "竹"(《本草圖經》, 364~365쪽).

4 죽보(竹譜): 중국 진(晉) 나라 대개지(戴凱之)가 대나무 70여 종을 수록한 책.

5 참대[篁竹]: 벼과 왕대속에 속하는 여러해살이 식물. 강죽 또는 참대라고도 한다.

6 고죽(苦竹): 대나무의 한 종류로, 높이는 20미터 정도로 대나무 가운데 가장 굵다. 잎은 긴 타원형의 피침 모양이고 작은 가지 끝에 3~5개씩 달린다. 초여름에 긴 주기를 두고 원기둥모양의 꽃이삭이 달린다. 죽순은 식용·약용하고 줄기는 세공재(細工材)로 쓴다. 중국이 원산지로 한국의 중부 이남, 일본 등지에 분포한다.

[1] 篁: 《竹譜》에는 "篁".

[2] 刺: 《竹譜》에는 "行".

(甘竹)[7]은 참대[篁][8]와 비슷하지만 그보다 무성하다."[9]
라 했다.

감죽은 곧 담죽(淡竹, 솜대)이다. 그러나 지금의 삿대는 계죽(桂竹)[10]을 많이 사용한다.

即淡竹也，然今之刺船者多用桂③竹.

피리를 만드는 대나무는 본래 별도의 한 종류가 있었다. 하지만 이 대나무 또한 '근죽(篁竹)'이라고 불리지 않는다. 고죽에도 2종류가 있다. 하나는 강서(江西, 중국 강서성)와 민중(閩中) 지역에서 난다. 본래 매우 굵고 크다. 죽순의 맛은 아주 써서 먹을 수가 없다. 다른 하나는 강절(江浙)[11] 지방에서 난다. 대나무의 목질은 두껍고 잎은 길고 넓다. 죽순은 약간 쓴 맛이 있어 민간에서 '첨고순(甛苦筍)'이라 하는 것이 이것이다.

作笛自有一種，亦不名"篁竹". 苦竹亦有二種，一出江西、閩中，本極粗大，筍味殊苦，不可噉. 二出江浙，肉厚而葉長濶，筍微④有苦味，俗呼"甛苦筍"是也.

본초강목 [12] 대나무는 그 속이 모두 비어 있다. 하지만 속이 찬 대나무[實心竹]가 전(滇, 운남성)·광(廣)[13]에서 난다. 대나무의 바깥 모양은 모두 둥글다. 하지만 모난 대나무가 촉[川蜀][14]에서 난다.

本草綱目 竹，其中皆虛，而有實心竹出滇⑤廣；其外皆圓，而有方竹出川蜀.

---

7 감죽(甘竹): 대나무의 한 종류로, 높이는 10미터 이상으로 자란다. 마디의 고리가 2개이고, 버들잎 모양의 잎이 1~5개씩 달린다. 4~5월에 붉은 갈색의 죽순이 나온다. 죽순은 식용하고, 나무는 죽세공에 쓴다.

8 참대[篁]: 황(篁)은 근(篁)과 같은 의미로 쓰인다.

9 참대[篁竹]는……무성하다: 《竹譜》(《叢書集成初編》 1352, 3쪽).

10 계죽(桂竹): 남강(南康) 지역 이남에서 나는 대나무로, 아래 《본초강목》 기사에 자세한 설명이 보인다.

11 강절(江浙): 중국 강소성(江蘇省)과 절강성.

12 《本草綱目》 卷37 〈木部〉 "竹", 2163~2164쪽.

13 광(廣): 중국의 광동성과 광서성.

14 촉[川蜀]: 지금의 중국 사천성(四川省) 일대. 현대에도 사천성의 별칭으로 쓰인다.

③ 桂: 저본에는 "柱". 《竹譜》·《圖經本草·木部·竹》에 근거하여 수정.

④ 微: 저본에는 "味". 《圖經本草·木部·竹》에 근거하여 수정.

⑤ 滇: 저본에는 "塡". 《本草綱目·木部·竹》에 근거하여 수정.

그 마디는 짧거나 없거나, 간격이 촘촘하거나 성글다. 마디가 짧은 대나무[暴節竹]는 촉(蜀) 지역에서 난다. 높이 솟은 대나무에 옹이가 많으니, 공죽(筇竹)이다. 마디가 없는 대나무[無節竹]는 진주(溱州)[15]에서 난다. 속은 비어 곧게 올라가니, 통죽(通竹)이다.

其節或暴或無, 或促或疏. 暴節竹出蜀中, 高節磥砢, 卽筇竹也. 無節竹出溱州, 空心直上, 卽通竹也.

미죽(篃竹)은 1척 길이에 몇 개의 마디가 있다. 형남(荊南)[16]에서 난다. 적죽(笛竹)은 한 마디가 1척 남짓이다. 오(吳)[17]·초(楚)에서 난다. 운당죽(篔簹竹)은 한 마디가 10척에 가깝다. 남광(南廣)[18]에서 난다.

篃竹一尺數節, 出荊南. 笛竹一節尺餘, 出吳、楚. 篔簹竹一節近丈, 出南廣.

그 줄기는 길거나 짧으며, 굵거나 가늘다. 교광(交廣)의 유오죽(由吾竹)은 길이가 30~40척이다. 목질이 얇아 가옥의 기둥을 만들 수 있다. 박죽(簹竹)은 굵기가 몇 아름이나 된다. 목질이 두꺼워 들보나 마룻대를 만들 수 있다.

其幹或長或短, 或巨或細. 交廣由[6]吾竹長三四丈, 其肉薄, 可作屋柱. 簹竹大至數圍, 其肉厚, 可爲梁棟.

영창(永昌)의 한죽(漢竹)은 용곡(桶斛)[19]을 만들 수 있다. 심죽(篔竹)은 배를 만들 수 있다.

永昌漢竹可爲桶斛. 篔竹可爲舟船.

엄주(嚴州)의 월왕죽(越王竹)은 높이가 1척 남짓에서 그친다. 진주(辰州)의 용손죽(龍孫竹)은 가늘어 바늘만 하고, 높이는 1척이 채 안 된다. 그 잎은 가늘거나 크다.

嚴州越王竹高止尺餘. 辰州龍孫[7]竹細僅如鍼, 高不盈尺. 其葉或細或大.

봉미죽(鳳尾竹)은 잎이 가늘고 세 갈래로 나누어

鳳尾竹葉細三分, 龍公竹

15 진주(溱州) : 지금의 중국 부환장(扶歡場)의 사토패(司土壩)의 옛 지명.
16 형남(荊南) : 중국 형주(荊州)·귀주(歸州)·협주(峽州) 등 호북(湖北)의 3주에 해당하는 지역.
17 오(吳) : 중국 강소성·안휘성·절강성 일대.
18 남광(南廣) : 중국 사천성 균련현(筠連縣).
19 용곡(桶斛) : 6두(斗)들이 되[桶]와 10말들이 되[斛].
[6] 由 : 저본에는 "出". 《本草綱目·木部·竹》에 근거하여 수정.
[7] 孫 : 저본에는 "絲". 《本草綱目·木部·竹》에 근거하여 수정.

져 있다. 용공죽(龍公竹)은 잎이 파초(芭蕉)와 같이 크다. 백엽죽(百葉竹)은 한 가지에 100장의 잎[百葉]이 달린다.

葉若芭蕉, 百葉竹一枝百葉.

그 본성은 부드럽거나 단단하며, 미끄럽거나 껄끄럽다. 껄끄러운 대나무는 갑옷을 장식할 수 있으며, '사방(篾簩)'이라고 한다. 미끄러운 대나무는 자리를 만들 수 있으며, '도지(桃枝)'라고 한다.

其性或柔或勁, 或滑或澀. 澀者可以錯甲, 謂之"篾簩". 滑者可以爲席, 謂之"桃枝".

단단한 대나무는 창·칼·화살을 만들 수 있으며, '모죽(矛竹)'·'전죽(箭竹)'·'근죽(筋竹)'·'석마(石麻)'라고 한다. 부드러운 대나무는 노끈을 만들 수 있으며, '만죽(蔓竹)'·'궁죽(弓竹)'·'고죽(苦竹)'·'파발(把髮)'이라고 한다.

勁者可以爲戈刀、箭矢, 謂之"矛竹"、"箭竹"、"筋竹"、"石麻". 柔者可爲繩索, 謂之"蔓竹"、"弓竹"、"苦竹"、"把髮".

황색 대나무

왕대나무 밑둥(이상 임원경제연구소, 전주수목원에서 촬영)

그 색은 청색·황색·백색·적색·오색(烏色, 검은색)·자색(紫色)이 있으며, 반점이 있다. 반점 대나무는 알록달록한 무늬가 점점이 물들어 있다. 자색 대나무는 검은색이 검푸르다. 오색(烏色)인 대나무는 흑색이면서 모체가 되는 대나무를 해친다. 적색 대나무는 두꺼우면서 곧다. 백색 대나무는 얇으면서 굽었다. 황색 대나무는 금색과 같다. 청색 대나무는 옥색과 같다.

其色有青有黃, 有白有赤, 有烏有紫, 有斑. 斑者駁文點染, 紫者黯色黝然, 烏者黑而害母, 赤者厚而直, 白者薄而曲, 黃者如金, 青者如玉.

다른 종류로 자죽(棘竹)이 있다. 일명 '늑죽(竻竹)'이다. 까끄라기와 가시가 빽빽하다. 큰 것은 둘레가 2척이나 되어 도둑을 막을 수 있다. 종죽(椶竹)은 일명 '실죽(實竹)'이다. 그 잎은 종려나무[椶]와 비슷하며, 지팡이를 만들 수 있다.

其別種有棘竹, 一名"竻竹", 芒棘森然, 大者圍二尺, 可禦盜賊. 椶竹, 一名"實竹", 其葉似椶, 可爲柱杖.

자죽(慈竹)은 일명 '의죽(義竹)'이다. 떨기로 나서 흩어지지 않기 대문에 사람들이 옮겨 심어서 관상용으로 즐긴다. 광(廣) 지방 사람들은 근죽(筋竹)의 가느다란 껍질로 죽포(竹布, 대의 섬유로 짠 베)를 만들면 매우 부드럽다.

慈竹, 一名"義竹", 叢生不散, 人栽爲玩. 廣人以筋竹絲爲竹布, 甚脆.

농정전서[20] 방죽(方竹)은 징주(澄州)[21]에서 난다. 몸통은 깎아 만든 듯하며 단단하고 곧아 지팡이를 만들 수 있다. 도원산(桃源山)[22]에도 방죽이 있고, 격주(隔州)[23]에서도 난다. 큰 방죽은 수십 척이나 된다.

農政全書 方竹, 産澄州. 體如削成, 勁挺堪爲杖. 桃源山亦有方竹, 隔州亦出, 大者數丈.

반죽(斑竹)은 곧 오(吳) 지역에서 상비죽(湘妃竹)이라고 부르는 것이다. 그 반점은 눈물자국과 같다. 반죽에도 두 종류가 있다. 고랄(古辣)[24]에서 나는 반죽이 좋고, 도허산(陶虛山)[25]에서 나는 반죽은 그 다음이다. 토박이들은 잘라서 젓가락을 만드는데, 매우 빼어나다. 크기가 사발만 한 반죽도 있다.

斑竹, 卽吳地稱"湘妃竹"者. 其斑如淚痕, 亦有二種, 出古辣者佳, 出陶虛山者次之. 土人裁[8]爲箸甚妙. 亦有大如甌者.

종죽(棕竹)에 세 종류가 있다. 가장 상품은 '저두(箸頭)'라고 한다. 줄기[梗]는 짧고 잎은 아래로 드리워져서 서궤(書几)에 둘 수가 있다. 그 다음은 '단서(短栖)'라고 한다. 정원의 섬돌에 줄지어 심을 수가 있다. 그 다음은 '박죽(樸竹)'이라고 한다. 마디가 성글고 잎은 빳빳하기 대문에 온화하면서 우아한 흥치가 전혀 없다. 단지 부채살 재료로만 쓸 수 있다.

棕竹有三種, 上曰"箸頭", 梗短葉垂, 堪置書几. 次曰"短栖", 可列庭階. 次曰"樸竹", 節稀葉硬, 全欠溫雅, 但可作扇骨料耳.

묘죽(猫竹)은 어떤 곳에는 모죽(茅竹)으로 되어 있

猫竹, 一作茅竹, 又作毛

20 《農政全書》卷39 〈種植〉"雜種" 上(《農政全書校注》, 1087~1088, 1092쪽).
21 징주(澄州) : 중국의 광서장족자치구(廣西壯族自治區) 중남부의 일대.
22 도원산(桃源山) : 중국 호남성(湖南省) 도원현(桃源縣)에 있는 산.
23 격주(隔州) : 미상.
24 고랄(古辣) : 중국 광서성(廣西省) 남녕시(南寧市) 빈양현(賓陽縣) 동남부 일대.
25 도허산(陶虛山) : 미상.
[8] 裁 : 저본에는 "栽". 《農政全書·種植·雜種》에 근거하여 수정.

기도 하고, 또 모죽(毛竹)으로 되어 있기도 하다. 줄기가 굵고 두꺼워 보통 대나무와 다르다. 사람들이 가져다 배를 만든다.

竹. 幹大而厚, 異于衆竹. 人取以爲舟.

쌍죽(雙竹)은 대싹과 여린 조릿대가 마주보고 뻗어 나란히 이어져 있기 때문에 왕헌지(王獻之)[26]는 이를 '부죽(扶竹, 서로 붙들어 주는 대나무)'이라고 했다.

雙竹, 篠篁嫩篠[9], 對抽竝胤, 王子敬謂之"扶竹".

기죽(蘄竹)은 기주(蘄州)에서 난다. 색깔이 윤기가 나는 기죽으로는 대자리를 만든다. 마디가 성근 기죽으로는 피리를 만든다. 잔털이 달린 기죽으로는 지팡이를 만든다.

蘄竹, 生蘄州, 以色瑩者爲簟, 節疏者爲笛, 帶鬚者爲杖.

자효죽(慈孝竹)은 떨기가 굵으며 줄기는 길고, 가운데가 높이 솟아올라가 있다. 여러 조릿대가 바깥에서 보호해 준다. 양지에 있는 높은 대(臺)에 심으면 무성하다.

慈孝竹, 大叢長幹中聳, 群篠外護. 向陽高臺種茂.

안 《준생팔전》에서는 "항주(杭州)[27]에서는 효죽(孝竹)이 난다. 겨울에는 죽순이 떨기 바깥쪽에 나서 본 나무의 추위를 막아 낸다. 반면 여름에는 죽순이 떨기 안쪽에 나서 본 나무의 열기를 식혀 준다. 줄기로는 낚싯대를 만들 수 있다."[28]라고 하였다.

按 《遵生八牋》云: "杭産孝竹, 冬則筍生叢外以衛母寒, 夏則筍生叢內以涼母熱. 其幹可作釣竿."

26 왕헌지(王獻之): 344~386. 중국 진(晉)나라의 서예가. 자는 자경(子敬). 왕희지의 막내아들로 서(書)의 천분을 가장 많이 타고나, 부친으로부터 서법을 이어받아 호기 있는 서풍을 완성했다.

27 항주(杭州): 중국 절강성(浙江省)의 성도(省都).

28 항주에서는……있다: 《遵生八牋》 卷16 〈燕閑清賞牋〉 下 "孝竹"(《遵生八牋校注》, 663쪽).

9 篠: 저본에는 "條". 《農政全書·種植·雜種》에 근거하여 수정.

가정죽(柯亭竹)은 운몽(雲夢)의 남쪽에서 난다. 7월 보름 이전에 나고 다음해 7월 보름 이전에 벤다. 벨 시기가 안 되었는데 베면 소리가 가볍고, 시기를 지나 베면 소리가 깨끗하지 못하다.

柯亭竹, 生雲夢南. 以七月望前生, 明年七月望前伐. 未期, 伐則音浮; 過期, 伐則音滯.

관음죽(觀音竹)은 마디마다 0.2~0.3척이다. 점성(占城)[29]에서 난다.

觀音竹, 每節二三寸, 産占城.

안 우리나라 경상도와 전라도에도 있다. 연료용으로 만든 이 대나무숲은 오래 타도 부러지지 않는다.

按 我東嶺、湖南亦有之. 用作熱烟之竹, 耐久不折.

황금간벽옥(黃金間碧玉)은 성도(成都)에서 난다. 청색과 황색이 섞여 있다.

黃金間碧玉, 産成都, 青黃相間.

안 《준생팔전》에서는 다음과 같이 말했다. "황금간벽옥(黃金間碧玉)은 항주에서 난다. 대나무의 몸통은 황금색이다. 마디마다 곧으면서 움푹 들어간 취록(翠綠)색 한 줄이 나 있다. 사람의 힘을 빌리지 않고 자연스럽게 만들어졌다.

按 《遵生八牋》云: "黃金間碧玉, 杭産, 竹身金黃. 每節直嵌翠綠一條, 不假人爲, 出自天巧.

한편 벽옥간황금(碧玉間黃金)도 항주에서 난다. 대나무의 몸통은 순녹색이다. 마디마다 곧으면서 움푹 들어간 황금색 한 줄이 나 있다. 이 역시 자연스럽게 만들어졌다. 이 두 대나무는 지극히 빼어나다."[30]

碧玉間黃金, 亦杭産, 竹身全綠. 每節直嵌金黃一條, 亦天成也. 二竹絕妙."

---

29 점성(占城): 2세기 말엽에 참(chăm)족이 베트남 중부에 세운 나라. 중국에서는 후한 말에서 수대(隋代)까지는 임읍(林邑)으로, 당대(唐代)에는 환왕국(環王國)으로, 당말에서 송대까지는 점성(占城)으로 불렸다. 17세기에 안남(安南)에 병합되었다.

30 황금간벽옥(黃金間碧玉)은……빼어나다: 《遵生八牋》 卷16 〈燕閑清賞牋〉 下 "孝竹"(《遵生八牋校注》, 663쪽).

황색에 녹색이 섞인 대

황색에 녹색 선이 있는 대(이상 임원경제연구소, 전주수목원에서 촬영)

용공죽(龍公竹)은 큰 것의 지름이 7척이며, 한 마디의 길이가 12척이다. 잎은 파초잎과 같다. 나부산(羅浮山)[31]에서 난다.

龍公竹, 大徑七尺, 一節長丈二尺. 葉若蕉, 出羅浮山.

용손죽(龍孫竹)은 진주(辰州)의 산골짜기에서 난다. 높이는 1척이 되지 않고 두께도 가늘어 겨우 바늘만 하다.

龍孫竹, 生辰州山谷間. 高不盈尺, 細僅如針.

경척죽(徑尺竹)은 시루를 만들 수 있다. 호상(湖湘)[32]에서 난다.

徑尺竹, 可爲甑, 出湖湘.

사계죽(四季竹)은 마디가 길고 둥글기 때문에 관악기를 만드는 데 적당하다. 산의 바위 사이에서 나는 사계죽은 소리가 맑고 깨끗하다.

四季竹, 節長而圓, 中管籥. 生山石者, 音淸亮.

31 나부산(羅浮山) : 중국 광동성 중부에 있는 산.
32 호상(湖湘) : 중국 호남성 동정호와 상강(湘江) 일대.

월죽(月竹)은 달마다 죽순이 난다. 먹을 수는 없다. 가정주(嘉定州)[33]에서 난다.

月竹, 每月抽筍, 不堪食, 出嘉定州.

십이시죽(十二時竹)은 기주(蘄州)에서 난다. 그 대나무는 마디를 둘러 지지(地支) 12자가 볼록 튀어 나오게 만든다.[34]

十二時竹, 産蘄州. 其竹繞節凸生地干十二字.

사로죽(篦簩竹)은 사로국(篦簩國)[35]에서 난다. 손톱이나 발톱을 갈아 다듬을 수 있다. 신주(新州)[36]에 이 대나무가 있어 금(琴)[37]의 모양으로 만들어 딱딱한 껍질을 가는 용구로 삼는다. 오래 사용해서 조금 무뎌지면 신 장수(漿水)[38]에 담가 놓는다. 하룻밤 지나면 날카롭기가 처음과 같다. 화살도 만들 수 있다.

篦簩竹, 出篦簩國. 可礪指甲. 新州有此種, 製成琴樣, 爲礪甲之具. 用久微滑, 以酸漿漬之, 過宿快利如初. 亦可作箭.

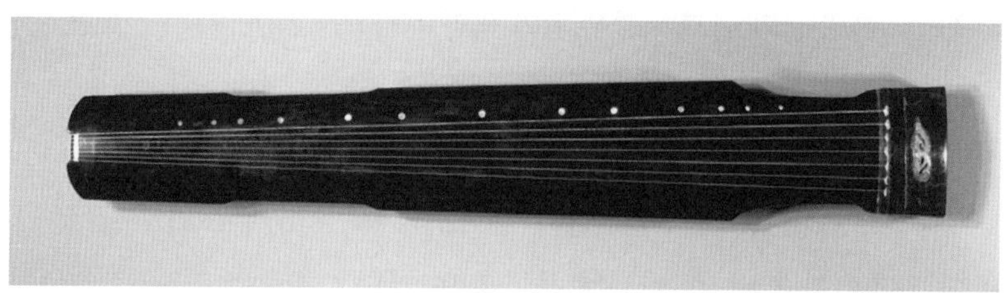

칠현금

33 가정주(嘉定州) : 중국 사천성(泗川省) 낙산시(樂山市) 일대.

34 그……만든다 : 마디 둘레에 12지지인 자(子)·축(丑)·인(寅)……술(戌)·해(亥) 12글자가 저절로 쓰여 있다는 의미이다.

35 사로국(篦簩國) : 미상.

36 신주(新州) : 중국 광동성(廣東省) 신흥현(新興縣) 일대.

37 금(琴) : 중국의 고금(古琴)을 말한다. 금의 모양이면 한쪽 끝은 좁고, 다른 쪽은 넓지만 잘록한 부분이 있어서 잡기가 편하다.

38 장수(漿水) : 시어진 쌀뜨물.

대부죽(大夫竹)은 하늘을 찌를 듯이 높이 자라고 둘레는 3척이다.

大夫竹, 凌雲圍三尺.

봉미죽(鳳尾竹)은 가늘면서 작으며 부드럽고 아름답다. 동이에 심어 청아한 완상 거리로 만들 수 있다.

鳳尾竹, 纖小猗那. 植盆可作淸玩.

귀문죽(龜文竹)은 양현(陽縣)[39]의 보타암(寶陀巖)[40]에서 난다. 부채를 만들면 매우 뛰어나다.

龜文竹, 産陽縣 寶陀巖. 製扇甚奇.

인면죽(人面竹)은 섬산(剡山)[41]에서 난다. 마디가 매우 짧으며 마디의 사방이 들쭉날쭉하다. 대나무껍질은 물고기비늘과 같으며 표면은 툭 튀어 나와 있어 사람얼굴[人面]과 매우 유사하다.

人面竹, 出剡山, 節極促, 四面參差. 竹皮如魚鱗, 面凸, 頗類人面.

흑죽(黑竹)은 덩굴과 같고 색깔은 쇠의 색과 같다.

黑竹, 如藤, 色如鐵.

사마죽(思摩竹)은 교지(交趾)[42]와 광동(廣東)·광서(廣西)에서 난다. 죽순은 마디에서 난다. 대나무의 모양이 다 갖추어지고 난 후 이듬해 봄이 되면 마디 속에서 다시 죽순이 난다.

思摩竹, 出交、廣. 筍自節生, 旣成竹, 至春節中復生筍.

39 양현(陽縣): 중국 호북성(湖北省) 함녕시(咸寧市)에 있는 현 이름. 숭양현(崇陽縣).
40 보타암(寶陀巖): 중국 숭양현에 있었던 사찰로 추정된다.
41 섬산(剡山): 중국 진(秦)나라 섬현(剡縣)에 있던 산. 절강성 소흥시(紹興市)에 위치해 있다.
42 교지(交趾): 현 베트남 북부 통킹·하노이 지역.

무절죽(無節竹, 마디 없는 대나무)은 과주(瓜州)[43]에서 난다.

無節竹, 出瓜州.

대절죽(大節竹, 마디 굵은 대나무)은 여모산(黎母山)에서 난다. 한 마디는 10척이다.

大節竹, 出黎母山. 一節一丈.

소절죽(疏節竹, 마디 성근 대나무)은 6척이 한 마디이다.

疏節竹, 六尺一節.

통죽(通竹)은 진주(溱州)에서 난다. 곧게 위로 올라가기 때문에 마디가 없다.

通竹, 出溱州. 直上無節.

편죽(扁竹)은 유수(濡須)[44]에서 난다.

扁竹, 出濡須.

등죽(藤竹)은 점성(占城)에서 난다.

藤竹, 出占城.

선죽(船竹)은 원구(員丘)[45]에서 난다.

船竹, 出員丘.

궁죽(弓竹)은 길이가 100심(尋)[46]이고 덩굴처럼 휘어지다가 나무를 만나야 거기에 의지해 자란다. 동방(東方)[47]에서 난다. 바탕에 무늬가 있는데, 기름을

弓竹, 長百尋, 却曲如藤, 得木乃倚. 出東方. 質有文章, 須膏塗火灼乃見.

---

43 과주(瓜州): 중국 감숙성(甘肅省)의 서쪽 끝, 곤륜산맥(崑崙山脈) 북쪽 기슭에 있는 오아시스 도시. 사주(沙州)·돈황(敦煌)이라고도 한다.

44 유수(濡須): 중국 안휘성(安徽省) 무호시(蕪胡市) 일대.

45 원구(員丘): 선죽(船竹)이 많이 나는 지명이나, 미상.

46 심(尋): 길이의 단위로, 1심은 8척(尺)이다. 조선 전기부터 통용되었던 영조척(營造尺)으로 1척은 약 30.80센티미터 이므로 1심은 약 246센티미터이다.

47 동방(東方): 중국 해남성(海南省) 해남부(西南部) 북부의 만 동쪽 지역으로 추정된다.

발라 불로 그을려야 무늬가 드러난다.

패죽(沛竹)은 남쪽 변방에서 난다. 길이는 1,000척이다.

沛竹, 出南荒. 長百丈.

단청죽(丹青竹)은 잎에 황색·벽색(碧色)·단색(丹色)이 섞여 있다. 웅이산(熊耳山)[48]에서 난다.

丹青竹, 葉黃、碧·丹相間. 出熊耳山.

십포죽(十抱竹)은 임하(臨賀)[49]에서 난다.

十抱竹, 出臨賀.

자죽(慈竹)은 속은 차 있고 마디는 성기다. 본성은 약하고, 모양은 탱탱하고 가늘어 등나무의 용도를 대신할 수 있다.

慈竹, 內實節疏, 性弱形緊而細, 可伐藤.

계죽(桂竹)은 높이는 40~50척, 둘레는 2척이다. 모양은 감초(甘草)와 같으나 그와 달리 껍질이 붉다. 남강(南康)[50] 이남에서 난다. 사람을 찔러 상하면 바로 죽는다.

桂竹, 高四五丈, 圍二尺. 狀如甘草而皮赤. 出南康以南. 傷人卽死.

도죽(桃竹)은 잎이 종려[棕][51]잎과 같으며 몸통은 대나무와 비슷하다. 마디가 촘촘하고 안이 꽉 차 있

桃竹, 葉如棕, 身似竹, 密節而實中, 厚理瘦骨, 蓋天

48 웅이산(熊耳山):단청죽의 산지인 기주(蘄州)와 성도(成都) 인근 지역에 있는 산으로 추정된다.

49 임하(臨賀):중국 광서성(廣西省) 하주시(賀州市) 동남쪽 일대.

50 남강(南康):중국 강서성(江西省) 남부와 공주시(贛州市) 서부에 해당하는 곳에 있던 현. 남야(南野)라고도 한다.

51 종려[棕]:야자과의 상록교목. 풍석 서유구 지음, 임원경제연구소 옮김, 《임원경제지 예원지》 2, 풍석문화재단, 2022, 91~94쪽에 자세히 보인다.

으며, 결은 두껍고 골격은 앙상하니, 대개 천연의 지팡이이다. 파유(巴渝)[52]에서 난다. 그중 예주(豫州)[53]에서 나는 도죽은 가늘고 무늬가 있다. 한 마디는 4척이다. 북쪽 사람들은 '도사죽(桃絲竹)'이라고 한다.

成拄杖也. 出巴渝間, 出豫者細文, 一節四尺, 北人呼爲"桃絲竹".

상사죽(相思竹)은 광동(廣東)에서 난다. 둘씩 죽순이 난다.

相思竹, 出廣東. 兩兩生筍.

시흥군(始興郡)[54]에 생죽(笙竹)이 있다. 큰 것은 둘레가 2척, 길이는 40척이다.

始興郡有笙竹. 大者圍二尺, 長四丈.

교지(交趾)에 율죽(篥竹)이 있다. 속은 꽉 차 있고 단단하다. 독이 있다. 가시처럼 날카로워서 호랑이가 이것에 찔리면 죽는다.

交趾有篥竹. 實中, 勁强, 有毒, 銳似刺, 虎中之則死.

죽도[竹圖, 이정(李霆, 1554–1626)](국립중앙박물관)

대나무(《본초강목》)

52 파유(巴渝) : 중국 사천성 파현(巴縣) 일대.
53 예주(豫州) : 중국 호북성·함남성(河南省) 일대.
54 시흥군(始興郡) : 중국 관동송 소관시(韶關市)일대.

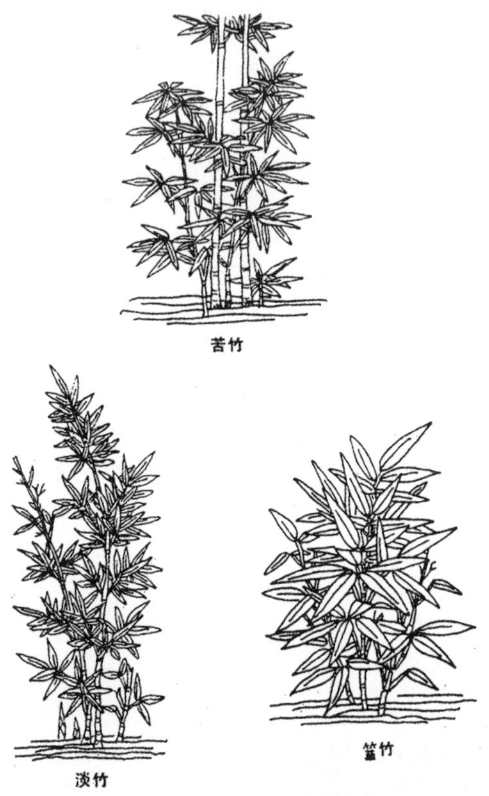

고죽(위), 담죽(왼쪽), 근죽(오른쪽)(《본초도경》)

율죽으로 울타리를 만들면 큰 도적을 막을 수 있다. 내가 남쪽 지방의 관리들에게 율죽이 도적을 막는 뛰어난 계책이라고 말해 주었는데도, 마을에 거주하는 사람들만 집에 이 울타리가 있을 뿐이다. 이 대나무는 또한 북쪽 땅으로 옮겨 심을 수 있다. 그러나 나를 위해 가져다 주는 사람이 없으니, 단지 내 입만 닳을 뿐이다.

用以爲藩, 可禦大寇. 余爲南中宦游者言之, 禦寇長策, 惟有村居者, 家有此藩而已. 此竹亦可移之北土, 而無人爲我致之, 徒有舌敝唇焦耳.

안 대나무의 종류는 매우 많다. 《이아》에는 망(莽)·

按 竹之類甚多. 《爾雅》有

내장사 대나무(김용숙)

인(粼)·민(簢)·급(篕)과 같은 대나무이름이 있다.[55] 《상서》〈우공(禹貢)〉에는 조(篠)·탕(簜)·균(箘)·로(簬)라는 글자가 있다.[56] 대개지(戴凱之)[57]의 《죽보(竹譜)》에 기록된 대나무의 종류가 61종이다. 황정견(黃庭堅)[58]은 이에 대해 "대나무의 종류는 이 정도에 그치지 않는다. 내가 대나무를 정리하여 죽사(竹史)라는 책을 지으려고 했으나 하지 못했다."[59]라고 했다.

莽、粼、簢、篕之名,《禹貢》有篠、簜、箘、簬之文. 戴凱之《竹譜》紀竹之品類六十一種, 而黃魯直謂: "竹類不止於此, 欲作竹史而未果."

우리나라에는 대나무의 종류가 많지 않다. 남쪽 지역에서 나는 큰 대나무로는 기와 대신 지붕을 이고, 푸른 즙을 우려 죽력(竹瀝)[60]을 취한다. 작은 대나무로 피리·화살대·붓대 및 기타 잡스러운 용구를

我國則無多種. 其産於南土者, 大可以代瓦葺屋, 汗靑取瀝, 小可以爲笛籥、箭笴、筆管及佗雜用.

55 망(莽)……있다:《爾雅注疏》卷8〈釋草〉(《十三經注疏整理本》24, 286~287쪽).

56 조(篠)……있다 :《尙書正義》卷6〈禹貢〉(《十三經注疏整理本》2, 174~179쪽).

57 대개지(戴凱之):중국 진(晉)나라 학자. 자는 경예(慶預), 무창(武昌)사람.《죽보(竹譜)》를 지었다.

58 황정견(黃庭堅):1045~1105. 중국 북송(北宋) 시대의 문학가.

59 황정견(黃庭堅)은……못했다:《竹譜》〈竹譜原序〉(《文淵閣四庫全書》845, 173).

60 죽력(竹瀝):대나무의 수액. 차에 타거나 약에 넣어 먹는다. 풍석 서유구 지음, 임원경제연구소 옮김,《임원경제지 이운지》1, 풍석문화재단, 265쪽의 차에 넣는 죽력수(竹瀝水)와, 풍석 서유구 지음, 임원경제연구소 옮김,《임원경제지 정조지》4, 풍석문화재단, 2020, 131쪽의 죽력고(竹瀝膏) 빚기를 함께 참조 바람.

만들 수 있다.

한강 이북에는 오죽(烏竹)·반죽(斑竹)·자죽(慈竹) 등 몇 종류만 있을 뿐이다. 지금 본초서와 농서에서 가장 두드러진 대나무만을 모아 위와 같이 열거하여 기록했다. 그리하여 호사자(好事者, 일 벌리기를 좋아하는 사람들)가 종자를 구입하여 번식시킬 수 있도록 갖추어 두었다】

漢水以北則惟有烏竹、斑竹、慈竹數種耳. 今撮本草、農書竹品最著者, 列錄如右, 以備好事者購種傳殖云】

2) 알맞은 토양

土宜

높고 평평한 곳이 좋다【주 산언덕에 가까우면 더욱 알맞은 곳이다. 저지대 농지에 심었다가 물이 들면 죽는다】. 황백색의 부드러운 땅이 좋다. 《제민요술》[61]

宜高平之地【注 近山阜, 尤是所宜, 下田得水則死】. 黃白軟土爲良. 《齊民要術》

대나무를 심을 때는 다만 숲 바깥쪽 볕이 드는 곳을 취한다. 심괄(沈括)[62] 《망회록(忘懷錄)[63]》[64]

種竹, 但林外取向陽者. 夢溪《忘懷錄》

대나무를 심는 곳은 흙을 쌓아 옆의 땅보다 2~3척 높게 해야 큰 비에도 침수되어 손상되지 않는다. 전당(錢塘) 사람들은 이 쌓은 흙을 '죽각(竹脚)'이라고

種竹處, 當積土令稍高於傍地二三尺, 則雨潦不侵損. 錢塘人謂之"竹脚".

대나무몸통

대명죽

상근죽

61 《齊民要術》 卷5 〈種竹〉 第51(《齊民要術校釋》, 359쪽).

62 심괄(沈括) : 1031~1095. 중국 송나라 학자·정치가. 농업생산을 중시했으며, 역대 혼의(渾儀, 혼천의)에 대해 연구를 진행한 후 구조가 간편하고 사용이 편리하며 정밀도가 높은 혼의를 만들어 냈다. 1075년 봉원력(奉元歷)을 만든 후 이를 다시 수정하여 사용하게 했는데, 이 역법은 송나라 시기 16년간 사용되었다. 저서로 《몽계필담(夢溪筆談)》이 있다.

63 망회록(忘懷錄) : 중국 송(宋)나라 심괄(沈括)의 저서. 시골에서 은거하는 삶의 소소한 일면을 다룬 책.

64 출전 확인 안 됨; 《農政全書》 卷39 〈種植〉 "雜種" 上(《農政全書校注》, 1089쪽).

봉래죽

평정죽

운문죽

대나무뿌리에 난 잔뿌리(이상 임원경제연구소, 전주수목원에서 촬영)

한다. 《종수서》65

《種樹書》

65 《種樹書》〈竹〉(《叢書集成初編》 1469, 4쪽).

3) 심는 시기

1~2월 중에 심는다. 《제민요술》[66]

時候

正月、二月中種. 《齊民要術》

《악주풍토기(岳州風土記)》[67]·《문심조룡(文心雕龍)》[68]에서는 모두 5월 13일을 대나무의 생일(生日, 대나무 심는 날)로 삼았고[69], 《제민요술》에서는 8월 8일을 대나무의 취일(醉日, 대나무가 취하는 날)로 삼았고 또 미일(迷日, 대나무가 혼미한 날)이라 하였다.[70] 하지만 모두 의심스러운 점이 있다. 《산가청사(山家淸事)[71]》[72]

《岳州風土記》、《文心雕龍》, 皆以五月十三日爲生日, 《齊民要術》則以八月八日爲醉日, 亦爲迷日, 俱有可疑. 《山家淸事》

처사(處士) 등창우(滕昌祐)[73]의 대나무 심는 법: 민간에서는 5월 13일에 대나무를 심으면 뜨거운 햇살을 많이 받아 말라 버린다고 한다. 텃밭에 대나무를 8월 사일(社日)을 전후하여 심는다. 이 달에는 날씨가 흐린 날이 많고 흙에는 습기가 많아 대나무가 이 달에 뿌리를 잘 뻗쳐 나가기 때문이다. 《모정객화(茅

滕處士 昌祐種竹法: 俗以五月十三日種竹, 多遭烈日, 曬乾. 園中竹, 以八月社前後, 是月天色多陰土潤, 竹以此月行根也. 《茅亭客話》[10]

---

66 《齊民要術》 卷5 〈種竹〉 第51(《齊民要術校釋》, 359쪽).

67 악주풍토기(岳州風土記): 중국 북송(北宋)의 관리인 범치명(范致明, ?~1119)이 악주(岳州)에 주세(酒稅)를 걷는 관리로 있으면서 쓴 그 지역 풍토기. 《악양풍토기(岳陽風土記)》라고도 한다.

68 문심조룡(文心雕龍): 중국 남조(南朝) 양(梁)나라 유협(劉勰, 465~532)이 쓴, 중국 최초의 체계적인 문학 비평서.

69 악주풍토기(岳州風土記)……삼았고: 《岳陽風土記》(《文淵閣四庫全書》 589. 124쪽).

70 제민요술에서는……하였다: 출전 확인 안 됨.

71 산가청사(山家淸事): 중국 송(宋)나라 임홍(林洪)이 지은 학술잡기류 서적.

72 《山家淸事》 〈種竹法〉(《叢書集成初編》 2883, 1쪽.

73 등창우(滕昌祐): ?~?. 중국 당나라 말~오대(五代) 시기의 화가. 자는 승화(勝華). 큰 글씨를 잘 썼고, 색채가 선명한 초충화와 절지화(折枝畫)에 뛰어났다. 훗날에는 거위 그림으로 명성을 얻었다.

[10] 이 기사가 오사카본에는 없음.

亭客話)[74]》[75]

대나무를 옮겨 심을 때는 대부분 진일(辰日)[76]에 하고 또 납월(臘月)[77]에 한다. 이때 옮겨 심지 않으면 살아나지 못한다. 다만 5월 13일을 '죽취일(竹醉日)'이라 하고, 또 '죽미일(竹迷日)'이라고도 하며, 또 용생일(龍生日)이라고도 한다. 이 날 대나무를 옮겨 심으면 무성해진다.

移竹多用辰日, 又用臘月. 非此時移栽則不活.⑪ 惟五月十三日謂之"竹醉日", 又謂之"竹迷日", 又謂龍生日⑫, 栽竹則茂盛.

【농정전서】[78] 5월에 실제로 죽순이 이미 나와서, 대나무의 생기가 안에서는 비워지기 때문에 옮겨 심을 수 있다. 대나무는 6월을 납월로 삼는다. 용생일이나 죽취일에 심는다는 말은 통할 만한 이치가 없다.

【農政全書】 五月實竹筍已出, 生氣內款, 故可移栽. 竹以六月爲臘, 龍生、竹醉, 無理可通.

안 《거가필용》에서는 "5월 18일에 대나무를 옮겨 심으면 백에 하나도 죽는 나무가 없다."[79]라고 했으니, 이 설과 다르다】《왕정농서》[80]

按《居家必用》云"五月十八日栽竹, 百無一死"與此異】《王氏農書》⑬

---

74 모정객화(茅亭客話): 중국 송나라의 화가 황휴복(黃休復, ?~?)의 저술. 촉나라의 문헌에 빠진 일화나 풍취 있는 이야기들을 모아 수합하였다. 총 10권.

75 《茅亭客話》卷8 〈滕處士〉(《文淵閣四庫全書》 1042, 952쪽).

76 진일(辰日): 날의 지지가 진(辰)인 날.

77 납월(臘月): 12월을 가리키나, 대나무 심기와 관련한 경우는 6월을 가리킨다.

78 《農政全書》卷39 〈種植〉 "雜種" 上(《農政全書校注》, 1090쪽).

79 5월……없다: 《居家必用》 〈戊集〉 "竹木類" '種竹法'(《居家必用事類全集》, 194쪽).

80 《王禎農書》卷10 〈百穀譜〉 9 "竹" '竹木', 148쪽; 《農政全書》卷39 〈種植〉 "雜種" 上(《農政全書校注》, 1090쪽).

⑪ 多用辰日……不活(16자): 오사카본에는 '移竹' 뒤에 추가 표시가 되어 있고 이 부분이 두주에 적혀 있다. 두주 맨 앞에는 '移竹'을 썼다가 지운 흔적이 있다.

⑫ 又謂龍生日: 《王禎農書·百穀譜·竹》에는 없음.

⑬ 王氏農書: 오사카본에는 본문 왼쪽 아래쪽에 추가로 쓰여 있고 여기에 추가하라는 표시가 있다.

어떤 사람은 "굳이 5월일 필요는 없고 단지 매달 20일이면 모두 괜찮다."라고 했다. 또 다른 사람은 "1월 1일, 2월 2일, 3월 3일에 모두 심을 수 있으며, 심으면 살아나지 않는 경우가 없다. 4월 이후에 심을 때도 날짜가 매달 이와 같다. 한 해를 거르도록 순이 나오지 않으면 1월 1일, 2월 2일에 심는다."라고 했다.

或曰: "不必⑭五月, 但每月二十日皆可." 又一云: "正月一日、二月二日、三月三日皆可種, 無不活者. 每月倣此. 如要不間年出筍, 用正月一日、二月二日."

또 "진일(辰日)에 심는다."라고 했다. 황정견(黃庭堅)이 말한 "대뿌리는 진일(辰日)에 잘라야 하고 죽순은 먼저 난 놈이 성목 되게 한다."[81]는 것이다.

又云"用辰日", 山谷所謂"根須辰日斸, 筍看⑮上番成".

또 "납월에 옮겨 심어야 한다."고 했다. 이는 두보(杜甫)[82] 시의 "동쪽 숲에 대나무 그림자 엷으니, 납월에 다시 옮겨 심어야 하리."[83]라는 것이다. 그러나 납월에 대나무를 옮겨 심는다는 의견은 크게 잘못되었다.

又曰"宜用臘月", 杜少陵詩"東林竹影薄, 臘月更宜栽". 然臘月之說大謬.

【농정전서[84] 두보가 말한 납월은 바로 여름을 가리킨다. 두보가 통달한 앎은 대나무 키우는 사람도 미칠 수 있는 지식이 아니다. 맥류[麥]는 5월을 가을로 삼고, 대나무는 6월을 납월로 삼는다.

【農政全書 少陵所謂臘, 正指夏月. 少陵通達, 非業所及也. 麥以五月爲秋, 竹以六月爲臘.

겨울에 대나무를 베면 좀이 쏠지 않는다. 여름에 베면 반드시 좀이 쏜다. 이는 바로 여름에 습기가 있기 때문에 이 시기에 대나무를 심어야 한다는 뜻이

冬伐竹不蛀. 夏伐必蛀, 正謂潤澤在焉故也. 此論大謬矣】《種樹書》

---

81 대뿌리는……된다: 《山谷集》 外集 卷6 〈和師厚栽竹〉(《文淵閣四庫全書》 1113, 407쪽).

82 두보(杜甫): 712~770. 중국 당(唐)나라 시인. 자는 자미(子美), 자호는 소릉야로(少陵野老). 이백(李白, 701~762)과 함께 최고의 시인으로 손꼽히며 이 두 시인을 묶어 이두(李杜)라 한다.

83 동쪽……하리: 《補注杜詩》 卷26 〈舍弟占歸草堂檢校聊示此詩〉(《文淵閣四庫全書》 1069, 494쪽).

84 《農政全書》 卷39 〈種植〉 "雜種" 上(《農政全書校注》, 1090~1091쪽).

⑭ 或曰不必: 오사카본에는 "利竹惟"라고 썼다가 이 글자로 고친 흔적이 있다.

⑮ 看: 《山谷集·和師厚栽竹》에는 "要".

다. 여기 《종수서》의 논의는 크게 잘못되었다】《종수서》[85]

대나무 심기는 5~6월에 해야 한다. 비록 햇살이 뜨겁더라도 해로움이 없다. 처음에 조금 시들해졌다가 오래되면 다시 살아난다. 세간에 "5월 13일이 죽취일(竹醉日)이 되니 옮겨 심을 수 있다."라 하지만 굳이 이 날만 심을 필요는 없다. 일반적으로 여름이면 모두 심을 수 있다. 《피서록화(避暑錄話)[86]》[87]

種竹, 須當五六月. 雖烈日, 無害, 小瘁, 久之復蘇. 世言"五月十三日爲竹醉, 可移", 不必此日. 凡夏皆可種也.【避暑錄話】

대나무를 심을 때는 반드시 비가 내릴 때 해야 한다. 햇살이 뜨겁거나 서풍이 불면 안 된다. 꽃과 나무도 모두 그렇다. 속담에 "대나무를 옮겨 심는 데에는 정해진 때가 없으며 비가 내릴 때가 옮겨 심기 편하다."라고 한다. 묵은 흙을 많이 남기고 남쪽 가지를 표시해 두었다가 취한다. 심괄《망회록》[88]

種竹⑯, 必用雨下, 遇火日及有西風則不可. 花木亦然. 諺云: "栽竹無時, 雨下便移." 多留宿土, 記取南枝. 夢溪《忘懷錄》

일찍이 구곡사(九曲寺)[89]의 고승 명(明) 스님이[90]이 대나무 심는 법에 대해 다음과 같이 하는 말을 들었다. "매년 죽순이 나오고 나서 대나무가 장대가 된

嘗聞九曲寺 明闍黎者言種竹法云: "每歲當於筍後竹已成竿後卽移, 先一歲者

---

85 《種樹書》 卷中 〈木〉(《叢書集成初編》 1469, 28~33쪽).

86 피서록화(避暑錄話): 중국 송나라 섭몽득(葉夢得)이 지은 잡기류 책. 역사고증, 지리, 시문, 전장제도 등을 다루었다.

87 《避暑錄話》 卷下 (《文淵閣四庫全書》 863, 714쪽).

88 출전 확인 안 됨; 《農政全書》 卷39 〈種植〉 "雜種" 上(《農政全書校注》, 1089쪽).

89 구곡사(九曲寺): 중국 복건성(福建省) 무이산(武夷山)에 있던 절로 추정된다.

90 고승 명(明) 스님이: 사리[闍黎]는 스승 격 승려를 가리키는 말이다. 법명에 명(明)자가 들어가는 승려.

⑯ 種竹: 오사카본에는 '種竹' 뒤에 글자 추가 표시가 있고, "북쪽을 향해 심는다. 대개 대뿌리는 남쪽을 향해 심지 않는 경우가 없다(向北而栽, 蓋根無不向南)."라는 두주를 썼다가 지운 흔적이 있다.

후에 옮겨 심어야 한다. 첫 해에 먼저 난 대가 가장 좋다.' 대개 그 해 8월이면 곁뿌리[鞭]가 뻗는다. 다음해엔 거기에서 죽순이 솟아 나온다. 비록 여름날에 아침저녁으로 물을 주기만 하더라도 살아나지 않는 경우가 없다.

爲最佳. 蓋當年八月便可行鞭, 來年便可抽筍. 縱有夏日, 不過早晚以水澆之, 無不活者.

입추 후에 옮겨 심으려면, 대나무가 비록 햇볕에 쬐여 마를 염려는 없지만 곁뿌리가 뻗으려 할 때만 해야 한다. 혹시라도 곁뿌리가 이미 뻗은 뒤에 옮겨 심으면 겨우 살아난다. 그리하여 다음해 가을이 되어야만 비로소 곁뿌리가 뻗는다. 그러면 그 다음해 봄에야 비로소 순이 솟아 나온다. 초여름에 옮겨 심는 대나무에 비하면 꼭 1년이나 더 날씨에 적응해야 한다."《계신잡지(癸辛雜識)[91]》[92]

若至立秋後移, 雖無日曬之患, 但當行鞭之際. 或在行鞭之後則可僅活, 直至來秋方可行鞭, 後年春方始抽筍. 比之初夏所移, 正爭一年氣候."《癸辛雜識[17]》[18]

대나무 심는 법은 알맞은 때가 되어서야 한다. 5~6월에는 묵은 죽순이 이미 대가 되었지만 새 뿌리가 아직 뻗기 전이다. 그러므로 이때 옮겨 심을 수 있다. 또 취일(醉日)에 옮겨 심어야 한다.

種竹之法, 要得天時. 五六月間, 舊筍已成, 新根未行, 此時可移. 又須醉日.

송기(宋祁)[93]의 시에 "담장 밑의 땅 손질하여 비취빛 대나무 심었더니, 성근 가지에 무성한 잎 때에 맞

宋子京云: "除地墻陰植翠筠, 疏枝茂[19]葉與時新.

91 계신잡지(癸辛雜識) : 중국 송(宋)나라가 망한 뒤에 남송의 문학가 주밀(周密, 1232~1298)이 쓴 수필집.

92 《癸辛雜識》〈後集〉"種竹法"(《文淵閣四庫全書》 1040, 41쪽).

93 송기(宋祁) : 998~1061. 중국 북송(北宋)의 문학가·사학자. 자경(子京)은 그의 자이다. 《옥루춘(玉樓春)》이라는 시에 "붉은 살구꽃 핀 가지 끝에 봄기운 야단법석(紅杏枝頭春意鬧)."이라고 했기 때문에 세상 사람들이 그를 '홍행상서(紅杏尙書)'라 불렀다.

[17] 識 : 저본에는 "志". 《癸辛雜識》에 근거하여 수정.

[18] 오사카본에는 이 《癸辛雜識》 인용 기사가 없음.

[19] 疏枝茂 : 《景文集·竹》에는 "纖莖潤".

게 새롭네. 취일(醉日) 되어 심어야 해로움 본래 없음은 술 취한 사람이 온전할 수 있는 이치와 꼭 같네."[94]라고 했다.

賴逢醉日原無損, 政自得全于酒人."

5월 13일이 죽취일(竹醉日)이다. 《악양풍토기》에서는 이 날을 '용생일(龍生日)'이라 했다. 이 날에 장마를 만나면 효과가 더욱 빼어나다.

五月十三日爲竹醉日, 《岳陽風土記》謂之"龍生日". 遇陰雨更妙.

어떤 사람은 "8월 8일【안 옛날에는 8월을 '죽소춘(竹小春)'이라 했다】과 또 5월 20일이 옮겨 심기 가장 좋은 때이다. 이 날 비가 오면 좋다."라고 했다. 또 어떤 사람은 "본명일(本命日)에 옮겨 심는다."라 했다. 본명일이란 1월 1일, 2월 2일, 3월 3일과 같은 류의 날을 말한다.

一云: "八月初八日【按 古稱八月爲"竹小春"】、又五月二十日爲上時, 遇雨爲佳." 一云: "用本命日." 謂正月一日、二月二日、三月三日之類.

또 다른 어떤 사람은 "매월 20일이면 모두 괜찮다."라 하고, 어떤 사람은 "일반적으로 7월에 대나무를 옮겨 심으면 살아나지 않는 경우가 없다."라고 했다. 하지만 동지 전후로 각각 15일 사이에 대나무를 심으면 살아나기 어렵다. 이는 대개 천지의 기가 막혀 대나무가 살 뜻이 없기 때문이다."라고 했다.

一云"每月二十日皆可." 或云"凡七月間栽竹, 無不活者." 冬至前後各半月栽竹, 難活. 蓋天地閉塞, 無生意也."

두보(杜甫)의 시를 인용하여 "납월(臘月)에 대나무를 옮겨 심어야 한다."[95]라고 한 사람이 있다. 그러나 두보가 말한 "납월갱의재[臘月更宜栽, 납월에 다시 '재(栽)'해야 한다])"에서 '재(栽)'는 곧 재배(栽培, 북주기)의

至有引少陵詩, 謂"臘月[20]宜栽竹"者, 然少陵所謂"臘月[21]更宜栽", 乃栽培之栽, 卽今人冬月加馬糞、糠土之

94 담장……같네:《景文集》卷24 "竹"(《文淵閣四庫全書》1088, 199쪽).

95 납월(臘月)에……한다:《補注杜詩》卷26 〈舍弟占歸草堂檢校聊示此詩〉(《文淵閣四庫全書》1069, 494쪽). 원문은 "臘月更須栽"이다.

[20] 月: 저본에는 "日". 《補注杜詩·舍弟占歸草堂檢校聊示此詩》에 근거하여 수정.

[21] 月: 저본에는 "日". 《補注杜詩·舍弟占歸草堂檢校聊示此詩》에 근거하여 수정.

재(栽)이다. 이는 지금 사람들이 겨울에 말똥·겨·흙을 나무에 더해 준다는 의미이지, 옮겨 심는다[栽種]는 뜻이 아니다.[96] 《군방보》[97]

意, 非栽種也.《群芳譜》

대나무 옮겨심기는 죽취일(竹醉日)에만 한정하지 않는다. 1월 1일, 2월 2일부터 12월 12일까지 본명일(本命日)에 모두 옮겨 심을 수 있다. 《오잡조(五雜組)[98]》[99]

栽竹, 不限竹醉日, 正月一日、二月二日, 直至十二月十二日, 皆可栽.《五雜組》

대나무는 삼복(三伏) 기간 및 납월(12월)에 베면 좀이 쏠지 않는다. 어떤 사람은 "혈기일(血忌日)[100]에 벤다."라 했다. 《쇄쇄록(瑣碎錄)[101]》[102]

竹以三伏內及臘月中斫者, 不蛀. 一云: "用血忌日."《瑣碎錄》

대나무의 윤기는, 봄에는 가지와 잎에서 내다가 여름에는 줄기[幹]에 저장되고 겨울에는 뿌리로 돌아간다. 그러므로 겨울에 대나무를 베면 윤기가 없기 때문에 하루만 지나도 한결같이 갈라져 머리부터 꼬리 부분까지 온전하지 못하다.

竹之滋澤, 春發於枝葉, 夏藏於幹, 冬歸於根. 如冬伐竹, 經日一裂, 自首至尾不得全.

【안 《예기》〈월령(月令)〉에 "해의 길이가 가장

【按 《月令》"日短至則伐木,

96 두보(杜甫)의……아니다 : 《군방보》에서는 재(栽)를 '북준다'는 의미로 보아야 한다고 했다. 그러나 위에서 이미 인용한 대목(《종수서》 기사)에서는 '옮겨 심다'는 의미로 풀었다.

97 《二如亭群芳譜》〈利部〉"竹譜" '竹'(《四庫全書存目叢書補編》80, 495쪽).

98 오잡조(五雜組) : 중국 명나라 박물학자인 사조제(謝肇淛, 1567~1624)가 편찬한 책. 천부(天部)·지부(地部)·인부(人部)·물부(物部)·사부(事部)로 구성되어 있다.

99 《五雜組》卷 10 〈物部〉 2, 125쪽.

100 혈기일(血忌日) : 살생하면 안 되는 날. 그 날의 간지에 해(亥)가 들어가는 날을 가리킨다.

101 쇄쇄록(瑣碎錄) : 중국 북송(北宋)의 관리이자 문인인 온혁(溫革, 1006~1076))이 저술한 책. 옛 사람들이 남긴 좋은 말과 양생에 관한 여러 경험을 기술했다.

102 출전 확인 안 됨; 《農桑輯要》 卷6 〈竹木〉 "種竹"(《農桑輯要校注》, 222쪽).

짧아지면 나무를 베고 크고 작은 대나무[竹箭]를 취한다."[103]라 했다. 또 《쇄쇄록(瑣碎錄)》에서도 "납월에 베면 좀이 쏠지 않는다."[104]라 했다. 그런데, 여기 《종수서》에서만 겨울에 대나무를 베어서는 안 된다고 하니, 그 이유를 모르겠다】

取竹箭", 《瑣碎錄》亦云"臘月中斫[22]者, 不蛀", 此獨謂冬不可伐竹, 未詳】

한여름에 베어야 가장 좋으나 다만 숲에 손상을 준다. 여름에 대나무를 베면 뿌리의 색이 모두 홍색이 되고, 곁뿌리가 모두 문드러진다. 그러나 좋은 대나무를 바란다면 한여름이 아닐 때 베어서는 안 된다.

盛夏伐之最佳, 但於林有損. 夏伐竹則根色紅[23]而鞭皆爛. 然要好竹, 非盛夏伐之不可.

7~8월에는 베어도 괜찮다. 그 이후로는 윤기가 뿌리로 돌아가기 때문에 적당하지 않다. 대나무에 좀이 쏠지 않기를 바란다면 5월 이전에 취한다. 다만 이 달 이전에 대나무가 나지 않았으면 모든 뿌리가 문드러진다. 《종수서》[105]

七八月尙可. 自此滋澤歸根, 而不中用矣. 如要竹不蛀, 取五月以前, 但此月以前竹不生, 皆根爛. 《種樹書》

일반적으로 대나무 베기에는 가을이 더 낫고 겨울이 그 다음이다. 봄과 여름에는 대나무의 성질이 유약해져서 좀이 쏜다. 민간에서 "목6죽8(나무는 6월, 대나무는 8월)"이라고 한다. 이는 일반 나무 베기는 6월에 하고 대나무 베기는 8월에 한다는 말이다. 《화한삼재도회》[106]

凡斫竹, 秋爲勝, 冬次之. 如春夏性萌弱而蛀. 俗謂"木六竹八", 言伐木六月, 伐竹八月也. 《和漢三才圖會》

---

103 《禮記正義》 卷17 〈月令〉 上(《十三經注疏整理本》 12, 650쪽).

104 납월에……않는다 : 출전 확인 안 됨; 《農桑輯要》, 위와 같은 곳.

105 《種樹書》 卷中 〈竹〉(《叢書集成初編》 1469, 33쪽); 《農政全書》 卷39 〈種植〉 "雜種" 上(《農政全書校注》, 1091쪽).

106 《和漢三才圖會》 卷85 〈寓木類(附 苞木類)〉 "竹"(《倭漢三才圖會》10, 320쪽).

[22] 斫 : 저본에는 "碎". 오사카본·《農桑輯要·竹木·種竹》에 근거하여 수정.

[23] 紅 : 저본에는 없음. 《種樹書·竹》·《農政全書·種植·雜種》에 근거하여 보충.

4) 종자 고르기

대나무에는 암대와 수대가 있다. 암대는 죽순이 많기 때문에 대를 심을 때 항상 암대로 골라 심는다. 일반적으로 암대와 수대를 식별하려면 뿌리 위로 올라온 첫 번째 가지를 살펴야 한다. 가지가 쌍으로 나면 암대이다. 여기에서 곧 죽순이 난다. 가지가 하나이면 이는 수대이다. 《동파지림(東坡志林)[107]》[108]

擇種

竹有雌雄, 雌者多筍, 故種竹, 常擇雌者. 凡欲識雌雄, 當自根上第一枝觀之. 雙枝是雌, 卽出筍, 若獨枝者是雄. 《東坡志林》

---

107 동파지림(東坡志林) : 중국 송나라 문인 동파(東坡) 소식(蘇軾, 1036~1101)이 쓴 에세이 형태의 소품 모음집.

108 《東坡志林》 卷9(《文淵閣四庫全書》 863, 82쪽); 《農政全書》 卷39 〈種植〉 "雜種" 上(《農政全書校注》, 1091쪽).

5) 심기와 가꾸기

種藝

서남쪽으로 뻗어나간 뿌리와 줄기를 함께 베어내고 잎은 제거한다. 이를 텃밭의 동북쪽 귀퉁이에 심는다. 구덩이의 깊이는 2척 정도로 하고, 흙은 0.5척 두께로 덮어 준다.

斸取西南引根并莖, 芟去葉, 于園內東北角種之, 令坑深二尺許, 覆土厚五寸.

【주 대나무의 본성은 서남쪽으로 뻗어나가기를 좋아한다. 그렇기 때문에 텃밭의 동북쪽 귀퉁이에 심으면 몇 해 뒤에는 절로 텃밭에 가득 차기 마련이다. 속담에 "집 동쪽에 대나무 심고, 집 서쪽 땅 손질한다."라고 했다. 그러면 대나무가 무성하게 뻗어 집 서쪽으로 와서 자란다.

【注 竹性愛向西南引, 故園東北角種之, 數歲之後, 自當滿園. 諺云: "東家種竹, 西家治地." 爲滋蔓而來生也.

동북쪽 귀퉁이에 심은 대나무가 늙은 대나무이면 심어도 나지 않는다. 나더라도 무성해질 수 없다. 그러므로 반드시 서남쪽으로 뻗은 어린 뿌리를 취해야 한다】

其居東北角者老竹, 種不生, 生亦不能滋茂, 故須取其西南引少根也】

쌀겨나 맥류겨를 거름으로 준다【주 두 가지의 겨는 각자 거름이 될 수가 있으나 섞이게 해서는 안 된다】. 물을 줄 필요는 없다【주 물을 주면 습기가 차 죽는다】. 《제민요술》[109]

稻、麥糠糞之【注 二糠各自堪糞, 不令和雜】, 不用水澆【注 澆則淹死】. 《齊民要術》

대나무를 심을 때는 가지 끝의 잎을 제거한다. 구덩이에 진흙을 묽게 개어 대나무를 옮겨 심고 흙으로 덮어 준다. 그런 다음 절구공이로 다지되, 발로 밟지는 말아야 한다. 흙은 0.5척 두께로 덮어 준

種竹去梢葉, 作稀泥於阬中, 下竹栽, 以土覆之. 杵築定, 勿令脚踏, 土厚五寸. 《四時類要》

109 《齊民要術》 卷5 〈種竹〉 第51(《齊民要術校釋》, 359쪽).

다.《사시유요》[110]

노련한 텃밭농사꾼에게서 다음과 같은 말을 들었다. "대나무 심기는 정해진 때가 없다. 남향의 가지인가를 확인하고 취한다." 또 "옮겨 심는 때를 대나무가 알게 해서는 안 된다."라고 했다.

得之老園丁曰"種竹無時, 認取南枝", 又曰"莫教樹知".

먼저 땅을 손질하여 흙이 푸석푸석하고 땅이 트이도록 넓게 만든다. 도랑에 쌓인 진흙과 말똥을 거름으로 준다. 그런 다음 묵은 흙이 많이 붙은 채로 대나무를 급히 옮겨 심는다. 이때 발로 밟아서는 안 된다. 잎이 시든 경우라도 우선 그대로 두어야지, 죽었다고 여겨 바로 뽑아서는 안 된다.

先鉏地令鬆且闊, 沃以渠泥及馬糞, 急移竹多帶宿土本者種之, 勿蹈以足. 若換葉, 姑聽之, 勿遽拔去.

또 2개의 비법이 있다. ① 양기(陽氣)를 맞이하려면 늦겨울에 심고, 토기(土氣)를 따르려면 비올 때 심는다. ② 바람의 피해가 염려되면 대나무의 끝부분을 제거하고 지지대를 묶어서 몇 그루가 연결된 채로 심으면 순이 쉽게 난다. 이 시기가 지나도 다른 방법이 있다고 하지만 살아나기는 어려울 것이다.《산가청사》[111]

又有二秘法: 迎陽氣則取季冬, 順土氣則取雨時. 若慮風則去梢而縛架, 連數根種則易生筍. 過此謂有他法者, 難矣哉.《山家淸事》

월암(月菴)[112]의 대나무 심는 법 : 깊고 넓게 고랑을 판 다음 마른 말똥을 고운 진흙과 섞어 이를 고랑에 1척 높이로 채운다. 말똥이 없으면 왕겨를 써도 된

月菴種竹法: 深闊掘溝, 以乾馬糞和細泥, 塡高一尺. 無馬糞, 礱糠亦得. 夏月

110 《사시찬요 역주》 권1 〈1월〉 "농경과 생활" '대나무 심기', 104쪽.

111 《山家淸事》〈種竹法〉(《叢書集成初編》 2883 , 1쪽.

112 월암(月菴) : 미상. 인명일 것이다.

다. 여름에는 진흙을 묽게 만들고, 겨울에는 되게 만든다.

稀, 冬月稠.

그런 다음 대나무를 심는다. 이때 3~4줄기[莖]를 한 떨기[叢]로 한다. 또한 푸석푸석한 흙에 얕게 심는다. 그루 위에 흙을 더해 주어서는 안 된다. 만약 진흙을 괭이로 쳐서 다지면 순이 나지 않는다. 한 번 쳐서 다지면 1년 동안 순이 나지 않고, 두 번 쳐서 다지면 2년 동안 순이 나지 않는다. 《박문록》[113]

然後種竹. 須三四莖作一叢, 亦須土鬆淺種, 不可增土於株上. 泥若用钁打實, 則不生筍. 打一下則一年不生, 打兩下則二年不生. 《博聞錄》

옮겨 심을 때는 대뿌리의 덩이[垜]를 크게 하여 새끼줄로 묶는다. 그 상태로 앞뒤 방향을 예전과 같이 해 주면 좋다. 《종수서》[114]

移時須是根垜大, 維以草繩, 仍向背不失其舊爲佳. 《種樹書》

대나무와 국화의 뿌리는 모두 위로 향해 자라므로 뿌리에 진흙을 덮어 주면 좋다. 《종수서》[115]

竹與菊根皆長向上, 添泥覆之爲佳. 同上

대나무를 심을 때는 모죽(母竹)을 베어 버려 0.4~0.5척만 남기고 비스듬하게 심는다. 왕겨에 진흙을 섞고 이것으로 뿌리를 감싼 뒤에 깨끗한 흙을 그 위에 붙인다. 혹은 그 구덩이 속에 약간의 보리를 깐 다음 대뿌리를 보리 위에 놓고 흙으로 덮으면 뿌리가 쉽게 뻗어나간다.

種竹, 須將竹母斬去, 只留四五尺, 仍斜植之. 用礱糠和泥, 抱根, 然後用淨土傅其上. 或鋪少大麥於其中, 令竹根着麥上, 以土蓋之, 其根易行.

113 출전 확인 안 됨; 《農桑輯要》 卷6 〈竹木〉 "蒲"(《農桑輯要校注》, 222쪽); 《山林經濟》 卷2 〈養花〉 "竹"(《農書》 2, 194~195쪽).

114 《種樹書》 卷中 〈竹〉(《叢書集成初編》 1469, 29쪽); 《農政全書》 卷39 〈種植〉 "雜種" 上(《農政全書校注》, 1090쪽).

115 《種樹書》 卷中 〈竹〉(《叢書集成初編》 1469, 34쪽); 《農政全書》 卷39 〈種植〉 "雜種" 上(《農政全書校注》, 1091쪽).

다른 법: 큰 대나무를 골라 뿌리 위로 0.3~0.4척 정도 떨어진 부분을 자른다. 자른 윗부분은 제거하고 사용하지 않는다. 자른 대나무줄기의 마디를 뚫어 통하게 하여 여기에 유황가루를 채워 넣고 거꾸로 심는다. 첫해에 작은 대나무가 나면 바로 제거하고, 다음해에도 제거한다. 세 번째 해에 대나무가 나면 크기가 모죽만 해진다. 《종수서》[116]

一法：擇大竹，就根上去三四寸許截斷之. 去其上不用，只以竹根截處打通節，實以硫黃末，顚倒種之. 第一年生小竹，隨卽去之，次年亦去之，至第三年生竹，其大如所種者. 同上

대나무를 심을 때 이엉에 썼던 띠풀을 흙 사이사이에 넣어 주면 대뿌리가 지맥(地脈)을 따라 자란다. 《종수서》[117]

種竹，以舊茅茨夾土，則竹根尋地脈而生. 同上

궁중에 대나무를 심었더니 1~2년간 무성하지 않은 경우가 없었다. 이를 담당한 원예사가 다음과 같이 말했다. "다른 방법이 있는 것이 아니라 다음의 8자에만 있다. 소종(疏種)·밀종(密種)·천종(淺種)·심종(深種).

禁中種竹，一二年間無不茂盛. 園丁[24]云："無他術，只有八字：疏種、密種、淺種、深種.

소종(疏種)은 3~4보마다 1그루를 심어 그루 주변의 빈 땅으로 곁뿌리가 뻗도록 하는 법을 말한다. 밀종(密種)은 성기게 심더라도 그루마다 4~5개의 대나무를 심어 뿌리가 조밀해지도록 하는 법을 말한다. 천종(淺種)은 심을 때 그리 깊지 않게 심는 법을

疏種，謂三四步[25]種一窠，欲其地虛行鞭；密種，謂種雖疏，每科却種四五竿，欲其根密. 淺種，謂其種時不甚深；深種，謂種時

116 《種樹書》 卷中 〈竹〉(《叢書集成初編》 1469, 29~31쪽);《農政全書》 卷39 〈種植〉 "雜種" 上(《農政全書校注》, 1090쪽).

117 《種樹書》 卷中 〈竹〉(《叢書集成初編》 1469, 31쪽);《農政全書》, 위와 같은 곳.

[24] 丁:《種樹書·竹》·《農政全書·種植·雜種》에는 "子".

[25] 步:《種樹書·竹》에는 "尺".

말한다. 심종(深種)은 심을 때 얕게 심지만 강바닥의 진흙으로 북돋워 주는 법을 말한다. 《종수서》[118]

雖淺, 却用河泥壅之. 同上

큰 대나무만을 골라 잘 판다. 이때 곁뿌리가 없도록 한다. 뿌리에서 세 번째 줄기마디를 자르고 대숲에 가서 잘려진 곳을 태워 기가 새어나오지 않도록 한 다음 심는다. 1년이면 가는 죽순이 나온다. 이를 모두 파내어 남아 있지 않게 한다. 다음해에 순이 나오면 모죽(母竹)에 미칠 수 있다. 《피서록화》[119]

但取大竹善掘, 其鞭無殘折. 從根斷取其三節, 就竹林燒其斷處, 使無泄氣, 種之. 一年卽發細筍, 掘去勿存. 次年出筍, 便可及母. 《避暑錄話》

처사(處士) 등창우(滕昌祐)의 대나무 심는 법: 일반적으로 대나무를 옮겨 심으려면 먼저 구덩이를 넓고 크게 판다. 그리고 물에 고운 흙을 개어 묽은 진흙을 만든다. 곧 대나무 사방 주위를 파서 큰 뿌리를 자른다. 그루에 뿌리가 이어지도록 노끈으로 단단히 고정하여, 들어 올릴 때 뿌리와 수염뿌리 사이에 붙은 흙을 흔들지 않게 한다.

滕處士法: 凡欲移竹, 先掘地坑, 令寬大, 以水調細土作稀泥, 卽掘竹四面, 鑿斷大根. 科連根, 以繩錮定, 舁時, 勿令動着根鬚間土.

들어서 뿌리를 구덩이에 넣을 때는 진흙물 속에 담가 진흙물이 뿌리 주변에 가득 차게 한다. 그대로 동서로 흔들고, 다시 남북으로 흔들어서 진흙물이 수염뿌리 사이로 들어가게 한다. 그런 다음 바로 고운 흙으로 덮는다. 이때 흙이 대나무의 본래 뿌리를 넘지 않도록 한다.

舁入坑, 致泥漿中, 令泥漿周匝徧滿, 乃 東西搖之, 復南北搖之, 令泥漿入至鬚間, 便以細土覆之, 勿令土壅過竹本根也.

대나무줄기가 길면 줄기 끝의 잎을 쳐 주고, 대나

若竹梢長者, 芟去顚葉, 纏

118 《種樹書》 卷中 〈竹〉(《叢書集成初編》 1469, 32쪽); 《農政全書》, 위와 같은 곳.
119 《避署錄話》 卷下(《文淵閣四庫全書》 863, 714쪽).

무를 묶어서 지지대를 대 준다. 바람이 흔들면 대나무가 죽을까 염려되기 때문이다. 구덩이마다의 거리는 2척 남짓으로 한다. 판 구덩이에 덮은 흙을 다져 줄 필요는 없다. 다만 한쪽 발로 밟아 주면 다음해에 순이 빨리 난다.

竹架之, 恐風搖動卽死. 每窠相去二尺餘, 不須實劚, 只以一脚踏之, 來年生筍速也.

텃밭의 동북쪽 부드러운 흙에 심는 것이 적당하다. 대나무의 본성이 대부분 서남쪽으로 뿌리를 뻗치기 때문이다. 물을 자주 줄 필요는 없다. 물이 많으면 기름져서 죽는다. 《모정객화》[120]

宜於園東北軟土上種之, 竹性多西南行根. 不用頻澆水, 水多則肥死. 《茅亭客話》[26]

5월에 심으면 좋지만 줄기를 남겨 두는 경우에 바람이 줄기를 흔들면 대부분 무성하게 자라지 않는다. 다만 뿌리에서 1척 남짓 떨어진 부분을 법대로 잘라 옮겨 심는다. 이때 대나무의 끝을 드러나게 한다. 그 해에 순이 생기면 밟아서 죽이고, 다음해에 순이 더욱 커지면 또 밟아서 죽인다. 그 다음해에 자라면 굵고 커서 볼 만하다. 한 번에 몇십 척이나 뻗쳐 올라간다. 《거가필용》[121]

五月種者, 雖佳, 留莖者被風搖動, 多不滋茂, 但去根一尺餘, 截之如法, 移[27]栽, 令露竹頭. 當年生筍踐殺之, 明年轉益大, 又踐殺之, 後年長之, 麤大可觀, 一抽數丈. 《居家必用》[28]

순 뻗게 하는 법: 울타리를 사이에 두고 담장아래 삵이나 고양이를 묻으면 다음해에 순이 절로 한

引筍法: 隔籬埋貍或貓於墻下, 明年筍自迸出. 《瑣

---

120 《茅亭客話》 卷8 〈滕處士〉(《文淵閣四庫全書》 1042, 952쪽).

121 《居家必用》 〈戊集〉 "竹木類" '種竹法'(《居家必用事類全集》, 194쪽).

[26] 이 기사는 오사카본에는 없음.

[27] 移: 《居家必用·戊集·竹木類》에는 "埋".

[28] 居家必用: 오사카본에는 "아래의 '引筍法'을 여기로 옮겨 적어야 한다(引筍法書于此)."라는 두주가 있다. 오사카본에는 아래 '護養' 항목에 '引筍法' 이하가 적혀 있고, 그 부분에 "'인순법(引筍法)'은 '種藝' 조의 《거가필용》 아래로 옮겨야 한다(引筍法移種藝條《居家必用》之下)."라는 두주가 있다.

꺼번에 뻗어 나온다. 《쇄쇄록》[122]

碎錄》

대나무를 옮겨 심을 때는 진흙더미를 두텁게 해야 한다. 이것이 이른바 "묵은 흙을 많이 남긴다."라는 것이다. 평지에 깊이 1척 정도로만 파고 진흙더미를 그 위에 옮겨 둔다. 그리고 주변에 푸석푸석한 진흙으로 덮되, 발로 밟거나 마치로 두드릴 필요는 없다. 날마다 물을 주되, 땅이 절로 다져졌는지 확인하고서야 물주기를 그친다. 또 시렁을 설치하여 바람이 흔드는 것을 방비한다.

移竹, 泥垛須厚, 所云"多留宿土"是也. 平地止掘深尺許, 將泥垛移置其上, 四週以鬆泥蓋之, 不用脚踏搥打. 日日以水澆之, 度其實乃已. 又須搭架以防風搖.

또 다른 법: 대나무를 옮겨 심을 때 생가지의 마디 위로 4~5마디 떨어진 곳을 자르면 바람에 흔들리지 않는다. 시렁을 설치할 필요도 없으니, 더욱 간편하다. 《농정전서》[123]

又法: 移竹種, 離生枝節上四五節斫斷, 卽不帆風. 不須用架, 尤簡便. 《農政全書》

심을 때는 가지 끝을 베어 낸다. 이어서 시렁을 설치하여 대나무를 지탱해 주고 뿌리가 흔들리지 않게 하면 쉽게 살아난다.

種時斬去梢, 仍爲架扶之, 使根不撓, 易活.

또 다른 법: 2~3개의 대가 한 뿌리가 되도록 옮겨 심어서 뿌리가 서로 지탱하게 하면 더욱 쉽게 살아난다. 어떤 사람은 "굳이 가지의 끝을 벨 필요 없이 두 개의 겹쳐진 시렁을 만들어 주기만 해도 효과

又法: 三兩竿作一本移, 其根自相持, 則尤易活. 或云: "不須斬梢, 只作兩重架尤妙." 同上㉙

122 출전 확인 안 됨; 《農桑輯要》 卷6 〈竹木〉 "種竹"(《農桑輯要校注》, 222쪽).

123 《農政全書》 卷39 〈種植〉 "雜種" 上(《農政全書校注》, 1091쪽).

㉙ 種時……同上 : 이 부분은 오사카본에 위의 《박문록》 기사 아래에 쓰여 있고, "'種時'에서 '尤妙'까지는 아래의 《農政全書》 아래에 쓰고 '同上'으로 주를 달아야 한다(種時止尤妙, 移書于下《農政全書》之下, 以注同上)."라는 두주가 있다. 출전 서명을 '王氏農書'로 썼다가 '農政全書'로 고친 흔적이 있다.

가 더욱 빼어나다."고 했다. 《농정전서》[124]

속담에 "한 사람이 대나무를 심어도 10년이나 무성하나, 열 사람이 심어도 1년만 무성하다."라고 했다. 이는 큰 그루를 옮겨 심어야 뿌리를 상하게 하지 않는다는 말이다. 2~3개의 줄기로만 한 그루가 되게 하면 그 주위의 뿌리가 모두 잘려질 것이다. 그러니 이런 그루에 어찌 생기가 있겠는가? 《농정전서》[125]

諺曰: "一人種竹十年盛, 十人種竹一年盛." 言須大科移植, 方不傷其根也. 若只二三幹作一科, 四面根皆劚斷, 安得有生氣耶? 同上

대나무 옮겨심기는 정해진 때가 없다. 중요한 점은 뿌리를 상하게 하지 않고 가지끝[枝梢]을 많이 베어 바람에 흔들리지 않게 하는 것이며, 비온 후에 옮겨 심으면 흙이 축축하여 쉽게 살아난다는 것이다. 《오잡조》[126]

移竹無時. 大要不傷其根, 多斫枝梢, 使風不搖, 雨後移之, 土濕易活. 《五雜組》

대나무를 옮겨 심을 때는 2~3개월이나 반 년 먼저 대뿌리에서 1~2척 떨어진 부분을 제거한다. 그런 다음 삽으로 뿌리를 자르고, 그대로 흙으로 덮은 뒤 자주 물을 준다. 옮겨야 할 시기가 되어서야 옮겨 심으면 바로 살아나고 잎이 시들지도 않는다. 대개 곁뿌리를 이미 잘랐어도 대나무의 본 뿌리는 움직이지 않았기 때문에 옮겨 심어도 상할 일이 없다. 《구선신은서(臞仙神隱書)》[127]

移竹, 先期兩三月或半年, 去竹本一二尺, 以鍤斷其根, 仍以土覆之, 數水澆, 至期乃移, 卽活, 不換葉. 蓋以已斷傍根竹本未動, 故移之, 無所傷. 《臞仙神隱書》

124 《農政全書》 卷39 〈種植〉 "雜種" 上(《農政全書校注》, 1089쪽).
125 《農政全書》 卷39 〈種植〉 "雜種" 上(《農政全書校注》, 1091쪽).
126 《五雜組》, 위와 같은 곳.
127 《臞仙神隱書》 卷下 〈五月〉 "種木"(《四庫全書存目叢書》260, 55쪽).

대숲1

대숲2(이상 임원경제연구소, 익산시 금마면 신용리 구룡마을 대나무숲에서 촬영)

대나무를 옮겨 심을 때는 먼저 땅을 손질하여 흙이 푸석푸석하고 땅이 트이도록 넓게 만든다. 이어서 강가에 쌓인 진흙을 거름으로 준다. 옮겨 심을 때가 되면 말똥을 축축한 흙과 섞어서 옮겨 심는다. 이때 진흙물은 사용할 필요가 없다. 돼지똥을 쓰지 않도록 가장 조심해야 한다. 《군방보》[128]

移竹, 先鉏地, 令鬆且闊, 沃以河泥. 臨時用馬糞拌濕土栽. 不用作泥漿水, 最忌猪糞. 《群芳譜》

일반적으로 대뿌리에서 횡근(橫根, 곁뿌리)에 연결되는 곳은 지극히 가늘다. 민간에서 이를 '개미허리[蟻腰]'라고 한다. 이를 흔들어서 상하게 하면 백에 하나도 살아나지 못한다. 《증보산림경제》[129]

凡竹本連係橫根處極細, 俗稱"蟻腰". 若搖[30]而傷之, 則百無一活. 《增補山林經濟》

128 《二如亭群芳譜》〈利部〉"竹譜" '竹'(《四庫全書存目叢書補編》80, 495쪽). 권85

129 《增補山林經濟》卷4〈養花〉"竹"(《農書》3, 216쪽).

30 搖 : 저본에는 "拗". 《增補山林經濟·養花·竹》에 근거하여 수정.

6) 보호하고 기르기 護養

육축(六畜, 소·말·돼지·양·닭·개)이 대밭에 들어가게 해서는 안 된다. 《제민요술》[130]

勿令六畜入園. 《齊民要術》

죽순 중에 처음 난 놈만 모두 성목이 된다. 그 다음에 난 놈은 대부분 벌레에게 손상을 입어 5/10~6/10을 얻지 못한다. 두보(杜甫)의 시에 "오이는 진일(辰日)에 심어야 하고, 대나무는 먼저 난 놈이 성목된다."[131]라고 했다.

筍惟初出者, 盡成竹. 次出者多爲蟲所傷, 十不得五六. 老杜詩: "瓜須辰日種, 竹要上番成."

【안 이것은 일반적으로 대나무 기르는 일은 처음 난 순을 반드시 남겨서 길러야 하고, 다음에 나는 순은 대부분 벌레에 손상을 입으므로 따서 먹을 수만 있음을 말한 것이다】《옥간잡서(玉澗雜書)[132]》[133]

【按 此謂凡養竹必留養初出之筍, 其次出者多爲蟲傷, 只堪採食也】《玉㉛澗雜書》

대숲에 나무가 있어도 절대 제거해서는 안 된다. 대개 대나무가 나뭇가지에 막혀 있기 때문에 바람이나 눈이라도 더 이상 대나무를 기울어지게 하지 못하기 때문이다. 《종수서》[134]

竹林中有樹, 切勿去之. 蓋竹爲樹枝所礙, 雖風雪不復攲斜. 《種樹書》

---

130 《齊民要術》 卷5 〈種竹〉 第51(《齊民要術校釋》, 359쪽).

131 오이는……된다 : 출전 확인 안 됨. 두보의 시가 아니라 중국 북송(北宋)의 문학가 황정견(黃庭堅, 1045~1105)이 지은 〈화사후재죽(和師厚栽竹)〉이라는 시의 "대뿌리는 진일(辰日)에 잘라야 하고, 죽순은 먼저 난 놈이 성목 된다(根須辰日斫, 笋要上番成)."라는 구절이 전해지며, 작가나 글자가 와전된 것으로 보인다. 《山谷集》 外集 卷6 〈和師厚栽竹〉(《文淵閣四庫全書》 1113, 407쪽).

132 옥간잡서(玉澗雜書) : 중국 남송(南宋)의 관리이자 문학가인 섭몽득(葉夢得, 1077~1148)이 쓴 잡서. 《옥간잡서(玉澗襍書)》라고도 한다.

133 《說郛》 卷20 上 〈玉澗襍書〉(《文淵閣四庫全書》 877, 166쪽).

134 《種樹書》 〈竹〉(《叢書集成初編》 1469, 4쪽).

㉛ 玉 : 저본에는 "三". 《說郛·玉澗襍書》에 근거하여 수정.

계죽(筀竹)[135]은 뿌리가 많기 때문에 섬돌을 뚫어 상하게 한다. 이때는 오직 조각자나무의 가시를 모아[136] 흙속에 묻어 막아야 한다. 그러면 계죽뿌리는 이를 뚫고 지나가지 못한다. 혹은 쇳가루를 사용하여 옮겨 심거나 참깻대를 사용하면 효과가 더욱 빼어나다.

筀竹, 根多穿害堦砌. 惟皁筴刺土中障之, 根則不過. 或用鐵屑栽, 油麻萁尤妙.

【농정전서[137] 계죽의 뿌리는 강하여 다른 대나무를 상하게 하므로 섞어 심어서는 안 된다. 반드시 뿌리가 뻗지 못하게 막아 주어야 한다. 그 법으로 도랑을 깊이 파는 것 만한 법이 없다. 어떤 사람은 "재가루를 채워 준다."라고 했다. 그러나 그렇게 하면 재를 너무 허비하게 된다. 어떤 사람은 "석탄재로 채워 준다."라 했다】《종수서》[138]

【農政全書 筀竹根强, 能害他竹, 不宜雜種. 必須障之, 其法莫如深溝耳. 或云"以炭屑實之", 太費. 或云"以煤[32]灰實之"】同上

대나무가 비록 습기를 좋아하고 건조함을 싫어한다고 해도 물에 뿌리를 잠기게 해서는 안 된다.《군방보》[139]

竹雖喜濕惡燥, 亦不宜水淹其根.《群芳譜》

135 계죽(筀竹): 잎이 가늘고 마디가 굵은 대나무.
136 이때는……모아: 원문의 "惟皁筴刺"를 옮긴 것이다.《種樹書·竹》에는 '惟' 뒤에 '聚'가 더 있는 점을 반영했다.
137《農政全書》卷39〈種植〉"雜種" 上(《農政全書校注》, 1090쪽).
138《種樹書》〈竹〉(《叢書集成初編》1469, 4쪽).
139《二如亭群芳譜》〈利部〉"竹譜" 1 '竹'(《四庫全書存目叢書補編》80, 493쪽).
[32] 煤: 저본에는 "楳".《農政全書·種植·雜種》에 근거하여 수정.

7) 치료하기

醫治

대나무에 꽃이 피면 바로 말라죽는다. 꽃이 쭉정이와 같은 모양으로 열매를 맺는다. 이 열매를 '죽미(竹米)'라고 한다. 대나무 한 그루가 이와 같이 열매를 맺었다가 오래되면 대숲 전체가 모두 이와 같이 된다.

竹有花, 輒枯死. 花結實如稗, 謂之"竹米". 一竿如此, 久之則滿林皆然.

치료하는 법: 처음 죽미가 맺혔을 때 조금 큰 대나무 한 그루를 골라 뿌리 가까이에서 3척 정도를 절단하여 마디를 통하게 한다. 여기에 똥을 채우면【안 《물류상감지》에서는 "개똥을 채운다."[140]고 했다】 멈춘다. 《동파지림》[141]

其治之之法: 於初米時, 擇一竿稍大者, 截去近根三尺許通其節, 以糞實之【按 《物類相感志》云: "以犬糞實[33]之"】則止. 《東坡志林》

꽃을 피운 뒤 일시에 죽은 조릿대군락지

140 개똥을 채운다:《物類相感志》〈花竹〉(《叢書集成初編》1344, 23쪽).

141 《東坡志林》 卷9(《文淵閣四庫全書》 863, 82쪽); 《農政全書》 卷39 〈種植〉 "雜種" 上(《農政全書校注》, 1091쪽).

[33] 實:《物類相感志·花竹》에는 "灌".

조릿대꽃(이상 백경기, 원주시 신림면 성남리 상원사에서 촬영)

대나무가 꽃을 맺어 죽은 현상을 민간에서는 '미죽(米竹)'이라고 한다. 처음 꽃이 피었을 때 서둘러 다 베어 주고 뿌리만 남기면 다음해에도 다시 살아날 수 있다. 이미 시들고 나서 베면 뿌리와 함께 썩을 것이다. 《피서록화》[142]

竹結花而死，俗謂之"米竹". 方其初花時, 亟盡伐去, 存其根, 則來歲尚可復生. 若已枯而後伐, 則與其根俱朽矣. 《避暑錄話》

142 《避暑錄話》 卷下 (《文淵閣四庫全書》 863, 714쪽).

대나무에 꽃이 피고 열매가 맺히면 바로 대숲 전체가 말라 죽는다. 이 현상에는 다음과 같은 2가지 병이 있다. 첫째는 부분적인 문제[私者]로, 대나무밭이 오래되면 뿌리가 대부분 뱀이 또아리를 틀듯이 맺히기 때문이다. 치료하는 법: 밭을 구역별로 나누어 묵은 뿌리를 파낸다. 한 구역 건너뛰어 한 구역씩 파서 뿌리가 펴져나가도록 하면 다음해에 다시 무성해질 것이다.

竹生花生實, 輒滿林枯死. 此有二病. 其一, 私者, 竹園旣久, 根多蟠結故也. 治之之法: 將園地分段, 掘起宿根. 間一段, 起一段, 使其根舒展, 次年還復盛矣.

둘째는 전반적인 문제[公者]로 밭 전체가 모두 이와 같다. 이것은 반드시 큰물이 난 해나 수재가 난 뒤에 생긴다. 이 병은 치료할 법이 없다. 단지 대나무가 말라 시들해졌다는 이유로 바로 대나무뿌리를 파내서는 안 된다. 일단 남겨 두고 기다려야 한다.

其一, 公者, 遍地皆然. 此必水澇之年或水災之後也. 此則無法可治. 但不可因其枯瘁, 遽起竹根, 只須留以待之. 一二年後自然復

말라 죽은 대나무(김용술)

대나무(익산시 금마면 신용리 구룡마을 대나무숲에서 촬영)

깃털죽(이상 임원경제연구소, 전주수목원에서 촬영)

그러다 1~2년 후에는 자연스럽게 다시 생겨나 예전과 같은 대숲이 된다.

發, 依然故林.

오래된 밭이 수재를 입었다면 또한 한 구역씩 건너뛰어 뿌리를 파내야 한다. 아무것도 모르는 사람들은 이런 이치를 모르고 곧장 다 파내고는 다시 심었다고 한다. 심지 않든지 다시 심든지 간에 1~2년 만에 어찌 갑자기 무성해지겠는가. 《농정전서》[143]

倘是老園, 亦宜間段掘根. 彼拙者不知此理, 逕自掘盡, 謂復栽之. 無論因循不栽, 卽復栽, 豈能一二年遽盛耶. 《農政全書》

대나무가 너무 무성하면 베어야 한다. 베지 않으면 꽃이 피었다가 해를 넘겨 모두 죽는다. 이는 사람의 전염병과도 같다. 《오잡조》[144]

竹太盛密, 則宜刈之, 不然則開花而逾年盡死, 亦猶人之瘟疫也. 《五雜組》[34]

대나무가 왕성하지 않을 때 뿌리 밑에 개나 고양이를 묻으면 순이 뻗쳐 나와 무성해진다. 《사시찬요》[145]

竹若不旺, 埋犬猫於根下, 則筍迸盛. 《四時纂要》

143 《農政全書》卷39 〈種植〉 "雜種" 上(《農政全書校注》, 1092쪽).

144 《五雜組》卷10 〈物部〉 2, 126쪽.

145 출전 확인 안 됨; 《山林經濟》卷2 〈養花〉 "竹"(《農書》2, 195쪽).

[34] 오사카본에는 이 기사 앞에 "竹有六七年, 便生花. 所謂留三去四, 蓋三年者留, 四年者去也. 同上."을 썼다가 지운 흔적이 있다.

8) 주의사항

대나무는 손으로 잡거나 손이나 얼굴의 기름기를 씻은 물을 주는 것을 꺼린다. 이 기름기가 닿으면 말라 죽는다. 《사시유요》[146]

宜忌

竹忌手把，及洗手面脂水澆，着則枯死．《四時類要》

9) 거두기

기물을 만들려고 하는 경우에는 한 해가 지나야 벨 수 있다【주 해가 지나지 않은 대나무는 연하고 아직 다 자라지 않았다】. 《제민요술》[147]

收採

欲作器者, 經年乃堪殺【注 未經年者, 軟未成也】. 《齊民要術》

대나무는 3년 된 대는 남기고, 4년 된 대는 없애야 한다. 속담에 "할아버지와 손자는 만나지 못하고 자식과 어미는 떨어지지 못한다."[148]라 했다. 이는 해를 걸러 대나무를 벨 수 있다는 뜻이다. 일반적으로 대나무는 해를 넘기지 않으면 기물을 만들 수 없다. 늙은 대나무를 베어 내지 않으면 대나무가 역시 무성해지지 않는다. 《군방보》[149]

竹要留三去四，諺云"公孫不相見，子母不相離"，謂隔年竹可伐也．凡竹未經年，不堪作器．若老竹不去, 竹亦不茂. 《群芳譜》

일반적으로 대나무를 기물 만드는 재료로 사용할 때 뱀장어를 구워 대나무를 훈증하면 해가 지나

凡竹作材用時，以鰻鱺炙薰竹，則經年不蛀．《和漢

146 《사시찬요 역주》 권1 〈일월〉 "농경과 생활" '대나무 심기', 104쪽.

147 《齊民要術》 卷5 〈種竹〉 第51(《齊民要術校釋》, 359쪽).

148 할아버지와……못한다: "또 '할아버지와 손자는 서로 만나지 못하고, 자식과 어미는 서로 떨어지지 못한다.'라고 하였으니, 이는 할아버지 대나무는 벨 수 있고, 어미 대나무는 베어서는 안 됨을 말한 것이다(又云翁孫不相見, 子母不相離, 謂祖竹可去, 母竹不可去)."라는 《본사》의 내용을 참고하여 옮겼다. 《本史》 卷7 〈列傳〉 第41 "貞木列傳" '竹'(《保晩齋叢書》 6, 269쪽).

149 《二如亭群芳譜》 〈利部〉 "竹譜" '竹'(《四庫全書存目叢書補編》80, 495쪽).

도 좀이 쏠지 않는다. 《화한삼재도회》[150] 三才圖會》

유죽

솜대

포대죽

오죽(이상 임원경제연구소, 전주수목원에서 촬영)

150 《和漢三才圖會》 卷85 〈寓木類(附 苞木類)〉 "竹"(《倭漢三才圖會》10, 320쪽).

자른 대나무

굽어 자란 대나무

잘라 놓은 대나무

땅에서 올려다 본 대나무숲(이상 임원경제연구소, 익산시 금마면 신용리 구룡마을 대나무숲에서 촬영)

3. 잇꽃[紅藍, 홍람][1]

紅藍

1) 이름과 품종

일명 '홍화(紅花)', '황람(黃藍)'이다.[2]

【 도경본초 [3] 꽃은 홍색이다. 잎은 쪽[藍]과 매우 비슷하기 때문에 '람(藍)'이라는 이름이 있다. 봄에 싹이 나고 여름에 꽃이 핀다. 꽃잎 아래쪽에 공모양

名品

一名"紅花", 一名"黃藍".

【圖經本草 其花紅色, 葉頗似藍, 故有"藍"名. 春生苗, 夏有花. 花下作球①

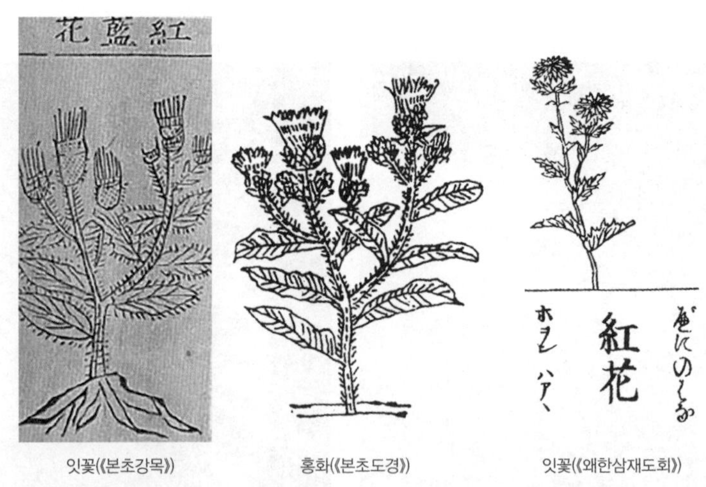

잇꽃(《본초강목》) 홍화(《본초도경》) 잇꽃(《왜한삼재도회》)

1 잇꽃[紅藍, 홍람]: 국화과의 두해살이풀. 염료나 약재로 쓰인다. 《임원경제지 전공지》 권2 〈누에치기와 길쌈〉 "마전한 직물 염색"(풍석 서유구 지음, 임원경제연구소 옮김, 풍석문화재단, 2022, 375~407)에 홍화나 쪽으로 염색하는 방법과 각종 전통 염료에 대해 자세히 나온다.

2 일명……황람(黃藍)이다: 《圖經本草》卷7 〈草部〉 中品 "紅藍花"(《本草圖經》, 240쪽)에 보인다.

3 《圖經本草》, 위와 같은 곳.

① 球: 저본에는 "毬". 《圖經本草·草部·紅藍花》에 근거하여 수정. 이하도 같으나 교감주는 생략.

으로 총포(總苞)[4]가 뭉쳐 있고 가시가 많다. 꽃은 공모양 총포 위쪽에 난다. 공모양 총포 가운데에 팥만 한 흰 낱알이 맺힌다.	彙多刺. 花出球上. 球中結實, 白顆如小豆.
박문록[5] 장건(張騫)[6]이 서역(西域)[7]에서 종자를 얻어 왔다.	博聞錄 張騫得種於西域.
해동농서[8] 우리나라 민간에서는 잇꽃으로 인한 이로움이 많기 때문에 이를 '이화(利花)'라고 한다】	海東農書 東俗以其利多, 號爲"利花"】

4 총포(總苞): 꽃대의 끝에서 꽃의 밑동을 싸고 있는 비늘모양의 조각. 잎이 변한 것으로, 국화과의 두상(頭狀) 꽃차례와 산형과의 산형(繖形) 꽃차례에서 볼 수 있다.

5 출전 확인 안 됨; 《農政全書》 卷40 〈種植〉 "雜種" 下 '紅花'(《農政全書校注》, 1111쪽).

6 장건(張騫): 약 B.C. 164~B.C. 114. 중국 한(漢)나라 외교관. 무제 때 월지[月氏]에 사신으로 파견되어 가는 중에 흉노에게 10년간 억류되었다가 돌아왔다. 이때 들렸던 나라들의 풍속과 산물 등에 대한 서역의 사정을 견문할 수 있었고 서역의 종자들을 가지고 들어왔다.

7 서역(西域): 중국의 서쪽 지역 나라들. 좁은 의미로는 중앙아시아의 타림분지 주변의 국가들을 가리키고, 넓은 의미로는 페르시아와 아라비아까지를 포함하는 지역을 가리킨다.

8 《海東農書》 卷3 〈草類〉 "紅藍"(《農書》 9, 181쪽).

2) 알맞은 토양

土宜

땅은 잘 삶아져야 한다. 《제민요술》[9]

地欲良熟. 《齊民要術》

3) 심는 시기

時候

2월말에서 3월초 사이에 씨를 심는다. 《제민요술》[10]

二月末、三月初種. 《齊民要術》

5월에 늦은 잇꽃[晩紅花, 만홍화]을 심는다【주 초봄에 모두 파종하지 않고 씨를 남겼다가 5월이 되면 심는다. 초봄에 심은 잇꽃에서 새 꽃이 익기를 기다린 뒤에 씨를 취하면 너무 늦어진다】. 7월 중에 꽃을 딴다. 그러면 꽃의 짙은 색이 선명하고, 오래되어도 검게 바래지[黦] 않기 때문에【주 울(黦)은 우(紆)와 물(物)의 반절이다. 색이 바래다는 뜻이다】 봄에 심는 잇꽃보다 낫다. 《제민요술》[11]

五月種晩花【注 春初即留子, 入五月便種. 若待新花熟後取子則太晩矣】. 七月中摘, 深色鮮明, 耐久不黦【注 紆物反, 色壞也】, 勝春種者. 同上

잇꽃은 민간에서 "신일(申日)에 심으면 무성하다."라고 전해 내려온다. 《화한삼재도회》[12]

紅花, 俗傳"申日種則茂盛". 《和漢三才圖會》

늦은 잇꽃[晩紅花]은 4월에 심고 5월에 이삭이 팬다. 이때를 넘기면 너무 늦어진다. 《산림경제보》[13]

晩紅花四月種, 五月發穗, 過此則晩. 《山林經濟補》

---

9 《齊民要術》卷5 〈種紅花·藍花·梔子〉第52(《齊民要術校釋》, 359쪽).

10 《齊民要術》, 위와 같은 곳.

11 《齊民要術》卷5 〈種紅花·藍花·梔子〉第52(《齊民要術校釋》, 364쪽).

12 《和漢三才圖會》卷94 〈濕草類〉"紅花"(《倭漢三才圖會》11, 232쪽).

13 출전 확인 안 됨; 《增補山林經濟》卷6 〈治圃〉"紅花"(《農書》3, 446쪽).

만홍화는 5월초에 목화밭에 간종(間種, 사이심기)해야 한다. 《증보산림경제》[14]

晩紅花須於五月初間種於木綿田. 《增補山林經濟》

《제민요술》에서 "늦은 잇꽃은 짙은 색이 선명하기 때문에 봄에 심는 잇꽃보다 낫다."[15]라 하였다. 이는 대개 꽃이 가을볕을 쬐면 그 색이 더욱 선명해지기 때문이다.

《齊民要術》云: "晩紅花深色鮮明, 勝春種者." 蓋花得秋陽烘曝, 其色愈鮮也.

그러나 장마에는 꽃이 물러져서 거두지 못한다. 6~7월에는 매번 장마 지는 경우가 대부분이다. 이것이 늦은 잇꽃의 1/10~2/10만 겨우 거두는 이유이다. 그러므로 일찍 장마가 지고 늦게 가뭄이 드는 해라야 비로소 늦은 잇꽃을 심을 수 있을 뿐이다. 《행포지》[16]

然遇潦則壞爛不收. 六七月之間, 每多淫霖, 此所以晩紅花之十堇收一二也. 惟早潦晩旱之年, 始[2]可種耳. 《杏蒲志》

홍화

14 《增補山林經濟》, 위와 같은 곳.

15 늦은……낫다: 《齊民要術》, 위와 같은 곳. 앞의 기사에 이미 보인다.

16 《杏蒲志》 卷2 〈總序果蓏〉 "種紅花"(《農書》36, 210쪽).

[2] 始: 저본에는 "如". 오사카본·규장각본·《杏蒲志·總序果蓏·種紅花》에 근거하여 수정. 이하도 같으나 교감주는 생략.

4) 심기와 가꾸기

種藝

심는 법: 비 온 뒤에 속히 심어야 한다. 여기저기 흩뿌려 심거나 누차(耬車, 밭을 갈면서 파종하는 농기구)로 심는 법은 삼을 심는 법[17]과 똑같다. 또한 호미로 흙을 헤친 다음 씨를 넣고 덮으면서 심는 법이 있다. 이 법으로 재배하면 그루가 크고 관리하기가 쉽다. 《제민요술》[18]

種法: 欲雨後速下, 或漫散種, 或耬下, 一如種麻法. 亦有鋤掊而掩種者, 子科大而易料理. 《齊民要術》

5) 가을 재배법

秋種法

8월 중에 호미로 밭두둑을 줄지어 만들고 두둑에 구멍을 내어 심는다. 여기에 재나 닭똥을 덮는다. 물이나 거름을 줄 때는 걸쭉한 똥거름물을 주어서는 안 된다. 다음해에 꽃이 핀다. 《편민도찬》[19]

八月中鋤成行壟, 舂穴下種, 或灰或鷄糞蓋之. 澆灌不宜濃糞. 次年花開. 《便民圖纂》

홍화잎과 꽃

홍화

17 삼을……법:《齊民要術》卷2〈種麻〉第8(《齊民要術校釋》, 117~123쪽)과 서유구 지음, 임원경제연구소 옮김, 《임원경제지 전공지》2, 풍석문화재단, 2022, 16~32쪽을 함께 참조 바람.

18 《齊民要術》卷5〈種紅花、藍花、梔子〉第52(《齊民要術校釋》, 364쪽).

19 《便民圖纂》卷3〈耕穫類〉"種紅花", 37쪽.

홍화밭(이상 네이버 블로그 수락산 스마일)

6) 거두기

收採

꽃이 피면 날마다 서늘한 때를 틈타서 꽃을 딴다【[주] 따지 않으면 꽃이 말라 버린다】. 딸 때는 반드시 다 따야 한다【[주] 남겨 두면 시든다】. 《제민요술》[20]

花出, 日日乘凉摘取【[注]不摘則乾】, 摘必須盡【[注]留餘則合】. 《齊民要術》

1경(頃) 규모 밭의 꽃은 하루에 100명이 따야 한다. 한 집의 일손으로는 1/10도 충당하지 못한다. 다만 밭머리에 수레를 세워 두고 매일 아침 100명에

一頃花, 日須百人摘, 以一家手力, 十不充一. 但駕車地頭, 每朝當有小兒僮女

20 《齊民要術》 卷5 〈種紅花·藍花·梔子〉 第52(《齊民要術校釋》, 364쪽).

가까운 남녀 노비 아이들을 무리지어 밭에 와서 따게 해야 한다. 그러면 평균 반 정도는 딸 수 있다. 그러므로 이 방법이면 홀아비나 과부라도 많이 심을 수 있다. 《제민요술》[21]

十百爲群, 自來分摘, 正須平量中半分取. 是以單夫、隻婦亦得多種. 同上

7) 종자 거두기

收種

5월에 씨가 익으면 잇꽃을 뽑아서 햇볕에 말린다. 이를 두드려 씨를 취한다【주 씨 또한 축축한 채로 써서는 안 되기 때문이다】. 《제민요술》[22]

五月子熟, 拔, 曝令乾, 打取之【注 子亦不用鬱浥】. 《齊民要術》

21 《齊民要術》, 위와 같은 곳.

22 《齊民要術》, 위와 같은 곳.

8) 제조

製造

잇꽃의 물 빼는 법: 꽃을 따면 곧 방아에 충분히 찧어 으깬 다음, 물에 넣고 인다. 이를 포대에 넣고 비틀어 황색 즙을 짜낸다. 이어서 다시 찧고, 조밥으로 만든 맑고 신 장수(漿水, 좁쌀죽의 맑은 웃물)로 인다. 이를 또 포대에 넣고 비틀어 즙을 짜낸다. 이 즙을 바로 거두어 붉게 염색하는 데 써야 하니, 버리지 말아야 한다.

殺③紅花法: 摘取, 卽碓擣使熟, 以水淘, 布袋絞去黃汁. 更擣, 以粟飯漿淸而醋者淘之. 又以布袋絞去汁, 卽收取染紅, 勿棄也.

비틀어 짜기를 마치면 꽃을 옹기 속에 두고 베로 그 위를 덮어 둔다. 새벽에 닭이 울면 다시 고르게 찧은 다음 자리 위에 펴서 햇볕에 쬐어 말린다【주 떡처럼 잇꽃덩이를 만드는 것보다 낫다. 덩이로 만들면 잇꽃이 잘 마르지 않아 꽃을 축축하게 한다】. 《제민요술》[23]

絞訖, 著甕器中, 以布蓋上. 鷄鳴更擣令均, 于蓆上攤而曝乾【注 勝作餠. 作餠者, 不得乾, 令花鬱浥也】.《齊民要術》

연지 만드는 법: 낙려(落藜, 남가새[24])[25]와 명아주[藋] 및 쑥을 미리 태워 재를 만든다【주 이 식물들이 없으면 보통의 풀을 태운 재도 괜찮다】. 여기에 뜨거운 물을 타서 맑은 잿물을 취한다【주 처음 나온 즙은 너무 진해서 색소를 추출하기에는 적당하지 않으

作胭脂法: 豫燒落藜、藋④及蒿作灰【注 無者, 卽草灰亦得】. 以湯淋取淸汁【注 初汁純厚大釅, 卽放⑤花, 不中用, 惟可洗

---

23 《齊民要術》卷5〈種紅花、藍花、梔子〉第52(《齊民要術校釋》, 366쪽).

24 남가새: 남가새과의 한해살이풀. 제주도와 남쪽의 바닷가에서 드물게 자람.

25 낙려(落藜, 남가새): 낙려(落藜)의 낙(落)자는 질(疾)자의 오기로 보았다. 질려(남가새)를 태운 재에는 칼륨, 납 같은 성분이 많아 잿물을 만들 수 있다. 《제민요술 역주》에서는 봉려(蓬藜)나 낙규(落葵)일 가능성도 있다고 하였다. 가사협 저, 최덕경 역주, 《제민요술 역주》, 세창출판사, 2018, 447쪽 342번 각주 참조.

③ 殺: 저본에는 "曬". 《齊民要術·種紅花、藍花、梔子》에 근거하여 수정.

④ 藋: 《齊民要術·種紅花、藍花、梔子》에는 "藜藋".

⑤ 放: 《齊民要術·種紅花、藍花、梔子》에는 "殺".

므로 옷을 빨 수만 있다. 세 번째로 뺀 잿물을 가지고 꽃 속의 색소를 빼내면 탈색이 조화롭게 되어 빛깔이 좋아진다】.

衣, 取第三度淋⑥者, 以用揉⑦花, 和, 便⑧好色也】.

이 잿물로 꽃 속의 색소를 빼낸다[揉]【[주] 10번 정도 물을 빼서 다 빠졌다 싶으면 그제야 멈춘다】. 얻은 즙을 포대에 넣고 비틀어 순수한 즙을 취한다. 이를 항아리 속에 둔다.

揉花【[注] 十許變⑨, 勢盡乃止⑩】. 布袋絞取純汁, 著甕椀中.

신 석류 2~3개를 쪼갠 다음 씨를 취해 찧어 부순다. 여기에 조밥으로 만든 매우 신 장수(漿水)를 조금 넣어 섞는다. 이를 베로 비틀어 짜서 즙을 취한 다음 잇꽃즙과 섞는다【[주] 석류가 없으면 좋은 식초를 밥 끓인 물에 타도 괜찮다. 식초도 없으면 아주 신, 맑은 밥물만 역시 여기에 사용할 수 있다】.

取醋石榴兩三個, 劈取子, 擣破, 少著粟飯漿水極醋者和之, 布絞取瀋, 以和花汁【[注] 若無石榴者, 以好醋和飯漿亦得. 若復無醋者, 淸飯漿極酸者, 亦得空用之】.

잇꽃즙에 하얀 쌀가루를 멧대추 한 알 정도의 양으로 넣는다【[주] 쌀가루가 많으면 즙의 색깔이 옅어진다】. 깨끗한 대나무젓가락 중 기름기가 없는 것으로 잇꽃즙을 오랫동안 힘껏 휘저어 준다. 밤까지 덮개로 덮어 둔다.

下白米粉, 大如酸棗【[注] 粉多則白】. 以淨竹箸不膩者, 良久痛攪. 蓋冒至夜.

위에 뜨는 맑은 즙은 쏟아 버리면서 앙금에 이르면 멈춘다. 이를 마전[26]한 견직물[27]로 만든 뿔모양의 자루에 쏟아 넣고 매달아 둔다. 다음날 반쯤 말랐

瀉去上淸汁, 至淳處止, 傾著白練角袋子中, 懸之. 明日乾浥浥時, 捻作小瓣如

26 마전: 직물을 삶거나 빨아 볕을 쪼여 표백하는 일.

27 견직물: 원문의 '白'을 옮긴 것으로, '白'은 '帛'과 같은 의미이다.

⑥ 淋: 저본에는 "湯". 《齊民要術·種紅花、藍花、梔子》에 근거하여 수정.

⑦ 揉: 저본에는 "菜". 《齊民要術·種紅花、藍花、梔子》에 근거하여 수정.

⑧ 便: 《齊民要術·種紅花、藍花、梔子》에는 "使".

⑨ 變: 《齊民要術·種紅花、藍花、梔子》에는 "遍".

⑩ 止: 저본에는 "至". 오사카본·규장각본·《齊民要術·種紅花、藍花、梔子》에 근거하여 수정.

을 때 비벼 삼씨 반 정도의 작은 알맹이를 만든다. 이를 그늘에서 말리면 완성된다. 《제민요술》[28]

半麻子, 陰乾之則成矣. 同上

잇꽃덩이 만드는 법: 새벽에 꽃을 따서 약간 찧어 황색의 즙을 빼낸 다음 개똥쑥을 덮어 하룻밤 둔다. 이를 손으로 비벼 얇은 덩이를 만든 다음 햇볕에 말려 쓰임에 대비한다. 습한 담이나 벽에 가까이 두지 말고 떨어져서 둔다. 《편민도찬》[29]

作餠法: 侵晨採摘, 微擣去黃汁, 用靑蒿蓋一宿, 捻成薄餠, 曬乾收用. 勿近濕墻壁去處. 《便民圖纂》

28 《齊民要術》 卷5 〈種紅花、藍花、梔子〉 第52(《齊民要術校釋》, 366~367쪽).

29 《便民圖纂》 卷3 〈耕穫類〉 "種紅花", 37쪽.

9) 쓰임새

功用

성곽에 가까운 좋은 밭 1경(頃)에 심으면 꽃은 한 해의 수입이 견(絹) 300필이다. 1경에서 씨 200석[斛][30]을 수확한다. 삼씨와 가격이 같다.

負郭良田種頃者, 歲收絹三百疋. 一頃收子二百斛, 與麻子同價.

잇꽃기름은 수레바퀴에 쓰는 기름으로 사용할 수 있는 데다 초를 만들 수도 있다. 그러므로 홍화씨는 같은 양의 좁쌀 가격과 같다【주 200석의 좁쌀은 조밭의 수확량에 해당한다. 잇꽃을 판 견(絹) 300필은 이 수입에 포함되지 않는다】. 《제민요술》[31]

旣任車脂, 亦堪爲燭, 卽是直頭成米.【注 二百石米, 已當穀田, 三百疋絹, 端[11]然在外】.《齊民要術》

싹이 나서 연할 때는 먹을 수 있다. 그 씨는 찧고 달여 즙을 낸 다음 즙에 식초를 넣고 나물에 섞어 먹으면 아주 기름지고 맛있다. 또 수레바퀴기름이나 초를 만들 수 있다. 《농정전서》[32]

苗生嫩時可食. 其子擣碎煎汁, 入醋拌蔬食極肥美. 又可爲車脂及燭.《農政全書》

홍화씨

30 석[斛]: 곡식의 양을 재는 단위로 10두(斗)의 용량.

31 《齊民要術》卷5 〈種紅花、藍花、梔子〉第52(《齊民要術校釋》, 364쪽).

32 《農政全書》卷40 〈種植〉"雜種" 下 '紅花'(《農政全書校注》, 1114쪽).

[11] 端: 《齊民要術·種紅花、藍花、梔子》에는 "超".

4. 대청[菘藍, 숭람][1]

菘藍

1) 이름과 품종

【해동농서[2] 대청[菘藍, 숭람]은 잎이 백숭(白菘, 배추)과 비슷하나 그보다 짙은 청색이다. 민간에서 '청대(青黛)'라고 부르는 식물이 이것이다. 아청색(鴉青色, 검푸른색)으로 물들일 수 있다】

名品

【海東農書 菘藍, 葉似白菘而深青色. 俗呼爲"青黛"者是也. 可作靛染鴉青色】

대청

1 대청[菘藍, 숭람]: 십자화과의 2년생 초본식물. 학명은 *Isatis tinctoria L.*이다. 한반도의 북부지방 해안지역에 분포함. 염료식물로 많이 이용되고 있음.

2 《海東農書》 卷3 〈草類〉 "紅藍"(《農書》 9, 181쪽).

2) 알맞은 토양

土宜

대청을 심을 곳으로는 좋은 땅을 얻어야 한다. 《제민요술》[3]

藍地欲得良.《齊民要術》

대람(大藍)[4]은 평평한 땅이 좋다. 《군방보》[5]

大藍, 宜平地.《群芳譜》

3) 심는 시기

時候

느릅나무꼬투리가 떨어질 때 대청을 심을 수 있다. 5월에 대청을 벨 수 있고 6월에 동람(冬藍)을 심을 수 있다【주 동람은 대람이다】. 《사민월령》[6]

榆莢落時, 可種藍. 五月可刈藍, 六月可種冬藍【注 冬藍, 大藍也】.《四民月令》

---

3 《齊民要術》卷5〈種藍〉第53(《齊民要術校釋》, 374쪽).

4 대람(大藍): 대청(숭람)의 일종. 6월에 심는 겨울 대청으로 추정된다.

5 《二如亭群芳譜》〈貞部〉"卉譜" 1 '藍'(《四庫全書存目叢書補編》80, 811쪽).

6 출전 확인 안 됨; 《齊民要術》, 위와 같은 곳.

4) 심기와 가꾸기

種藝

땅을 3번 잘 간다. 3월에 씨를 물에 담가 싹이 나게 한 다음 비로소 휴종(畦種)한다. 휴전 만들기와 물주기는 아욱 재배하는 법과 완전히 같다. 대청에 잎이 3장 나오면 물을 준다【주 새벽과 밤에 다시 물을 준다】. 깔끔하게 김매어 준다.

三徧細耕. 三月中浸子, 令芽生, 乃畦種之. 治畦下水, 一同葵法. 藍三葉澆之【注 晨夜再澆之】. 薅治令淨.

5월 중 비가 막 내린 후 축축할 때 누차로 강(耩)질 한다. 모종을 뽑아 여기에 옮겨 심는다【주 옮겨 심을 때는 여러 사람의 힘을 모아 손놀림을 신속하게 해서 땅이 마르지 않게 해야 한다】. 세 포기를 한 그루로 하여 심고, 그루간 간격은 0.8척으로 한다.

五月中新雨後, 卽接濕, 耬耩, 拔栽之【注 栽時宜併力急手, 無令地燥】. 三莖作一科, 相去八寸.

갈아엎은 흙이 희게 변하면 급히 호미질해 준다【주 옮겨 심을 때는 땅이 축축했다가, 말라서 희게 변했는데도 급히 호미질하지 않으면 흙이 단단하게 굳어 버린다】. 5번 호미질해 주면 좋다. 《제민요술》[7]

白背卽急鋤【注 栽時旣濕, 白背不急鋤, 則堅硌也】. 五徧爲良. 《齊民要術》

1월에 포대에다 씨를 담아 물에 담근다. 싹이 나면 지면에 흩어 뿌리고 똥거름재를 덮어 준다. 잎이 나면 물과 똥을 준다. 길이가 0.2척 정도가 되면 줄을 지어 나누어 심는다. 여기에 물과 똥을 주어 잘 살아나게 한다. 5~6월에 뜨거운 햇살 아래 똥물을 잎에 대략 5~6차례 뿌려 준다. 《편민도찬》[8]

正月中以布袋盛子, 浸之, 芽出撒地上, 用糞灰覆蓋. 待放葉, 澆水糞. 長二寸許, 分栽成行, 仍用水糞澆活. 至五六月烈日內, 將糞水潑葉上, 約五六次. 《便民圖纂》

---

7 《齊民要術》 卷5 〈種藍〉 第53(《齊民要術校釋》, 374쪽).

8 《便民圖纂》 卷3 〈耕穫類〉 "種靛", 37쪽.

지금 사람들은 복전(福靛)[9]을 많이 심는다. 맥류를 수확한 후에 맥류 심었던 땅에다 심는다. 큰 비에 땅이 단단해져서 싹이 나지 않을까 염려되면 밀까끄라기를 똥과 섞어 덮어 준다.

今人多種福靛. 收麥後, 以麥地種之. 恐大雨築實不生, 以小麥芒和糞蓋之.

똥거름물 주기·잎에 물주기·항아리에 담그기·염료로 만드는 일은 정해진 법대로 한다【안 이 말은, 거름주기, 잎에 똥물주기, 항아리에 대청의 잎과 줄기 담그기, 대청 앙금 가라앉히기는 《편민도찬》에서 말한 법과 같다는 뜻이다】. 《한정록》[10]

澆、潑、浸、打如法【按 謂澆糞、潑葉、浸缸、打靛, 如《便民圖纂》所言之法】. 《閑情錄》

땅을 충분히 삶아 씨를 심은 다음 흙을 고르게 긁어 덮어 준다. 그 위에 물억새로 짠 발을 덮어 준다. 매일 아침 물을 뿌려 준다. 싹이 나면 발을 제거한다. 길이 0.4척이 되면 옮겨 심는다.

耕熟種之, 爬均. 上用荻簾蓋之. 每早用水灑. 至生苗, 去簾. 長四寸移栽.

휴전을 충분히 기름지게 한다. 3~4포기를 한 구덩이의 한 그루[窠]로 하며, 줄 사이의 간격은 0.5척으로 한다. 비온 후에 힘을 모아 휴전에 옮겨 심는다. 땅이 마르지 않게 한다. 흙이 희게 변하면 급히 호미질해 준다. 이는 땅이 굳어질까 염려되기 때문이다. 이렇게 5번 호미질해 주어야 한다. 매일 물을 준다. 생기가 없을 때 맑은 똥물을 1~2차례 준다. 7월에 베어 대청 염료[靛]를 만든다. 《군방보》[11]

熟肥畦. 三四莖作一窠, 行離五寸, 雨後併力栽, 勿令地燥. 白背卽急鋤, 恐土堅也. 須鋤五遍, 日灌之, 如瘦用清糞水澆一二次. 至七月間, 收刈作靛. 《群芳譜》

9 복전(福靛): 중국 복건성(福建省)에서 생산된 쪽풀. 여기서는 대람(大藍)을 가리킨다.

10 《閑情錄》〈靛〉(《農書》 1, 115쪽).

11 《二如亭群芳譜》, 위와 같은 곳.

8~9월에 땅을 갈고 써레로 평평하게 한다. 봄에 땅이 풀리면 다시 간다. 3월에 심을 때 또 땅을 갈고 흩어 뿌린 다음 가로세로로 3~4차례 써레질을 한다. 잎이 5장이 나면 김매 준다. 《증보산림경제》[12]

八九月間耕地耙平. 至春解, 復耕. 三月臨種, 又耕, 撒種, 縱橫耙之三四次. 候生五葉, 即鋤.《增補山林經濟》

12 《增補山林經濟》卷6 〈治圃〉 "靛"(《農書》 3, 447쪽).

5) 제조

製造

7월 중에 구덩이를 만들되, 100다발 정도의 대청을 넣을 수 있는 크기로 한다. 맥류짚을 진흙에 섞은 반죽으로 깊이 0.5척이 되도록 구덩이 전체를 바른다. 거적으로 구덩이의 네 벽을 가린다.

七月中作坑，令受百許束，麥稈作泥泥之，令深五寸．以苫蔽四壁．

그런 다음 대청을 베어 구덩이 속에 거꾸로 세운다. 여기에 물을 넣은 다음 나무나 돌로 대청을 눌러 잠기게 한다. 뜨거울 때는 하룻밤 묵히고 차가울 때는 이틀밤 묵힌다. 그런 뒤 거적으로 걸러서 대청 건더기를 제거한다. 거른 즙을 항아리 속에 넣는다.

刈藍，倒豎於坑中，下水，以木石鎭壓令沒．熱時一宿，冷時再宿，漉去荄，內汁於甕中．

대개 10석들이 항아리당 석회 1.5두를 넣고, 급히 손으로 휘저어 준다[急抨]【[주] 평(抨)은 보(普)와 팽(彭)의 반절이다】.

率十石甕，著石灰一斗五升，急抨【[注] 普彭反】之．

밥 먹을 시간 정도 휘젓다가 그친다. 침전물이 맑게 가라앉으면 맑은 물을 쏟아내고 앙금만 남긴다. 별도로 작은 구덩이를 만들어 대청 앙금을 구덩이 속에 저장하여 둔다. 앙금이 된죽[强粥]처럼 되면 다시 꺼내서 항아리 속에 채운다. 그러면 대청 앙금[13]이 만들어진 것이다. 《제민요술》[14]

一食頃止．澄清，瀉去水，別作小坑，貯藍澱著坑中．候如强粥，還出甕中盛之，藍澱成矣．《齊民要術》

잎이 두꺼워지면 자르되, 지면으로부터 0.2척 정도 떨어진 곳을 자른다. 줄기와 잎을 물에 담근 항아리 속에서 하루 밤낮을 둔 뒤 걸러 깨끗이 거른

候葉厚方割，離土二寸許．將梗葉浸水缸內晝[1]夜，濾淨．每缸內用礦灰，色清

13 앙금 : 이것을 요즘에는 이람(泥藍)이라고도 한다.

14 《齊民要術》 卷5 〈種藍〉 第53(《齊民要術校釋》, 374쪽).

[1] 晝 : 저본에는 "畫". 오사카본·《便民圖纂·耕穫類·種靛》에 근거하여 수정.

다. 각 항아리 안에 생석회를 사용한다. 이때 거름즙의 색이 맑으면 석회 8냥을 쓰고, 진하면 9냥을 쓴다. 즙을 고무래로 저어 준 다음 앙금이 맑게 가라앉으면 맑은 물을 제거한다. 이렇게 얻은 앙금을 '두전(頭靛)'이라 한다.

者, 八兩[2], 濃者九兩. 以木杁打轉, 澄淸去水, 是謂"頭靛".

1차로 잎을 벤 뒤 땅속에 남아 있는 묵은 뿌리는 그 옆쪽에서 나는 풀을 제거하여 깨끗하게 해 준다. 이전의 법과 동일하게 물을 준다. 잎이 다 자라면 역시 이전 법과 같이 잘라 거둔 다음 물에 담그고 저어 준다. 이렇게 얻은 앙금을 '이전(二靛)'이라 한다.

其在地舊根, 旁須去草淨, 澆灌一如前法. 待葉成, 亦如前法收割浸打, 謂之"二靛".

또 더 자라면 역시 이전의 법과 같이 물을 준다. 벨 때는 뿌리와 나란하게 밑동까지 자른다. 물에 담그고 저어 주는 법은 또한 이전과 같이 한다. 이렇게 얻은 앙금을 '삼전(三靛)'이라 한다. 《편민도찬》[15]

又俟長, 亦如前澆灌. 斫則齊根. 浸打法亦同前, 謂之"三靛". 《便民圖纂》

방망이로 저어 대청 염료 빼는 법: 하지 전후에 잎 위에 주름무늬가 있는가를 살핀다. 있으면 그제야 베어 거둔다. 50근마다 석회 1근의 비율로 섞어 큰 항아리에 대청의 줄기와 잎을 담근 다음 조개 태운 재를 대청의 양을 헤아려 그에 맞게 넣는다【대청 50근 당 조개 태운 재 1근을 쓴다】.[16] 물을 부어 담근다.

打靛法: 夏至前後看葉上有皺紋, 方可收割. 每五十斤用石灰一斤[3], 於大缸內, 將莖葉沈甕內, 用蛤灰量多寡下之【每五十斤, 用灰一斤】. 水浸.

---

15 《便民圖纂》卷3 〈耕穫類〉"種靛", 37~38쪽.

16 대청의 줄기와…쓴다 : 원문의 "將莖葉……一斤"을 옮긴 것이다. 《광군방보》와 비교해 보니, 이 문장은 확인되지 않는다. 게다가 앞의 설명과 중복된다. 이런 점들로 볼 때 이 부분은 잘못 들어간 듯하다.

[2] 八兩 : 《便民圖纂·耕穫類·種靛》에는 "灰八兩".

[3] 斤 : 저본에는 "石". 《廣群芳譜·卉譜·藍》에 근거하여 수정.

다음날 줄기의 색이 황색으로 변하면 줄기를 제거한다. 나무고무래로 즙을 저어서 분청색으로 우러난 다음, 자색의 꽃색이 된 뒤에 맑은 물을 제거하면 대청 염료가 된다. 《편민도찬》[17]

次日變黃色, 去梗. 用木杷打轉粉青色, 變過至紫花色, 然後去水成靛. 同上

6) 쓰임새

功用

대청을 10묘 심으면 그 가치가 조밭 1경에 맞먹는다. 청색으로 물들이는 작업을 할 수 있다면 그 이익이 또한 2배가 될 것이다. 《제민요술》[18]

種藍十畝, 敵穀田一頃. 能自染青者, 其利又倍矣. 《齊民要術》

대청 염료를 만든 후에 걸러낸 찌꺼기로는 밭에 거름 주어도 좋다. 《편민도찬》[19]

造藍靛後, 其濾出渣, 壅田亦可. 《便民圖纂》

---

17 출전 확인 안 됨; 《廣群芳譜》 卷89 〈卉譜〉 "藍", 2141쪽.

18 《齊民要術》 卷5 〈種藍〉 第53(《齊民要術校釋》, 374쪽).

19 《便民圖纂》 卷3 〈耕穫類〉 "種靛", 38쪽.

5. 쪽[蓼藍, 요람][1]

蓼藍

1) 이름과 품종

【본초강목】[2] 쪽은 잎이 여뀌[蓼]와 비슷하다. 5~6월에 꽃이 피고 이삭이 패면 옅은 홍색이다. 씨도 여뀌와 비슷하다.

名品

【本草綱目】 蓼藍, 葉如蓼, 五六月開花, 成穗, 淺紅色, 子亦似蓼.

쪽(임원경제연구소, 산청군 남사예담촌 풀꽃누리에서 촬영)

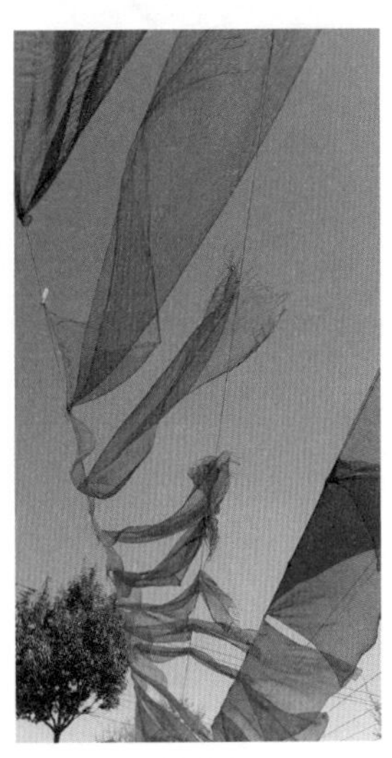
쪽물 들인 비단(박영진)

1 쪽[蓼藍, 요람]: 마디풀과에 속하는 일년생 초본식물. 학명은 *Polygonum tinctorium Lour.* 이다. 오람(吳藍)·현람(莧藍)·괴람(槐藍)·엽람(葉藍)·이람(泥藍)·남옥(藍玉) 등의 이칭이 있다

2 《本草綱目》卷16 〈草部〉"藍", 1068쪽.

왕정농서[3] 쪽은 벽색으로 물들일 수만 있다. 앙금을 만들 수는 없다.

王氏農書 蓼藍，但可染碧，不堪作澱】

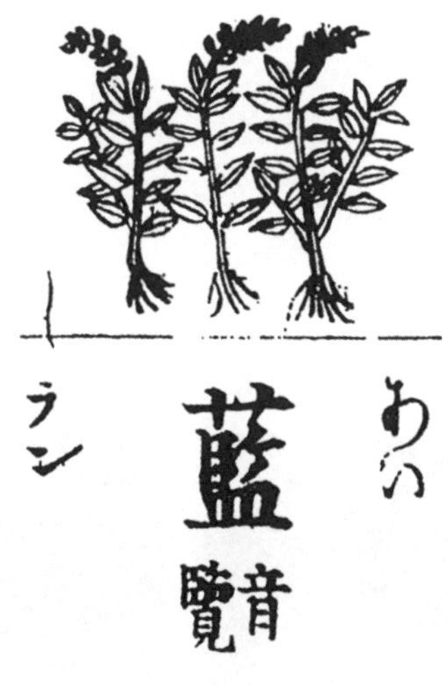

쪽(《왜한삼재도회》)

3 《王禎農書》卷10〈百穀譜〉10 "雜類" '茶', 164쪽;《農政全書》卷39〈種植〉"雜種" 下(《農政全書校注》, 1115쪽).

2) 알맞은 토양

土宜

가뭄을 좋아하지만 물도 좋아한다. 《화한삼재도회》[4]

喜旱而好水. 《和漢三才圖會》

3) 심는 시기

時候

쪽은 3월에 씨를 심고, 4월에 싹을 옮겨 심는다. 《화한삼재도회》[5]

藍三月下種, 四月植苗. 《和漢三才圖會》

4) 심기와 가꾸기

種藝

소람(小藍, 쪽의 이칭)은 전년의 가을 및 12월과 올해의 3월이 심기에 적당하다. 모두 각각 땅을 한 차례 갈고, 평평하게 긁는다. 여기에 씨를 흩어 뿌린 후에 가로세로로 3~4차례 다시 흙을 긁어 준다. 겨우 5개의 잎이 나면 김매 준다. 풀이 나면 다시 김을 맨다.

小藍, 宜於舊年秋及臘月、三月. 俱各耕地一次, 爬平, 撒種後, 橫直復爬三四次. 僅生五葉卽鋤, 有草再鋤.

5월에 벨 때는 뿌리를 남긴다. 여기서 자라면 다시 한 차례 벤다. 벤 후에 소람뿌리를 그대로 남긴다. 7월에 다시 벤다. 8월에 꽃이 피고 열매가 맺히면 수확한다. 다음해 봄 3월에 심는다. 《군방보》[6]

五月收割, 留根. 候長, 再割一次. 割後仍留藍根. 七月割, 候八月開花結子, 收. 來春三月種之. 《群芳譜》

심는 법은 대청[菘藍]과 같다. 《행포지》[7]

種法, 同菘藍. 《杏蒲志》

---

4 《和漢三才圖會》 卷94 〈濕草類〉 "藍"(《倭漢三才圖會》11, 319쪽).

5 《和漢三才圖會》, 위와 같은 곳.

6 《二如亭群芳譜》, 위와 같은 곳.

7 《杏蒲志》 卷2 〈總序果蓏〉 "種蓼藍"(《農書》36, 210~211쪽).

5) 치료하기

醫治

벌레가 있으면 잎을 갉아 먹을 수 있다. 그러므로 자주 담배줄기즙을 주어 벌레를 막는다. 《화한삼재도회》[8]

有蠹能蝕其葉, 頻灌烟草莖汁防之. 《和漢三才圖會》

6) 종자 거두기

收種

일반적으로 쪽의 열매를 거두려는 경우에는 쪽을 벨 때 줄기 0.4~0.5척 정도를 남긴다. 그러면 여린 싹이 다시 나와서 이삭을 낸다. 《화한삼재도회》[9]

凡欲收藍實者, 刈時, 留殘莖四五寸許, 則嫩芽再生出穗. 《和漢三才圖會》

8 《和漢三才圖會》卷94 〈濕草類〉 "藍"(《倭漢三才圖會》11, 319쪽).

9 《和漢三才圖會》, 위와 같은 곳.

7) 제조

製造

일반적으로 쪽을 심은 지 70일 정도 지나 이삭이 아직 패지 않았을 때, 맑은 날 아침에 이슬을 머금은 채로 뽑는다. 이를 4~5일 볕에 말렸다가 뿌리와 줄기를 제거한다. 거적으로 잎을 싸서 연못물에 1일 동안 담가 물이 거적에 스며들게 하여 펼쳐 놓는다. 그 아래에는 대자리를 2겹으로 깔고 그 위에도 대자리를 2겹으로 덮어 하룻밤 동안 찐다.

凡植七十日許, 未作穗時, 晴朝乘露拔採, 四五日曝乾, 去根莖, 用葉裹薦, 漬池水一日, 漓水攤之. 下布筵二層, 上亦蓋筵二層宿蒸之.

6~7일 되면 2~3번 섞어 준다. 20일이 지나면 끄집어 내어 열기를 식힌 다음 빡빡 주무른다. 굵은 체로 남은 줄기를 걸러 제거한 다음 다시 말렸다가 거두어들인다.《화한삼재도회》[10]

至六七日, 再三攪之. 經二十日, 取出, 醒熱氣, 猛[1]揉, 以麤篩去莖, 卽[2]再乾收取.《和漢三才圖會》

또 체로 치지 않았을 경우에는 쪽을 절구에 찧어 떡 같은 환을 만든다. 민간에서 이를 '옥람(玉藍)'이라 한다.《화한삼재도회》[11]

又未經篩者, 臼擣丸如餠. 俗爲"玉藍". 同上

10 《和漢三才圖會》, 위와 같은 곳.

11 《和漢三才圖會》, 위와 같은 곳.

[1] 猛:《和漢三才圖會·濕草類·藍》에는 "能".

[2] 卽:《和漢三才圖會·濕草類·藍》에는 "節".

6. 지치[紫草, 자초][1]

紫草

1) 이름과 품종

名品

일명 '막(藐)', '자단(紫丹)', '아함초(鴉銜草)'이다.[2]

一名"藐", 一名"紫丹", 一名"鴉銜草".

【본초강목[3] 이 풀은 꽃도 자색이고, 뿌리도 자색이어서 자색으로 염색할 수 있기 때문에 이와 같이 이름 붙였다. 《이아》의 "막(藐)은 자초(紫草)이다."[4]라 한 말이 이것이다. 요동족(傜獞族)[5] 사람들은 '아함초(鴉銜草)'라 부른다.

【本草綱目 此草, 花紫根紫, 可以染紫故名. 《爾雅》"藐, 紫草"是也. 傜獞[1]人呼爲"鴉銜草".

당본초[6] 싹은 난향(蘭香)[7]과 비슷하다. 줄기는 적색이고, 마디는 청색이다. 2월에 자백색의 꽃이 핀다. 백색의 열매가 맺히며 가을에 익는다.

唐本草 苗似蘭香, 莖赤節青. 二月開花紫白色, 結實白色, 秋月熟.

---

1 지치[紫草, 자초]: 쌍떡잎식물 꿀풀목 지치과의 여러해살이풀.

2 일명 아함초(鴉銜草)이다: 《本草綱目》 卷12 〈草部〉 "紫草", 762쪽에 보인다.

3 《本草綱目》, 위와 같은 곳.

4 막(藐)은 자초(紫草)이다: 《爾雅注疏》 卷8 〈釋草〉(《十三經注疏整理本》 24, 282쪽).

5 요동족(傜獞族): 중국 소수민족의 하나인 요족(瑤族). 귀주(貴州), 호남(湖南), 광서(廣西) 지역에 분포했다.

6 출전 확인 안 됨; 《本草綱目》, 위와 같은 곳.

7 난향(蘭香): 꿀풀과 식물인 나륵(羅勒).

[1] 獞: 《本草綱目·草部·紫草》에는 "侗".

지치(《본초강목》)

단주(單州)지치, 동경(東京)지치, 지치(《본초도경》)

지치(《왜한삼재도회》)

안 우리나라에서 나는 지치 중 경상도에서 나는 것을 최고로 친다. 황해도산은 그 다음이다】

按 吾東之産以嶺南者爲最, 海西次之】

2) 알맞은 토양

土宜

황백색의 부드럽고 좋은 땅이 적당하다. 청색의 모래땅도 좋다. 황무지를 개간하여 기장이나 메기장[穄]을 한 번 심은 땅이 매우 좋다. 본성이 물을 견디지 못하지 못하므로 반드시 높은 지대의 밭이어야 한다. 《제민요술》[8]

宜黃白軟良之地, 青沙地亦善, 開荒黍穄下大佳. 性不耐水, 必須高田. 《齊民要術》

3) 심는 시기

時候

3월에 두둑을 따라 씨를 심는다. 9월에 열매가 익었을 때 이 풀을 벤다. 《본초강목》[9]

三月逐壟下子, 九月子熟時, 刈草. 《本草綱目》[2]

자색 지치꽃

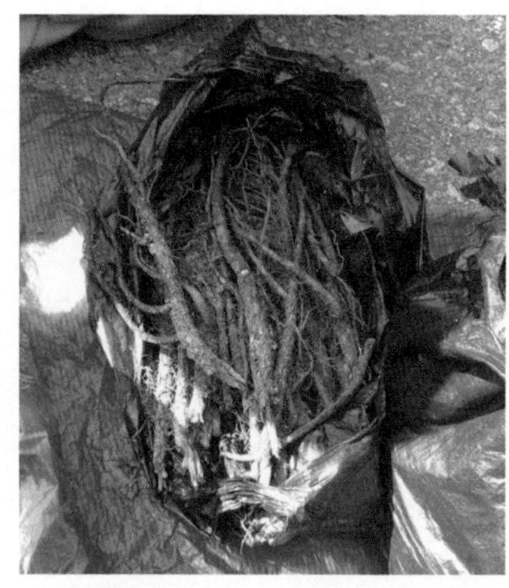

지치뿌리(정재민)

8 《齊民要術》 卷5 〈種紫草〉 第54(《齊民要術校釋》, 376쪽).

9 《本草綱目》, 위와 같은 곳.

[2] 三月……本草綱目 : 오사카본에는 이 내용이 '種藝' 항목 끝에 붙어 있고, "三月 이하는 별도로 시후(時候)라는 하나의 항목을 세워 토의(土宜) 항목 다음에 써야 한다(三月以下, 另立時候一目, 書于土宜之次)."라는 두주가 있다. 이 두주의 '以下'와 '另立' 사이에 '移'자를 썼다가 지운 흔적이 있다.

4) 심기와 가꾸기

種藝

가을에 땅을 갈고 봄에 또 갈아엎는다. 3월에 심을 때 누차로 땅에 강(耩)질한 다음, 두둑을 따라가며 손으로 씨를 심는다【주 좋은 밭 1묘에는 씨 0.25두를 쓰고, 척박한 밭에는 씨 0.3두를 쓴다】. 다 심으면 로(勞)질하여 덮는다.

秋耕地, 至春, 又轉耕之. 三月種之, 耬耩地, 逐壟手下子【注 良田一畝用子二升半, 薄田用子三升】. 下訖, 勞之.

김매기는 조밭 김매는 법과 같이 깨끗하게 매주어야 좋다. 두둑 아래의 풀은 뽑아 준다【주 두둑 아래를 김맬 때 호미를 사용하면 지치를 상하게 한다】. 《제민요술》[10]

鋤如穀法, 潔[3]淨爲佳. 其壟底草則拔之.【注 壟底用鋤, 則傷紫草】.《齊民要術》

씨를 다 심으면 써레에 병을 끌고 가면서 씨를 덮어 주거나[11] 둔차(砘車)[12]를 굴려가며 씨를 눌러 준다. 《무본신서》[13]

種訖, 拖瓶耮之, 或以輕砘碾過.《務本新書》

---

10 《齊民要術》 卷5 〈種紫草〉 第54(《齊民要術校釋》, 377쪽).

11 써레에……주거나 : 이 방법으로 씨를 덮어 주는 일은 극히 드물기 때문에 병(瓶)을 '깨진 항아리'로 보아야 한다는 주장도 있다. 석성한 교주, 최덕경 역주, 《농상집요 역주》, 세창출판사, 2012, 539쪽 주 111번.

12 둔차(砘車) : 둥글게 깎은 2개나 4개의 돌을 바퀴처럼 연결하여 소가 이를 끌면서 씨앗 뿌린 두둑을 눌러 씨앗과 흙이 밀착되게 하는 기구. 돈차(軘車)라고도 함. 《본리지》 권10 〈그림으로 보는 농사연장〉 상(서유구 지음, 정명현·김정기 역주, 《임원경제지 본리지(林園經濟志 本利志)》 3, 소와당, 2008, 168~169쪽) 참조.

13 출전 확인 안 됨; 《農桑輯要》 卷6 〈藥草〉 "種紫草"(《農桑輯要校注》, 234쪽); 《農政全書》 卷40 〈種植〉 "雜種" 下 '紫草'(《農政全書校注》, 1117쪽).

[3] 潔 : 오사카본에는 이 앞에 '唯'자를 썼다가 지운 흔적이 있다.

지치꽃과 잎. 본문에는 꽃이 자색이라 했으나, 우리나라에는 흰색 꽃을 피우는 종이 많다.

지치꽃(이상 네이버 블로그 수락산 스마일)

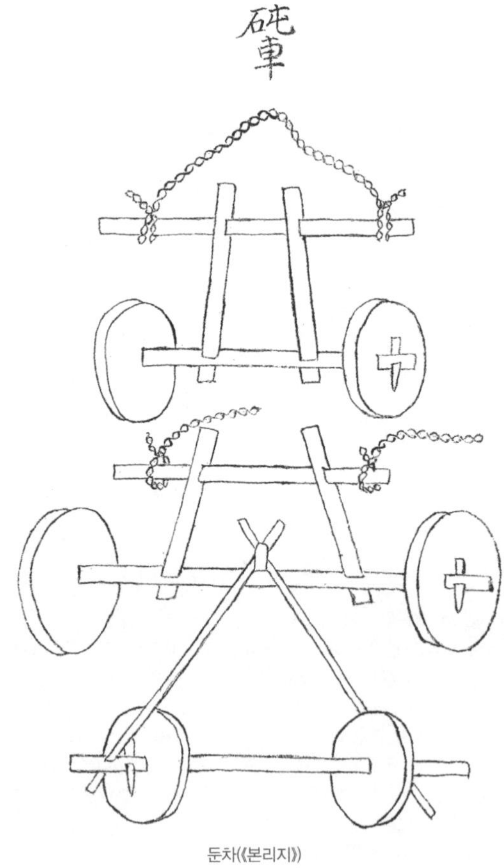

둔차(《본리지》)

5) 거두기

뿌리를 캘 때는 줄기를 벤 뒤 곧 깊고 흙이 잘게 간다【주 깊이 갈지 않고 잘게 갈지 않으면 지치뿌리의 일부를 잃어 버린다】. 갈아 놓은 두둑을 따라 써레를 밀고 가면서 지치뿌리를 거두고서 정리한다【주 지치를 거두어들일 때는 일손을 모아 신속하게 마쳐야 좋다. 비가 오면 지치를 손상시킨다】. 지치를 1움큼씩 모아서 띠풀로 묶는다【주 칡껍질을 쪼개어 끈으로 사용하면 더욱 좋다】. 4움큼을 1단[頭]으로 만든다.

단으로 만든 당일에 단의 끝을 자른다. 이 단을 한 층은 굵은 끝이 나란하도록 놓고 그 위의 층은 굵은 끝 위에 가는 끝부분이 놓이도록 쌓는다. 이런 방식으로 10층 정도를 쌓아 긴 줄을 만든다. 줄을 만들어 쌓을 때는 굳고 평평한 땅에 놓아야 한다. 이렇게 쌓은 지치를 판자나 돌로 눌러 납작하게 한다【주 지치가 습할 때 눌러 주면 곧고 길어진다. 반면 말랐을 때 누르면 부서지고 잘린다. 지치를 눌러 주지 않으면 팔 때 제값 받기가 어렵다】.

이를 2~3일 묵혀 두었다가 단을 세워 낮 동안 햇볕에 쬐어 반건조 상태로 만든다【주 햇볕에 쬐지 않으면 지치가 떠서 흑색이 된다. 반면 너무 마르면 부서지고 잘린다】. 50단을 1홍(洪, 더미) 단위으로 만든다【주 1홍 단위로 만들 때는 십(十)자모양으로 겹쳐서 만들되, 각 단의 굵은 끝이 바깥을 향하도록

收採

採根[2], 卽深細耕【注 不深不細, 則失草矣】. 尋壟以耙耬取, 整理【注 收草, 宜併手力, 速竟爲良. 遭雨則損草也】. 一扼隨以茅結之【注 擘葛彌善】. 四扼爲一頭.

當日則斬齊. 顚側, 十重許爲長行, 置堅平之地, 以板石鎭之令扁【注 濕鎭, 直而長, 燥鎭則碎折. 不鎭, 賣難售也】.

兩三宿, 豎頭著日中曝之, 令浥浥然【注 不曝則鬱黑, 太燥則碎折】. 五十頭作一洪【注 洪, 十字, 大頭向外, 以葛纏絡】.

---

[4] 採根 : 오사카본에는 이 글자를 썼다가 지우고서 그 옆에 다시 같은 글자를 썼다.

쌓는다. 이를 칡끈으로 묶는다】.

이 더미를 벽이 없는 헛간 아래 그늘지면서 서늘한 곳의 시렁 위에 둔다. 시렁 밑에는 나귀똥이나 말똥, 사람오줌을 싸게 해서는 안 된다. 또 연기를 꺼린다. 이를 어기면 모두 지치의 빛깔을 잃게 한다. 지치를 재배하여 얻은 이익은 대청이나 쪽을 재배한 이익보다 낫다. 《제민요술》[14]

著敞屋下陰涼處棚棧上. 其棚下勿使驢馬糞及人溺, 又忌烟, 皆令草失色. 其利勝藍. 《齊民要術》

가을이 깊어 씨가 익으면 지치가 자란 옆쪽의 흙을 제거하고 뿌리째로 취한다. 땅에 이 지치를 펼쳐 놓는다. 바짝 마르면 흙을 가볍게 떨어 내고서 띠풀로 묶고 빈 가지의 끝을 잘라낸다. 이것으로 자색 물을 들이면 색이 매우 좋다. 《무본신서》[15]

秋深子熟, 旁去其土, 連根取出, 就地鋪穦. 頗乾, 輕振其土, 茅菓策束, 切去虛梢. 以之染紫, 其色殊美. 《務本新書》

춘사(春社) 전후에 뿌리를 캐어 그늘에 말리면 뿌리 대가리에 버섯처럼 흰 털이 있다. 꽃이 아직 피지 않았을 때 캐면 뿌리의 색이 선명하다. 반면 꽃이 졌을 때 캐면 뿌리의 색이 어둡고 좋지 않다. 《본초강목》[16]

春社前後采根陰乾, 其根頭有白毛如茸. 未花時采, 則根色鮮明, 花過時采, 則根色黯惡. 《本草綱目》

---

14 《齊民要術》, 위와 같은 곳.

15 출전 확인 안 됨; 《農桑輯要》 卷6 〈藥草〉 "種紫草"(《農桑輯要校注》, 234쪽); 《農政全書》 卷40 〈種植〉 "雜種" 下 '紫草'(《農政全書校注》, 1117쪽).

16 《本草綱目》, 위와 같은 곳.

6) 보관하기

收藏

지치를 오랫동안 보관하고자 하는 경우에는 5월이 되었을 때 집 안에 들여 둔다. 문과 창[向]을 닫고 진흙으로 밀봉하여 바람이 들어오거나 기운이 새어 나가지 않도록 한다. 입추가 지난 후 열어 지치를 꺼내면 그 빛깔이 변함 없다. 만약 시렁 위에서 여름을 나면 지치는 흑색으로 변하여 더 이상 쓸 수가 없다. 《제민요술》[17]

若欲久停者，入五月，內著屋中，閉戶塞向，密泥，勿使風入漏氣．過立秋，然後開出，草色不異．若經夏在棚棧上，草便變黑，不復任用．《齊民要術》

지치를 거두고 불로 뿌리를 태워 그늘에 말린다. 이를 풀로 감싸고 거두어들여 걸어 두면 잎이 떨어지지 않는다. 《산거요술》[18]

收紫草，用火燒其根，陰乾，用草包，收掛之則葉不落．《山居要術》

7) 종자 거두기

收種

9월에 열매가 익으면 벤다. 열매껍질[稃]【주 부(稃)는 방(芳)과 포(蒲)의 반절이다】이 마르면 모아서 쌓은 다음 이를 두드려 씨를 취한다【주 습한 채로 쌓아 두면 씨가 눅눅해진다】. 《제민요술》[19]

九月中子熟，刈之．候稃【注 芳蒲反】燥，載聚，打取子【注 濕載，子則鬱浥】．[5]《齊民要術》[6]

---

17 《齊民要術》, 위와 같은 곳.

18 출전 확인 안 됨; 《農桑衣食撮要》 卷下 〈七月〉 "收紫草"(《文淵閣四庫全書》 730, 308쪽).

19 《齊民要術》, 위와 같은 곳.

[5] 九月中子熟……子則鬱浥 : 오사카본에는 여기의 내용을 위쪽 '收採' 항목의 두주로 추가했다가 지운 흔적이 있다.

[6] 오사카본에는 이 기사 뒤에 '取茸法' 항목을 설정하고 그 아래에 "摘其茸納稿篅中灑水令恒濕則茸又生可屢摘不已治小兒痘瘡. 《增補山林經濟》"를 썼다가 지운 흔적이 있다. 삭제된 내용은 지치싹을 취하는 법이다. '茸'은 지치싹을 가리킨다. 이 내용은 《임원경제지 인제지》 卷24 〈약재 채취 시기〉 상 "지초" 항목으로 옮겨 적었다.

7. 아주까리(피마자)[蓖麻, 비마][1]

蓖麻

1) 이름과 품종

본초강목[2] 비(蓖)는 비(螕)로 쓰기도 한다. 비(螕)는 소에 기생하는 이이다. 씨에 자잘한 반점[麻點]이 있기 때문에 '비마(蓖麻)'라 이름 붙였다.

名品

【本草綱目 蓖亦作螕. 螕, 牛虱也. 其子有麻點, 故名"蓖麻".

아주까리(정경지)

1 아주까리(피마자)[蓖麻, 비마]: 대극과의 한해살이풀. 높이는 2미터 정도이며, 열매는 삭과(蒴果)로 3개의 씨가 들어 있다. 설사약·포마드·도장밥 등에 사용된다. 열대 아프리카가 원산지로 세계 각지에 분포한다.

2 《本草綱目》 卷17 〈草部〉 "蓖麻", 1145쪽.

피마자 암꽃(위)과 수꽃(아래)

줄기는 적색인 품종과 백색인 품종이 있다. 줄기 속은 비어 있다. 잎은 크기가 박잎만 하며, 모두 5개의 뾰족한 부분으로 갈래져 있다. 여름과 가을에 가장귀[3]에서 꽃과 이삭을 뻗쳐 낸다. 황색이다.

其莖有赤有白, 中空. 其葉大如瓠葉, 葉凡五尖. 夏秋椏裏抽出花穗, 黃色.

가지마다 열매가 수십 개씩 열린다. 열매 위쪽에 고슴도치털과 같은 가시가 모여 있지만 그와 달리 부드럽다. 열매가 말랐을 때 갈라진다. 갈라진 모양이 파두(巴豆)와 비슷하다. 껍데기 속에 씨가 있고, 그 크기는 콩알만 하다. 씨껍질에는 반점이 있다. 그 모양이 소 몸뚱이에 기생하는 진드기[螕]와 비슷하다. 다시 이 반점이 있는 껍질을 제거하면 속씨가 있다. 속씨는 속수자(續隨子)[4]처럼 매우 희다】

每枝結實數十顆, 上有刺, 攢簇如蝟毛而軟, 枯時劈開, 狀如巴豆. 殼內有子, 大如豆. 殼有斑點, 狀如牛螕. 再去斑殼, 中有仁, 嬌白如續隨子】

3 가장귀: 나뭇가지의 갈라진 부분. 또는 그렇게 생긴 나뭇가지.

4 속수자(續隨子): 대극과의 두해살이풀. 지중해와 서남아시아가 원산이며 약용식물이다. 천금자(千金子)·천냥금(千兩金)이라고도 한다.

아주까리(《본초강목》)

위주(偉州)비마, 명주(明州)비마(《본초도경》)

2) 제조

아주까리기름(비마유) 취하는 법: 아주까리속씨 5승을 문드러지도록 찧고 물 1두를 넣어 끓인다. 끓으면서 기름방울이 생기면 떠낸다. 기름방울이 다 뜨고 나면 그제야 떠내기를 멈춘다. 남은 물을 버리고 떠낸 기름을 졸이되, 불을 붙여도 튀지 않고 물에 떨어뜨려도 기름이 흩어지지 않을 때까지 졸인다. 《본초강목》[5]

製造

取蓖麻油法：用蓖麻仁五升擣爛，以水一斗煮之，有沫撇起，待沫盡，乃止．去水，以沫煎至點燈不炸[1]，滴水不散爲度．《本草綱目》

3) 쓰임새

아주까리기름으로는 인주(印朱)나 기름종이를 만들 수 있다. 열매 중 가시가 없는 씨가 좋다. 가시가 있는 씨는 독이 있다. 《본초강목》[6]

功用

蓖麻油可作印色及油紙．子無刺者良，有刺者毒．《本草綱目》

---

5 《本草綱目》卷17〈草部〉"蓖麻", 1145~1146쪽.

6 《本草綱目》卷17〈草部〉"蓖麻", 1145쪽.

2~3월에 생강이나 토란을 심은 밭두둑에 심는다. 그러면 높은 줄기와 큰 잎이 그늘을 지어 작물을 보호할 수 있다. 여린 잎은 쪄서 밥에 싸 먹을 수 있다. 씨는 기름을 짜서 등불을 붙일 수 있다. 《증보산림경제》[7]

二三月間, 種于薑、芋田畔, 高莖大葉可庇其陰, 嫩葉可蒸過, 裹飯而茹, 子可搾油點燈. 《增補山林經濟》

피마자꽃1

피마자꽃2(파주시 파주읍 파주리에서 촬영)

피마자잎(한밭수목원에서 촬영)

피마자(이상 임원경제연구소, 거제시 장목면 대금리에서 촬영)

피마자씨

7 《增補山林經濟》卷6 〈治圃〉 "蓖麻"(《農書》 3, 429쪽).

[1] 炸 : 저본에는 "诈". 《本草綱目·草部·蓖麻》에 근거하여 수정.

8. 부들[香蒲, 향포][1]

香蒲

1) 이름과 품종

名品

일명 '감포(甘蒲)', '초석(醮石)'이다. 꽃 위의 황색 가루를 '포황(蒲黃)'이라 한다.[2]

一名"甘蒲", 一名"醮石". 花上黃粉, 名"蒲黃".

【당본초 [3] 부들은 거적[薦]을 만들 수 있는 것으로, '향포(香蒲)'라 한다.[4] 창포(菖蒲)를 '취포(臭蒲)'라 한다.

【唐本草 香蒲可作薦者, 謂之"香蒲". 以菖蒲爲"臭蒲"也.

어린 부들

부들의 두툼한 줄기

큰잎부들의 수꽃(위)과 암꽃(아래)

1 부들[香蒲, 향포]: 부들과에 속하는 다년생 초본식물. 수꽃은 황록색으로 줄기 끝에 달리고, 암꽃은 수꽃 아래쪽에 달린다. 수꽃이 바람에 날려 사라지면 암꽃은 황록색에서 갈색으로 변하면서 열매로 굳어진다.

2 일명……한다:《本草綱目》卷19〈草部〉"香蒲", 1361쪽에 보인다.

3 출전 확인 안 됨;《本草綱目》, 위와 같은 곳.

4 향포(香蒲)는……한다: 해당 원문이《본초강목》에는 "香蒲卽甘蒲, 可作荐者."라 되어 있다. 본문의 문장에서 향포라는 단어가 두 번 반복되는데,《본초강목》을 참조하면 이 둘 중 하나는 '감포(甘蒲)'로 수정해야 할 듯하다.

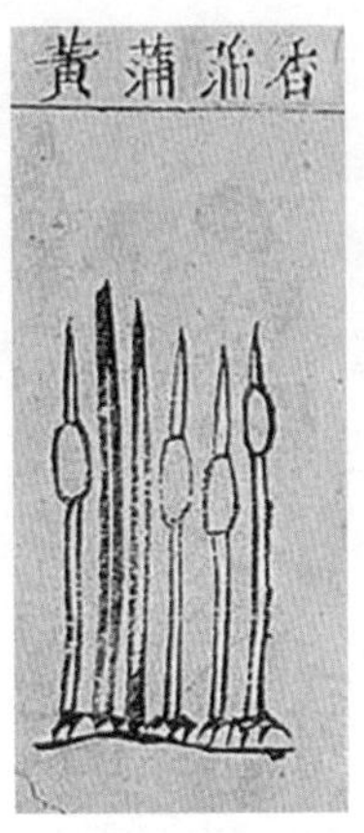

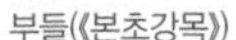
부들(《본초강목》)

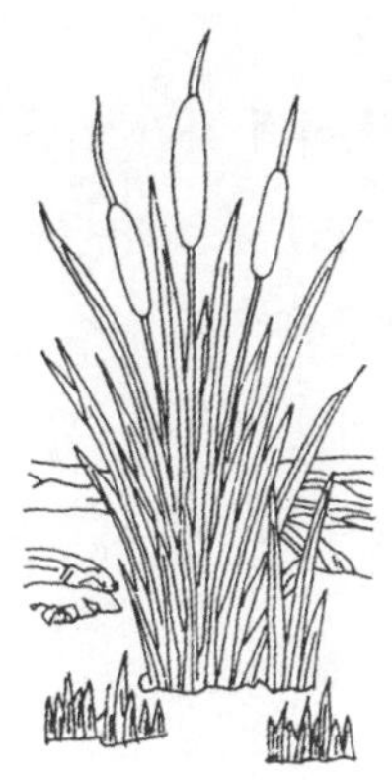
부들(《본초도경》)

도경본초[5] 물가에 무더기로 난다. 여름에 무더기로 나는 잎 속에서 줄기를 낸다. 꽃은 줄기의 끝을 감싸고 핀다. 그 모양이 무사들이 몽둥이[捧杵]를 들고 있는 모습과 같아서 민간에서는 '포추(蒲槌)'라 한다】

圖經本草 叢生水際, 夏抽梗於叢葉中, 花抱梗端, 如武士捧杵, 俗謂"蒲槌"】

부들의 열매(이상 예천군 용궁면 대은리 회룡포에서 촬영)

부들(임원경제연구소, 파주시 탄현면 대동리에서 촬영)

5 《圖經本草》卷5 〈草部〉 "上品" '蒲黃'(《本草圖經》, 134쪽).

2) 심기와 가꾸기

種藝

4월에 살찌고 왕성하게 자란 어린 부들을 골라 뿌리에 진흙을 넓게 가진 채로 파낸다. 이를 물속 흙 안에 옮겨 심는다. 다음해이면 쓸 수 있다【물이 깊은 곳에서 자란 부들은 희고 긴 반면, 물이 얕은 곳에서 자란 부들은 희고 짧다】. 원 사농사 《농상집요》[6]

四月, 揀綿蒲肥旺者, 廣帶根泥, 移出, 于水地內栽之. 次年卽堪用【其水深者白長, 水淺者白短】. 元司農司《農桑輯要》

3) 쓰임새

功用

8~9월에 잎을 거두어 자리를 만든다. 부채도 만들 수 있다. 부드럽고 뼈대가 있으면서도 따뜻하다. 《본초강목》[7]

八九月收葉以爲席, 亦可作扇, 軟骨而溫.《本草綱目》

7월에 베어 작은 다발을 만든다. 낮에는 햇볕에 쬐고 밤에는 이슬을 맞힌다. 6~7일이 지나면 이 부들로 자리를 짤 수 있다. 《증보산림경제》[8]

七月刈取, 作小束, 日曬夜露, 六七日編作席.《增補山林經濟》

초가을에 부들열매[蒲槌]를 푹 찐다. 이것으로 솜을 타서 깔개를 만들면 매우 따뜻하다. 《증보산림경제》[9]

秋初取蒲槌蒸過, 彈作絮造褥, 甚溫. 同上

---

6 《農桑輯要》 卷6 〈竹木〉 "蒲"(《農桑輯要校注》, 231쪽).

7 《本草綱目》 卷19 〈草部〉 "香蒲", 1362쪽.

8 《增補山林經濟》 卷6 〈治圃〉 "茵草"(《農書》 3, 449쪽).

9 《增補山林經濟》, 위와 같은 곳.

4) 자질구레한 말

瑣言

이 풀은 연못 서쪽에 심으면 뿌리를 뻗어 연못 동쪽에 이르고, 순을 내서 연못에 가득 찬다. 하지만 연못 동쪽에 심으면 그렇지 않다. 그러므로 민간에서는 '동향초(東向草)'라 한다. 《산림경제보》[10]

此草種於池西, 則行根至池東, 抽筍滿池. 若種於池東則不然, 故俗呼"東向草". 《山林經濟補》

선 채로 흩어진 부들열매

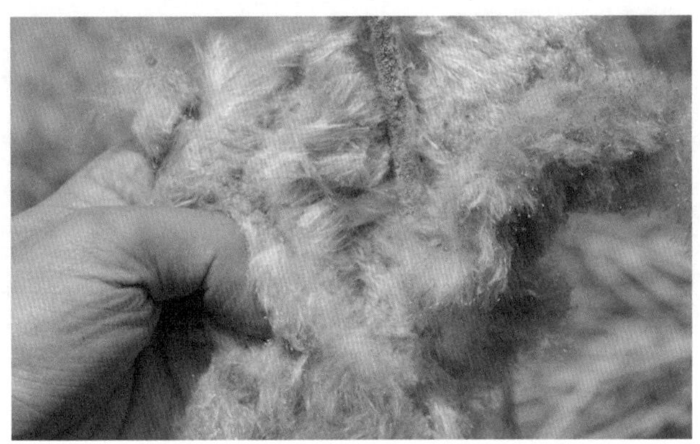

솜처럼 폭신해진 부들열매(이상 임원경제연구소, 이상 광양시 다압면 도사리에서 촬영)

10 출전 확인 안 됨; 《攷事新書》卷10 〈農圃門〉 上 "種茵草"(《農書》 5, 395쪽); 《增補山林經濟》, 위와 같은 곳.

9. 갈대[葦, 위][1]

葦

1) 이름과 품종

名品

일명 '노(蘆)', '가(葭)'이다. 꽃은 '봉농(蓬蕽)'이라 하고, 순은 '권(虇)'이라 한다.[2]

一名"蘆", 一名"葭". 花名"蓬蕽", 筍曰"虇".

【본초강목[3] 갈대[蘆]에는 몇 종류가 있다. 길이

【本草綱目 蘆有數種: 其

전주천의 갈대1

1 갈대[葦, 위] : 외떡잎식물 화본목 벼과의 여러해살이풀. 습지나 갯가, 호수 주변의 모래땅에 군락을 이루고 자란다.

2 일명……한다 : 《二如亭群芳譜》〈貞部〉"卉譜" 2 '蘆'(《四庫全書存目叢書補編》80, 822쪽); 《本草綱目》卷15 〈草部〉"蘆", 1001쪽에 보인다.

3 《本草綱目》, 위와 같은 곳.

전주천의 갈대2(이상 전성원)

갈대(파주시 파주읍 연풍리에서 촬영)

갈대(한밭수목원에서 촬영)

억새(이상 임원경제연구소, 남양주시 진접읍 부평리 봉선사에서 촬영)

는 10척 정도이며, 속은 비었고, 껍질은 얇으면서 백색인 갈대는 가(葭), 노(蘆), 위(葦)이다.

長丈許, 中空皮薄色白者, 葭也, 蘆也, 葦也.

위(葦)보다 짧고 작으면서 속은 비었고, 껍질은 두꺼우며 짙푸른 갈대는 담(菼), 난(薍), 적(荻), 환(萑)이다.[4]

短小於葦而中空皮厚色青蒼者, 菼也, 薍也, 荻也, 萑也.

4 위(葦)보다……환(萑)이다 : 이 풀이 억새인 듯하다.

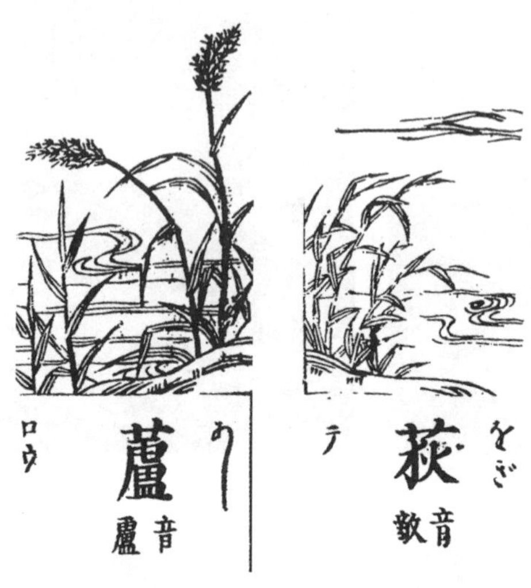

갈대(《왜한삼재도회》)

억새(《왜한삼재도회》)

길이가 가장 짧고 작으며, 속이 찬 갈대는 겸(蒹), 렴(薕)이다.

其最短小而中實者, 蒹也, 薕也.

몸통은 모두 대나무와 비슷하고 잎은 모두 길어 조릿대[箬]의 잎과 비슷하다. 잎이 떨어지지 않는 갈대는 '자탁(紫蘀)'이라고 한다】

其身皆如[1]竹, 其葉皆長, 如箬葉. 其未解葉者, 謂之"紫蘀"】

---

[1] 如 : 저본에는 "可". 《本草綱目·草部·蘆》에 근거하여 수정.

2) 심기와 가꾸기

種藝

갈대[葦]는 4월에 싹의 높이가 1척 남짓이 되었을 때 좋은 갈대를 고른다. 이 갈대를 흙무더기가 붙은 뿌리째로 판다. 흙무더기는 주발만 하게 만든다. 습지에 구덩이를 파서 이를 옮겨 심는다. 그루는 가로세로 서로 1~2척 떨어지게 한다【빨리 효과를 얻고자 하면 이보다 촘촘하게 심는다】.

葦, 四月苗高尺餘, 選好[2]葦, 連根栽成土墩, 如椀口大, 于濕地內, 掘區栽之. 縱橫相去一二尺【欲疾得力則密栽】.

겨울이 되면 불을 놓아 태운다. 다음해 봄에 싹이 나오면 좋은 갈대가 된다. 10월 후에 벤다. 원 사농사 《농상집요》[5]

至冬, 放火燒過. 次年春芽出, 便成好葦. 十月後刈之. 元司農司《農桑輯要》

다른 법: 2월에 땅을 푹 삶아 두둑을 만든다. 여기에 갈대뿌리를 눕혀서 심고 흙을 덮는다. 다음해이면 굵은 갈대가 된다. 원 사농사 《농상집요》[6]

一法: 二月熟耕地, 作壟, 取根臥栽, 以土覆之. 次年成葦. 同上

또 다른 법인 휘묻이법: 갈대가 한창 자랄 때 그 옆의 땅을 파서 도랑을 만든다. 줄기를 거꾸로 굽혀 도랑에 누인 다음 흙으로 덮어 눌러 준다. 이때 가지 끝을 밖으로 나오게 한다. 일반적으로 위를 향해 나는 잎을 또한 흙 밖으로 나오도록 심어야 한다. 이렇게 하면 흙 아래쪽에는 뿌리가 나고, 위쪽에는 순이 자란다. 이것은 뽕나무 휘묻이법과 다름이 없다. 5년 후에는 뿌리가 서로 얽힌다. 그러므로 이때는

又壓栽法: 其葦長時, 掘地成渠, 將莖屈倒, 以土壓之, 露其梢. 凡葉向上者, 亦植令出土, 下便生根, 上便成筍. 與壓桑無異. 五年之後根交, 當隔一尺許, 斸一钁, 卽滋旺矣. 同上

5 《農桑輯要》卷6 〈竹木〉 "葦"(《農桑輯要校注》, 231쪽).

6 《農桑輯要》, 위와 같은 곳.

[2] 好:《農桑輯要·竹木·葦》에는 "好家".

갈대밭(전성원)

갈대(임원경제연구소, 파주시 파주읍 연풍리에서 촬영)

1척 정도 간격으로 띄우고, 괭이로 한 번 뿌리를 파서 솎아 주면 무성해질 것이다. 원 사농사 《농상집요》[7]

억새[荻] 심는 법은 갈대[葦] 심는 법과 같다. 원 荻栽與葦同. 同上

7 《農桑輯要》卷6 〈竹木〉 "葦"(《農桑輯要校注》, 231쪽).

사농사《농상집요》[8]

솜털씨가 습지에 내리면 갈대[蘆]가 난다. 하지만 이는 뿌리를 옮겨 심는 것만 못하다.《농정전서》[9]

其花絮沾濕地, 卽生蘆, 然不如根栽者.《農政全書》

봄에 새싹을 얕은 물이나 하천 주위에 심으면 바로 나서 수확할 수가 있다. 솜털씨가 습지에 내리면 갈대가 된다. 하지만 이는 이미 자란 그루를 옮겨 심은 것만 못하다. 그루의 뿌리를 습지 안에 가로로 묻으면 마디마다 그루로 나서 자라기가 가장 쉽기 때문이다.《군방보》[10]

春時取其句萌, 種淺水河濡地, 卽生有收. 其花絮沾濕地, 卽成蘆體, 總不如成株者, 橫埋濕地內, 隨節生株, 最易長成.《群芳譜》

8 《農桑輯要》, 위와 같은 곳.

9 《農政全書》卷40〈種植〉"雜種"下 '葦'(《農政全書校注》, 1124쪽).

10 《二如亭群芳譜》〈貞部〉"卉譜" 2 '蘆'(《四庫全書存目叢書補編》80, 822쪽).

10. 왕골[龍鬚, 용수][1]

龍鬚

1) 이름과 품종

일명 '석룡추(石龍芻)', '현완(懸莞)'이다.[2]

【본초강목[3] 풀을 베어 싸서 다발로 묶는 것을 '추(芻, 꼴)'라 한다. 이 풀은 베고 묶어서 말에게 먹여 말을 기를 수 있기 때문에 '용추(龍芻)'라고 이름 붙였다.

무더기로 자란다. 모양은 종심초(粽心草, 달뿌리풀)

名品

一名"石龍芻", 一名"懸莞".

【本草綱目 刈草包束曰"芻". 此草可以刈束養馬, 故名"龍芻".

叢生, 狀如粽心草及鳧茈,

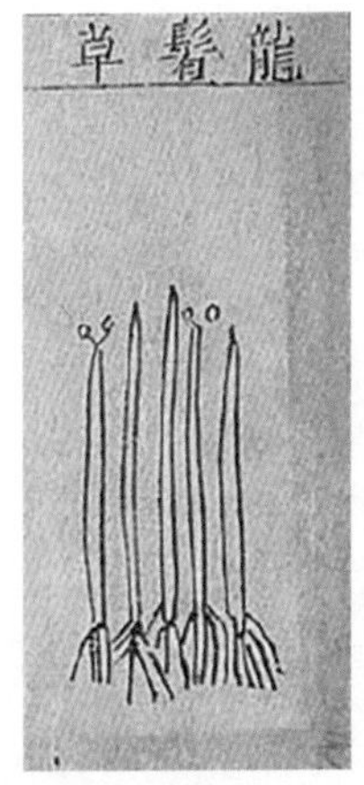

왕골(《본초강목》)

왕골(김용자)

왕골(네이버 블로그 수락산 스마일)

---

1 왕골[龍鬚, 용수]: 사초과의 한해살이풀. 줄기의 단면이 삼각형이다. 질기고 강하여 돗자리, 방석 따위를 만드는 데 쓰인다.

2 일명……현완(懸莞)이다: 《本草綱目》 卷15 〈草部〉 "石龍芻", 1013쪽에 보인다.

3 《本草綱目》, 위와 같은 곳.

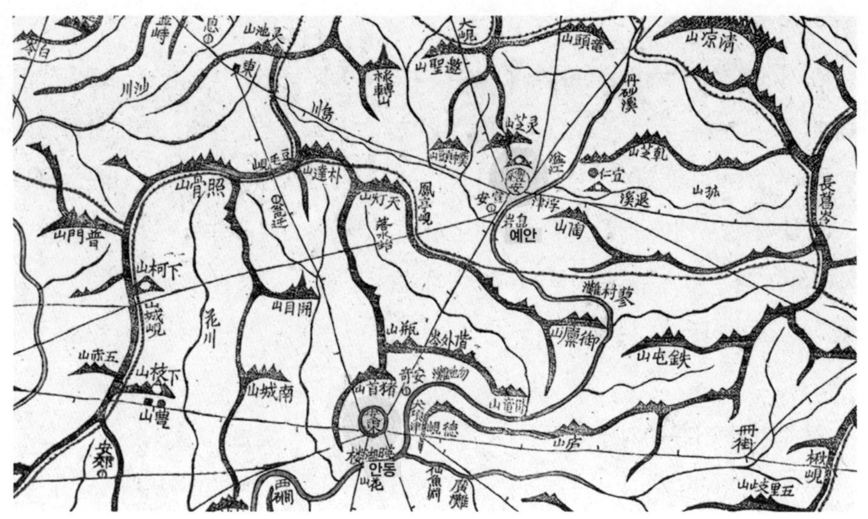

안동·예안(《대동여지도》)

나 부자(鳧茈, 올방개)[4]와 비슷하다. 싹은 곧게 올라간다. 여름에 줄기의 끝에 작은 이삭이 달리고 여기에서 꽃이 핀다. 여기에 잔 열매가 맺힌다. 가지에 나는 잎은 전혀 없다. 사람들이 많이 재배하여 이것으로 자리를 짠다.

苗直上. 夏月莖端開小穗花, 結細實, 并無枝葉. 人多栽蒔, 織席.

안 우리나라에서는 경상도 안동(安東)[5]·예안(禮安)[6] 등지에서 나는 왕골을 제일로 친다. 그 지방 토박이들은 왕골을 휴종(畦種)하고 이것으로 자리를 짠다. 그 이익이 곡식을 내는 밭의 배나 된다】

按 我東以嶺南 安東、禮安等地産者爲第一. 土人畦種, 織席, 利倍穀田】

4 부자(鳧茈, 올방개) : 현화식물문 사초과의 여러해살이풀. 《임원경제지 만학지》 권3 〈올방개[烏芋, 오우]〉에 자세히 보인다.

5 안동(安東) : 경상북도 안동시 강남동, 명륜동, 서구동, 송하동, 안기동, 옥동, 용상동, 중구동, 태화동, 평화동, 풍산읍, 길안면, 남선면, 남후면, 녹전면, 도산면, 북후면, 서후면, 예안면, 와룡면, 일직면, 임동면, 임하면, 풍천면 일대.

6 예안(禮安) : 경상북도 안동시 예안면 일대. 예안군은 1995년 안동시에 편입되었다.

2) 심기와 가꾸기

種藝

소서(小暑, 양력 7월 7·8일경) 후에 베어 자리짜기에 대비해 둔다. 늙은 뿌리를 밭에 남겨 두었다가 거름을 주어 싹이 나게 한다. 9월이 되면 호미로 파내고 늙은 뿌리를 쪼개어 제거한 다음, 싹에서 끝부분을 제거하고 나누어 심는다. 이때 벼 모내기하는 법[插稻法]과 같이 심는다. 《농정전서》[7]

小暑後斫起以備織席. 留老根在田, 壅培發苗. 至九月間, 鋤起, 擘去老根, 將苗去梢分栽, 如插稻法. 《農政全書》

3) 물주기와 거름주기

澆壅

강바닥의 진흙과 똥으로 거름 준다. 청명이나 곡우에 다시 똥이나 콩깻묵으로 거름 주고, 곧 김매 준다. 장마철에 들어선 후에 거름 주어서는 안 된다. 만약 재로 거름 주면 벌레가 생기고 색이 바랜다.

用河泥與糞培壅. 淸明、穀雨時, 復用糞或豆餠壅之, 卽耘草. 立梅後, 不可壅. 若灰壅之, 則生蟲退色.

【안 서광계(徐光啟)가 적어 놓은 이상의 내용은

【按 徐氏此段, 蓋論蓆草

왕골1

왕골2(이상 정재민)

7 《農政全書》 卷40 〈種植〉 "雜種" 下 '蓆草'(《農政全書校注》, 1124~1125쪽).

대개 석초(蓆草) 옮겨 심는 법을 논한 것이다. 하지만 본초서를 살펴보면 석초라는 이름은 없다. 서광계가 말한 석초는 과연 무엇을 가리키는지 모르겠다. 그러나 거름 주고 옮겨 심는 법은 지금의 경상도 사람들이 왕골 재배하는 법과 서로 비슷하다. 아마도 서광계가 말한 석초는 바로 왕골을 가리키는 듯하다】《농정전서》[8]

栽種之法者, 而考之本草, 無蓆草之名. 未知徐氏所謂蓆草果何指也. 然其培栽之法, 與今嶺南人種龍鬚法相似, 疑徐氏所謂蓆草, 卽指龍鬚也】《農政全書》

8 《農政全書》 卷40 〈種植〉 "雜種" 下 '蓆草'(《農政全書校注》, 1125쪽).

11. 골풀[燈心草, 등심초][1]

燈心草

1) 이름과 품종

名品

일명 '호수초(虎鬚草)', '벽옥초(碧玉草)'이다.[2]

一名"虎鬚草", 一名"碧玉草".

【본초강목[3] 곧 왕골[龍鬚]의 종류이다. 다만 왕골은 탱탱하면서 작고 줄기의 속대가 실하다. 반면 이 풀은 조금 굵고 속대는 허하며 백색이다. 골풀의 대로는 등의 심지를 만들 수 있고, 껍질로는 자리를 짤 수 있다】

【本草綱目 卽龍鬚之類, 但龍鬚緊小而瓤實, 此草稍粗而瓤虛白. 其瓤可作燈炷, 其皮[1]可織席】

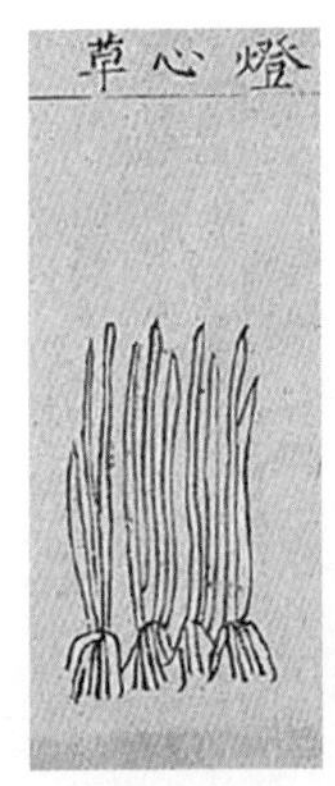

등심초(《본초강목》)

골풀

1 골풀[燈心草, 등심초] : 외떡잎식물 골풀목 골풀과의 여러해살이풀.

2 일명……벽옥초(碧玉草)이다 : 《本草綱目》 卷15 〈草部〉 "燈心草", 1014쪽에 보인다.

3 《本草綱目》, 위와 같은 곳.

[1] 皮 : 《本草綱目·草部·燈心草》에는 "草".

2) 알맞은 토양
土宜

기름진 밭이 가장 좋다. 밭이 척박하면 골풀이 가늘다. 《농정전서》[4]

最宜肥田, 瘦則草細. 《農政全書》

3) 심기와 가꾸기
種藝

심는 법은 석초(蓆草)[5]와 같다. 《농정전서》[6]

種法與蓆草同. 《農政全書》

4) 거두기
收採

5월에 베어 햇볕에 말린다. 《농정전서》[7]

五月斫起曬乾. 《農政全書》

5) 보관하기
收藏

골풀을 저장할 때는 뜨거운 물에 약간 담갔다가 햇볕에 말리면 오래되어도 굵기가 줄어들지 않는다. 매년 11월에 저장한다. 《화한삼재도회》[8]

貯燈心, 略蘸熱湯, 曬乾, 則經久不瘦. 每十一月貯之. 《和漢三才圖會》

6) 제조
製造

골풀은 작은 칼로 누르고 골풀을 올려 놓은 손가락을 누르면서 껍질을 벗겨 흰 속대[白穰]를 취한다. 일반적으로 골풀 6근을 벗겨 흰 속대 0.5근을 얻으면 품질이 상품이다. 《화한삼재도회》[9]

燈心草, 用小刀按指, 以裂皮取白穰. 凡剝六斤得白穰半斤者爲上. 《和漢三才圖會》

---

4 《農政全書》 卷40 〈種植〉 "雜種" 下 '燈草'(《農政全書校注》, 1125쪽).
5 석초(蓆草): 위에서 서유구는 이를 왕골로 추정했다.
6 《農政全書》, 위와 같은 곳.
7 《農政全書》, 위와 같은 곳.
8 《和漢三才圖會》 卷94 〈濕草類〉 "燈心草"(《倭漢三才圖會》11, 262쪽).
9 《和漢三才圖會》 卷94 〈濕草類〉 "燈心草"(《倭漢三才圖會》11, 261쪽).

등심초(《왜한삼재도회》)

7) 쓰임새

功用

뾰족한 칼을 판자로 만든 걸상 위에 찍어 고정시킨 다음 골풀줄기를 쪼개어 벌린다. 속대[心]로는 등불을 붙이거나 초 심지를 만들 수 있다. 껍질로는 도롱이[10]를 만들 수 있다. 《농정전서》[11]

以尖刀釘板橙[2]上, 劃開. 其心可點燈及爲燭心, 其皮可製雨簑. 《農政全書》

골풀1

골풀2(이상 정재민)

10 도롱이 : 짚, 띠 따위로 엮어 허리나 어깨에 걸쳐 두르는 비옷.
11 《農政全書》, 위와 같은 곳.
[2] 橙 : 저본에는 "燈". 오사카본·《農政全書·種植·雜種》에 근거하여 수정.

12. 매자기[荊三稜, 형삼릉][1]

荊三稜

1) 이름과 품종

일명 '초삼릉(草三稜)'이다.[2]

【본초강목[3] 사람의 발길이 닿지 않아 풀이 무성한 못이나 습지에 난다. 봄에 무더기로 난다. 여름과 가을에 줄기가 높이 뻗어 오른다. 줄기 끝에 다시 잎이 몇 개 난다. 꽃이 6~7개의 가지에서 핀다. 꽃은 모두 자잘하게 이삭을 맺는다. 이삭은 황자색이며,

名品

一名"草三稜".

【本草綱目 生荒廢陂池濕地. 春時叢生, 夏秋抽高莖, 莖端復生數葉, 開花六七枝, 花皆細碎成穗, 黃紫色, 中有細子.

매자기

1 매자기[荊三稜, 형삼릉]: 외떡잎식물 벼목 사초과의 여러해살이풀

2 일명 초삼릉(草三稜)이다:《本草綱目》卷14〈草部〉"荊三稜", 885쪽에 보인다.

3 《本草綱目》卷14 〈草部〉 "荊三稜", 886쪽.

치주(淄州)경삼릉 형주(荊州)경삼릉 강릉부(江陵府)경삼릉 하중부(河中府)경삼릉 수주(隨州)경삼릉

매자기(이상 《본초도경》)

그 속에 잔 씨가 있다.

잎과 줄기, 꽃과 열매에 모두 세 모서리가 있다. 줄기는 윤이 나고 미끄럽다. 줄기 속에 흰 속대[白瓤]가 있다. 이를 갈라서 기물을 짜면 등덩굴과 같이 부드럽고 질기다】

其葉莖、花實俱有三稜. 其莖光滑, 中有白瓤[1], 剖之織物, 柔韌如藤】

[1] 瓤:《本草綱目·草部·荊三稜》에는 "穰".

2) 심기와 가꾸기

습지에 씨를 심는다. 싹이 나서 조금 자라면 못이나 우물가 도랑에 옮겨 심는다. 《증보산림경제》[4]

種藝

濕地下子, 待苗生稍長, 移栽陂塘或井邊溝渠.《增補山林經濟》

3) 물주기와 거름주기

삭은 똥과 누에똥, 닭똥을 많이 주면 매우 무성해진다. 《증보산림경제》[5]

澆壅

多入陳糞、蠶沙、雞矢, 甚茂.《增補山林經濟》

형삼릉(《왜한삼재도회》)

4 《增補山林經濟》卷6 〈治圃〉"稜莞"(《農書》3, 449쪽).

5 《增補山林經濟》, 위와 같은 곳.

4) 제조

製造

7월에 베어 취할 수 있다. 10여 일 동안 햇볕에 말리고 밤에는 이슬을 맞힌다. 《증보산림경제》[6]

七月可刈取, 日曬夜露十餘日. 《增補山林經濟》

5) 쓰임새

功用

모서리를 갈라 자리를 짜면 부들자리보다 1~2년 더디게 해어진다. 《증보산림경제》[7]

剖其稜編席, 比蒲席, 遲弊一二年. 《增補山林經濟》

매자기1

매자기2(이상 정재민)

6 《增補山林經濟》, 위와 같은 곳.

7 출전 확인 안 됨.

13. 담배[烟草, 연초][1] 烟草

1) 이름과 품종 名品

일명 '어(菸)', '배초(排草)', '담파고(淡巴菰)'이다.[2]

一名"菸", 一名"排草", 一名"淡巴菰".

【해동농서[3] 본래 여송국(呂宋國)[4]에서 나왔다. 중국에 들어와서는 명나라 만력(萬曆) 연간(1573~1620)에 복건[閩]과 광동·광서[廣] 지역의 사람들이 처음

【海東農書 本産呂宋國, 其入中國, 在萬曆中而閩、廣人始種之. 微黃質細者,

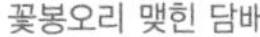

꽃봉오리 맺힌 담배

담배줄기와 잎

1 담배[烟草, 연초]: 가짓과의 한해살이 식물. 잎을 말려 만든 살담배, 잎담배, 궐련 등의 기호식품 재료로 쓰인다.

2 일명……담파고(淡巴菰)이다:《海東農書》卷3〈草類〉"烟草"(《農書》9, 187쪽)에 보인다.

3 《海東農書》卷3〈草類〉"紅藍"(《農書》9, 187~188쪽).

4 여송국(呂宋國): 필리핀의 군도(群島) 북부에 있는 가장 큰 섬을 통치했던 나라. 여사국(呂私國)이라고도 한다.

담배꽃(이상 네이버 블로그 수락산 스마일)

으로 심었다. 옅은 황색에 바탕이 가는 담배는 '금사연(金絲烟)'이라 한다. 우리나라는 일본에게서 얻었다. 유구(琉球)[5]에서 조회하러 왔을 때, 또한 공물로 바쳤다.

號爲"金絲烟". 我東自倭得之, 琉球來朝, 亦充貢獻.

대체로 남번(南番)[6]에서 나기 때문에 민간에서는 '남초(南草)'라고 부른다. 매우 가는 것은 '기삼이(岐三伊)'[7]라고 하는데, 이것은 곧 일본말이다. 지금 평안도에서 심은 담배를 좋은 품질로 친다. 이 담배를 '서초(西草)'라고도 하고, '향초(香草)'라고도 한다】

大抵出於南番, 故俗稱"南草". 其切細者, 曰"岐三伊", 此卽倭語也. 今以關西所種爲佳品, 號爲"西草", 又曰"香草"】

---

5 유구(琉球) : 현재 일본 오키나와현 일대에 위치했던 독립국. 유구국은 중국이나 일본, 동남아시아 등과의 중계무역으로 번성하였다. 여러 차례 일본의 침략을 받아 1879년에 일본에 강제로 병합되어 멸망하였다.

6 남번(南番) : 멕시코 남부의 열대아메리카와 중남미 지역을 가리킨다. 남번은 사료에서 인도네시아의 자와(Java, 자바)나 베트남 등 동남아시아에 분포하는 나라들을 가리키기도 한다.

7 기삼이(岐三伊) : 미상.

2) 심는 시기

時候

2월에 씨를 심고, 5월에 옮겨 심는다. 《화한삼재도회》[8]

二月下種, 五月移栽《和漢三才圖會》

8 《和漢三才圖會》卷99 〈葷草類〉 "烟草"(《倭漢三才圖會》12, 113쪽).

3) 심기와 가꾸기

種藝

3월에 기름지고 습한 땅을 골라 충분히 밭을 삶고 씨를 심는다. 싹이 나면 낮에는 덮어 주고 밤에는 걷는다. 잎이 3장이 나면 옮겨 심을 수 있다. 이에 앞서 옮겨 심을 만한 땅을 손질하되, 습도가 적당한 땅이 좋다. 땅 위에 떡갈나무잎을 많이 펼쳐 놓고 쟁기질하여 잎을 덮는다.

三月間擇肥濕地, 熟耕下子. 候立苗, 晝蓋夜露. 已成三葉, 可移栽. 先治可栽之地, 以燥濕適中爲良. 就地上多布櫟葉, 犁掩之.

비온 후에 옮겨 심는다. 뿌리의 간격은 서로 0.7~0.8척이 되게 한다. 뿌리를 내리기 전에 시들 염려가 있으므로 반드시 소나무가지나 떡갈나무잎으로 해를 가려 보호해야 한다.

雨後移栽, 每根相去七八寸. 未着根前, 恐萎, 必以松枝、櫟葉翳日護之.

길이가 1척 남짓 자라면 끝부분을 따 주되, 잎 6~7개만 남긴다. 날마다 새순을 따서, 기운을 분산시키지 않게 한다. 잎이 크고 두터워졌을 때 색이 조금 황색이면서 종기 같은 것이 많이 나 있으면 이것은 독이 오른 상태이다. 이때 반드시 한낮에 잎을 딴 다음 엮어 처마 아래에 걸어서 그늘에 말려야 한다. 그리고 비로소 순을 더 기른다. 하지만 두 번째 세 번째 따는 잎은 맛이 처음 딴 잎만 못하다.《증보산림경제》[9]

待長尺餘, 掐去梢, 只留六七葉, 日摘筍, 使不分氣. 其葉既大且厚, 色微黃疿磊, 是毒升也, 須就日中摘葉, 編懸簷下, 陰乾. 始養筍, 再摘三摘, 味不如初.《增補山林經濟》

9 《增補山林經濟》卷6〈治圃〉"烟草"(《農書》3, 444~445쪽).

4) 치료하기

새싹을 따낼 때 벌레를 제거한다. 이 일을 아침마다 게을리해서는 안 된다. 《화한삼재도회》[10]

醫治

摘去新芽, 除蟲也, 每朝不可怠. 《和漢三才圖會》

5) 거두기

일반적으로 잎을 딸 시기에, 비가 막 개었을 때 따면 담배의 독이 밋밋하여 맛이 강하지 않다. 그러므로 이때는 반드시 다시 며칠 기다린 후에 따야 한다. 《증보산림경제》[11]

收採

凡摘葉, 若於雨新晴之時, 則毒平①味不猛, 須更俟數日而摘之. 《增補山林經濟》

6) 종자 거두기

8~9월에 줄기의 끝이 나와 송이로 늘어지고 가장귀에서 작고 백색인 꽃이 적색을 띠며 핀다. 열매를 맺어서는 안에 잔 씨가 있고 황갈색이다. 작은 벌레가 있으면 그 씨를 먹으므로 벌레 퇴치를 부지런히 해야 한다. 그렇게 하지 않으면 종자를 얻기가 어렵다. 《화한삼재도회》[12]

收種

八九月莖頭出朶, 椏開小白花, 帶赤色, 結子, 內有細子, 黃褐色. 有小蟲, 食其子, 故辟蟲須勤, 否則難得其種. 《和漢三才圖會》

7) 제조

7~8월에 잎을 따서 잎에다 거적[稿筵]을 덮어 숙성시킨다. 하룻밤 지나 꺼내서 잎마다 엮어 만들 듯이 새끼줄에 끼운다. 그런 다음 햇볕에 말린다. 이어서 하룻밤 서리를 맞히고, 다시 햇볕에 말리면 황

製造

七八月采葉覆稿筵奮之, 一宿取出, 每一葉狹繩如編成而曬乾. 霜宿一夜, 復曬乾則成黃赤色, 擴皺

---

10 《和漢三才圖會》, 위와 같은 곳.

11 《增補山林經濟》卷6 〈治圃〉 "烟草"(《農書》 3, 445쪽).

12 《和漢三才圖會》, 위와 같은 곳.

① 平: 《增補山林經濟·治圃·烟草》에는 "盡".

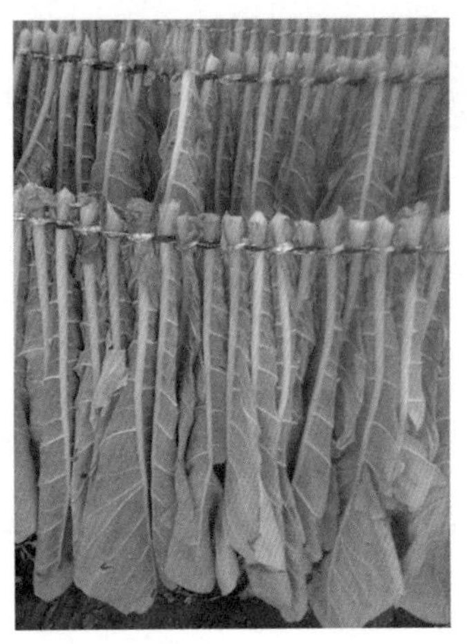

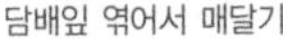

담배잎 엮어서 매달기

담배잎 말리기(이상 네이버 블로그 호언팜)

적색이 된다. 새끼에 엮음으로 인해 생긴 주름을 펴서 거둔다. 《화한삼재도회》[13]

收之. 《和漢三才圖會》

만학지 권제5 끝

晩學志卷第五

13 《和漢三才圖會》, 위와 같은 곳.

《만학지》 참고문헌 서목

만학지 원전

《林園經濟志 晩學志》, 徐有榘 著(고려대학교 한적실 대학원 E1 A34 12)

《林園經濟志 晩學志》, 徐有榘 著(오사카 나카노시마부립도서관본 韓9-64)

《林園經濟志 晩學志》, 徐有榘 著(서울대 규장각한국학연구원 奎6565- v.10~11)

경서류

《大般涅槃經》(《大正新修大藏經》 12, 大正一切經刊行會, 1931)

《毛詩正義》, 毛亨 傳,鄭玄 箋, 孔穎達 疏(《十三經注疏整理本》 4-6, 北京大學出版社, 2000)

《尙書正義》, 孔安國 傳, 孔穎達 疏(《十三經注疏整理本》 2, 北京大學出版社, 2000))

《禮記正義》, 鄭玄 注, 孔穎達 疏(《十三經注疏整理本》 12-15, 北京大學出版社, 2000)

《周禮注疏》, 鄭玄 注, 賈公彦 疏(《十三經注疏整理本》 7-9, 北京大學出版社, 2000)

《周易正義》, 王弼 注, 孔穎達 疏(《十三經注疏整理本》 1, 北京大學出版社, 2000)

《楚辭章句》, 王逸 撰(《文淵閣四庫全書》 1062, 商務印書館, 1983)

사서류

《國語》, 吳韋 注(《文淵閣四庫全書》 406, 商務印書館, 1983)

《史記》, 司馬遷 撰(中華書局, 1997)

제자류

《管子》, 管仲 撰(《管子校釋》, 嶽麓書社, 1996)

《管子校釋》, 顔昌嶢 著(嶽麓書社, 1996)

《文子》, 文子 撰(《文淵閣四庫全書》 1058, 商務印書館, 1983)

《晏子春秋》, 晏嬰 撰(《諸子集成》 4, 中華書局, 1986)

《莊子》, 莊周 撰, 陳鼓應 注譯(《莊子今注今譯》, 中華書局, 1983)

《淮南鴻烈解》, 劉安 撰(《中華道藏》 24, 華夏出版社, 2004)

자전과 운서류

《埤雅》, 陸佃 撰(《文淵閣四庫全書》 222,商務印書館, 1983)

《說文解字注》, 許愼 撰, 段玉裁 注(上海古籍出版社, 1988)

《爾雅翼》,羅願 撰(《文淵閣四庫全書》 222, 臺灣商務印書館, 1983)

《爾雅注疏》(《十三經注疏整理本》 24, 北京大學出版社, 2000)

문집류

《萬柳溪邊舊話》, 尤玘 撰(《江西詩社宗派圖錄·江西詩派小序·萬柳溪邊舊話》, ctext.org)

《文選》, 蕭統 撰(《文淵閣四庫全書》 1330, 臺灣商務印書館, 1983)

《文昌雜錄》, 龐元英(《文淵閣四庫全書》 862, 臺灣商務印書館, 1983)

《東坡全集》, 蘇軾 撰(《文淵閣四庫全書》 1107, 臺灣商務印書館, 1983)

《補注杜詩》, 杜甫 撰, 宋 黃鶴 補注(《文淵閣四庫全書》 1069, 臺灣商務印書館, 1983)

《山谷集》, 黃庭堅 撰(《文淵閣四庫全書》 1113, 臺灣商務印書館, 1983)

《宛陵集》, 梅堯臣 著(《文淵閣四庫全書》 1099, 商務印書館, 1983)

유서류

《居家必用事類全集》, 작자미상(《續修四庫全書》 1184, 上海古籍出版社, 1995)
《本史》, 徐命膺 著(《保晩齋叢書》 6, 서울大學校 奎章閣韓國學研究院, 2006)
《林園經濟志 灌畦志》, 徐有榘 著(오사카본,고려대본,규장각본,연세대본,국립중앙도서관본)
《藝文類聚》, 歐陽詢 撰(《文淵閣四庫全書》 888, 商務印書館, 1983)
《五洲衍文長箋散稿》, 李圭景 撰(한국고전종합DB)
《竹嶼山房雜部》, 宋詡·宋公望 撰(《文淵閣四庫全書》 871, 商務印書館, 1983)
《遵生八牋校注》, 高濂 撰, 趙立勛 等 校注(人民衛生出版社, 1994)
《芝峯類說》, 李睟光 著(국립중앙도서관 한古朝91-50)
《芝峯類說》, 李睟光 著(한국고전종합DB)
《通典》, 杜佑 撰(《文淵閣四庫全書》 605, 商務印書館, 1983)
《和漢三才圖會》, 寺島良安 撰(《倭漢三才圖會》, 국학자료원, 2002)

그외 원전

《江南錄》, 曾極 撰(《文淵閣四庫全書》 1032, 商務印書館, 1983)
《癸辛雜志》, 周密(《文淵閣四庫全書》 1040, 商務印書館, 1983)
《古今注》, 崔豹 撰(《文淵閣四庫全書》 850, 商務印書館, 1983)
《高麗圖經》, 徐兢 撰(朝鮮古書刊行會, 1911)
《攷事新書》, 魚叔權 撰(《農書》 5, 아세아문화사, 1981)
《古芸堂筆記》, 柳得恭 撰(한국고전종합DB)
《臞仙神隱書》, 朱權(《四庫全書存目叢書》 260, 齊魯書社, 1996)
《歸田錄》, 歐陽修 撰(《文淵閣四庫全書》 1036, 商務印書館, 1983)
《橘錄》, 韓彦直 撰(《文淵閣四庫全書》 845, 商務印書館, 1983)
《金華耕讀記》, 徐有榘(東京都立日比谷圖書館, 1959)

《南越筆記》, 王雲五 編(《叢書集成初編》 3127, 商務印書館, 1936))
《老學庵筆記》, 陸游 撰(《叢書集成初編》 2766, 商務印書館, 1936)
《農桑輯要校注》, 石聲漢 校注(中華書局, 2014)
《農政全書校注》, 徐光啓 著(上海古籍出版社, 1979)
《多能鄙事》, 劉基 撰(ctext.org)
《丹鉛總錄》, 楊愼 撰(《文淵閣四庫全書》 855, 商務印書館, 1983)
《大東輿地圖》, 金正浩 著(서울대학교 규장각한국학연구원)
《大明一統志》(ctext.org)
《桐譜》, 陳翥 撰(《文淵閣四庫全書》 882, 商務印書館, 1983)
《東坡志林》, 蘇軾 撰(《文淵閣四庫全書》 863, 商務印書館, 1983)
《茅亭客話》, 黃休復 撰(《文淵閣四庫全書》 1042, 商務印書館, 1983)
《夢溪筆談》, 沈括 著(《新校正夢溪筆談》, 中華書局, 1987)
《武藝圖譜通志》, 李德懋·朴齊家·白東修 撰(국립중앙도서관본 古0236-7)
《物類相感志》,贊寧 撰(《文淵閣四庫全書》 877, 商務印書館, 1983)
《墨客揮犀》, 彭乘 撰(《文淵閣四庫全書》 1037, 商務印書館, 1983)
《磻溪隨錄》, 柳馨遠 撰(한국고전종합DB).
《范村梅譜》, 范成大 撰(《文淵閣四庫全書》 845, 臺灣商務印書館, 1983)
《本草經集注》(ctext.org)
《四時纂要譯註》, 韓鄂 著, 崔德卿 譯註(세창출판사, 2017)
《山家淸事》, 林洪 著(《叢書集成初編》 2883, 商務印書館, 1936)
《山林經濟》, 洪萬選(《農書》 2, 아세아문화사, 1981)
《說郛》, 陶宗儀 撰(《文淵閣四庫全書》 881, 商務印書館, 1983)
《惺所覆瓿藁》, 許筠 撰(한국고전종합DB)
《穡經》, 朴世堂 著(《農書》 1, 아세아문화사, 1981)
《星湖僿說》, 李瀷 撰(한국고전종합DB)
《首善全圖》, 金正浩 撰(서울대학교 규장각한국학연구원)
《授時通考》, 鄂爾泰·張廷玉 等 撰(《文淵閣四庫全書》 732, 臺灣商務印書館,

1983)
《御定佩文廣羣芳譜》, 汪灝 等(《文淵閣四庫全書》 845, 臺灣商務印書館, 1983)
《養花小錄》, 姜希顔(고려대 해외한국학자료센터DB)
《漁隱叢話》, 胡仔 撰(《文淵閣四庫全書》 1480, 商務印書館, 1983)
《研經齋全集》, 成海應 撰(한국고전종합DB)
《硏北雜志》, 陸友 撰(《文淵閣四庫全書》 866, 商務印書館, 1983)
《藝文類聚》, 歐陽詢 撰(《文淵閣四庫全書》 888, 商務印書館, 1983)
《五雜組》, 謝肇淛 撰(上海書店出版社, 2001)
《王禎農書》, 王禎 撰 王毓瑚 校(農業出版社, 1981)
《祐山雜說》, 馮汝弼 著(ctext.org)
《王羲之十七帖》, 王羲之(二玄社, 1972)
《劉賓客嘉話錄》, 韋絢 撰(《叢書集成初編》 2830, 商務印書館, 1936)
《酉陽雜俎》, 段成式 撰(《叢書集成初編》 276, 商務印書館, 1936)
《柳河東集》 柳宗元 撰(《文淵閣四庫全書》 1076, 商務印書館, 1983)
《輶軒使者絕代語釋別國方言》, 楊雄 撰, 郭璞 注(《文淵閣四庫全書》 221, 商務印書館, 1983)
《異物志》, 楊孚 撰(《叢書集成初編》 3021, 商務印書館, 1936)
《六書精蘊》, 魏校 撰(ctext.org)
《二如亭群芳譜》, 王象晉(《四庫全書存目叢書》, 齊魯書社出版, 1995)
《齊民要術校釋》, 賈思勰 原著, 繆啓愉 校釋(中國農業出版社, 1998)
《種樹書》, 郭橐駝 撰(《叢書集成初編》 1469, 商務印書館, 1936)
《種藷譜》, 徐有榘 著(《農書》 36, 아세아문화사, 1981)
《竹譜》, 戴凱之 著(《叢書集成初編》 1352, 商務印書館, 1936)
《中國茶書全集校證》, 方健 著(中州古籍出版社, 2015)
《重訂增補陶朱公致富奇書》, 陳繼儒 著, 石岩 增定(일본 국립국회도서관본-청구기호-特1-2201)
《增補山林經濟》, 柳重臨(《農書》 4-5, 아세아문화사, 1981)

《淸異錄》, 陶穀 撰(《文淵閣四庫全書》 1047, 商務印書館, 1983)

《冲庵先生集)》, 金淨 撰(《韓國文集叢刊》 23, 민족문화추진회, 1988)

《耽羅志》, 李元鎭 撰(국립중앙도서관본 911.991-제577)

《通典》, 杜佑 撰(《文淵閣四庫全書》 605, 商務印書館, 1983)

《快雪堂漫錄》, 馮夢禎 撰(《四庫全書存目叢書》 247, 濟魯書社, 1995).

《破閑集》, 李仁老 撰(국립중앙도서관본 古 3648-62-377)

《便民圖纂》, 鄺璠 著, 石聲漢 康成懿 校注(農業出版社, 1982)

《風土記》(《文淵閣四庫全書》 879, 商務印書館, 1983)

《避暑錄話》, 葉夢得 撰(《文淵閣四庫全書》 863, 臺灣商務印書館, 1983)

《學林》, 王觀國 撰(《文淵閣四庫全書》 851, 臺灣商務印書館, 1983)

《學圃雜疏》, 王世懋 撰(《叢書集成初編》 1355, 商務印書館, 1936)

《閑情錄》, 許筠(《農書》 1, 아세아문화사, 1981)

《海東農書》, 徐浩修 撰(《農書》 10, 아세아문화사, 1981)

《杏蒲志》, 徐有榘 著(《農書》 36, 亞細亞文化社, 1986)

《花鏡》, 陳淏子 著(《中國農書叢刊》, 農業出版社, 1962)

의서류

《東醫寶鑑》, 許浚 撰(《原本 東醫寶鑑》, 南山堂, 2013)

《本草綱目》, 李時珍 著, 劉衡如 校(人民衛生出版社, 1982)

《本草圖經》,蘇頌 編撰(安徽科學技術出版社, 1994)

《黃帝內經素問》(《黃帝內經素問語譯》, 人民衛生出版社, 2013)

《新修本草》, 蘇敬 撰(安徽科學技術出版社, 2004)

《本草衍義》, 寇宗奭 撰(人民衛生出版社, 1990)

사전과 도감류

《大漢和辭典》, 諸橋轍次 著(大修館書店, 1984)

《중국역대인명사전》, 임종욱 외 1인(이회문화사, 2010)

《한국민족문화대백과사전》, 한국정신문화연구원편찬부(한국정신문화연구원)
《한국삼재도회》, 박성훈 편(시공사, 2002)
《漢語大詞典》, 羅竹風 主編, 漢語大詞典編輯委員會, 漢語大詞典編纂處 編纂(上海, 漢語大詞典出版社, 1990-93)

번역서

《고려도경》, 서긍 지음, 조동원·김대식·이경록·이상국·홍기표 공역(황소자리, 2005)
《금화경독기》, 서유구 저, 진재교 외 역(자연경실, 2019)
《번계시고》, 서유구 저, 조창록 옮김(자연경실, 2018)
《완역정본 북학의》, 박제가 지음, 안대회 교감 역주(돌베개, 2013)
《사시찬요역주(四時纂要譯註)》, 韓鄂 著, 崔德卿 譯註(세창출판사, 2017)
《증보산림경제》 I~III, 노재준·윤태순·홍기용 옮김(고농서국역총서, 농촌진흥청. 2003)
《양화소록》, 강희안 지음, 서윤희·이경록 옮김(눌와, 2012)
《어우야담(於于野譚)》, 유몽인 지음, 신익철·이형대·조융희·노영미 옮김(돌베개, 2006)
《임원경제지 본리지(林園經濟志 本利志)》 1, 3, 풍석 서유구 지음, 임원경제연구소 옮김(소와당, 2008·2099)
《임원경제지 보양지(林園經濟志 葆志養)》 1, 2, 3, 풍석 서유구 지음, 임원경제연구소 옮김(풍석문화재단, 2020)
《임원경제지 상택지(林園經濟志 相宅志)》, 풍석 서유구 지음, 임원경제연구소 옮김(풍석문화재단, 2019)
《임원경제지 섬용지(林園經濟志 贍用志)》 1, 2, 3, 풍석 서유구 지음, 임원경제연구소 옮김(풍석문화재단, 2016)
《임원경제지 예원지(林園經濟志 藝畹志)》 1, 풍석 서유구 지음, 임원경제 연구소 옮김(풍석문화재단, 2022)

《임원경제지 이운지(林園經濟志 怡雲志)》 1, 2, 풍석 서유구 지음, 임원경제연구소 옮김(풍석문화재단, 2019)
《임원경제지 전공지(林園經濟志 展功志)》 1, 2, 풍석 서유구 지음, 임원경제연구소 옮김(풍석문화재단, 2022)
《임원경제지 전어지(林園經濟志 佃漁志)》 2, 풍석 서유구 지음, 임원경제연구소 옮김(풍석문화재단, 2021)
《임원경제지 정조지(林園經濟志 鼎志組)》 2, 풍석 서유구 지음, 임원경제연구소 옮김(풍석문화재단, 2020)
《제민요술 역주》 Ⅱ, 賈思勰 著, 崔德卿 譯註(세창출판사, 2018)

연구논저

《임원경제지 : 조선 최대의 실용 백과사전》, 서유구 지음, 정명현·민철기·정정기·전종욱 외 옮기고 씀(씨앗을 뿌리는 사람, 2012, 2019 2쇄)
《茶쟁이 진제형의 중국차공부》, 진제형, 도서출판 이른아침, 2003.
《品茶說茶》, 中國茶葉博物館 著(東方出版社)

검색사이트

고전용어 시소러스(한국고전번역원)
Google(구글) http://www.google.com
DAUM(다음) http://www.daum.net/
NAVER(네이버) http://www.nave.com
고려대 해외한국학자료센터 http://kostma.korea.ac.kr/
고려대학교 중앙도서관 http://library.korea.ac.kr/
국립중앙도서관 http://www.nl.go.kr/
국립수목원 https://kna.forest.go.kr/kfsweb/kfi/kfs/cms/cmsView.do?mn=UKNA_02_02&cmsId=FC_003212
국립중앙박물관 http://www.museum.go.kr/

규장각 한국학연구원(서울대학교) http://kyujanggak.snu.ac.kr/

네이버 지식백과

문화재청 국가문화유산포털 http://www.heritage.go.kr/

百度(바이두) http://www.baidu.com

서울대학교 중앙도서관 http://library.snu.ac.kr/

역사정보통합시스템 http://www.koreanhistory.or.kr/

유튜브 www.youtube.com

異體字字典(中華民國教育部) http://dict.variants.moe.edu.tw/

한국고전번역원 http://www.itkc.or.kr

한국한의학고전DB https://www.mediclassics.kr/

색인

주요용어

인명

지명

ㄱ

ㄴ

서명

ㅊ

ㅋ

ㅌ

ㅍ

ㅎ

물명

ㄱ

ㄴ

ㄷ

저자 및 교정자 소개

저자

풍석(楓石) 서유구(徐有榘, 1764~1845)

본관은 달성(대구), 경기도 파주 장단이 고향이다. 조선 성리학의 대가로서 규장각 제학, 전라 관찰사, 수원 유수, 이조 판서, 호조 판서 등 고위 관직을 두루 역임했다. 그럼에도 서명응(조부)·서호수(부)·서형수(숙부)의 가학에 깊은 영향을 받아, 경학이나 경세학보다는 천문·수학·농학 등 실용학문에 심취했다. 그 결과 조선시대 최고의 실용백과사전이자 전통문화콘텐츠의 보고인 《임원경제지》 113권을 저술했다.

벼슬에서 물러나 있는 동안에는 고향인 임진강변 장단에서 술 빚고 부엌을 드나들며, 손수 농사짓고 물고기를 잡으면서 임원(林園)에서 사는 선비로서 가족을 건사하고 덕을 함양하는 데 필요한 전반적인 실용 지식을 집대성했다. 이를 위해 조선과 중국, 일본의 온갖 서적을 두루 섭렵하여 실생활에 필요한 각종 지식을 체계적으로 수집하는 한편, 몸소 체험하고 듣고 관찰한 내용을 16분야로 분류하여 엄밀하게 편찬 저술하기 시작했다.

서유구는 실현 가능한 개혁을 추구하는 조정의 최고위 관료였고, 농부이자 어부, 집 짓는 목수이자 원예가, 술의 장인이자 요리사, 악보를 채록하고 거문고를 타는 풍류 선비이자 전적과 골동품의 대가, 전국 시장과 물목을 꿰고 있는 가문 경영자이자 한의학과 농학의 대가였다.

전라 관찰사 재직 때에 호남 지방에 기근이 들자 굶주린 백성들을 위해 《종저보》를 지어 고구마 보급에 힘쓰기도 했던 서유구는, 당시 재야나 한직에 머물렀던 여느 학자들과는 달랐다. 그의 학문은 풍석학(楓石學), 임원경제학(林園經濟學)이라 규정할 만한 독창적인 세계를 제시했던 것이다.

늙어 벼슬에서 물러나 그동안 모으고 다듬고 덧붙인 엄청난 분량의 《임원경제지》를 완결한 그는 경기도 남양주 조안면에서 82세의 일기를 다했다. 시봉하던 시사(侍史)가 연주하는 거문고 소리를 들으며 운명했다고 한다.

교정자

추담(秋潭) 서우보(徐宇輔, 1795~1827)

서유구의 아들로, 모친은 여산 송씨(宋氏, 1769~1799)이다. 자는 노경(魯卿), 호는 추담(秋潭)·옥란관(玉蘭觀)이다. 서유구가 벼슬에서 물러난 1806년부터 1823년에 회양부사로 관직에 복귀하기 전까지, 약 18년 동안 부친과 임원에서 함께 생활하며 농사짓고 물고기를 잡는 한편, 《임원경제지》의 원고 정리 및 교정을 맡았다. 요절했기 때문에 《임원경제지》 전 권을 교정할 수 없었지만, 서유구는 《임원경제지》 113권의 권두마다 "남(男) 우보(宇輔) 교(校)"라고 적어두어 그의 기여를 공식화했다. 시문집으로 《추담소고(秋潭小藁)》가 있다.

임원경제연구소

임원경제연구소는 고전 연구와 번역, 출판을 주요 목적으로 하는 사단법인이다. 문사철수(文史哲數)와 의농공상(醫農工商) 등 다양한 전공 분야의 소장학자 40여 명이 회원 및 번역자로 참여하여, 풍석 서유구의 《임원경제지》를 완역하고 있다. 또한 번역 사업을 진행하면서 축적한 노하우와 번역 결과물을 대중과 공유하기 위해 관련 전문가 및 단체들과 교류하고 있다. 연구소에서는 번역 과정과 결과를 통하여 '임원경제학'을 정립하고 우리 문명의 수준을 제고하여 우리 학문과 우리의 삶을 소통시키고자 노력한다. 임원경제학은 시골 살림의 규모와 운영에 관한 모든 것의 학문이며, 경국제세(經國濟世)의 실천적 방책이다.

번역, 교열, 교감, 표점, 감수자 소개

번역

차영익(車榮益)

경상남도 사천시 출신. 고려대 중어중문학과를 졸업하고 한림대 태동고전연구소에서 한학을 공부했다. 고려대 대학원에서 중국고전문학으로 석사와 박사를 마쳤다. 석사와 박사논문은 《蘇軾 經論연구》와 《蘇軾의 黃州시기 문학 연구》이다. 《임원경제지》 중 《전어지》를 교열했다. 다른 옮긴 책으로 《순자 교양 강의》·《리링의 주역강의》가 있고, 지은 책으로 《당시사계, 봄을 노래하다》(공저), 《당시사계, 여름을 노래하다》(공저), 《당시사계, 가을을 노래하다》(공저) 가 있다.

정명현(鄭明炫)

광주광역시 출신. 고려대 유전공학과를 졸업하고, 도올서원과 한림대 태동고전연구소에서 한학을 공부했다. 서울대 대학원 '과학사 및 과학철학 협동과정'에서 전통 과학기술사를 전공하여 석사와 박사를 마쳤다. 석사와 박사 논문은 각각 〈정약전의 《자산어보》에 담긴 해양박물학의 성격〉과 《서유구의 선진농법 제도화를 통한 국부창출론》이다. 《임원경제지》 중 《본리지》·《섬용지》·《유예지》·《상택지》·《예규지》·《이운지》·《정조지》·《보양지》·《향례지》·《전어지》·《전공지》·《예원지》·《관휴지》를 공역했다. 또 다른 역주서로 《자산어보 : 우리나라 최초의 해양생물 백과사전》이 있고, 《임원경제지 : 조선 최대의 실용백과사전》을 민철기 등과 옮기고 썼다. 현재 임원경제연구소 소장으로, 《임원경제지》 번역 사업에 참여하고 있다.

김용미(金容美)

전라북도 순창 출신. 동국대 철학과를 졸업하고, 고전번역원 국역연수원과 일반연구과정에서 한문 번역을 공부했다. 고전번역원에서 추진하는 고전전산화 사업에 교정교열위원으로 참여했고, 《정원고사(政院故事)》 공동번역에 참여했다. 전통문화연구회에서 추진하고 있는 《모시정의(毛詩正義)》 공동번역에 참여했다. 현재 임원경제연구소 연구원으로 근무하며,《유예지》·《이운지》·《정조지》·《예원지》·《관휴지》를 공역했고, 《보양지》·《향례지》·《전어지》·《전공지》를 교감·교열했다.

교열, 교감, 표점

최시남(崔時南)

강원도 횡성 출신. 성균관대학교 유학과(儒學科) 학사 및 석사를 마쳤으며 동 대학원 박사과정을 수료했다. 성균관(成均館) 한림원(翰林院)과 도올서원(檮杌書院)에서 한학을 공부했고 호서대학교에서 강의를 했다. IT회사에서 조선시대 왕실 자료와 문집·지리지 등의 고문헌 디지털화 작업을 했다. 현재 임원경제연구소 팀장으로 근무하며 《섬용지》·《유예지》·《상택지》·《예규지》·《이운지》·《정조지》·《향례지》·《전공지》·《관휴지》를 공역했고, 《보양지》·《전어지》·《예원지》를 교감·교열했다.

이두순(李斗淳)

서울대학교 농과대학을 졸업하고 일본 교토(京都)대학에서 박사학위를 받았다. 호는 하상(夏祥)이다. 2002년 한국농촌경제연구원에서 선임연구위원으로 퇴직한 후 개인 취향의 글을 쓰고 있다. 농업관련 연구서 외에 《호박씨와 적비》(2002), 《한시와 낚시》(2008), 《기후에 대한 조선의 도전, 측우기》(2012), 《수변의 단상》(2013), 《고전과 설화속의 우리 물고기》(2013), 《은어》(2014), 《농업과 측우기》(2015), 《평역 난호어명고》(2015), 《신역 자산어보》(2016), 《우해이어보와 다른 어보들》(2017), 《연꽃의 여인, 연희》(2017), 《문틈으로 본 조선의 농업과 사회상》(2018), 《초부유고, 늙은 나무꾼의 노래》(2019), 《견지낚시의 역사와 고증》(2019), 《낚시를 읊은 우리 옛 시》(2020), 《농촌의 노래, 농부의 노래》(2020)와 같은 책을 썼다.

이동인(李東麟)

충청남도 세종 출신. 청주대 역사교육과에서 꿈을 키웠고, 한림대 태동고전연구소에서 한학을 공부했다. 서울대 국사학과에서 석사학위를 받았으며, 한국학중앙연구원 한국사학과 박사과정을 수료했다. 《임원경제지》 중 《섬용지》·《예규지》·《상택지》·《이운지》를 공역했다.

박종우(朴鍾宇)

서울 출신. 고려대 국어국문학과를 졸업하고, 동 대학원에서 한국한문학 전공으로 석사와 박사과정을 마쳤다. 저서로 《한국한문학의 형상과 전형》이 있고, 역서로 《국역 용성창수집》, 《반곡 정경달 시문집》 등이 있다. 《임원경제지》 중 《전어지》 2를 공역했다. 현재 고려대 민족문화연구원 선임연구원으로 재직하고 있다.

김태완(金泰完)

충청북도 청원 출신. 서울시립대학교에서 조선시대를 공부했고, 현재 한국외국어대학교에서 문화콘텐츠 관련 공부 중이다. 서울여자대학교, 덕성여자대학교, 한국외국어대학교, 광운대학교 등에서 역사를 가르치다가 수원화성박물관을 개관하는 데 일조했고, 부천문화재단의 교육·옹기·활박물관에서 근무했었다. 《임원경제지》 중 《본리지》, 《정조지》, 《섬용지》, 《전어지》 등의 번역 및 교열에 참가했었다

조영렬(曺榮烈)

경기도 여주 출신. 고려대 국어국문학과를 졸업했고, 태동고전연구소(지곡서당)에서 한문을 공부했다. 고려대대학원에서 일본문학 박사과정을, 선문대대학원에서 국문학 박사과정을 수료했다. 현재 선문대 인문미래연구소 연구원이다. 《임원경제지》 중 《전어지》 1을 공역했다. 옮긴 책으로 《요시카와 고지로의 중국 강의》·《주자학》·《새로 읽는 논어》·《독서의 학》·《공자와 논어》 등이 있다.

이태원(李泰沅)

경상남도 의령 출신. 서울대 생물교육과와 동대학원을 졸업하고, 성남시, 광양시 도시생태현황도 GIS 구축사업 연구원, 차세대 과학 교과서 개발위원으로 활동했다. 현재 세화고등학교 생명과학 교사로 재직 중이다. 《임원경제지》 중 《전어지》를 교열했다. 옮긴 책으로는 《지구 속은 어떻게 생겼을까?》가 있고, 지은 책으로 《현산어보를 찾아서》(5권)가 있다.

감수

정재민(국립수목원 정원식물자원과)

조헌철(부산대학교 겸임교수)(권5 차부분)

교감·표점·교열·자료조사

임원경제연구소

풍석문화재단

(재)풍석문화재단은 《임원경제지》 등 풍석 서유구 선생의 저술을 번역 출판하는 것을 토대로 전통문화 콘텐츠의 복원 및 창조적 현대화를 통해 한국의 학술 및 문화 발전에 기여함을 목적으로 설립되었다.

재단은 ①《임원경제지》의 완역 지원 및 간행, ②《풍석고협집》, 《금화지비집》, 《금화경독기》, 《번계시고》, 《완영일록》, 《화영일록》 등 선생의 기타 저술의 번역 및 간행, ③풍석학술대회 개최, ④《임원경제지》 기반 대중문화 콘텐츠 공모전, ⑤풍석디지털자료관 운영, ⑥《임원경제지》 등 고조리서 기반 전통음식문화의 복원 및 현대화 사업 등을 진행 중이다.

재단은 향후 풍석 서유구 선생의 생애와 사상을 널리 알리기 위한 출판·드라마·웹툰·영화 등 다양한 문화 콘텐츠 개발 사업, 《임원경제지》 기반 전통문화 콘텐츠의 전시 및 체험교육 등을 목적으로 하는 서유구 기념관 건립 등을 추진 중이다.

풍석문화재단 웹사이트 및 주요 연락처

웹사이트

풍석문화재단 홈페이지 : www.pungseok.net

출판브랜드 자연경실 블로그 : https://blog.naver.com/pungseok

풍석디지털자료관 : www.pungseok.com

풍석문화재단 음식연구소 홈페이지 : www.chosunchef.com

주요 연락처

풍석문화재단 사무국

주　소 : 서울 서초구 방배로19길 18, 남강빌딩 301호

연락처 : 전화 02)6959-9921 팩스 070-7500-2050 이메일 pungseok@naver.com

풍석문화재단 전북지부

연락처 : 전화 063)290-1807 팩스 063)290-1808 이메일 pungseokjb@naver.com

풍석문화재단우석대학교 음식연구소

주　소 : 전북 전주시 완산구 향교길 104

연락처 : 전화 063-291-2583 이메일 zunpung@naver.com

조선셰프 서유구(음식연구소 부설 쿠킹클래스)

주　소 : 전북 전주시 완산구 향교길 104

연락처 : 전화 063-291-2583 이메일 zunpung@naver.com

서유구의 서재 자이열재(풍석 서유구 홍보관)

주　소 : 전북 전주시 완산구 향교길 104

연락처 : 전화 063-291-2583 이메일 pungseok@naver.com

풍석문화재단 사람들

이사장	신정수 ((前) 주택에너지진단사협회 이사장)
이사진	김윤태 (우석대학교 평생교육원장) 김형호 (한라대학교 이사) 모철민 ((前) 주 프랑스대사) 박현출 ((前) 서울시농수산식품공사 사장) 백노현 (우일계전공업그룹 회장) 서창석 (대구서씨대종회 총무이사) 서창훈 (우석재단 이사장 겸 전북일보 회장) 안대회 (성균관대학교 한문학과 교수) 유대기 (공생사회적협동조합 이사장) 이영진 (AMSI Asia 대표) 진병춘 (상임이사, 풍석문화재단 사무총장) 채정석 (법무법인 웅빈 대표) 홍윤오 ((前) 국회사무처 홍보기획관)
감사	홍기택 (대일합동회계사무소 대표)
재단 전북지부장	서창훈 (우석재단 이사장 겸 전북일보 회장)
사무국	박시현, 박소해
고문단	이억순 (상임고문) 고행일 (인제학원 이사) 김영일 (한국AB.C.협회 고문) 김유혁 (단국대 종신명예교수) 문병호 (사랑의 일기재단 이사장) 신경식 (헌정회 회장) 신중식 ((前) 국정홍보처 처장) 신현덕 ((前) 경인방송 사장) 오택섭 ((前) 언론학회 회장) 이영일 (한중 정치외교포럼 회장) 이석배 (공학박사, 퀀텀연구소 소장) 이수재 ((前) 중앙일보 관리국장) 이준석 (원광대학교 한국어문화학과 교수) 이형균 (한국기자협회 고문) 조창현 ((前) 중앙인사위원회 위원장) 한남규 ((前) 중앙일보 부사장)

《임원경제지·만학지》 완역 출판을 후원해 주신 분들

㈜DYB교육 ㈜우리문화 ㈜래오이경제 ㈜도원건강 Artic(아틱) ㈜벽제외식산업개발 ㈔인문학문화포럼 ㈜오가닉시 ㈜우일계전공업 ㈜청운산업 ㈜토마스건축사무소 굿데이영농조합법인 눈비산마을 대구서씨대종회 문화유산국민신탁 엠엑스(MX)이엔지 옹기뜸골 홍주발효식품 푸디스트주식회사 한국에너지재단 강성복 강윤화 강흡모 계경숙 고경숙 고관순 고옥희 고유돈 고윤주 고혜선 공소연 곽미경 곽유경 곽의종 곽정식 곽중섭 곽희경 구도은 구자민 권경숙 권다울 권미연 권소담 권순용 권정순 권희재 김경용 김근희 김남주 김남희 김대중 김덕수 김덕숙 김도연 김동관 김동범 김동섭 김두섭 김문경 김문자 김미숙 김미정 김병돈 김병호 김복남 김상철 김석기 김선유 김성건 김성규 김성자 김 솔 김수경 김수향 김순연 김영환 김용대 김용도 김유숙 김유혁 김은영 김은형 김은희 김익래 김인혜 김일웅 김재광 김정기 김정숙 김정연 김종덕 김종보 김종호 김지연 김지형 김창욱 김태빈 김현수 김혜례 김홍희 김후경 김 훈 김흥룡 김희정 나윤호 노창은 류충수 류현석 문석윤 문성희 민승현 박낙규 박동식 박록담 박미현 박민숙 박민진 박보영 박상용 박상일 박상준 박석무 박선희 박성희 박수금 박시자 박영재 박용옥 박용희 박재정 박종규 박종수 박지은 박찬교 박춘일 박해숙 박현영 박현자 박현출 박혜옥 박효원 배경옥 백노현 백은영 변흥섭 서국모 서봉석 서영석 서정표 서주원 서창석 서청원 석은진 선미순 성치원 손민정 손현숙 송상용 송원호 송은정 송형록 신나경 신동규 신미숙 신영수 신응수 신종출 신태복 안순철 안영준 안철환 양덕기 양성용 양인자 양태건 양휘웅 염정삼 오미환 오민하 오성열 오영록 오영복 오은미 오인섭 오항녕 용남곤 우창수 유미영 유영준 유종숙 유지원 윤남철 윤명숙 윤석진 윤신숙 윤영실 윤은경 윤정호 이건호 이경근 이경제 이경화 이관옥 이광근 이국희 이근영 이기웅 이기희 이남숙 이동규 이동호 이득수 이명정 이범주 이봉규 이상근 이선이 이성옥 이세훈 이순례 이순영 이승무 이영진 이우성 이원종 이윤실 이윤재 이인재 이재민 이재용 이정란 이정언 이종기 이주희 이진영 이진희 이천근 이 철 이태영 이태인 이태희 이현식 이현일 이형배 이형운 이혜란 이효지 이희원 임각수 임상채 임승윤 임윤희 임재춘 임종태 임종훈 자원스님 장상무 장영희 장우석 장은희 전명배 전영창 전종욱 전치형 전푸르나 정갑환 정경숙 정 극 정금자 정명섭 정명숙 정상현 정성섭 정소성 정여울 정연순 정연재 정영미 정영숙 정외숙 정용수 정우일 정정희 정종모 정지섭 정진성 정창섭 정태경 정태윤 정혜경 정혜진 조규식 조문경 조민제 조성연 조숙희 조은미 조은필 조재현

조주연 조창록 조헌철 조희부 주석원 주호스님 지현숙 진묘스님 진병춘 진선미 진성환
진인옥 진중현 차영익 차재숙 차홍복 채성희 천재박 최경수 최경식 최광현 최미옥
최미화 최범채 최상욱 최성희 최승복 최연우 최영자 최용범 최윤경 최정숙 최정원
최정희 최진욱 최필수 최희령 탁준영 태경스님 태의경 하영휘 하재숙 한문덕 한승문
함은화 허문경 허영일 허 탁 현승용 홍미숙 홍수표 황경미 황재운 황재호 황정주
황창연 그 외 이름을 밝히지 않은 후원자분